Sparks of Genius
The 13 Thinking Tools of the World's Most Creative People

天才のひらめき

世界で最も創造的な人びとによる
13の思考ツール

ロバート・ルートバーンスタイン／ミシェル・ルートバーンスタイン [著]
(Robert and Michèle Root-Bernstein)

不破章雄／萩野茂雄 [監訳]

早稲田大学出版部

Sparks of Genius by
Robert and Michèle Root-Bernstein

Copyright©1999 by Robert S. Root-Bernstein and Michèle M. Root-Bernstein
All rights reserved

Published by special arrangement
with Houghton Mifflin Harcourt Publishing Company
through Tuttle-Mori Agency, Inc., Tokyo

監訳者まえがき

　21世紀になり、日本でも将来を見据えた新たな科学の発展、技術の展開などの文明創生、そして世界に寄与できるような芸術の文化創生が語られるようになってきています。新しい文化や文明の原点は我々の創造性にあることは疑う余地がないことです。しかしながら、その創造性とは、どこに起源があり、どのようにして発掘され、育てられ、発展され、展開していくのであろうか、大変に興味があるところです。しかしながら、日本において、すべての科学技術、社会科学・人文系活動、芸術活動の原点にある創造性やその起源についてはあまり語られることはなく、何に向けて創造性を発揮すべきであるか、その帰着点の成果や結果についてばかり注目している傾向があります。このように、対象、結果、成果を重視する考え方は円滑、柔軟に、そして自由に創造性を発揮するのに、むしろ、阻害する要因となっています。創造性発揮に至る起源、プロセスなどを重要視することが、結果的に創造性を達成することになり、それに基づいた文明的、文化的な成果をもたらすことになるはずです。また、専門化していく学問や科学技術、芸術を再度見直して、新たなる創造的な分野の発掘への道筋をつけるべきです。人間は強い習性を持っている動物ですので、本書に挙げた天才の人々から"天才が天才たる由縁"を学び、"天才のひらめき"はどのようにして生まれてきたのかを学ぶことは、我々の習性を新たにまた発見し、創造性を発揮するには、大変に有益です。同時に、我々日本人が持っている独特の文化、文明を有機的に結び付け、補い合うことにつながっていくことになるでしょう。

　本書で登場する天才たちは物理、科学、医学、工業、数学などの科学技術分野や音楽、絵画、著述、彫刻などの芸術分野におけるノーベル賞級の著名な人たちですが、それらの人たちを身近に感じさせる記述と内容であり、大変に興味深く読むことができます。天才と呼ばれる人たちを身近に感じ、彼らが用いた手法や思考、態度を容易によく理解することができて、"天才的なひらめき、創造性"を求める人たちに大いなる勇気とやる気を起こさせ、考えや世界が何かとても広がったことを実感させる本であり、大変に有益な本であることを

願っております。

　本書で記述している内容は、"天才的なひらめき"や"創造性"はどのような人たちにも達成可能であることを示しており、我が国の教育などに欠けていた創造性発掘、育成、展開プロセスにおける方法論を巧みに記述しているものです。論理性が優勢なデジタル化時代においてこそ、アナログ的な"直感やひらめき"は重要であり、これら天才的なひらめきを持ち合わせている人たちを重要視していかなければなりません。本書は、我が国の独特の"ひらめき、感性、直感"をもってして、科学技術や芸術の分野で、21世紀の世界的な活躍ができるような人材が育っていくことに多いに貢献すると信じています。さらに、社会現象にも充分応用可能な概念と方法論であり、経済学者、政治家、ビジネスパーソンにも有用な本であろうと存じます。

　最後に、Synosia や Polymath といったことにも言及し、人間の感性の極めである芸術的な才覚とそれ以外の才能が融合する教育体制の必然性を説いております。これは文武一体的な教育にもつながり、より人間的な創造性を育み、より多機能的な人間の育成をもたらし、活躍の場の基礎となるものでしょう。また、著者の Robert Root-Bernstein 教授は Michigan State University の教授であり、参考文献が多数記載されております。ご参考にしていただければ、なお一層、理解が進むと存じます。

　監訳者の1人である不破が著者の Robert and Michèle Root-Bernstein 夫妻にお目にかかり、本書の日本出版の希望を伝えて十数年が経過しました。この度早稲田大学出版部からの発行になりましたが、現在読み返しても、内容の新鮮味、説得性は健在であると強く感じております。本書の出版に大変にお世話になりました早大出版部の武田文彦氏、また原稿の校正にご協力をいただきました阿島俊一氏には厚くお礼を申し上げたいと存じます。

　最後に、本書のもう1人の監訳者である大和合金株式会社前代表取締役社長である萩野茂雄氏が、本書の刊行を待たずして、2017年12月ご逝去されました。本書の刊行を墓前にご報告することによって、生前筆者が同氏から受けたご厚誼に報いることができれば幸いです。

　2018年10月

早稲田大学名誉教授

不 破 章 雄

目 次

監訳者まえがき　iii
日本語版への序文　vii
まえがき　ix
謝　辞　xi

1 思考とは何だろうか　1

2 着想力・創造力　19

3 観 察 力　41

4 イメージ化　67

5 抽 象 化　93

6 パターン認識　119

7 パターン化　149

8 類推思考　175

9 体感覚的思考　205

10 共感的思考　231

11 思考次元の転換　255

12 モデル化　283

13 遊　び　307

14 変換思考　337

15 融　合　369

16 統合・融合化された教育　393

Notes（注釈）　409
Bibliography（参考文献）　421
Minds-On Resources　441

Preface for the Japanese Edition of Sparks of Genius
（日本語版への序言）

It is an honor for us to have Professor Akio Fuwa and Mr. S. Hagino bring out *Sparks of Genius* in a Japanese translation. May the book inspire our readers to feed their own creative flames.

Many people believe that creative thinking is important in the arts. It is equally so in the humanities, in the sciences, and in engineering. Indeed, we have found that every artist and scientist, every engineer and change-agent working to solve problems in new and beneficial ways uses a common "toolkit" of mental skills. By exercising the thirteen "tools for thinking" described in *Sparks of Genius*, everyone and anyone can learn to think more creatively, too.

If the arts play a special role in the development of creative skill—and they often do—the reason is twofold. Artists, musicians, and performers have effectively distilled creative thinking skills into their purest formulations. And the arts are accessible, open to all ages and stages of practice. Moreover, the thinking tools we hone in the arts can prepare us for creative thinking in professions of every sort. No wonder creative people are often polymaths well-trained in more than one discipline, combining poetry with medicine, art with science, music with engineering, dance with invention.

Creative thinking skills unite diverse disciplines in profound and intricate ways. A society that acts upon this understanding stimulates useful contributions to society. Creative education has yet another benefit: It enables each individual to live a fuller life. We wish every reader of this book meaningful, useful, and beautiful insights of their own.

Sincerely,

Robert and Michèle Root-Bernstein

まえがき

　本書は、創造的思考に関するものである。どの分野でも創造的思考は、言語化される以前、論理や言語が働く以前に生じて、感情や直感、イメージ、身体感覚などに現れる。そこから生じるアイデア（着想、観念など）は、1つ以上の公的なコミュニケーション（伝達、表現）体系に変換できる。たとえば、言語や方程式、絵画、音楽、舞踏だ。ただし、それができるのは、論理以前の形態で充分に発展させた後に限る。この変換によってできるもの（絵画、詩、理論、数学公式、科学技術、その他）の詳細は非常に多様であるが、それを実現する過程は普遍的なものだ。そのため、1つの分野での創造的思考を学べば、その他あらゆる分野での創造的思考を理解する道が開ける。この普遍的な創造的思考の教育が、未来のイノベーションを具体化する能力を備え、生涯学び続ける人たちを輩出するための鍵となる。

　本書では創造的思考というものを論じるに当たり、総合的・学際的な手法を取っているので、各分野の専門的な知識をある程度解き明かさねばならなかった。統合的な理解というものの新たな糸口をつかむためだ。思考そのものを理解するためだけでなく、教育的および社会的な理由からも、新たな統合化が必要なのだ。現代では細分化が絶えず進んでおり、知識が分断されていることは明らかだ。現代人は溢れるほどの情報を得ているが、その出所や意味、使い方などについてはほとんど把握していない。そのため、全体像を把握するということが、修復不能なほど損なわれている。専門知識が増えるにつれ、異分野間のコミュニケーションは減ってしまっている。いずれの分野でも専門家たちが抱える問題は巨大化しているのだが、一人一人が取り組める範囲は小さくなる一方だ。知的活動は盛んであるのに、現代社会は一種の暗黒時代を迎えている。これを解消するには、新た方法で知識を再統合し、来たるべきルネッサンスを担う新世代の人材を養うしかない。そして、新たな融合を生み出すのだ。

　こうした知的営為には、認知と教育両面での土台が必要だ。したがって本書には、縦糸も横糸もある。創造的思考ができる人材を育成できる教育システム

（横糸）を構築したければ、創造的思考の本質を把握（縦糸）せねばならない。最初の2章では、その機織りの準備をする。つまり、まずは創造的思考に関して現在みられる誤解を取り上げ、次に現行の教育制度で創造的思考を妨げているものについて論じる。

　本書は、20世紀の天才たちの実体験により織りなされている。思考とはどういうものか、自分がどうやって思考することを学んだか、という彼ら自身の説明を素材にしている。いずれの創造活動でも、人々は共通の汎用思考手段（道具）をほぼ無限の多様さで活用している。こうした思考手段（道具）を見れば、創造的思考そのものの特徴が窺える。そうした思考では、各種の自然科学や芸術、人文科学、技術の間に予想外のつながりが生じる。創造的想像という段階では、だれもが同じように思考しているのだ。

　人間の認知カテゴリーを再構築して創造的思考の統合を強調すれば、知識というものの概念を刷新できる。それに応じて、新しい教育のあり方が見えてくる。最後のいくつかの章では、創造的な過程においてアイデア（着想、観念など）をどのように変換し融合させていくのかを論じ、この横糸と縦糸を組み合わせることで、どのように理解という完全な織物を形成するのかを示す。最も重要な最終章では、人間の認知を再構築するために教育改革で実行可能な具体的方法を示す。

　成果として生まれる知性の織物は驚くべきことに、実際の織物と同じように、ほぼ無限と言ってよいほど多様なものへと発展させることができる。つまり、新しい素材は、それ自体が目標というわけではなく、それを活かして、将来の芸術家や科学者、技術者、人文学者などが世界を作っていくための素材なのだ。

　最後に、ご注意いただきたいのだが、本書では「注」と「参考文献」の後に、「Minds-On Resources」（心に付随する源泉、資質）というページがある。これは、本文で論じた思考手段や道具を読者の皆様が練習して発展させるために使えるだろう。本書はきっかけに過ぎない。

ロバート・ルートバーンスタイン
ミシェル・ルートバーンスタイン

謝　辞

　この 20 年間、我々は想像力や思考のツールに関する研究を進めてきたが、多くの皆様から励まされ、影響を受け、ご支援をいただいた。そうした方々全員に、ここでお礼を申し上げる。特に、ロバート・グレイ（Robert Gray）、故ラッフィ・アムラム（Raffi Amram）、トム・ロドリゲス（Tom Rodriguez）、ダイアン・ニューマン（Diane Newman）、スティーブ・フレーザー（Steve Fraser）の諸氏にお礼を申し上げたい。このたび本書を執筆するに当たり、各種の博物館・美術館や図書館、団体、出版社で働いている皆様から多大なご支援をいただいた。特に、ニューヨーク芸術家権利協会（Artists Rights Society in New York）のジャネット・ヒックス（Janet Hicks）氏からは、大きなご支援をいただいた。多くの皆様が、寛大にも資料の使用を許可してくださった。その中でも、ビル・キャンブリー（Bill Cambry）、パトリック・ディロン（Patrick Dillon）、ゲルト・フィッシャー（Gerd Fischer）、ナット・フリードマン（Nat Friedman）、スティーブ・ハイデマン（Steve Heidemann）、ブノワ・マンデルブロ（Benoît Mandelbrot）、ロン・マイヤー（Ron Meyer）、デズモンド・モリス（Desmond Morris）、クレス・オルデンバーグ（Claes Oldenburg）、ロジャー・ペンローズ（Roger Penrose）、ヴァーノン・レイノルズ（Vernon Reynolds）、ヘレン・サミュエルズ（Helen Samuels）、ドリス・シャットシュナイダー（Doris Scattschneider）、トッド・シラー（Todd Siler）、ケン・スネルソン（Ken Snelson）といった皆様にお礼を申し上げる。我々は思考のツールや教育における芸術、芸術と科学の相互作用について、多くの同僚たちを話し合ったが、その中でも特にシャロン・フリードラー（Sharon Friedler）、ジュリアン・グレッサー（Julian Gresser）、ポール・ヘルトヌ（Paul Heltne）、スコット・シャンクリン゠ピーターソン（Scott Shanklin-Peterson）、マーク・スラヴキン（Mark Slavkin）の諸氏に、お礼を申し上げたい。多くの方々がご厚意から本書の草稿を読み、コメントを下さった。貴重な時間と労力をかけてくださったモート・バーンスタインとモーリン・バーンスタイン（Mort and Maurine Bernstein）、アラン・ブロディ（Alan Brody）、ステファン・エデルグラス（Stephen Edelglass）、リン

xi

ダ・カルーソ・ハヴィランド（Linda Caruso Haviland）、リチャード・カプラン（Richard Kaplan）、エリック・オッデリーフソン（Eric Oddeleifson）、トッド・シラー（Todd Siler）の諸氏に、厚くお礼申し上げる。

　最後に、我々が仕事の話ばかりしていても、嫌がらずに聞いてくれた親しい友人たちと家族に、感謝したい。特に 10 代の子供たちは、両親が仕事ばかりに気を取られ、食事が遅くなり、食卓でも仕事の話ばかりだったのに、辛抱してくれてありがとう。学校の宿題、読んだ本のこと、ピアノの練習について子供たちが何か言ってきても、両親は「重点化・強調化、パターン化、体感覚的思考、イメージ化」などと答える始末であった。そんなとき、メレディス（Meredith）とブライアン（Brian）は、あきれたように目をクルクルさせながら、しまいまで良い子にしていてくれた。

ロバート・ルートバーンスタイン

ミシェル・ルートバーンスタイン

1

思考とは
何だろうか

誰でも思考を巡らせる。だが、誰もが上手に自由闊達に思考するわけではない。真のご馳走は、あらゆる知的な「素材」を混ぜ合わせて、融合させ、味付けする術を心得た料理長にかかっている。料理長も台所でやることは我々と少しも違わないが、彼らは同じことを上手にできる。料理長は生まれつきそうなのだと我々は思いがちだ。だが、実際には極めて有望な人たちでも、何年もの訓練を積むのである。我々も適切な訓練の方法を学べば、自分自身の知性による料理をもっと上手くできるようになるのだ。その学びの過程において、最善なグルメ的な思考とはどういうものかを考え直さねばならない。思考を重ねるうちに教育の中心は、「可能な限り実りの多き方法で何を考えるべきか」から「どのように考えるべきか」へと移ることになる。

　我々はこれから知性の料理の方法を探求する旅に出かけるが、それは知性の台所から始まる。そこでは各種の概念を漬け込んだり、煮込んだり、蒸し焼きにしたり、かき混ぜたり、焼いたり、泡立てたりして形を整える。現実の優れた料理人は、ひとつかみの何かを入れることで、我々を驚かしてくれる。同様に創造的な想像の台所も、思いもよらない実践で溢れている。素晴らしい着想、アイデアは、極めて奇妙な方法で生まれて、思いもよらない素材をブレンドさせてでき上がる。レシピに登場する食材と完成した料理が似ても似つかない場合も多い。知性の料理長は自分の生み出す料理が美味しくなると、どうやって知ったのか説明すらできない場合もある。料理長は、それらの素材を混ぜ合わせれば驚く程美味しくなるという直感が働いただけなのである。

　直感に理屈はない。その例として、若き日のバーバラ・マクリントック（Barbara McClintock）の体験を考えてみよう。彼女は後に遺伝子の研究でノーベ

1

ル賞を受賞する学者である。1930年のある日、彼女は他の科学者たちと一緒に、コーネル大学 (Cornell University) の傍にあるトウモロコシ畑に立ち、ある遺伝学の実験の結果について想いを巡らせていた。研究者たちの予想では、トウモロコシの半分が不稔性(実のならない)の花粉を生み出すはずであった。だが、現実には1/3にも満たなかった。これは有意な差であり、マクリントックは深く悩んで、そのトウモロコシ畑を後にして丘を登り、自分の実験室へと向かった。1人で座って思考を巡らせ、30分ほど経つとマクリントックは飛び上がり、畑へと走り戻った。畑の一番高いところで、「ピンときた、分かったのよ。答えが分かったの。この30パーセントの不稔性が何だか分かった」と叫んだ。同僚の研究者たちは当然、「根拠は何だい」と尋ねた。ところがマクリントックには、自分の洞察をどのように説明していいのか分からなかった。何十年も経ってからマクリントックは述べている。「突然問題が見えて、何かが起きて正解が分かる……。その時は未だそれを言葉にすることができない。それはすべて無意識のうちに起こる。私はそういう体験を何度もしていて、それが重要な『ひらめき』であることは認識していて、確信もある。でも、まだ言葉で表すこともできないし、誰にも説明する必要はない。私にはただ、これだという確信がある」。

　言葉では説明できないが、この分かったという感触を得るのは、よくあることだ。フランスの哲学者にして数学者ブレーズ・パスカル (Blaise Pascal) による有名な格言に、「心には独自の洞察力、感性などがあり、それらを知性によって理解することはできない」というものがある。19世紀の偉大な数学者カール・フリードリヒ・ガウス (Carl Friedrich Gauss) も、直感で何らかの着想が得られたものの、それをすぐには証明できないことがあったと認めている。「結果はかなり前から分かっていたのだが、それをどう導き出せばいいのか、それがまだ分からないのだ」。近代生理学の創始者であるクロード・ベルナール (Claude Bernard) は、科学的思考で目的のある何かを始めようとする時、必ず何らかの感情を伴うと記している。ベルナールによれば、知性を導くのは感情だけであるという。画家のパブロ・ピカソ (Pablo Picasso) も、ある友人にこう打ち明けている。「キャンバスに何を描くか、描き出すまで分からない。どの色を使うのかも、描き出してみないと分からない。描き始めると必ず宇宙に飛ん

でいくような感覚に襲われる。落ちても上手く足で立てるかどうかも分からない。後になってようやく、自分の作品がどんな効果を引き起こすか考えるようになる」。作曲家のイーゴリ・ストラビンスキー（Igor Stravinsky）も、想像力の働きとは何か説明できない願望から始まるとしている。未知の何かを直感的に把握するのだが、それが未だ知性では説明できないのだ。ラテンアメリカの小説家イサベル・アジェンデ（Isabel Allende）も、執筆を進める力となる、やはりよく分からない感覚について次のように述べている。「私はもう5冊の本を書いており、それらの経験から言えることだが、どういう風に書き進めていくのかは分かっているが、どんな本になるのか分からない。しかし、自分にはどのような結末になるかは分かっている。とても説明に困るのだ」。

　こうした曖昧で言葉にできない感覚があるということから、重要な論点が明らかになる。この感覚について、バーバラ・マクリントックは次のように述べている。「あっという間のことだった。正解が現れて、私はそれに飛びついた。それから、一歩ずつそのプロセスを解明していって……。とても複雑なステップが続いて。そうやって正体が分かってきた。自分が感じ、理解していた通りだった。しかし、未だ何も書いていない状態で正解がなぜ分かったのか。なぜ、あれ程確信を持って興奮して、分かったと叫んだのか」。マクリントックのこの問いかけは、創造的な思考というものの核心を突いている。ピカソやガウス、作曲家や生理学者などの経験も同様である。彼らの突然のひらめきや洞察はどこから来るのだろうか。まだ言葉では表すことができず、図に描くことも文章にすることもできない何かを、どうやって知ることができるのだろうか。第六感や直感というものは、想像性を羽ばたかせる思考においてどのような働きをするのか。どうやって直観や感情を言葉に、そして、感情を数式に変換するのか。こうした創造的な想像力というものを理解することは可能なのか、それを鍛え、向上させ、教育することは可能なのだろうか。

　哲学者たちや心理学者たちは、そうした問題や関連する問題をもう何百年と思案している。神経生物学者たちも、脳の構造と神経のシナプスの相互接続からそれを解明しようと努めている。だが、完全な回答はまだ得られていない。なぜなら、従来は創造的思考というものを探るに当たって、大きな拠りどころとなるべき源があまりにも軽視され過ぎてきたからだ。それは、著名な思想家

や創作家、発明家など、彼ら自身に由来することだとされてきた。彼ら自身を顧みた自叙伝からは、思考に関する疑問のすべてに対する答えがあるわけではない。だが、そこから大切な、そして驚くような思考の道筋が見えてくることも確かだ。何よりも彼らの経験からは、従来の思考に関する考えは、どう見ても不完全なものに過ぎないことが分かる。すなわち、従来の思考では言語化できない非論理的な思考というものを排除していることに由来する。

　物理学者アルバート・アインシュタイン（Albert Einstein）の証言を例に引こう。アインシュタインが物理学の問題を解くのに使ったものは、数学論理や数式、ややこしい理論や論理だと多くの人は思うだろう。ハーバード大学の心理学者ハワード・ガードナー（Howard Gardner）の近著 *Creating Minds*（『精神の創造』）を見ると、アインシュタインは論理的、数学的な知性の典型的な例として描かれている。だが、アインシュタインの同僚たちの話によると、実はアインシュタインは数学がやや苦手で、研究を進めるうえで数学者の協力を得なければならないことが頻繁にあったそうだ。実際、アインシュタイン自身がある人にこう述べている。「数学が苦手でも気にすることはないよ。私の方が数学では余程困っているのだから」。

　アインシュタインの知性の強さは全く別のところにあった。彼自身が同僚のジャック・アダマール（Jacques Hadamard）にこう打ち明けていることから分かる。「書いたり話したりする言葉というものは、私の思考のメカニズムにおいては何の役割も演じていないようだ。私の思考を形成する超自然的な精神の要素というのはある種の記号であって、それらの明確さはさまざまだが、ある確実な着想やイメージであって、自発的に再生したり結び付けたりできる。そうした要素は、私の場合には視覚的なもので力強い記号なのだ」。言葉では説明できない思考実験の中で、アインシュタインは光速で移動している光子になり、自分の目に何が映るか、どんな感じがするかを想像したのだ。彼はもう１つの光子になり、１つ目の光子の動きをどのように体験できるのかを想像した。アインシュタイン自らが心理学者のマックス・ヴェルトハイマー（Max Wertheimer）に述べたように、こうした視覚的で力強い思考の結果がどうなるのかは明確には把握していなかった。アインシュタインが感じていた思考実験における感覚は、極めて表現し難いものだった。

マクリントックの話に戻るが、彼女も有機体の感触を感じ取っており、アインシュタインが光線を感じたのと類似している。マクリントックは自分が調べていたトウモロコシの１株１株をよく知っていたので、その染色体を検査しながら、トウモロコシと一体化することができた。彼女は「トウモロコシを検査すればする程、トウモロコシは私の中でより一体化した物になっていった。夢中になって取り組んでいると、自分は外部ではなくて、その内部に入っていったのだ。そのシステムの中に自分がいたのだ。染色体の内部の各部を見ることもできたのだ。自分がその内部にいるような実感があったので、自分でも驚いた。まるで友達に囲まれているように……。眺めているうちに、観察対象が自分の一部になっていくのである。そして自分のことを忘れてしまう。自分を忘れる、それが重大なポイントだ」と述べている。クロード・ベルナールの論理以前の科学的な思考でも、そうした感情的な関わりが重大な役割を演じていた。ベルナールはこう記している。「他の人間の活動でもそうだが、感情によって着想やアイデアが生まれ、そこから行動の動機が得られ、行動が始まる」。数理物理学者であったヴォルフガング・パウリ（Wolfgang Pauli）の場合にも、感情的な反応が未発達な概念の代わりとして機能していた。彼によれば、「人間の心や精神における無意識の領域では、明確な概念の代わりに強力な感情を伴う面影があって、それは思考の産物ではなく、いわば心の目の前で絵画のように見えるものである」。

　感情と精神の面影による思考は合理的に操作できるものだと主張して譲らない科学者もいる。アインシュタインによれば、思考の要素となる心の中の心霊的な要素と該当する論理的な概念との間には、何らかのつながりが存在するという。数学者のスタニスワフ・ウラム（Stanislaw Ulam）は、そのことを強く主張している。彼は抽象的な数学上の概念を視覚的に見る体験をしており、そこでは「無限の球や無限集合といった概念は、ほとんど実際の物体のような画像になり、徐々に小さくなって、水平線で消えていく」と述べた。こうした思考は、言葉でも三段論法でも記号でもなく、独自の規則や習性がある超（メタ）論理（meta-logic, super-logic）のような視覚的アルゴリズムに関することとしている。ノーベル化学賞受賞者のウィリアム・リプスコム（William Lipscomb）は優れたミュージシャンでもあるが、これは偶然ではない。彼にとって思考とは合成的

であり、同時に審美的でもある。彼はホウ素（boron）の化学特性を研究していたが、帰納的また演繹的に思考するだけなく、直感的にも思考していることに気付いた。「自分の知性と感情の焦点が定まり、これは確かに審美的な反応でもあった」と彼は記している。「その後に、予測が心の中から湧き上って、自分はそれを傍観者のように眺めていた。後になってようやく、その通常でない分子の構造や結合、反応の体系的な理論をまとめる作業を始めたのだ。これは果たして科学的な手法なのだろうか。後で調べてみると、確かに科学的であった。だが、その過程や感じ取った感情というものは、むしろ芸術家のものだった」と彼は言う。第六感や感情、想像上の心像などが、科学でも意味を持ち得るのであり、ダンスや音楽が持つ意味と同様に、言葉などで定めるというよりも感じ取るものなのだ。

　SF小説作家であり、科学解説者としても知られるアーサー・C・クラーク（Arthur C. Clarke）は語る。「直感か、数学かだって？　何かモデルを使って、真理を見つけるのだろうか。それともまず真理が分かっていて、それを説明するために数学を考案するのだろうか」。この質問への回答は明確だ。やる気や直感は、アインシュタインが生産的な思考に欠かせない要素としたものであり、まず、やる気と直観で着想し、その後、言葉や数字で意味を表現する。クラーク自身の作品においても、数学や形式論理は2次的なステップに過ぎない。「従来の言葉や数学の記号を懸命に求めるのは、2次的な段階に過ぎない。その段階では、言葉や記号が表す実体はすでに明確になり、思い通りに再現できる」と言う。ヴェルトハイマーに向かって、クラークはこう説明している。「本当に生産的な人物なら、決してこういう紙の上での思考なんてしない。アインシュタインがレオポルト・インフェルト（Leopold Infeld）と共著した物理学の書物では、3つの公理を2組の方法で比較対照しているが、実際の思考プロセスでは必ずしもそういう風に思考した訳ではない。このような方法というのは、あくまでも後にその着想について定式化したものであり、問題をよりよく書き表すにはどうしたらよいのか、それだけのことだ。でも、そういう書き表す過程では、公理をいじって着想が得られた訳ではない」。彼がインフェルトに言ったように、「公式や定則でものを考える科学者などいない」。

　科学者は必ずしも数学的記号でものを考える訳ではないが、直感で得た洞察

を他人が理解できる形態で表現する必要はある。そのため科学者は、マクリントックの言う、「世に言う科学的手法で研究を記し、自分が発見した後で理解可能な枠組みに入れて表現する」ことを強いられる。多くの科学者たちは、直感や想像力による理解の後には必ず論理的な表現の段階が続いて起こるという。この2段階の過程を次のように述べた人もいる。マサチューセッツ工科大学（MIT）の冶金学者シリル・スタンリー・スミス（Cyril Stanley Smith）によれば、「発見という段階は全く感覚的なもので、数学はそれを他人に伝えるためにだけ必要である」。ヴェルナー・ハイゼンベルク（Werner Heisenberg）は物理学に革命をもたらした不確定性原理を定式化した人物であるが、彼は、数学は2次的・従属的な役割しか演じていないと記している。数学は、我々の自然への理解を表現する形式であり、その理解そのものを表すものではないのである。ノーベル物理学賞の受賞者リチャード・ファインマン（Richard Feynman）も、「直感的に物事を察し感じ取ったが、私が取り組んだある種の問題ではまず感覚的な心像を掘り下げていく必要があった。その後で、数学的作業に取り掛かることができた」と述べている。

　科学者は他の人たちよりも論理的に思考するものだという神話の誤りは、お分かりいただけただろう。創造的に思考するためには、まず感じ取ることだ。理解したいという願望と感覚や感情を結集し、知性と融合させ、想像の洞察を生み出すのだ。*Descartes' Error*（『デカルトの過ち』1994）という著作では、思考と感情、感覚の密接なつながりが論じられている。これは、300年以上前に高名な大哲学者のデカルト（Descartes）は、精神（思考）と身体（存在や感覚）とを分離させたのであるが、それを題材にした書物だ。同書の著者はアントニオ・ダマシオ（Antonio Damasio）という神経学者だが、脳卒中や事故、腫瘍などによる神経の疾患で情緒面に大きな損傷を受けた患者たちは、合理的な計画を立てることができなくなることを発見した。自分の決定に感情面から関与できないので適切な決定を下せなくなるのだ。人間の感情、直感は、合理的思考の妨害ではなく、その出発点、そして基盤となるものだ。ダマシオにとって、身体と精神、感情と知性は密接に結び付いているものなのである。本書の著者もそう考える。科学者は感覚により手探りで進みながら、論理的な着想やアイデアを生み出す。それだけでなく、いずれの分野においても創造的思考と表現とは直感

1　思考とは何だろうか　**7**

や感情から生じるものだ。

　そう聞いて驚く人が多数いるかもしれない。ハーブ・サイモン（Herb Simon）やノーム・チョムスキー（Noam Chomsky）といった認知科学者たちは思考というものを、言語的な機能とある規則による論理的演繹、展開だと定義している。ハワード・ガードナーは著書 *Creating Minds*（『精神の創造』）と *Frames of Mind*（『精神の枠組み』）において、思考というものに関して、もっと多様な捉え方を提唱している。ガードナーによると、創造的な人たちの思考は、彼らが自分を表現する1つの流儀により分類できるとしている。ガードナーと同僚たちにとっては、アインシュタインやマクリントック、ファインマンといった科学者は論理・数学的な思考をする。詩人や著作家は高度に言語化された思考をし、ダンサーは運動感覚で思考し、美術家は主に視覚的に思考する。心理学者は人間の内面を思考し、政治家は人間関係を思考する。こうした分類は一見正しく思える。ちょうどパン職人がパンを作るのにイースト菌を使うと言っているようなものだ。だが、炭酸水素ナトリウムを用いているソーダブレッドやフラット・ブレッドは、イースト菌を使わない。イースト菌は、パン以外にもビールやブドウと木の実のシリアルなど、各種の飲食物を作るのにも使われる。1つの素材だけで調理法（レシピ）は決まらない。これは料理でも思考でも同じだ。精神のプロセスにある1つの要素だけで、その人を特徴づけるのは誤りだ。アインシュタインのことを基本的に論理・数学的な思考をする人として考えるのも、同様に誤りである。

　例えば芸術家が絵を描く場合、視覚的な刺激に頼る部分は一部でしかない。感情や運動感覚、哲学、人生そのものなども、芸術の着想やアイデアの源泉となり得る。画家のスーザン・ローゼンバーグ（Susan Rothenberg）は、自分が絵画を描くプロセスについて、「とても本能的、感情的、感覚的に、空間にある自分の身体を、例えば肩とか、前面の位置とか強く自覚している。自分には一種のボディーランゲージが……それはとても説明し難い。私の作品の多くは制作という点でも空間感覚という点でも、身体の志向、配置というものを取り上げていて、それらの比較を表現している」と述べている。彫刻家のアン・トゥルイット（Anne Truitt）も、自身の体内に芸術を感じると言う。自分の徒弟修業を述べた文章で、次のように記している。

「学習をしているのは、自分の目でも精神でもなかった。身体だった。芸術の成り行きに惚れ込み、その後も今日に至るまで、それから醒めていない。不快に感じることもあったが、それさえも大いに愛した。石を彫り続けると、まず腕が痛み、次に1時間ほど震えが止まらなかった。帰宅するバスの中で座っていて両腕の震えが止まらなかったのを覚えている。肩に筋肉がつき、肩幅が大きくなり、ブラウスのサイズが1つ上がった。自分の体の重心そのものが移動した。そして、力の中心を移動させて、へそのすぐ下でバランスを保つことを覚えた。その位置であれば、石を持ち上げることも、蝶の羽のように優しく粘土の表面を撫でることもできるようになった」。

同じように、画家のブリジェット・ライリー（Bridget Riley）も自らの絵画に関して、「自分の全存在と、媒体となる視覚的要素の間の密接な対話が必要であり、私はこの媒体で視覚的、そして感情的なエネルギーをともに自覚、実現するよう絶えず努めてきた。言うまでもなく、私の絵画も何らかの視覚現象を引き起こすためにあるが、そこから感情が排除されることはない。私が目指すものの1つとして、視覚と感情という両方の反応を同時に1つのものとして体験してもらうことがある」と述べている。

ガードナーは視覚的に思考する人の原型としてピカソを挙げているが、そのピカソも同様に賛同したことだろう。あらゆる感覚現象とすべての知識はお互いにつながり合っていると、ピカソは考えていた。「芸術はどれも同じだ。絵画を言葉で記すことも、詩の引き起こす感情を絵画で描くこともできる。青という言葉は何を意味するか。青と読んでいる感覚現象には、実は何千種類もある。ゴロワーズ（Gauloises）という煙草のパッケージも青だし、その意味ではゴロワーズブルーの色というものもあるだろう。逆に、パリのレストランでよくあることだが、ステーキがブルー（blue）だという場合がある。実は、赤い（red）という意味なのだが」。絵を見ても何も感覚現象を受け取らない人は、本質を見逃している。そもそも感情と感覚が混じり合って絵画が生まれるのだ。

多岐多様にわたる芸術の着想やアイデアは視覚に拠らずに生じるので、アインシュタインやマクリントック、その他の人々が述べているような着想から表

現への変換の経過は、芸術家も体験している。ヨゼフ・アルバース（Josef Albers）は、このプロセスを最も簡潔に述べたのかもしれない。彼は、「芸術とは、物理的な現実と心理的な効果の間の食い違いに関して、我々の現実的な人生を視覚的に表したものだ」と記している。彫刻家のルイーズ・ブルジョワ（Louise Bourgeois）は、「私は長い時間黙って考える。それから、言いたいことを表現しようとする。訴えたいことをどう変換すればよいのか、自分の抱えている課題を石で形にするのだ」と述べている。マックス・ビル（Max Bill）も、「一般的な芸術の目的として、人の精神・気持ちの表現、心の中にだけあった抽象的な心象・着想を具体的な目に見える形にすることだ」と述べている。絵画やデッサンは、色や空間、光、動きなどによって、その具体化を表現する手段である。画家のジョージア・オキーフ（Georgia O'Keeffe）も、「ずっと以前、私はある結論に達した。自分が見て好ましく思ったものを正確に表しても、見る人には私と同じ感情は起こらない。自分が見たものから自分が経験した感情に相当するものを見る人に与えなければいけないのだ。ただ何かを模写するだけではいけないのだ」と述べている。芸術のイメージとは、その元となる感情や概念、感覚を直接に反映したものではない。それは、科学者の定式がその思考を直接に表現したものではないのと同様である。人々に伝えられる言語はすべて、何らかの解釈作業の結果である。

　言語で自らを表現する人でさえ、言語で考えたり、あるいは言語で着想を生み出すことは滅多にないと述べている。例えば、詩人のE・E・カミングズ（E. E. Cummings）は、詩人とは本質的に文法や構文、意味論の習わしを操る言葉の錬金術師だという通念に異議を唱えている。彼は、芸術家とは描写する人のことではなく、感じ取る人のことだと記している。やはり詩人のゲイリー・スナイダー（Gary Snyder）はこの問題をより拡張し、文章を書くためには、「すべてを再度視覚化しなければいけない。心の中でその全体を再現する体験だ。ページに書いてあることは何もかも忘れ、その背後にある言語以前の段階に戻る。そして追体験し、回想し、視覚化し、再び視覚化することで、その体験を再度経験し、より明確に把握する」と述べている。詩人のスティーブン・スペンダー（Stephen Spender）も、自分の創作プロセスについてほぼ同じようなことを記している。「詩人とは何にもまして自分の体験した感覚・心象・印象を決して忘れ

ない人のことだ。その体験を何度でも、最初の新鮮さで追体験できる人のことだ。私は電話番号や住所、人の顔、今朝書いたメモをどこに置いたかといったことは忘れるが、ある種の体験による感覚は完璧に覚えている。これは驚くことではない。ある種の連想により、そうした経験が結晶化しているのだ。連想は圧倒的で強烈なもので、自分の生きてきた体験からそれを実証できる。そうした連想は突然湧き上がり、完全に過去の体験に戻ることができる。現在は失ってしまった子供時代の経験、時間と場所の感覚でさえも思い起こせる」。

　カミングズにおいてもスペンダーにおいても、想像上の世界の創作には単なる言葉の魔術以上のものが必要だ。感覚・心象、印象を再度呼び起こす能力が必要で、しかも、それを自在に操れることが求められる。他の著作家たちも似たようなことを述べている。詩人のロバート・フロスト（Robert Frost）は、「自分の詩について考えるというよりも、感じられる意図を実行すること。私は以前に次のように述べ、よく引用されてきた。『書く人に涙がなければ、読者も涙しない。書く人に驚きがなければ、読者にも驚きはない』」と語っている。アメリカの小説家にしてショートストーリーの作家、ドロシー・キャンフィールド・フィッシャー（Dorothy Canfield Fisher）も、よい作品を書くためには体験する必要があった。「私は情景を強烈に視覚化できる。自分の個人的なことを題材にしたことはないけれど、情景を完璧に明確に視覚化することがなければ、私の場合は何も書けないだろう。つまり、隅々まで熟知していなければ、どんな場所や人たち、人生の様相についても書けないのだ」と述べている。イサベル・アジェンデも、著作の計画を立てるに当たり、「とても相互関連的に行っている。有機的に立案している。書物の構想は精神の中ではなくて、お腹の中のどこからか湧き出てくるのだ。何を書くのか、それがまだお腹から精神に移ってこない間は何を書きたいのか分からない。お腹の中のどこか分からない暗い場所で発生するので、私自身も手掛かりがどこか分からない。そういう感覚を以前から経験しているが、それはまだ形がなくて、言葉など有形のものにできないのだ」。

　そうした最初の衝動、夢想、感触は言葉にならないものだが、最後には言葉にしなければならない。詩人や著作家がインスピレーションを感じ、あるいは心を悩ます感情を追体験すると、その後の問題は科学者や芸術家と同じである。

そうした内的な感触を他人が経験できる言語にどうやって変換するのか。フィッシャーは、「生きる人間の経験という神聖なものを言葉に変換する」と説明している。ハワード・ガードナーは、Ｔ・Ｓ・エリオット（T. S. Eliot）を言語で考える人の典型としているが、そのエリオットは実はオキーフの言葉に極めて近いことを述べている。「詩ならば、自分の感情を自分のための言葉にできた。自分の感じたことを、それに相当する言葉にできるのだ」。また、ゲイリーによれば、「最初のステップはリズムを作ること、次は言語化以前の視覚的着想やイメージでリズムの物差しに合わせて動く。そして、最後はそれを言葉にすることだ」そうだ。小説家で詩人、作曲家でもあるウィリアム・ゴイエン（William Goyen）は、自分の著作のプロセスの特徴を「肉体の状態から取り出して、スピリチュアルな状態にすること、文字、言葉にすることだ」と述べている。

　ＳＦ小説家のアーシュラ・ル・グウィン（Ursula LeGuin）は、サイエンス・フィクション作家の場合における変換プロセスに生じる逆説的なことを指摘している。芸術家は言葉にできないものを扱う。ところが、フィクション作家という芸術家はそれを言葉に変換する。さらに説明を加えてル・グウィンは、「その言葉をこのように逆説的に使えるのは、記号としての用法以外に、象徴的・比喩的にも使えるからだ」と述べている。言い換えれば、言葉とは内的な感情を示す記号としては文字通りの意味と比喩的な意味とを有しているが、感情の本質ではない。ハイゼンベルクが数学について述べたように、言葉とは理解のための表現であって、実体や本質ではない。そのためスティーブ・スペンダーは、詩作での恐るべき挑戦とは、「言葉では表現不能だが、ほのめかすことはできる何かを言葉で表そうという企てである。着想やイメージの論理など、理解できるだろうか。ある詩を書こうとしていて、それがどんな詩なのかを説明するのは簡単だ。だが、それを書くのは難しい。書くには、その概念すべてから着想されることを体験することが求められるのだが、この段階では単なる抽象的なアイデアでしかない。そうした想像体験をするには、長期間にわたる忍耐と観察が必要なのだ」と述べている。

　着想の論理など理解することはできるだろうか。着想や体験を再度呼び起こすことができるだろうか。想像力の産物を言葉で創作できるだろうか。こうした疑問の言葉を語るのは、アインシュタインであっても、マクリントックであっ

ても、もちろんスペンダーであってもおかしくない。この着想の論理、身体の反応、感情が何かを意味するとすれば、それは学校で学ぶような数学的な論理でも言語による形式論理でもない。形式論理とは、すでに存在している命題の真偽を証明するためのものだ。これに対し、ここで論じている新しい論証、論理は未だに充分には研究されていない。いや、ウラムの言うように「超（メタ）論理」と呼んだ方が適切かもしれない。これは、新たなアイデアや概念を生み出すもので、その有益性や真偽は現時点では明確にされているものではない。こうした思考のあり方については、現代の心に関する諸理論ではまだあまり研究されておらず、説明もされていない。それは言語によらず、数学的でもなく、非体系的なものだ。コミュニケーションのための通常の言語では、表現できないからだ。だが、本書での我々の挑戦や課題は、感情、着想、感覚といったもの、すなわち超論理を記述し、理解することにある。ウラムが正しければ、そうした努力の成果は、数千年前にアリストテレス（Aristotle）が定式化した記号論理の規則と同じ程度に、根本的で革命的なものとなり得る。そうした超論理によって、着想の組み立てを生み出す源泉や特性を説明できるかもしれない。そうして組み立てられた発案に対して、アリストテレスの論理を適用できるのである。

　現時点ではそうした超論理に最も近いものとしては、直感という曖昧なものがある。アインシュタインによれば、「洞察に至るのは共感的な理解に根を下ろした直感だけだ。日々の努力を原動力とする意思でも、もくろみでもなく、心から直接に湧き出るものだ」そうである。彼の同僚だったアンリ・ポワンカレ（Henri Poincaré）は 19 世紀末の世界最高の数学者の 1 人であったが、*Science and Method*（『科学と方法』）で「証明は論理で行うが、発見は直感で行う。論理からはある道順で進めば障害物にぶつからないと学ぶことができるが、論理では目的地に着く道順は分からない。目的地に辿り着くにはそれを遠方から見てみる必要がある。この視覚をもたらしてくれるのは直感である。直感がなければ、幾何学者はまるで文法は得意としているが思想や見解の全くない著作家のような存在になってしまう」と記している。物理学者のマックス・プランク（Max Planck）は簡潔に、「科学者には、アーティストのような創造的想像力が必要だ」と述べている。確かに科学者と芸術家は同類で、いずれも洞察の始めに

は感覚や直感の領域があり、表現に至る創造的な過程での意識の中に、その洞察が入ってくるのである。

これこそが重要な点である。人々が生み出す各種の物事で相違を述べるのは、あまりにも容易だ。確かに、詩は数学とは異なるのは明らかだし、小説と遺伝学も異なる。作曲家と視覚芸術家では使う言語は異なる。化学者と戯曲作家では組み合わせるものが全く違う。だが、科学的思考というものも、物理学と生物学では違うように決して1種類ではないし、すべての芸術が同じではないし、彫刻は断片の組み合わせ（コラージュ）でも写真でもない。行為の違いで人を特徴付けていては、その創造の普遍性を見逃すことになる。想像する過程という段階では、科学者も芸術家も数学者も作曲家も著作家も彫刻家も、思考と呼んでいる一式の道具を共通に使用しているのだ。この道具としては、感情、視覚的着想、身体感覚、再生想像、類推などがある。想像力に富んだ思考をする人たちは、皆こうした主観的な思考、天性の能力で生み出した着想を公の言語に変換して、自分の洞察を表現することを習得しているのだ。それに呼応して、他人の精神の中に新たな概念、思想をもたらすことができるのだ。

多数の科学者や芸術家たちは、創造力の普遍性に気付いている。1980年の第16回ノーベル賞受賞者会議において、科学者、音楽家、そして哲学者は、皆理論物理学者フリーマン・ダイソン（Freeman Dyson）の言葉を引用することに同意した。「創造と実践に関する限り、科学と芸術の類似性というのは実に全く申し分のないことだ。創造性の観点からは確かに類似している。実際に何かを創っていく職人的作業の感覚的・審美的な喜びは、科学においても確かに強烈に存在する」という言葉だ。その2～3年後、別の学際的会議で物理学者のマレー・ゲルマン（Murray Gell-Mann）は、「着想がどこからくるかという課題は、誰もが持ち合わせている」と言及した。10年ほど前に、コロラド州のアスペン（Aspen）物理学センターでセミナーを開いたが、そこには画家数人、詩人1人、著作家2人、そして物理学者たちが集まっていた。どうやって創造作業をするのか、全員の意見が一致した。科学的作業か芸術的作業かを問わず、何かの疑問・課題を解こうとしていたのだ。

ある音楽家の言葉に、「科学者と芸術家の思考プロセスの間にある絶対的な類似性は、個人レベルだけでなく、社会的レベルでも存在する。科学者が共通

の課題と認識しているものを、芸術家は共通の直観、霊感、インスピレーションとして把握する」のだ。だが、答えは同じ創造的行為から生まれる。ノーベル賞受賞の免疫学者にして著作家であるシャルル・ニコル（Charles Nicolle）は、次のように述べた。「科学者は、新たな事実の発見、大きな前進、昨日の無知の克服、これらは理性の産物ではなく、直感の想像力の産物なのだ。これは芸術家や詩人の行為に大変近く、現実化する夢であり、想像する夢なのだ」。フランスの内科医アルマン・トルソー（Armand Trousseau）も、同じ意見だ。「あらゆる科学には芸術との接点がある。すべての芸術には科学的な側面がある。最悪の芸術家とは、科学者としての側面を持たない芸術家のことだ」と述べている。同様に建設的な彫刻家のナウム・ガボ（Naum Gabo）も、「偉大な科学者なら、自分の中の芸術的な感覚が作用している体験をしているものだ」と言っている。古代ギリシャの数学者ピタゴラス（Pythagoras）も、「我々は詩人であり、数学者は創造者である」と言っている。作曲家のストラビンスキーも、そう信じていた。「作曲家の思考、私の思考のあり方は、数学者の思考とそれ程異なっていない」と彼は記している。どのような表現であろうと、ゲルマンとガボ、ストラビンスキー、ニコルの視点は同じ地点で収束する。それは、アーサー・ケストラー（Arthur Koestler）がいみじくも、*The Art of Creation*（『創造の技術』）という独創的な著作で述べたことだ。「ニュートン（Newton）のリンゴとセザンヌ（Cezanne）のリンゴはともに大発見だが、両者は見かけ以上に密接に関連し合っている。どちらも、根本的な知覚認識や感覚によって世界を再認識し、想像し直さなければ得られないのである」。

　ここまで創造的プロセスの普遍性について述べたが、この普遍性に気が付いている人々はどこにでもいるわけではない。創造的過程に存在する言語以前、数学以前の要素を認識している人はまだ少ない。すなわち、思考の直感的な観点は学際的な性質を帯びているのだが、それを認識している人は少ない。視野の狭い認識がまだ広く見られ、それらは哲学者や心理学者だけではなく、教育者たちの間でも見られる。幼稚園から大学院に至るいずれのレベルにおいても、履修課程やカリキュラムを見てみれば、工程や手順などに関する前進的なプロセスではなく、履修の成果や目的に応じて専門分野が分かれている。学生たちは初めから、文学は文学、数学は数学、科学は科学、歴史は歴史、音楽は

音楽、美術は美術といった課程を受講するのだ。各科目は重ならないように
はっきり分かれている。今ではカリキュラムの統合化というお題目があちこち
で聞かれるが、本当に学際的な課程というのは稀だ。人間の知識全般に通じる
ような超学際的なカリキュラムとなると、ほとんど存在しない。創造の工程と
いう段階では、そうした統合性、融合性が真に重要になるはずだが、分野と分
野を結びつける直感的な思考手段や方法というものは全く無視されている。数
学者には数学で考えることだけを、また著作家には言葉で、音楽家には音符で
考えることだけが示唆されている。現在の学校や大学は必要な思考体系の半分
だけで思考をするのが教育のよう。思考の本質の片面だけしか理解していな
いため、教師たちも教え方を片面しか応えておらず、学生たちも学び方の片面
しか知らないのだ。

　こうした片面的教育は、我々の知る以上に害を及ぼしている。本書は2人に
よる共著だが、2人とも大学院を修了している。我々が実際に学校で経験した
ところでは、言葉と数式以外の方法でも、多様に問題の解決を考えることがで
きるということを述べた人はいなかった。それを示唆した人さえ皆無であっ
た。数学や物理学の問題、課題が心に浮かぶ概念や感情の集まりの産物である
こと、また、人の内部に生じる概念や感情の集まりとして書物や詩を編成する
といったことは、我々も思いつかなかったし、誰も指摘しなかった。あること
に着想し意図を考案すること、問題を解決することは、その分野での言語を変
換して行っていることであると言った人もいなかった。さらに、本書では1つ
の分野で学んだ方法や洞察する過程が、他分野での洞察を得る方法を身につけ
る機会の鍵となりうることを述べるが、それについても誰も提言しなかった。

　だが、本書で紹介する創造性に溢れた人たちが、自分たちの創造のあり方を
生き生きと描写するのであれば、ばらばらな諸分野と公の言語だけに頼る教育
が、より重要な創造性の育成過程における重要な部分を見逃してしまっている
ことが明らかになる。そして、共著者である我々2人は、本書に現れる創造性
に溢れた天才たち、すなわち最も創造的な人々が真実を語ってくれていると信
じる。現在の教育では、教師たちは学生の数学や構文の能力を磨きあげるよう
に努めてはいるが、感情や直感といった超論理は無視している。我々は言葉と
数字を教えられ、それで試験を受ける。そこには人は言語と数字で考えるのだ

という想定がある。これ程に誤解に基づく学校教育があるだろうか。現在の科学教育について、ノーベル化学賞受賞者のウィリアム・リプスコムは、「科学における美しさと独創性という創造性、優れた感性を最小限度に抑制したいのであれば、現行の教育制度に勝るものはない。科学が何を理解していないのかを気付くこともなく、ましてや創造的な着想やアイデアを得るにはどうしたらいいのかとなると、ほとんど語られることさえもない」と述べている。芸術や人文、技術系での教育的な訓練でも事情は同じようだ。我々は変換された言語は学んでいるが、原形となる方言や言葉を学んでいない。豪華なご馳走が目の前に並んでいるのに、味わおうとはしないのだ。シェフたちのことを称えながら、彼らを見習おうとはしない。

　最も重要な課題は、創造的思考の直感的な方言を認識し、記述することである。洞察を他人に伝えるためには言葉や数式も確かに重要だが、その洞察が生まれるのは想像の中で生じる各種の感情や概念からなのだ。つまり、思考として感情的思考を教育カリキュラムに取り入れねばならない。学生は自分の身体の中で感じるものに目を向け、それを発展させ、活用することを学ぶべきだ。これは絵に描いた餅ではない。医療も含めた各種の専門職の世界で、専門家としての思考に欠かせない要素として直感が認められつつある。以前ジョンズ・ホプキンス（Johns Hopkins）大学にいた美術史家でソーシャルワーカーのゲリ・バーグ（Geri Berg）によれば、観察や探求的な技能などの感情に目を向けることが重要なのだ。ペンシルバニアのハーシー医療センターの内科医部長であるジョン・バーンサイド（John Burnside）医師は、そうした点をより強く主張している。「現在の教育の失敗の1つは、第六感、やる気、本能への傾斜を真剣に注視・認識していないことだ。こうしたものは数値にならないので、医療技術では消し去られてしまうのかもしれない。これらの本能的なものは、原初的なものとして無視されてしまう。だが、こうしたものも定義し、教えるべきだと私は考える」と彼は記している。

　自分自身を理解したいのであれ、他人や自然のある面を理解したいのであれ、優れた医療ケアを実施したいのであれ、創造を生む想像力の基盤となる感情や直感を活用できるようになることは必須である。それこそが、最高の生き方にふさわしい思考と教育の要である。

1　思考とは何だろうか

2

着想力・
創造力

建築家にしてデザイナーだったノートン・ジャスター（Norton Juster）の古典的なファンタジー小説 *The Phantom Tollbooth*（『マイロの不思議な冒険』1961）では、マイロ（Milo）という少年がとんでもない冒険的課題に挑む。言葉の王国と数の王国とをもう一度、統合しようというのだ。英国の物理学者で小説家、C・P・スノー（C. P. Snow）の言う、2つの文化間での問題である。両王国は分裂し、自然科学系の人間と人文や芸術系の人間とが相互にコミュニケーションが取れなくなっていた。冒険を進めるうちに、マイロは現実という町を目指し、視覚の森を通り抜ける。すると突如、巨大な建物が遠くに現れた。彼の案内役だったアレック・ビングズ（Alec Bings）によると、その建物は蜃気楼、すなわち幻想の町に過ぎないと言う。すると、マイロの連れの1人だったハンバグ（Humbug、詐欺師）が文句を言った。「存在しないものがなんで見えるんだよ」。アレックはそれに答えて言う。「時には、実際に存在しているものを見るより、ずっと簡単に見えるものだよ。例えば、実際にそこに何かがあるとしたら、両目を開いてそれが見えるだけ。でも、存在してないものなら、両目を閉じたままで、却ってよく見える。だから想像上のものは、実在するものよりも見るのが簡単なことがよくあるのだ」。そこでマイロと連れたちは、「それなら現実という町はどこにあるのだい」と尋ねた。アレックは指をさしながら、「ここだよ。その町のメインストリートの真ん中に僕たちは今いるのだよ。でも、町なんて僕には全く見えないよ」と答えた。

現実は見えないが幻影・幻想を知覚できるというマイロの能力は、文学上の設定に見えるかもしれない。我々の教育制度では実際にはこの奇妙な才能を育成していることが、すでに何年も前に分かっている。特にこれを痛感した印象深い思い出がある。我々2人が学部生だった時のことだ。ジョン（John）とい

19

う名前の友人がいた。我々が学んだ大学の歴史の中でも最も聡明な学生の1人だと思われていた。前代未聞の沢山の科目を履修して、次々とどの科目も楽々こなしていった。ジョンの成績は立派な知的快挙だった。ところが、ジョンには思いもよらない欠点があることが明らかになった。

　力学の講義シリーズが終わってから、ほんの2〜3週間後のことだ。物理学棟から出てきた時、あるがっかりする事実を発見してしまった。ジョンは痩せて長身の若者だ。運動選手タイプではないが、痩せ過ぎの虚弱な人物でもなかった。ところが、彼は古い講堂にある大変重いオークのドアを何度も開けようとしたが、開けることができなかった。そのドアは、我々の1人がドアノブを掴んで一押しすると、すんなりと開いたのである。ジョンが尋ねた。「おや、どうすればそんなに簡単に開くのだい」。

　我々は答えた。「からかっているのか。2週間ほど前に、ドアに関係する物理の原理を学んだところじゃないか」。ジョンはそれに関する方程式を完璧に習得しており、中期試験では史上最高レベルの点を獲得していた。それなのに戸惑っているようだった。「いや、冗談抜きで分からないのだよ」。

　我々はヒントを出した。「君はドアの真ん中を押していたのだよ、端じゃなくて」。「それで」。「ほら、そもそもドアノブは、ドアの中央じゃなくて端に付いているだろう。そうした方が、掛け金の金具を取り付けやすいからだろうね」。

　「それは、そうだよ。でも、物理的原理として何が関係してるのだい」とジョンは肩をすくめた。本当に、彼はさっぱり分かっていなかったようだ。彼ほどの秀才だが、決して我々をからかっていたわけではなかった。我々は大声で言った。「トルク（torque）だよ、ジョン、トルク」。

　トルクとは回転に関する力だ。たいていの人は運動感覚でトルクのことを理解していて、それはドアの開け閉めの時やレンチを使う時、それらの経験で覚えるものだ。我々は経験からドアは蝶番のない方の端を押したほうが動かしやすいことを学ぶし、レンチが長いほどボルトを緩めるための力が小さくて済むことも学ぶ。「てこ」の原理に似ている。「てこの支点と充分に長いてこ、そして立つ場所を我に与えよ。さらば、世界を動かして見せよう」、アルキメデス（Archimedes）は、そう述べたという。トルクに言い換えれば、充分に長いレン

チを我に与えよ、さらばいかなるボルトでも緩めて見せようということになるだろう。ジョンの問題に関して言えば、できるだけ蝶番から離れた個所を押せ、さらばいかなるドアでも開いて見せようということである。

　ジョンの表情には分かったという様子が現れた。そして彼は計算を始めた。暗算である。ドアの質量を X とし、回転軸から力を加える位置までの距離を Y とするなどして、計算を進めたのだろう。すると、確かにドアの中央を押すよりも、外側の端を押した方がドアを開けるのに必要な力はずっと少なくて済む。問題は、ジョンがこの知的作業と物理的世界での自分の実体験とを全く結び付けて考えていなかったことだ。試験では、物理学の講義では、教授がトルクに関する問題を出し、ジョンは数学を使って解いた。マイロと仲間たちが視覚の森で蜃気楼の町を見ることができたように、トルクの方程式という幻影や幻想とも呼べるものをジョンは見ることができた。だがジョンは、そういう数学上の問題が現実に存在するとは、夢にも思っていなかったのだ。彼は学術的な知識や計算能力では卓越していたのだが、日々の生活にはそれを関係付けられなかったのだ。彼の幻影や幻想は、現実とは結び付かなかったのである。

　困った問題だが、優秀な学生の多くがこうした学術と現実の生活との分裂を体験している。アルバート・アインシュタインも、同じことが自分の長男のハンス・アルバート（Hans Albert）にも言えると考えたのは確かだ。例えば、息子をヨットの帆走に連れて行った時、息子が学校で学んだ物理の知識を活かして風を上手く利用できるだろうというアインシュタインの期待に反して、実際には上手に活用できず、父親として失望した。この話がさらに興味深いのは、アインシュタイン自身もギムナジウム（gymnasium）の生徒であった時、実体験を学問に結びつけないような教育をされていたことにも由来する。ギムナジウムでの勉学の大半は、丸暗記と言語と数学公式での思考であったが、アインシュタインにとって、自分の感覚や直感を無視することは困難であると感じていた。彼の才能が花を咲かせたのは、スイスのアラウ（Arrau）にある別の高校に転校してからだ。この高校は、ヨハン・ハインリッヒ・ペスタロッチ（Johann Heinrich Pestalozzi）の教育原理に沿って運営されていた。ペスタロッチは教育改革に取り組んだ人物で、非言語的・非数学的な思考形態で考えることを教育の中心に据えた。このカントン（Kanton、スイスの行政単位）高校では、意思伝達

2　着想力・創造力　21

の教育ではなく、物理システムの内部に入った状態ではどう感じるかを想像する方法を学ぶことに主眼を置いていた。図を描く、模型やモデルを作る、直感に着目する、頭の中で物事を見たり感じたりするといった技能や能力を学んだ。後に特許の審査官となったアインシュタインは、そうした技能、能力をさらに伸ばした。それらの技能を物理学にも日々の生活にも活用したのである。

アインシュタインは帆走に出かけた時、乗っていたボートに作用している力をロープや船体から感じたのだ。義理の娘のマルゴット（Margot）の説明によれば、彼は自然の小さな一部に彼の理解が物理的に実体化したものになったというのだ。さらにアインシュタインは、感じ取ったことを物理法則により解釈して見せることができた。彼によれば、優れた船乗りとは応用物理学者であり、そして物理学者とは、実際の生活の場面で自分の理解に基づいて行動できる人のことだ。息子のハンス・アルバートが帆走でミスをする度に、息子は書物から学んだことを実世界での経験に結び付けられずにいるのだと父は見ていた。アインシュタインの友人チャイム・チェアノヴィッツ（Chaim Tschernowitz）の回想によれば、「ボートの帆走で、息子がミスするのを見つける度に、アインシュタインはギムナジウムのような記憶に頼る実体のない教育制度を嘆いていた。それがいかに非効率であり、その教育が原因となり、その後の人生で学生たちがどれ程の間違いを犯すかを」。

ほぼ同じころ、電子の発見者としてノーベル物理学賞を受賞したJ・J・トムソン（J. J. Thomson）も、ケンブリッジ大学での物理学の訓練に関して似たような欠点・問題を見出していた。前述の著者たちの友人ジョンのような学生たちを教育する際、トムソンは多くの物理学実験を取り入れた。そして、物理法則や原理を実際にやってみたのだ。「実験してみることで、興味深い重要な事柄を明るみに引き出せた。学生たちはレンズに関する極めて複雑な問題を解くことはできるのだが、実際にレンズを与えてろうそくの炎の像を見てと言うと、レンズのどちら側を見ていいかが分からないのだ。だが、最も興味深いのは数学の公式を用いて実験の正しい計算結果が出ると、彼らがものすごく驚くことである。数学が単に試験の解答用紙に証明する手段のためだけにあるものではないことに気付いていなかったようだ」と、トムソンは1937年に述べている。アンリ・ポワンカレも、フランスで同様の現象を目にしている。強く印象に残っ

たことは、中等教育を受けた若い人たちが、学んだ力学法則を現実世界に応用できずにいることだ。彼らにとって、科学の世界と現実の世界とは水も漏らさぬ壁で隔てられた別世界なのである。

　学術知識と実体験の間の同じような断絶は、現代もなお教育を蝕んでいる。1970年代に開催された創造性に関するシンポジウムで、ハーバード大学の心理学者レオン・アイゼンバーグ（Leon Eisenberg）は、「マサチューセッツ工科大学（MIT）のような卓越した教育・研究機関において、ある学生が最終試験で問題を見事に解き、教官に満足してもらえるまでに微積分を習得できたとする。ところが、その学生が物理学のコースに入ると、物理の問題を解くためにはその微積分をどう利用すればいいのか分からない、学んだ技能や能力を活用できないというのは、何か非常に大きな問題があるはずだ」と語った。

　科学者のリチャード・ファインマンの研究は量子力学に革命をもたらし、ノーベル賞を受賞した。その彼も、アイゼンバーグの意見に同意している。ファインマンは著書 Surely You're Joking, Mr. Feynman! （『ご冗談でしょう、ファインマンさん』1985）で、マサチューセッツ工科大学の機械製図クラスの雲形定規を数学でどう説明すればいいのか分からない学生のことを述べている。そのプラスチック製の定規は滑らかな曲線を描くために使うもので、何らかの特殊な公式がなくてはならないものであることは彼らも納得している。ファインマンにとって、彼らがそれを知らないと言うのは冗談のようなもので、そのため、ファインマン自身も冗談交じりで応えている。「雲形定規の曲線というのは、どんなふうに回しても、各曲線の最低点では、接線が水平になるようにできているのだよ」。

　そのクラスの学生たちは全員、それぞれがいろいろな角度で雲形定規を手に持っていたが、曲線の一番低い地点に鉛筆を当てて曲線を引いていった。そして案の定、接線が水平であることを発見する。この発見に全員が興奮していた。彼らはすでにそれなりに微積分を学んでおり、どのような曲線であっても、その最低点の導関数がゼロになることをすでに学んでいるのだが、学んでいた知識から推論できなかった。自分が知っていたことを知らなかったのだ。すなわち、実体験してなかったのだ。

　実際、マサチューセッツ工科大学やカリフォルニア工科大学（Caltech）の教

授たち、また、大手エンジニアリング企業の研究開発管理者たちが以前から実感していることだが、大学のクラスにいる学生たちの内、科学者やエンジニアとして成功を収められるかどうかの違いは、数学の公式の意味を感じ取り、見て取ることができるか否かにある。そうした大学であれば、物理学のクラスにいる学生は誰でも、アインシュタインの相対性理論に関する方程式を解くだけの数学能力がある。だが、その方程式を現実に活用できる学生は極めて少数なのだ。アインシュタインを始め、ファインマン、パウリ、シリル・スミス、その他偉大な物理学の学者たちは、数学と物理学の知識の間を行き来することができた。あまりにも多くの学生たちは、J・J・トムソンやアンリ・ポワンカレが観察していた学生と同様に、伝達用の言葉としての数学は学んだのだが、それによって何を伝えるのかを知らずにいる。非常に聡明な学生たちなのだが、片面しか教育を受けていないのである。

　現実ではなく幻影・幻想の中に生きてしまうという問題は、科学に限った問題ではない。人文系での言語に関する学校教育も、似たような失敗をしている。学生に伝達方法、手法や分析は教えるのだが、感じることや観察すること、共感すること、また、現実を直接的に知り得る方法について、教育・訓練を受けていないのだ。その結果は、芸術家や著作家にとって致命的になり得る。著作家のヴァージニア・ウルフ（Virginia Woolf）は自分の父、レズリー・スティーブン卿（Sir Leslie Stephen）が、そうした失敗の完璧なまでの実例だったと述べている。彼は傑出した文人にして、*Dictionary of National Biography*（『英国人伝記辞典』）という大著の編集者でもあった。彼は傑出した著作家になることを欲したのだが、彼が実際に著したものは無味乾燥な単なる辛口の分析的批評であった。ウルフによると、父スティーブンは哲学者として、著作家として、自身が失敗したことを自覚していた。そして、娘であるウルフに、「自分は確かに高い学歴を持つが、知性は二流としては優秀という程度」と漏らしたことがあった。スティーブンが他界した後、ウルフは長い間父の批評能力と創造力の相違という問題を真剣に考察した。「分析能力という点では、父はジョン・スチュアート・ミル（John Stuart Mill）やジョージ・ベンサム（George Bentham）、トマス・ホッブズ（Thomas Hobbes）にも比肩する」とウルフは記している。さらに、「父の文章は鋭く、明確で簡潔であり、いかにもケンブリッジ（Cambridge）的な分

析的な精神を持ち、称賛できる立派なモデルになっていた」としている。「だが、実際の生き方や人格という点では、父はあまりにも粗暴で幼稚、型にはまり過ぎていた。父を肖像画家に例えるなら、色チョークの箱を持った子供のような画家だった」とも。

　ウルフも、父親の受けた教育を問題にした。ちょうどアインシュタインやトムソン、ファインマンが、その学生たちや同僚たちの至らぬところを学校教育の偏りに帰したように、だ。「ケンブリッジ教育の不完全さの影響というものを考えなければいけない。それは余りにも片面的で、集中力を要する頭脳労働に、深刻な悪影響をもたらしている。その実例として、父は注意力をそらすような趣味、音楽や美術、演劇、旅行などへの関心を全く持たなかった。そうした集中力、視野の狭さは、どの程度が生来のものであり、どの程度環境がもたらしたものであるのかを見出さなければならない」と、ウルフは記している。19世紀半ば、ケンブリッジやその他の英国の大学で学位を取得するための試験は大変厳しいもので、それがスティーブン卿の偏狭で分析的な能力に何らかの影響を与えた。Tripos（トライポス）と呼ばれる優等卒業試験は、教材の記憶と記憶の検索の速さに大きく依存していた。彼は数学も言語学も詰め込みが得意で、数学の試験では特に成績優秀な学生たち143人の中で20番目の成績だった。彼がケンブリッジのチューター（Tutor、個人指導教官）になった時、自分の担当した学生たちに、「トライポスにこだわり、全力を挙げろ、学士号を取るまでは宇宙が壊れても気にするな」と言っていた。

　スティーブン卿は、そのような過度な詰め込み勉強に時間を割き、芸術に意識を傾ける時間をほとんど持たず、関心も向けなかった。ウルフはそのことを嘆いていたのだ。文芸批評という職業上の関心を別にすれば、スティーブン卿は絵画にも音楽にも演劇にもオペラにも無関心で、その意味では自分を野蛮人だと言っていた。洗練された芸術を嫌う人物という意味である。スティーブン卿は文芸分野でさえ、芸術活動というものに、頭から嫌疑の目を向けていたと断言している。「想像力に溢れた著作家というのは、情緒的や個人的なものに拘束されている。内奥にある感情を表現しようと努め、気難しく、自意識過剰だ。我々は彼ら自身の創作の喜びに満足させておき、やることには関わらないでいたいものだ」と。

確かに、スティーブン卿自身は彼らに関わらないでいた。ウルフによれば、「65歳になった父は完全に孤立し、隔絶された世界にいた。すべての感性が退化していた。現実を無視し、あるいは直視することを避け、自分の感情をも偽ってきたため、自分自身の感性的な言動の意味することも理解できず、他人の感情は全く理解できなくなっていた」。自分の感情をも直視できず、あるいは直視しようとせず、自分の考えが他人にどういう影響を及ぼすかを察知できなかった。文芸や詩なら、必ず他人の心理を動かさねばならないが、そうした作品を作ることもできなかった。それとは対照的に、彼の娘は文学で有名になり、それは文体の秀逸さだけでなく、数々の文学上の画期的試みを行った。父親が型にはまり抑圧的であったのに対し、ウルフは、歴史上の著作家の誰にも劣らず挑戦的で独創的だ。父親は彼女が大学に行くのを拒んだので不安だったかもしれないが、後に彼女は、独学はかけがえのないものであったことをよく理解した。彼女は自宅で風変わりだが融合的な学習をした。幼少期から彼女は、父親がウォルター・スコット卿（Sir Walter Scott）の *Waverley Novels*（ウェイヴァリー小説群、スコット卿の歴史小説の総称）やジェーン・オースティン（Jane Austen）やシェイクスピア（Shakespeare）、その他古典的な歴史作品を朗読するのを聞いていた。また、彼女はサウスケンジントン（South Kensington）博物館の機械部門と自然史博物館の昆虫室で時を過ごした。兄弟や姉妹たちと一緒に寝床の中でお話を考え、母親が作ったお話を真似たり、書き取りしたりした。家族が読むような新聞にも熱心に寄稿した。そうした活動のいずれにおいても、アインシュタインと同様にウルフも物事の学び方は体感・感覚的であった。彼女は自分の感覚体験をほぼ全面的に復元することができた。また、読んでいる書物の登場人物と同化することができ、自分を忘れてその世界に埋没していった。物覚えもよかったので、ウルフが11歳になるころには、父親は、やがて優れた著作家になるだろうと見ていた。15歳になったころから、彼女は独学でエッセイや歴史、人物伝、旅行記や冒険記、詩、小説などを読んだ。父親からドイツ語を教わり、数学も学んだが、この2つは全く駄目だった。しかし、自宅に来ていた講師から著作法を学んだ。また、ギリシャ語とラテン語も個人的に講師から教わった。議論をしたい時は、大学生だった兄弟のトビー（Thoby）と文学を論じた。最高に優れた文学的モデルを選んで真似ることで、書くことを学び、

芸術創作に取り組む過程や方法を観察した。父親とは全く対照的にウルフは、文学から「何を」だけでなく、「どのように」も学んだ。小説とは読むだけのものではなく、創るものでもあったのだ。

　「何」と「いかに」が分裂している教育環境をウルフが回避できたのは、幸運だった。小説を読むにせよ、彫刻を見るにせよ、音楽を聴くにせよ、それを単なる対象として、そして分析すべき「何」としてのみ捉えているのでは、幻影や幻想を知覚しているに過ぎない。その芸術が現実の生活から、どのように生じ、どう関連するのかを把握して初めて現実を体験できる。今から 60 年以上前、教育哲学者のジョン・デューイ（John Dewey）は、自身の最高傑作となった著作 *Art as Experience*（『経験が生み出す芸術』）において、「従来の芸術教育は科学教育と全く同じように、理論と現実世界の間のつながりを重視せず、むしろ切り離してしまうことにより、意味を成していない」と主張した。デューイによれば、「作品を生み出すきっかけとなった経験から遠ざかるほど、その作品を孤立した領域へと追い込んでしまって、意味を成さない作品にしている」と言う。すなわち、芸術を生み出すはずの経験が日々の出来事や行為、苦しみといった普遍的な体験から切り離されてしまうというのだ。

　教育において「何」と「いかに」とを切り離すことが問題なのは、何かについて知ることとそれを理解すること、とは同じではないという点にある。ファインマンも雲形定規に関連して、「彼らがどうなっているのか、私には分からない。理解することで学ぶのではなくて、丸暗記か何かで学んでいる。彼らの知識は実に脆いものだ」。優秀な学生だったジョンは、物理学のことを非常に多く知っていた。レスリー・スティーブン卿も、文学について同様に実に多くのことを知っていた。だが結局のところ、両者ともに自分自身、その分野について理解してはいなかった。現実にそれをどう活用するのか、何か新しいものを創るのにそれをどう利用するのかは、分かっていなかった。彼らの知識は実際、脆弱で貧相で役に立たないものだった。こうした教育の失敗は、たいていは優秀な成績という外観をまとっているのである。

　それとは反対の教育の失敗、つまり、幻影、幻想なしに現実を観察し知覚するという問題も、以前から関心を集めている。その一例に、20 年ほど前、教育心理学者のジーン・バンバーガー（Jeanne Bamberger）がアメリカのマサチュー

セッツ州ケンブリッジ（Massachusetts, Cambridge）で行った調査がある。対象としたのは、日常生活で物事を組み立て、修復するのはプロなみに上手であるのに、学校での成績が芳しくない児童である。バンバーガーがその物作り実験室でかなり早い段階から気付いていたことがあった。こうした児童たちはアインシュタインと同様、物理の原理を実用的なレベルでは極めてよく把握しているのだが、抽象化した原理として学ぶのには問題があったのだ。例えば、動くものを作る時、関連する物理学の概念は何一つ言葉にできないにもかかわらず、支点から正しい距離に重りをつけることはできるのだ。ある児童が言うには、「とにかく、感覚的に分かるだけだよ。そこに付ければいいって、何となく感じたのだ。シーソーに乗るときみたいに」。彼らには理論的知識という幻影や幻想がなく、学業という意味では成績がよくなかった。自分が達成した方法や考えを人に伝えられなかったからだ。しかし、その生徒はその状況での現実をよく理解していた。ちょうど第1章で紹介した科学者や芸術家たちが、何か根本的な洞察を習得し、何か独自の着想やアイデアを得たのに、それらをどのように表現してよいのか分からずにいたのと似ている。バンバーガーの結論によれば、この少年や彼のような児童は経験から手の知識を身につけており、それは独自の方法であり、学校で学ぶ記号的知識に劣らず有効なものなのだ。

　経験に基づく理解の例としてバンバーガーの理論はあまり理解されていないが、よく認識されている現象だとされている。斬新な芸術や科学の年表を見れば、そうした実例が至る所にある。アインシュタインを始め、グラフィック・デザイナーのM・C・エッシャー（M. C. Escher）のような創造的な人々の多くは、従来の学校では成績がよくない。エッシャーは、「アルンヘム（Arnhem）の高校では、私は計算や代数では飛び抜けて成績の悪い生徒で、これは私が数学や文字という抽象化を実に苦手にしていたためだった。これは今も変わらない。幾何学はいくらかましで、想像力を働かせることができた。でも学校にいた間は、幾何学でも決していい成績はとれなかった」と述べている。だが、後にエッシャーが創作した芸術的なパターンを用いたデザインでは、数学が大きな役割を演じている。彼によれば、「理論的な知識はないのですが、数学者、特に結晶学者たちから私の作品はかなりの影響を受けていた」とのことだ。この影響は双方向であった。タイルの集合や寸法、対称性などをエッシャーは直感

的に把握しており、それらは核心を突いていた。そのため、学者たちが彼の芸術作品を数学や物理学の概念の多くを説明するために利用している。学校時代のエッシャーを知る者でこのような結果を誰が予想できただろう。学校での成績の悪さにかかわらず、エッシャーは数学を理解していたのだ。もっとも、学校の教師たちが望むような、あるいは分かるような理解の仕方ではなかったのであるが。

　まさにそのような現象を、バンバーガーは物作り実験室で目にしたのだ。前述の少年が「何となく感じたのだ、シーソーに乗っている時みたいに」と述べていたが、彼を担当した学校の教師たちは、そのような経験による説明の妥当性、適切性を理解できなかった。バンバーガーの解説によれば、「無論、こうした子供たちも、異なる重りのつり合いを取るための重量×距離＝一定という公式は学んでいた。でも、彼らが学校で学んだこと、こう言いなさいと教わったことが、彼らが直に見たり感じたり行うこととかけ離れていた。教師たちもたいていの大人たちと同様に、学校で学ぶ知識と実生活の知識をきちんと分けておくことに慣れ過ぎていて、実践応用ができなくなっている」。実際、バンバーガーがこのプロジェクトで発見した事実として、多くの教師たちは生徒たちに課題として課している、作動するもの、その他組み立てたものを彼ら自身では作成することができなかった。教師たちは理論を理解していたが、現実の世界でそれを利用できなかったのだ。幻影や幻想と現実は彼らにとって分離した世界で、それは生徒たちにとっても同様だった。だが、その分離の原因が異なっていたのだ。

　レスリー・スティーブン卿や本書の著者の友人ジョンの受けた学校教育で、何がいけなかったのかを、ここまで説明してきた。両者ともに、科学や哲学、文学、歴史などで、他人の考えを詰め込むのは極めて得意だった。だが、2人とも、芸術であれ技術であれ、実践することに何ら関心もなかった。趣味もなく、手や心を使って何か物を作り出すことをしなかった。要するに、想像力に欠けていたのだ。精神と身体、知性と感性・直感を結び合わせる能力に欠けていた。行動すること、制作することによって物事を学ぶべきだと、彼らに強く言う者はいなかった。手の知識と記号の知識とを融合させよと勧める者がいなかった。実践と解析を、そして幻想と実体を結び付けよと勧める者がいなかっ

2　着想力・創造力　29

た。2人とも事実は学んだが、その意味を想像できなかった。2人の聡明な知性は、そして彼らと同類の多くの人たちの知性は、知ることと理解すること、幻影、幻想と現実を分裂させてしまう教育によって、視野を狭められてしまったのだ。

　その結果、深刻な不利益や障害が生じた。本書の後の章で紹介するように、着想や想像ができなければ発明もできない。ピューリッツァー賞を受賞した著作家にして芸術家ポール・ホーガン（Paul Horgan）は、自己が持つ能力を知るには何よりもまず、幻影や幻想が必要なのだと記している。存在していないものを心に描くことができなければ、何も新しいものを生み出すことはできない。可能性のある世界を想い描くことができなければ、他人の語る世界しか存在していないことになる。自分の目ではなく、他人の目を通して現実を見ることになってしまう。さらに困ったことに、自分の幻影、幻想、洞察に溢れた精神や心の目を養うことに失敗してしまう。あなたの顔に付いている目には全く何も映らなくなるだろう。

　The Phantom Tollbooth のマイロがこのことを理解するのは、現実という都市に暮らす大勢の人たちが建物に出入りし、通りを行き来しているのに彼ら自身も見えていないことをマイロ自身が気付いた時だ。幻のような現実に暮らす人々の思考を知って、問題を感じたマイロは、「誰もあの人たちにそのことを教えてあげていないの」と尋ねる。ちょうど、ジョンやスティーブン卿に直面する現実が見えなかったのと同様だ。マイロの案内役のアレックはこともなげに、教えてあげてもろくなことにならないと言う。「教えてあげても、あの人たちは、自分がいる場所を探そうにも忙しすぎて決して見えないのだよ」。「じゃあ、幻影や幻想の世界に暮らせばいいのに」と、バンバーグが皮肉を言う。そうすれば、少なくとも見ることができる都市に住めるかもしれないじゃないか、というわけだ。アレックは、「幻影や幻想に住んでいる人たちも、沢山いるよ」と答える。「でも、見えているものが実は存在していない所に生きることも、存在しているものが見えない所に暮らすことも、同様に困ったことなのだよ」。

　幻想と現実の両方に同時に住めばよいのだと、マイロはついに気が付く。幻影、幻想と想像は、世界がいかに成り得るかを示す。知識と実体験は可能性を制限する。その2つを融合させることで、理解が生まれる。精神の生み出す幻

影、幻想がなければ、現実を明確に把握することはできない。その逆も真実だ。

　最も優秀な科学者たちは、いつの時代にもそれを論じていた。彼らの多くは、幻影や幻想を絶えず現実で調整せねばならないと主張していた。理論は必ず、実験と観察で立証せねばならない。芸術家や著作家、人文系の専門家たちも、同じことを言っていた。ただし、彼らの場合には、この相互作用の矛盾はあまり解消されることがないのだが。アーシュラ・ル・グウィンは、次のように記している。「小説・物語の作家は、少しでも勇気がある時には真理を求める。真理を知り、それを語り、それに仕えたいと。だが、その努力の中で奇妙な曲がりくねった道に迷い込み、登場人物や場所、出来事を作り上げる。実際には実在したこともなければ、今後も実在しないであろう人物や場所である。そして、そうした物語を詳細に長々と語り、そこに熱情を注ぐのだ。そうした嘘のひとまとめを書き終えると、できた、これが真実だ、と言うのだ」。

　ル・グウィンはさらに、著作家の嘘の構築の根拠として、あらゆる種類の事実があるのだと述べている。そして、検証できる場所や出来事、現象、行動がしっかりとあるのだ。知覚心理学者のリチャード・グレゴリー（Richard Gregory）も、物語と嘘を同一視するのは誤りだと指摘している。物語では事実、経験と知識をさまざまな角度から検討を重ねて、それらを具体的にイメージを作り上げることで、著作家は認識した事実に肉薄していくのだ。最終的に、このような想像力で構築した物語は、事実以上の意味を持つようになる。創造の過程を作り出すからだ。それは芸術だけでなく、科学においても同様だ。病気の原因として、細菌論を生み出したルイ・パスツール（Louis Pasteur）は、「実験をする者の幻影・幻想がその人の力の源になり、大部分を作り出す」と述べている。アインシュタインも創造的作業では、知識よりも創造力が重要なのだと断言している。

　科学者の場合には、実験というものが想像の暴走を防いでくれる。芸術家の場合には、これは弁証法的なジレンマ（両刀論法）になる。ル・グウィンは、「私の言うことすべてを疑ってほしい。私は真実を語っていると主張してやまないが、これはこの物語というレンズで見えるものについて、よく考えてほしい」とも言い換えられるだろう。我々の現実の認識は、我々がどういう種類の、どのような特質の幻影や幻想を起こすかによって左右される。ピカソの次の発言

の真意もそれであろう。「芸術とは人間に真実を悟らせる嘘なのだ」。非常に多くの芸術家や科学者たちと同様、ピカソも想像力が真理を発見するだけでなく、真理を形成するものであることを理解していた。その点をピカソが示した優れた逸話がある。ある日、彼は列車の旅に出て、よくあるように隣の席に座っていた紳士とお喋りをしていた。その紳士は自分の話し相手がピカソだと気付くと、現代アートが現実を歪めてしまうと文句をつけ出した。一説によればそこでピカソは、現実の忠実な再現とは何なのかを教えてくれと強く要求した。するとその紳士は、財布のサイズの写真を取り出して、「これだよ、これが真実の画像ですよ。私の妻はこの通りの姿ですよ」。するとピカソは、その写真を持って向きを変え、いろいろな角度から眺めながら言った。「奥さんは随分と小柄な方ですね。それに平たい方ですな」。

　想像力がなければ、実に全世界はピカソが見た肖像写真のように、平たく小さなものになってしまうのだ。レスリー・スティーブン卿の抱えた問題もジョンの問題も、それだった。我々が直に感覚で受け取るものは、それがドアであれ、日の出や日の入り、月の出や月の入りであれ、写真であれ描画であれ、紙に我々が書く文字と呼んでいる記号であれ、そうしたものは現実ではありえない。あるいは、そうしたもの自体は我々にとって、全く現実的ではないのだ。我々は感覚が受け取るものを想像力で解釈し直し、理解を作り出さなければならない。すべての科学や芸術は、この事実を現実化し表現したものだ。ドアとは蝶番で留めた単なる木片ではなく、トルクと質量に関する例でもあるし、ドアは素材と手仕事の技能、実用的用途の融合したものでもある。さらに、芸術的なデザイン作品でもあり、出口でもあり、入口でもある。同じドアをこのように多様に捉えるには、いろいろな方法でそれを知覚することが必要だ。それを友人のジョンは苦労して学んだのだ。見かけに反し、太陽ではなく地球が回っている。よって、地球ではなく太陽こそ太陽系の中心だ。写真や絵画、文章といったもの自体は、紙の上にインクや銀化合物などの染みが付いたものに過ぎない。それらを見て我々が何を認識するかは、それらが表すものを感覚や感情、感性、経験によって、我々が再現する能力や技能による精神が描き出すものに依存している結果である。それらの意味とは創り出したフィクションであり、我々が内心に真実を有している限りにおいて共鳴する真実味を帯びるも

のに過ぎない。内的な想像と外的な経験とが一致する時に、生産的な思考が実現する。

　したがって、教育者、親の仕事とは、単純に言えばこの２つを結び付けることにある。特に創造的な人々は自分の行動や言動において、自分の精神の働きを探求する中で、その結び付け方を示している。創造的な彼らが発見してきている過程を全体としてまとめてみると、創造的な理解というものの中核に共通の思考手段や道具が存在する。それらは、観察、イメージ化、抽象化、パターン認識、パターン化、類推化、体感覚的思考、共感的思考、思考次元の転換、モデル化、遊び、変換、統合・融合化である［監訳者注：本書では、以後の章で、これらの事項について、詳細に解説する］。

　この世界に関するあらゆる知識は、まず観察によって得られる。視覚や聴覚、触覚、嗅覚、味覚、感覚などで捉えるものに着目することだ。そうした感覚体験を回想し想像する能力も重要な道具、手段であり、それをイメージ化、画像化、具象化と呼んでいる。いずれの感覚でも観察を行うことができるし、いかなる感覚でもそのイメージを再現または創作することができる。事実、科学者や芸術家、音楽家たちは同様に、現実には未だ見たことのないものを心で観て、未だ存在しない音や歌を聞き、本当には触れたことのないものの感覚的特徴を感じ取ると語っている。感覚体験や感覚的イメージは豊かで複雑なものであるため、どの分野でも創造性に溢れた人々は不可欠な手段の１つとして、これらの本質を表すように抽象化を行う。ピカソのような芸術家であれ、アインシュタインのような科学者であれ、ヘミングウェイ（Hemingway）のような著作家であれ、複雑なものを単純な原理に抽象化する過程は共通だ。

　抽象化はパターン化を伴う場合が多い。パターン化という道具・手段には２つの部分がある。その１つのパターン認識、すなわち、様式や様相の認識は、自然界の法則や数学の構造の発見に関与するが、さらに言語やダンス、音楽の韻律やリズム、そして画家の形態的な表現などにも関係するものだ。また、パターン認識は新しいパターンを創作するための最初のステップでもある。そしてパターン化では、音楽であれ、美術、工学、ダンスであれ、ほぼ必ず単純な要素を予想外の方法で組み合わせる所から始まる。さらに興味深いことだが、パターン化そのものにもパターンがある。パターンの中にあるパターンを認識

2　着想力・創造力　33

することが、直接的に類推化につながる。２つの明らかに異なる事柄には重要な共通特性や機能があるとの認識は、世界でも一流の芸術作品や文学作品、不朽の科学理論や工学上の発明の中核によく見られる。

　思考の道具や手段は言語的、記号的以前に使われるものだが、特にそうなのが体感覚的思考である。これは、筋肉や腱、皮膚などを通した体感覚体験や意識から生じる。多数の創造的な人たちは、新たな着想やアイデアを表現する言葉や数式を見出す前に、新たに湧き上がったものを身体で感じ取っている。身体感覚や筋肉の動き、感情などを基にして、人に伝えられる思考表現へと変換していくのだ。運動選手や音楽家は、自分の身体の動きに伴う感触を感じ、想像する。物理学者や芸術家は、電子の動き、樹木の様相を自分の体内で感じとる。共感的思考、すなわち共感や共鳴も、身体を通して湧き上がった思考とつながる。研究対象の中に自分自身が埋没していき、自己と対象とが一体化していくのだと、多くの創造的な人たちが語っている。俳優は、演じる役を自分自身の一部とする。科学者や医師、芸術家たちは、他人や動物、植物、電子、星などになりきって思考する。これが共感的思考につながる。すなわち、ある特定の知覚対象を強調し力説していくことになる過程であり、ある事象と自身が一体化することになる。さらに、もう１つの思考の道具、手段は思考次元の転換であり、空間的、異次元的な思考を目指すものである。これは、２次元平面から３次元以上のもの、地上から宇宙へと、時の推移とともに何かを引き出す精神の能力であり、ひいては、別世界にさえ飛翔できる。この思考次元の転換は、これら思考の道具・手段の中でも特に認識されていないものの１つだが、工学や彫刻、視覚芸術、医学、数学、天文学には欠かせないものだ。実際、１つの次元の集合における画像を他の次元とセットにある対象として解釈する必要のある作業であれば、必ずこの道具・手段が必要となる。

　ここまで概略で紹介した思考における道具や手段は、１次的なものとでも呼んでいいだろう。いずれも、他の道具や手段から完全に独立したものではない。体感覚的な思考をイメージ化から完全に分離してしまうことはできない。類推化はパターン化、パターン認識に依存しており、パターン認識に関する能力は観察に依存している。ただし、こうした道具、手段を、人がそれぞれ別個のものであるかのように身につけることは可能だ。思考道具・手段のうち、残る４

つは明らかに高位のもので、1次的な道具・手段の上に立脚して、それらを統合化するものだ。物体や概念のモデル化をするには、思考次元の転換と抽象化、類推化、そして体感覚的思考の活用を組み合わせねばならない場合が多い。詩人や著作家は、従前の著作家たちの手本に、思考対象、様式を認識する必要がある。芸術家たちは傑作の創作に先立って、小さなスケッチや模型を作る。ダンサーなら実際の人間たちをモデルに振付を考える。医師なら特殊な人体模型で手順を試し、そこから学ぶ。技術者なら模型モデルで着想を試験する。遊びも統合的、融合的な道具、手段の1つであり、特に体感覚的な思考、モデル化の上に成り立つ。従来の方法論では軽視されていた遊びにおいては、取り組んでいる最中に子供のような喜びがある。遊び心を持って科学や芸術、技術の限界に挑み、何が起きるかをひたすら調べることが、斬新なアイデアが生まれる際に特に広く見られる思考道具・手段の1つなのだ。

　変換・変革化も、統合的、融合的な思考に至る道具・手段の1つである。そして、さまざまな思考道具・手段のうち、創造性と言語間の変換や変革化を行うための道具・手段とも言える。すなわち私たちは、現実の世界で感情面または身体面で違和感を感じるとそれを問題として認識するが、それに対する解決策として、言語や思考、数式、発見、発明といった形で論理的にその問題を表現しなければならない。感覚から論理的表現へと移行するには、一連のステップが必ず必要となる。つまり、まずその問題を詳細な観察や実験でその問題のパターンを見出すこと、パターンから注目すべき箇所を抜き出してモデル化すること、そして、それを自分の中に取り込み、実際にさまざまな角度から解決策を思考し、最後に自分の洞察を最もよく表現できる言葉に置き換える必要があるのである。このような変換・変革化することで、別のさまざまな思考手段が重なり合って、1つの機能する全体像が完成する。そこでは各種の技能、技術がお互いに作用し合って、協調し合って機能を果たすことになる。

　最後に、最も重要なステップである統合・融合化を行い、想像力の道具・手段が完成する。理解へと到達するには必ず統合・融合化を行い、さまざまな経験を結び付ける作業が必要なのだ。統合・融合化を伴う思考には、基本的な構成要素が2つある。その1つが共感的思考である。これは神経科学と芸術用語で、同時に複数の感覚体験をすることを指す。ある音を聞いて色が思い浮かぶ、

ある味覚を感じると特定の感触や記憶を思い起こす、といった現象だ。さらに、統合・融合化された思考を理解するためには、知識の統合化も必要となる。観察やイメージ化、共感、その他の各種道具・手段が密接につながり合って統合化し、理解へと結び付くのである。そして思考の変換の場合のように順次にではなく、同時にすべてを統合化するのである。記憶、知識、想像、感情といったあらゆることを、統合的に、身体的に一度に感じ取るのだ。トルクを記述する方程式が、ドアを開けるときのトルクの感覚と一体化する。このような身体と精神、感覚と感受性を結び付けた統合的な理解のことを、サイノシア（synosia）と呼ぶ。これが、思考道具・手段の教育における最終的なゴールとなる。

　これら13種類の思考道具・手段について、重要なポイントを6点言っておかねばならない。まず第1に、本書は創造的な人々自身の思考過程・方法の説明に終始していることを強調したい。アーティストのブレント・コリンズ（Brent Collins）は典型的な内観的人物で、これらの「想像力」を道具・手段として使うことによる自分の創造プロセスを明確に理解している。数学の方程式のモデルをその比喩となる彫刻で表現する試行について、コリンズは、「正確に実寸通りの2次元のテンプレートを作り、この彫刻の数学的論理全体はそのテンプレートの中に読み取ることができた。ただし、美的な面ではいくつか選択肢があり、このテンプレートは私がどういうわけか直感的に従うべき空間的論理の指針として利用できた。ありふれた木材加工の道具・手段を使い、運動感覚に従って作業を進め、どのような作品になるかを徐々に感じ取り、視覚化することができるようになるのだ。彫刻の線形のパターンは抽象化の結果として得られるのだ」と述べている。次元の思考やモデル化、身体での思考、視覚的イメージ化、抽象化、融合・統合化……それらすべての道具・手段を活用して、彼は創作を行う。これ以降のページで紹介し、論じる人物たちも同様である。

　第2に、こうした想像力の技能、能力について、それらに着目したのは我々本書の著者たちが初めてではないことを断っておきたい。すでに1世紀前、英国の人類学、統計学、遺伝学などの学者であったフランシス・ゴルトン（Francis Galton）は、彼が天才と呼ばれる人物に関して種々の研究を行った。彼の観察によれば、彼と同時代の傑出した人物たちには、身体で物事を考え、数値で表すことに着想し、視覚的なものにする傾向があることを見出した。彼の研究成果、

そして多くの心理学者が積み上げた研究から、創造的思考のある種の側面に関する貴重な洞察が得られている。現代、過去の創造性に溢れた個々人を研究する上で本書の著者たちは、ゴルトンが編みだした創造的想像力という概念を拡張している。本書で説明する思考の道具・手段は、そうした創造性に溢れた人たち自身が利用してきていることであり、事実、実際に使用していることが判明した道具・手段でもある。

　第3に、こうした創造的思考の道具・手段によって幻影・幻想と現実の間の溝が埋まり、統合的な理解が得られるはずだと、著者たちは主張する。冶金学者のシリル・スタンリー・スミスは、人文主義者にして芸術家でもあったが、「思考の道具・手段というものが、現実・想像・創造から生まれた3つのものを結び付ける」と理解していた。外部から受ける感覚を取り込む際に生じる感覚の視覚的なイメージ化、パターン認識、パターン化は、取り込んだ感覚、経験に意味を与える能力であり、スミスが言うところの精神と事象が共有された二重性へと導いていく。「パターン化や統合・融合化、変換・変革といった原理は、事象においても、人間の脳においても同じように見受けられる。そして、それらを適切に行えば、一種の視覚的な暗示が得られる」と、スミスは記している。つまり、明らかに思考の道具や手段という概念は、それらから融合・統合化をもたらすものとされているのだ。

　第4に、我々はこれらの思考の道具・手段に、認知的、認識的な意味があると主張しているのではない。これらの道具・手段は、教育上の成績追跡道具として利用されている遺伝的知能の一形態ではないし、脳の特定の機能を示す認知的領域でもない。また、思考の道具・手段は、脳の解剖学上の局部に対応するものでもないし、何らかの神経の接続にも対応しない。むしろ思考の道具・手段とは、まさに我々の通常的に言うところの「道具や手段」なのだ。泡だて器や包丁、おろし器、フライ返し、ミキサー、ブレンダーなどと同じく、誰でも、使用できる道具なのだ。決意と練習さえあれば、誰でもある程度はこうした道具・手段を使用できるようになる。それらは、論理のような分析の道具・手段、そして言語や数学公式といったコミュニケーション用の道具・手段と一緒に使うことが大いに望まれる。ここでの思考の道具、手段はその他の認知手段を相互に補完するが、それらに取って代わるものではない。

第5に、料理道具を上手に使えるからといって、斬新な料理が必ずできるわけではない。同様に、思考の道具・手段が上手に活用できても、科学や芸術、その他それぞれの分野での革新的、創造的なことを実現できるとは限らない。創造性を実現するには容易なレシピはないのだ。それでもシェフであろうと、考える人であろうと、自分の持っているものを充分に使い込み、練習をしなければ、創造的であるものはできない。創造性を得るためには思考の道具、手段は欠かせないが、どんな仕事の道具・手段でも同様であるが、利用する人が自分流の時には独自の構想を持って活用しなければ革新的な成果は生まれない。

　最後の第6点として、人々はこうした思考道具・手段を職場や家庭で利用するのだが、最も重要な活用の場所は教育の場である。人間の教育制度とは、我々が人間というものをどこまで認知的・創造的に理解しているのかという、自己理解を具体化したものである。創造的思考というものを適切に理解できていなければ、創造的な人材を生み出す教育制度を作ることはできない。逆に、社会が創造性の特性を理解していれば、教室でも創造性を育むことができよう。実際、我々著者の願いは本書で述べる思考の道具、手段の活用によって知性とともに想像力が養われ、精神における感覚的思考と身体における体感覚的思考が統合化されることである。また、これらの活用によって、芸術家や科学者、ダンサー、技術者、音楽家、発明家たちの輝かしい思考と創造のあり方が解明されるようになるであろう。そうなれば、想像を遥かに超えた素晴らしい知性の進歩が我々の未来に訪れるだろう。

　これらのことは非現実的な課題だろうか。そうかもしれない。知識の細分化はこれまでになかったほど進んでいる。真に理解することが従来に比べて困難になりつつある。Ｃ・Ｐ・スノーが問題にした2つの文化は、現代では相互にやり取りのない幾つもの文化になっている。技術の信頼性は、ブラック・ボックス（black box）という正体不明で魔術的でさえある仕組みの根拠にもなりがちである。手に入る情報が加速度的に益々増大すると同時に、我々が理解でき活用できる情報は大きく減りつつある。社会が何らかの方法を見つけて、多くの人たちが融合・統合化された理解を得られるようにしなければ、情報革命は無駄なだけでなく、高度な人道的な文明に対する脅威にすらなりかねない。

　本当に失敗と呼べることは、やろうとしないことだ。*The Phantom Tollbooth*

でマイロはそれを学んだ。無知の悪魔との幾多もの衝突を潜り抜け、最後にマイロは、追放された韻律の王妃と理性の王妃を帰国させることによって、「言葉の国」の首都であるディクショノポリス（Dictionopolis）と「数の国」の都であるディジトポリス（Digitopolis）とを再結合させて、「知恵の王国（Kingdom of Wisdom)」にする。マイロのしたように、我々も思考道具・手段という媒体を通して、幻影・幻想と現実とを結合して理解に至るように努めることはできる。マイロの成し遂げたことに劣らず、この目標は壮大で困難なことは確かだ。だが、適切な位置でドアを押せば、ドアは動き開くのである。

3 観察力

　注意深い詳細な観察から、新たな知識、学識、理解を得ることができる。例えば、いくつかの現象や事象を観察し、そこから新たな知識・学識などを生み出すには、対象をより精細に観察し、認識し、理解する必要がある。その実践として、本章を読み進む前に読者諸氏はご自分の観察能力を試していただきたい。テレビをつけて、そこで何を観察しているかを記録してみる。その番組で誰が誰に向かって何を言っているかといった詳細を記録するのではない。ガラスの画面、プラスチック製の本体、押しボタンのスイッチといった、誰にでも観察できるものを超えて、詳細な特徴や特性を見てとってみる。それをノートに文字や絵で記してみる。その後で本章を読むと、そのテレビの観察という行為がより深い意味合いを持つことに気付くであろう。

　大方の人たちは観察について、視覚による認知であるとしている。これは確かに、思考を伴わない近視眼的な見方であるが、そこから出発するのが適切である。それでは、図3-1では何を観察することができるだろうか。一見すると、何もなく枯れた草に見えるかもしれない。だが、よく観察していただきたい。この図は、ジェラルド・セイヤー（Gerald Thayer）の *Concealing-Coloration in the Animal Kingdom: An Exposition of the Laws of Disguise Through Color and Pattern: Being a Summary of Abbott H. Thayer's Discovery*（1909）という視覚現象に関する画期的な著書において、実例として掲載されたものである。書名が示すように、この図は何かを偽装（カモフラージュ）している。左上の小さな黒い点が目と考えられる。右下に向かう黒い部分が尾の影と考えられる。そうすると、その影の上と左に、周囲と少し違う模様の箇所がはっきりと分かるようになる。こうした各要素を収束させると、鳥として認識することができる。もっ

図3-1　動物の偽装の一例。

と具体的にいうと、ライチョウの一種のターミガン（ptarmigan、季節により羽の色を変えるライチョウ）である。

　ではなぜ、それがその鳥として観察できなかったのか。偽装しているからというのでは、理由にならない。というのは、一度気が付けば、はっきり鳥だと分かるからだ。だから、観察という行為は、単に見ること以上のものである。特に驚くべき事実として、人類は偽装した動物を人類社会の夜明けから見てきているはずだが、偽装という一般化した概念は認識してこなかった。ジェラルド・セイヤーの父アボット・セイヤー（Abbott Thayer）は、天使や女性を描く画家にして自然史のアマチュア研究家であったが、その鋭い感性・感覚により初めて偽装という概念が生み出された。進化論に対するセイヤーの貢献は大きく、チャールズ・ダーウィン（Charles Darwin）やアルフレッド・ラッセル・ウォーレス（Alfred Russel Wallace、進化論の共同発見者）、そしてヘンリー・ベイツ（Henry Bates）とフリッツ・ミュラー（Fritz Müller）（偽装の特性を明らかにした2人）と並

び、自然進化論の基本メカニズムを解明した偉人の殿堂に名を連ねている。セイヤーは軍用の迷彩服も発明した。

　受け身で眺めることと積極的に観察することとの違いは、現代アーティストの作品創作においても驚異的な影響がある。ジャスパー・ジョーンズ（Jasper Johns）が描く対象は、懐中電灯や電球といった日常的なものやアメリカ国旗であるが、そういったものは目にとまりにくいもの、すなわち普段詳細に見ないものだからこそ、彼はそれらを意図的に選んで描いた。「私の関心を引いたのは、ある時、私は見ようとしていないのだが、自分の身の回りの一部のものの存在を意識していることに気付いた。よく見ることはなく、目も向けずに、だが認識していたのだ。身の回りのものの表面的な部分を注意深く詳細に観察して、これはどのような物体なのかと思案し考察することは極めて稀だ。物事のそうした側面に私は関心を持ち、それを創作に取り入れて、これまでただ眺めてばかりでしっかりと注意深く見ていなかったものを観察できるようになった」と、ジョーンズは述べている。ジョーンズのアメリカ国旗のシリーズにはさまざまなバリエーションがあり、その中には幽霊のような幻影であったり、精細な織り目が描かれている。見慣れた対象を繰り返し変化させながら描くことで、ジョーンズは我々にしっかりと対象を観察し、そこから思考することを求めているのだ。

　ジョーンズが進言しているように、美術家でさえ観察する方法や方策を学ぶ必要がある。彼らの多くがただ眺めることと観察することの違いを習得した重要な瞬間を覚えている。美術家のジョージア・オキーフの場合、彼女が高校2年生の時、ある美術教師がクラスに美しい紫のテンナンショウ（jack-in-the-pulpit、サトイモの一種）を持ち込んだ際の体験がその瞬間であった。

　　「テンナンショウを高く掲げて、女性教師はその奇妙な形状と色の変化を指摘した。深い黒に近くて土っぽいバイオレット色から、いろいろな色調の緑系統の色まであった。花の淡い白っぽい緑から葉の深い緑まで。紫の覆いを持ち上げ、テンナンショウの内部を見せてくれた。私もテンナンショウなら、すでにいろいろ見たことがあったが、その花を詳細に観察したのはこれが初めてだった。彼女のお陰で私はしっかりものを見るように

3　観察力　43

図3-2　左から、テンナンショウ No.2、テンナンショウ No.4、テンナンショウ No.6。いずれもジョージア・オキーフ作、1930年。

なり、実際の成長する植物の輪郭や色が絵画を描く際にも重要であることに気付かされた」。

　この授業は非常に強烈な影響をもたらし、それ以来オキーフはテンナンショウに限らず、各種の花、頭蓋骨、風景、高層ビルさえも、他の誰もがそれまで経験していないような見分け方法と洞察力を持って観察した。晩年、オキーフは自分が観察について会得したことを短い文に純化して表した。「それでもある意味では、誰も花を極めて詳細に、充分に注意深く観察していない。花は注意を引くほど大きな対象ではなく、我々はそれほど観察に時間を割かない。必要十分な観察には時間が必要である。友人を得るにも時間を必要とするように」。

　このオキーフの言葉は、どんな分野においても観察することにおいて当てはまるものである。詩人にして美術愛好家だったハーバート・リード（Herbert Read）が記したように、観察するという行為は習得し、訓練すべき技術である。確かに、中には生まれつき注意を集中させる素質、才能を持っていたり、観察したものを記録する際、目と手の連携が生まれつき優れた人たちもいる。だが、ほとんどの人の場合、他の感覚器官も同様に、目による観察、認知、認識能力

は、表現技術や能力と同様に訓練されるべきものであるのだ。こうした訓練のことを生物学者のコンラート・ローレンツ（Konrad Lorenz）は、The practice of a Yogi（ヨーガ行者の忍耐）と名付けている。

したがって、何度もしっかり観察するという行為は、偉大な芸術家の特徴の1つである。芸術の抽象化で名高いパブロ・ピカソは、少年時代は現実的、写実的に細心の注意を払って描いていた。「父親が私にこう言っていたのを覚えている。『お前にはぜひ画家になってほしいけれど、描写画が上手に描けるまでは着色する絵画を描いてほしくない』。そして、父は私に描写の練習のため、ハトの足を渡した。その後で私が描いたものを批評し、批判した」。彼の父親は美術教師でハトを描くことを専門にしていた。そのハトの足を息子に何度も描かせた。ピカソの話は続く。「そして、ついにある日、父は何でも描きたいものを描いていいよと許可をくれた。15歳になるころには、私は顔や人物も描き、かなりの大作もできた。しかも、雛形や手本なしで描くことができた」。つまり、これはハトの足を繰り返し描いたことで、線の描写の持つ本質、神秘性、不可解性を把握したからだ。裸の人物もそれで描くことができた。1つの物体を観察することで、ピカソは観察に必要な各種の要点を会得し、何でも描写できるようになったのである。

今も昔も美術家は、描く腕前とは観察能力と不可分であることを知っている。その逆もまた真なりである。実際、手で描けないのは観察をしていないからであると考える人が多い。それを実証したのがアンリ・マティス（Henri Matisse）で、彼は独力で絵画を学び、パリの通りを歩く人々を描いた。彼と友人たちは屋外に座り、通り過ぎる人々の輪郭、シルエットをわずか数秒で描き、線の描写を上達させた。人の身振りや姿勢の特徴をすばやく見つけるように努めた。マティスがよく分かっていたように、彼の師匠ユージン・ドラクロワ（Eugène Delacroix）も、彼の観察の才能や腕前を評価して重要視した。誰かが5階の窓から地面に落ちたとしよう。その間にその人間の様子をスケッチできないなら、不朽の名作など決して描けはしない、とも。同じように、ヴィンセント・ファン・ゴッホ（Vincent van Gogh）の目標は、文字を書くのと同じくらい容易に描けるようになり、大きな尺度でも小さな尺度でも思い通りに再現できることであった。ゴッホはいくつかの傑作をわずか半日で完成させている。そこから

3　観察力　45

図3-3　ヴィンセント・ファン・ゴッホ、Women Picking Olives。

も、彼が開発・開拓した感覚の鋭敏さと描く能力の高さを窺い知ることができる。

　文章を書くにも鋭い観察能力が要求される。(アメリカの詩人・作家) E・E・カミングズは、かつて自分自身を世の中のすべてのものを熟練した感覚で観察できる人間と称していた。彼がジョン・ドス・パソス (John Dos Passos) という人物と一緒に町を歩いていた時、カミングズは小さな紙切れに何か言葉を書いたり、下書きをしたためていた。小説家のW・サマーセット・モーム (W. Somerset Maugham) も同様に、著作家は絶えず人間を観察し研究することが不可欠だ、と述べたが、これは外見的な容姿のことだけでなく、その会話や行為、行動も含めてのことだ。また、人からの噂話を聞く際も何時間も耳を傾けるべきで、そこから人を欺くような兆候がないか、軽率な口述ではないか見極めよと勧めている。確かに、著作家のルイーズ・モーガン (Louise Morgan) によれば、モームは人間性を追求する探究者であり、科学者がより正確な情報を集めるために実験をするのと同様に、人と相互に触れ合った。モームは愛嬌がよく、礼儀正しく注意深い人物だったが、そのやり方は人間味がなかった。彼の接し方は無遠

慮に詮索するものだったにもかかわらず、それでも周囲の人々がモームから去っていかなかったことは人々の関心を引いた。

著作家にとってこうした観察能力が重要だからといって、驚いてはいけない。本当の出来事のような筋書を発案し、著述するためには、読者の言葉や挙動、行動に対する反応を広く知っていなければならない。作品を読んでその作品が読者の心を揺さぶるか否かは、自身の感受性の強さにも関係する。著作家は人生において、単に何かを体験するだけではなく、それらを観察し分析するのだ。小説家のダフネ・ドゥ・モーリア（Daphne Du Maurier）は、10代の時、ある会話の中で困惑した経験について述べている。モーリアは突如、自分の意識の中には、1つは話し好きな面、もう1つは観察的な面という2つの面があることに気づいた。18歳だった自分のどこかに、潜在的に埋もれている著作家の卵がいて、動くこともなくただじっと、学校の校長の気分の変化を観察していた。彼女は自分の生き方が不満で退屈を覚えていた。選び抜かれた着想の種が、発芽し地表に現れるまでには、5年あるいは20年、またはそれ以上の時間がかかる場合もある。その間に、着想はそれ以降のさまざまな観察や経験などとも融和し、長らく忘れていた書物の登場人物と混じり合ったりもする。そして、最終的にはそこから物語や小説が生まれるのだ。

実際、ドゥ・モーリアの自伝的な数多くの著作には、彼女が自ら目撃し、記憶の中に持ち続け、後の小説に細かな描写として活かしているものが多くある。例えば、10代だったころにずっと年上のベージル・ラスボーン卿（Sir Basil Rathbone）に一目ぼれした経験が、*Rebecca*（『レベッカ』）に取り入れられている。フェリーサイドとメナビリーにあった彼女の家が、小説ではマンダリー（Manderley）になっているが、近くで実際にあった船舶事故が著作物の構想の特徴や細かな描写にも一部活かされている。

観察は同様に科学の基礎でもある。ジョージア・オキーフのように、多くの科学者は、時間と忍耐が必要であると考えている。ハチの小躍りする際の鳴き声を解読した科学者のカール・フォン・フリッシュ（Karl von Frisch）は、「自分が観察能力を身につけられたのは、単純に何時間も動かずに崖と崖の間に寝そべり、水のすぐ下にある緑の藻が生えた石やその周囲にいる生物を見つめていたからだ。ただ、そこを通り過ぎる人たちには何も見えないかもしれないが、

忍耐強い観察者には奇跡のような世界が出現することに、私は気付いた」と記している。ガチョウや魚その他の動物を研究し、その隠れた世界をあらわにしたコンラッド・ローレンツも、見たいという欲望に身をゆだねる必要性について述べている。「それは心地よい激励力を持っている。そのような人なら、動物を見つめ、飼育し育てたいと願うものだ。動物とその行動を本当に理解したいのなら、動物の美しさを楽しみ、認識できる審美的感覚がないといけない。それがあれば、何かが分かるまで長時間動物を見つめている忍耐力が得られる」。ハーバードの地質学者のナタニエル・シェーラー（Nathaniel Shaler）をはじめ、その他の科学者はこういった訓練を受けた。これはピカソの場合に似ている。その訓練によって彼らは標本を何度も観察し、観察した者だけが知りうる事実を得たのである。例えば、ある種の魚では、鱗の右側のパターンと左側のパターンが異なるといった事実だ。

　だが、忍耐強く見つめていても、ただ単に見ているだけでは不充分である。先ほどのターミガン（ptarmigan）の偽装の図で示したように、何を見るべきか、または何を見出すべきか理解していることも、見ることの一部である。例えば、古生物学者のエルウィン・サイモンズ（Elwyn Simons）によると、実際に化石を発見するための技術というのは、何を見るべきで何を見なくてよいかを、迅速かつ鋭い洞察力を持って見分ける能力だそうだ。無秩序に見える背景の中に秩序を見つけることだ。我々はエジプトの砂漠でも化石を探したが、砂漠の地表全体には、風による浸食に耐えてきていた多様な色や多岐にわたる種類の岩石が転がっている。砂漠の石畳、敷石と呼ばれ、アラビア語では Serir と呼ばれている。その中に歯の付いた骨が転がっていたとしても、こうした地表にあっては見つけにくいものだ。例えて言えば、ある本を渡されて、その中にある単語が一度だけ登場するから、ページをめくってそれを見つけろと言うようなものだ。生物学者のジャレド・ダイアモンド（Jared Diamond）は熱帯の鳥類の専門家であるが、「実地調査を志す者なら、誰でも樹上にある葉の動きと異なる動きをするものを瞬時に検知できる能力を身につけねばならない」と。森でバードウォッチをしたり、野原で昆虫採集をしたり、頁岩の層で化石探しをしたことがある人なら、誰でも、ジャレドやサイモンズの指摘していることが理解できるようになるだろう。ドラクロワ、マティス、ゴッホのように科学的な観察者

も、瞬時に本質を見抜く能力を身につけねばならないのだ。

　科学上の目的であるか、それ以外のものであるかを問わずして、観察とは単なる視覚に留まることではない。シャレド・ダイアモンドは、科学者として聴覚にも大きく依存している。「ニューギニアのジャングルではたいていの鳥は見えないが、そのさえずりなどの音が聞こえてくる。だから、音で鳥を特定するのが得意でないといけない。私は音楽が好きなので、鳥の音もよく聞き分けられる。ある朝、私は2人の同僚を連れて熱帯雨林に入っていった。夜明け前に入ったのだが、午前7時半までには57種の鳥を特定できた。だが、肉眼ではその時点で1羽の鳥も見ることはできなかった」。この出来事が信じられないのなら、作曲家のオリビエ・メシアン（Olivier Messiaen）の話を考えてほしい。彼は鳥のさえずりを自分の曲に取り入れたのだが、自国フランスの鳥なら、まずはおよそ50種、そして、彼の手引書を少し見て考えるだけで、世界の鳥類ならその他550種ほどをさえずり音により特定できた。大半の人は、最低でも57種類の楽器の音色を聞き分け、電話の声だけですべての友人を特定できるようになる。プロの音楽家であれば、同じ楽器の異なる各種の音色を聞き分けることさえできる。このことはダイアモンドがうっそうとした密林に入った時の聴覚による働きと同様である。18世紀の小説家ヘンリー・フィールディング（Henry Fielding）にはロンドンに異母兄弟の盲目の判事ジョンがいたが、彼は声だけで3千人以上の犯罪者を特定できたという。

　実際に1つの感覚を失うと、他の感覚が鋭敏になることはないが、それらの感覚への信頼度が高まる。普段は気に留めていない感覚刺激を使うことを覚え、場合によっては際立った注意力が生まれ、独自の洞察、見識が得られるようになる。この点は、生物学者のヒーラット・ヴァーメイ（Geerat Vermeij）の全生涯が証明してくれる。ヴァーメイは幼いころに失明し、残りの感覚に頼ることを余儀なくされた。「視力を失うまでは顧みなかった他の感覚から得られる情報が、新たに重要な意義、意味を持つようになった。音声や匂い、触覚での形状、素材感などにより、世界は真っ暗で希望のないところではなくなり、目が見えたころと同様に、光を放つものになった。そうした感覚経験が集合して、目には見えないが鮮明な周囲の世界像が得られた」と、彼は記している。家族や教師は、彼に趣味を持ち情熱を傾けることを勧めた。ヴァーメイは特に海の

貝に夢中になり、貝類学を仕事にすることにした。今では彼はカリフォルニア大学デービス校の生物学教授であり、アフリカや南アメリカ、南太平洋を訪れ、進化論研究で世界的にその名を知られている。

　始めからヴァーメイは、自分の望む仕事に就くには高い観察技術・能力が求められることを理解していた。「書物からも多くを学べるが、書物の知識は他人の能力を経由したものである。自然界で自ら観察することに代わる学習法はない」と彼は記している。ヴァーメイは目での観察に代えて、触覚による観察を行った。「大方の貝の大きさなら、手で触るという観察法が適している」と、彼は述べている。そこから視覚では得られない洞察と見識が得られる場合も、しばしばあるのだ。

　ヴァーメイの同僚であるアルフレッド・フィッシャー（Alfred Fischer）は、プリンストン大学の教授ロバート・マッカーサー（Robert MacArthur）が講義での実例として、2羽の鳥の皮を保存したものを用いた時のことを覚えている。1羽はアメリカの鳥、もう1羽はアフリカの鳥だったのだが、目の見える人にはこの2羽の鳥が全く同じに見受けられた。この講義は、進化学者が相近、近似現象と呼んでいる現象の実例を示すものであった。だが、ヴァーメイは手で触ることで2羽を容易に識別できた。彼の中学校時代の教師の1人が、動物のぬいぐるみを集めて、アヒルやハクチョウ、フクロウ、ワシ、サギ、カモメ、その他の鳥類の形状や特徴を学ぶべきだと強く勧めていたそうだ。マッカーサーが示した標本2体についてヴァーメイは、「私には何の類似性も感じられなかった。くちばしも足も全く違っていた。羽毛の感触自体も別物だった」と述べている。視覚の客観性は必ずしも当てにならない。

　ヴァーメイは、貝には触覚による観察でなければ分からない秘密があることに気付いた。目が見える人であれば、熱帯の貝類には鮮やかな色彩と複雑な模様のあることにすぐ気付く。それに対し、冷水の貝類はくすんだ色で簡素である。だがヴァーメイは、熱帯の貝類は表面がざらざらしており、冷水の貝類は固く滑らかな表面であることを観察していた。フィッシャーが言うように、ヴァーメイは貝を知覚する方法が他の人間とは違っていた。基本的に人間の目は2次元で物を捉える。だが彼の場合には、触覚によって3次元で物を認識し、独自の見方を学び、それが彼の優位性につながる場面が度々あった。こう

した実例から、観察の基本として、我々は1つの感覚に依存しすぎないように注意すべきであると言える。

　幸いにも多くの分野では、視覚以外の観察の訓練も行っている。19世紀の作曲家ロベルト・シューマン（Robert Schumann）は、「音に対する耳の感受性を養成するには、音楽の訓練だけでなく、日常的な音を聞くことだ」と考え、「音楽を志す人たちに、音色や音程を聞き分ける努力、鐘や窓の音、カッコウの鳴き声、そうしたものの音色を聞き取ることだ」と記している。美術家にとっては、日々の視覚による観察が役に立つように、聴覚による観察は音楽家に新たな音楽の着想やアイデアをもたらす。作曲家のゲオルグ・フィリップ・テレマン（Georg Philipp Telemann）は、民謡の音楽家の即興演奏から学ぶことを勧めていた。それは、注意力のある聞き手なら1週間でそこから得られる沢山の着想と観念を、生涯にわたり活用できると考えていた。ゾルタン・コダーイ（Zoltán Kodály）やベラ・バルトーク（Béla Bartók）、ジョージ・ガーシュウィン（George Gershwin）、アーロン・コープランド（Aaron Copland）、ダリウス・ミルホード（Darius Milhaud）ら作曲家たちは、民謡の音楽家に傾聴しただけでなく、その旋律に、その民謡の原曲者も気付かなかった音楽の可能性を見出していた。このように、ストラビンスキーによれば、音楽全般、特に現代音楽においては、耳に入れることとしっかり聴き取ることが区別される。ちょうど現代アートにおいて、単に眺めることとしっかり観ることが区別されるように。「耳に入れるだけの人を傾聴する人に変えて、音楽に積極的に関わらせるべきだ」と彼は言う。目でしっかり観察する態度と同様、耳でしっかり聴き取る観察的な姿勢が必須なのだ。

　これは驚くことではないが、そうした見ることと観ること、聞くことと聴くことの区別は、舞踏、ダンスやその他の実演芸術では、受動的な動きと能動的な動きの区別に該当する。モダンダンスの開拓者ドリス・ハンフリー（Doris Humphrey）によれば、「振付師は身体と感情の動きをつぶさに観察せねばならず、優れた目と敏感な耳がなければ、詳細な観察から得られた身体的で能動的な動きを創り出せない」。アメリカの舞踏家で振付師のマーサ・グレアム（Martha Graham）も同じ意見で、「ダンサーの芸術は全身全霊で聴き取るという姿勢が根底にある」としている。しかも、「そうした技術はスタジオの中だけで

身に付けるものではない」。同じく舞踏家にして振付師のアルウィン・ニコラス（Alwin Nikolais）も、次のように述べている。

「最終的な分析の結果、ダンサーとは、動きへの認識と優れた動きに対して感受性に卓越した専門家なのだ。動きそのものではなく、そこに至るまでの過程が重要であり、この違いを分かりやすく説明するには、次の例を考えてほしい。ニューヨークのハンターカレッジから、2人の男性が42番通りとブロードウェイの交差点へと歩いている。そのうちの1人は目的地に到着することだけを考え、その途中に何があるかは意識していない。彼は単にある地点から別の地点へ移動しただけだ。もう1人は目を輝かせ思考しながら歩いている。彼は途中にあるものすべてを観察し、感じ取っている。ただ移動しているだけではなく、動きと彼は一体化しているのだ」。

俳優であり監督でもあるコンスタンティン・スタニスラフスキー（Konstantin Stanislavsky）とリチャード・ボレスラフスキー（Richard Boleslavsky）も、同様のことを主張している。ボレスラフスキーは、「演劇を学ぶ者は誰でも、日々の生活に潜む普通ではないもの、非日常的なものすべてに気付くことを学ぶべきだ。それにより、自分の感覚と力強い記憶を創ることができる。俳優の感性とインスピレーションを鼓舞できるのは、自分の日々の生活を絶えず鋭く観察することだけだ」と述べている。

観察においては、嗅覚や味覚も重要な役目を果たす。これは、香水などの調香師、アロマセラピスト、ワインのソムリエ、醸造責任者、料理長などを考えれば明らかだ。嗅覚や味覚を活用する専門家は他にも多数いる。パン職人なら誰でもパンを焼くためのイーストが放つ心地よい香りを嗅ぎ分けられるはずだ。これはあまり知られていない事実だが、細菌学者のジョン・ケアンズ（John Cairns）によると、細菌学の楽しさの1つは培養している細菌のコロニーが出す匂いであるそうだ。「それが実のところ、いい匂いなのだ。朝、実験室に入ってくると、その嗅ぎ慣れた匂いが迎えてくれるのである」。実際、微生物の多くは匂いだけで特定できる。フランスのある微生物学者は、培養をしている試験管

の匂いで、未知の培養物の特徴を的確に把握できることで同僚の間で有名である。白カビの臭さ、腐った卵の吐き気を催す悪臭などを嗅いだことがあれば、読者諸氏もこうした臭いによる探索を経験しているはずだ。プリモ・リーヴァイ（Primo Levi）のような化学者も、嗅覚で化学物質を特定している。リーヴァイはかつて冗談交じりに、自分の鼻の訓練をしておいてよかったよ、と述べている。生態学者トム・アイスナー（Tom Eisner）も同じ意見で、彼は昆虫のコミュニケーションと防衛システムについて何十もの発見をしているが、それらは嗅覚によるものだった。その中には魅力的な香りもあれば、きつい刺激臭もある。彼は、自分は基本的に嗅覚器官で、そこに人間の身体がくっついている、と冗談を言う。彼の父親は香水の調香師で、父から調香用の地下室で嗅覚による観察能力の重要性を教わったと言う。アイスナーは、子供時代に初対面の人と会った時、その臭いを嗅いでいたと認めている。これは、実は一部の内科医も行う習慣で、例えばフィラデルフィアにあるモネル（Monell）化学感覚センターの医師も、診断のために嗅覚を利用している。特有の匂いから体調が分かり、ストレスやイースト菌感染症、糖尿病性のケトン症、腎臓病などが分かるのだ。ストレスが強いと体臭が強く、ケトン症だと口臭がアセトンのような臭いになる。腎臓病だとアンモニア系の化合物が蓄積され、体臭が魚臭くなる。我々はこうした臭いからの健康に関わる情報や危険信号を無視しているのかもしれない。

　味覚も診断に利用できる。古代の内科医は、患者の膿や尿の味を調べることを慣習としていた。それによって今から何千年も前に、糖尿病患者の尿は甘いことを発見していた。現代の医師は単純な化学検査でこの症状を検証するが、細菌学者の W・E・B・ベヴェリッジ（W. E. B. Beveridge）が著作 *The Art of Scientific Investigation*（『科学的調査の技術』）で述べているように、古代のやり方は今でも有効である。マンチェスターのある内科医が、病室で学生たちに指導していた時、糖尿病患者の尿を取り出し、それに指を浸してなめた。学生にも同じことをするように求めた。嫌々ながら、顔をしかめて学生はそれに従ったが、甘いということには合意した。笑いながらその内科医はこう言った。「これをしたのは、詳細な観察の大切さを知ってほしかったからだ。よく観察していたら、尿に入れたのは人差し指だが、なめたのは中指だったことに気付くは

ずだ」。

　もちろん、今では診察のためとはいえ、他人の体液を自分の口に入れる医者はいない。だが、意図的か偶然かは別として、実験室でも現場でも味覚の利用は今も行われている。ある考古学者は、すべての水道橋の味見をしてきたので、古代ローマの水道橋であれば石材の破片の味で建設年代が分かる、とも言っている。化学者がサッカリンやアスパルテームといった甘味料を偶然発見したのも、こうした物質がたまたまはねて口の中に入ったり、または指をなめたら、そうした物質が実に甘かったためだ。

　特に敏感な観察者であれば、あらゆる感覚情報を活用する。実際、特に優れた洞察が得られるのは、世俗的な日常の物事に潜む驚愕するような素晴らしさを尊重できる人たちである場合がしばしばある。浴槽に入ると水位が上がることに気付かなかったことが、何度あっただろうか。アルキメデスは、水位の変化を物体の密度と関連付けた。何か物をハンマーで叩いても、その音の特徴を聞き分けないでいることが何度あったか。ピタゴラス（Pythagoras）は、鍛冶屋の働く音を聞いて、素材が鉄の棒か、マリンバの木の棒か、チェロの弦かを問わず、物体の長さと音程との間には関係があることを認識した。空を眺めてなぜ青いかを不思議に思わないことが何度あっただろうか。物理学者のジョン・ティンダル（John Tyndall）は18世紀にこの疑問を考え、空が青く見えるのは、ほこりやその他の粒子が光を散乱させることが原因であると発見した。大気汚染や水質の測定に使う現代の技術の一部は彼が発見した。

　生化学者のアルベルト・セント・ジェルジ（Albert Szent-Györgyi）がビタミンCを発見したのも、やはり日常の観察からだった。「私が色に魅了されているので、それが発見へと導いてくれたと思っています。今も色彩というものが好きで、子供のような喜びをもたらしてくれます。バナナを傷つけると茶色になるのはなぜか、という疑問がそもそもの始まりでした」。植物にはポリフェノール（polyphenol）という化合物が含まれていて、それが酸素と反応すると茶色や黒になるということが判明した。植物にとってのかさぶたのようなものだ。この観察をもとにセント・ジェルジは次の発見をした。植物には、損傷を受けると黒く変色するものと色が変わらないものの2種類がある。損傷を受けても色が変わらないのはなぜだろうか、という疑問だ。その答えは、そうした植物に

はビタミン C が含まれていたことである。これは糖のような化合物で、酸素によるポリフェノールの酸化を防止するので、茶色や黒の化合物ができないのだ。果物にビタミン C が含まれているかを判定するには、損傷を受けた時に茶色に変色する（例えばバナナ）か、しないか（例えばオレンジ）を見さえすればよい。

　日常的なものに崇高さや壮大なものを発見することは、科学の観察者に限らない。現代アートのかなりの部分は、日常的な現象の価値を再考することに焦点を合わせている。ストラビンスキーによれば、「真の創造者とは、身の回りにあるありふれたつまらない事物の中に、注目すべき何かを絶えず見出せる能力のある人だ」。また、振付の新時代を開拓した舞踏家のマース・カニンガム（Merce Cunningham）は、スタジオの窓から通りを行き交う人々の観察を行い、人々の小さな動作まで詳細に調査した。そして、その動作の大半が何か大きな動作につながるもので、誰もが日常的に行う動作であると気が付いた。その中の奇妙な身振りですら、動作表現としての美しさがあり、目を向けるべきであると気付いた。舞踏家のアンナ・ハルプリン（Anna Halprin）は、これを論理的な極限まで突き詰め、こう述べている。「相手が誰であっても、身振りなどの動作を介して、お互いに理解・対話をしようとすると、必ずダンサーのような動きになる」。また、マーク・モリス（Mark Morris）は、ガムを噛む、威張って歩く、バスケットボールコートでの 10 代の子たちのボールを扱う様子、といった日常の動きを振付に取り入れて、ダンスを創作した。モリスのダンスを見ていると、どのような動きにも美があり、動き 1 つ 1 つに意味があることに気付かされる。

　このことは、ルネ・マグリット（René Magritte）の今や新たな古典となった絵画 The Treason of Images (1928) の重要なテーマになっている。これはパイプを描いた絵画だが、その中には文字で「Ce n'est pas une pipe」（これはパイプではない）と書き込まれている。描かれているものと言葉が明らかに矛盾しており、そこから、pipe という言葉自体がパイプではないのと同様、絵に描かれたものはその物自体ではないということに注意が向けられる。何世紀もの間、西洋の美術はトロンプルイユ（trompe l'oeil、だまし絵）の原理による写実主義を目標とし、網膜上にある 2 次元の写像が、3 次元の現実が投げかける印象と同じとしてきた。だが、視覚写像はあくまで記号に過ぎず、実物そのものではない。マ

図3-4 クレス・オルデンバーグ、Tea Bag (1966)。「お茶を飲む時、私はよくティーバッグを落としてしまう。その結果、絵の具のような効果が生まれる。私は絶えず、芸術以外のものと自分が芸術として扱うものの間に、何らかのつながりを設けようとしている」。

ルセル・デュシャン (Marcel Duchamp) の Ready Mades という作品群は、雪かき用シャベルや小便器といった物体をそのまま展示するもので、芸術とは何かを捉え直したものとして、より衝撃的だ。自分が見ているものをよく考えよと、その物自体が話しかけてくる。普段は全く気に留めないものについて、特に思考を巡らせよ。多くの人は、デュシャンの芸術の対象は、単に何百年もの芸術の技法と発展に対してジョークを投げかけたものだと理解した。だがデュシャン自身は、「私としては、絵画というものをもう一度心に訴えるものにしたかった」と述べている。そういう心境になれば、彼の主張は理解できるであろう。彼の後には、ジャスパー・ジョーンズやクレス・オルデンバーグ (Claes Oldenburg) といった多数のアーティストが登場して、国旗やフォーク、プレート、ハンバーガー、野球のバット、ティーバッグ用の茶こしなどを扱い、それを日用品では

なく観察の対象として見るよう望むようになった。

　観察することと、観察したものを何らかに表現、描写をすることとは、実に精神の働きである。何を注視するべきか、どのように注視するべきかを理解していないと、我々は注意力を集中することができない。ハーバードの心理学者ルドルフ・アルンハイム（Rudolf Arnheim）は、1969 年の著書 *Visual Thinking* で、「思考と呼ばれる認知作用は、知覚の上位にある精神的な過程における特権的な要素ではなく、知覚そのものの本質的な要素だ」と記している。例を挙げてみよう。ボブという人がある日、ジョギングに行こうとして、クローゼットからいつもの有名ブランドの白いランニングシューズを取り出そうとする。クローゼットの床には、黒のドレスシューズ、茶色のシューズ、サンダル、パンプス、スリッパなど、ランニングシューズ以外のものはすべてあった。つまり、彼はランニングシューズをうっかりどこかに置き忘れたのだ。だが、どこに。他のクローゼットをくまなく探し、ベッドの下にもぐりソファの下に這いつくばっていた時、靴を見つけた。彼は白いものを探していたのだが、そのランニングシューズの底は黒だったのだ。すると直ちに、そのシューズが目の前に姿を現した。置いた場所にあったが、白いものを探していたために見えなかったのだ。そのシューズがどのような外観なのかという先入観のため、観察能力に影響を与えたのである。

　心の先入観によって、知覚する感覚も変化する。その単純な例は、サンフランシスコにある体験型科学博物館である Exploratorium（エクスプロラトリアム）が発行した *Zap Science* に掲載されている。これは刺激的な書物で、3 ページ目にピザの写真があり、ピザの上にはプラスチックの取り外し可能なラベルがあり、「謎の香り。ラベルをはがして中を見よう」と書いてある。この写真を見れば、たいていの読者はピザの香りと味がするものと思い込む。だが、説明文には、「ピザの香りじゃないですよね。この匂いは、あの、あの……。なぜ、これが何の匂いか分からないのでしょうか。このページで皆さんの心の配線を混乱させたためです。写真はピザですが、匂いはチョコレートクッキーの香りなのです。そのため、脳が混乱しているのです」とある。実際、このピザの写真を体験した人たちの多くは、ピザもチョコレートクッキーも両方好きだが、この写真で組み合わされた時、クッキーの香りで吐き気がしたと言っている。我々

が心で何を予想しているかにより、視覚だけでなく、触覚、味覚、嗅覚、聴覚などの知覚も影響を受けるのだ。

　身体の感覚をも左右する心の感覚が我々の経験する感覚を惑わし、心のフィルターを通させるため、客観的な観察というものは不可能だ。小説家のジョン・スタインベック（John Steinbeck）と生物学者のエドワード・リケッツ（Edward Ricketts）は、メキシコの Cortez sea（コルテス海）の海洋生物に関する共著でこう記している。「我々が見て記録し記述するものは歪曲されたものだと分かっていて、すべての知識の思考様式は歪曲されている。まず民族という集団や時代の流れや圧力により歪曲され、次に個々人の個性の趣意により歪曲される」。ノンフィクションの書物でさえ、真実はフィクション小説の場合と同じように、著者の先入観や偏見などに左右される。この本にも疑いなくそれは当てはまる。この本の著者が思考について何を重要と見なすかは、確かに、私たち自身の偏見や経験によるフィルターを経ているのだ。

　したがって、観察するということは思考の一形態であり、そして、思考とは観察の一形態である。そのため、観察を行うことの目的とは、感覚による体験と心や精神の認識を可能な限り近づけることにある。彫刻家のビバリー・ペッパー（Beverly Pepper）は、「私は何でも描写することはできるが、描写ができるからといって芸術家になれるわけではない。芸術とは頭の中にあるものであり、いかに考えるか、何を考えるかなのだ」と述べている。同じように、生化学者のセント・ジェルジは、「発見とは、誰もが見たことを見て、誰も思いつかなかったことを考えつくことだ」と主張している。観察とは、感覚が捉えたものの意味を見出すことである。

　このように、我々が目、耳、鼻、手を訓練するように、心も訓練する必要がある。どのように訓練すればいいかという手掛かりは、最も優れた小説家、物語作者の１人、シャーロック・ホームズ（Sherlock Holmes）の詳細な観察方法から得られる。彼はバイオリンを奏でる探偵であるが、完璧な芸術家と同様に一目で、ある状況や個人を推し量ることができた。内科医のアーサー・コナン・ドイル卿（Sir Arthur Conan Doyle）の頭の中の創作であるホームズのモデルになったのは、エディンバラ病院の病理学教授、ジョセフ・ベル博士（Dr. Joseph Bell）で、並外れた人物であった。ベルは小説ではホームズになったのだが、幅広い

学識と鋭い観察眼、演繹的思考で知られる人物であった。ドイル自身は助手のワトソンを演じているが、そのワトソンがホームズに The Greek Interpreter（「ギリシャ人通訳」）の物語で次のように述べている。「あなたの場合、今までのお話からすると、あなたの観察力と演繹的推理能力はあなた自身の体系的な訓練によるものなのですね」。読者は、これが部分的には真実だと分かっている。ワトソンは数多くの小説や物語の中で、ホームズが絶えずあらゆることを学んでおり、それらは煙草の種類からインク、毒薬、土質にまで及ぶと度々述べている。多くの犯罪者心理の実例については言うまでもない。ホームズの心は、目で見えるものをしっかりと詳細に観察する用意ができていたのだ。それは、ベル博士も同様に、熱心な病理学の研究により珍しい病因や死因を診断する準備ができていた。だが、そこでホームズは、ワトソンに注釈を入れている。「ある程度まではそうだ。だが、訓練もしているが、私のそうした性癖は私の中にあるもので、ひょっとするとフランスの芸術家ヴァーネット（Vernet）の姉妹だった祖母の体質を受け継いだのかもしれない。受け継いだ技法・芸術体質というのは、奇妙な形で出現することがよくあるものさ」。

　ここでドイルは暗黙の仮説、つまり芸術によって観察能力が訓練されるという仮説を述べているが、ここにはある程度の真実があるのかもしれない。詩人にして美術評論家だったハーバート・リードが 1943 年の古典的著作 *Education Through Art* で述べているように、また、モーリス・ブラウン（Maurice Brown）とダイアナ・コーゼニク（Diana Korzenik）が共著 *Art Making and Education*（1993）で論じているように、視覚芸術を教えることの正当性の 1 つは、視覚への意識を強化するという利点にあった。ジャスパー・ジョーンズのような現代アーティストたちの中には、観察能力の訓練を今もなお美術を介して行っている者もいる。芸術活動のあることが感覚の訓練につながる。どのような活動でも精神や聴覚や他の感覚を刺激し、観察能力を強化できる。それらの感覚を研ぎ澄ますことでその観察能力を現実世界に活用し、何にでも対応できるようになる。

　個人的な発言などからも、この見方を確かめることができる。著作家のルイーズ・モーガンは、芸術家にして小説家であるウィンダム・ルイス（Wyndham Lewis）に対し、このように述べた。「あなたの絵画が、著作活動の役にも立つようでないといけないのですね」。それに対し、ルイスは答えた。「もちろん、そ

うです。造形的・絵画的に物事を捉えるという習慣は、私のようにその両方を行う人間の場合には著作活動にも影響するはずです。何よりもまず、私は見るのです。最初にすることは目を使うことで、最後にすることもそれです。絵を描く技術というのは、全く感覚的で科学的なものです。それが小説作家に役立たないはずはありません。詳細な観察ができるように心を訓練するものであれば、すべて著作活動に役立つはずです」。作家のウラジミール・ナボコフ（Vladimir Nabokov）も、自分の動物の観察や文学の作業に対し、絵を描く訓練がどれほど影響を及ぼしたかを述べている。自身のデッサンの教師の中でも特に厳格な教師の言動について、ナボコフはこう回想している。

> 「その教師は、可能な限り詳細に記憶から描くよう命じた。もう何千回と見てきた物体を描くのだが、それを適切に視覚化することが私にはできていなかった。街路灯や郵便ポスト、教室の玄関ドアにあるステンドグラスのチューリップのデザインなどだ。葉を落とした街路樹の細い枝と枝の間に見られる幾何的な関係、一種の視覚的なやり取りの関連の観察なのだが、それらを見出すよう私を指導した。これには正確な描写が求められるのだが、それを私は若いころは習得できずにいた。大人になってから、幸いにもそれができるようになり、7年間にわたるハーバード比較動物学博物館（Harvard Museum of Comparative Zoology）での蝶の生殖器官の描写に活用できただけでなく、文学的著作での正確な視覚的描写にも役立ったようだ」。

　本書の結論として、多くの詩人や小説家が視覚的な芸術の訓練も受けているのは偶然ではないということだ。その例として、ウィリアム・ブレーク（William Blake）、J・W・フォン・ゲーテ（J. W. von Goethe）、ウィリアム・メイクピース・サッカリー（William Makepeace Thackeray）、G・K・チェスタートン（G. K. Chesterton）、トマス・ハーディー（Thomas Hardy）、ブロンテ姉妹（the Brontë sisters）、ミハイル・レールモントフ（Mikhail Lermontov）、アルフレッド・テニソン卿（Lord Alfred Tennyson）、ジョルジュ・デュ・モーリア（George Du Maurier）、セオドア・H・ホワイト（Theodore H. White）、J・R・R・トールキン（J. R. R. Tolkien）、ブルー

ノ・シュルツ（Bruno Schulz）、ルードヴィッヒ・ベーメルマンス（Ludwig Bemelmans）、ヘンリー・ミラー（Henry Miller）、E・E・カミングズなど、枚挙にいとまない。詩人ロバート・ローエル（Robert Lowell）のように、著作家の美術への関心が形態や様式の観察に留まり、実際の創作訓練は行わない場合であっても、観察の訓練は詩作にも近いものだ。そこから私は創作を始めた、と述べている。

　観察の訓練として美術を推奨する科学者も多数いる。彼らは、描いていないものは未だ観てもいないのだ、と主張している。19 世紀から 20 世紀への変わり目に活動した偉大な神経解剖学者サンティアゴ・ラモン・イ・カハール（Santiago Ramón y Cajal）は、次のように説明している。「自然史などに関連する物体を研究する場合、観察と合わせて、本質を把握すべく写生図を描く。これにはさまざまな利点があるが、その現象全体を捉えることができるという利点もある。だから優れた観察者は皆、写生図が上手だ」。フランシス・シーモア・ヘイデン卿（Sir Francis Seymour Haden）も、全く同意見だ。ヘイデンは当時の傑出した解剖学者だっただけでなく、画家・銅版画家・彫刻家の英国王立協会（Royal Society of Painter-Etchers and Engravers）の設立者でもあった。ヘイデンは、自分が担当する解剖学の学生全員に美術を学ばせた（逆に当時の美術家は、解剖学を学ぶ必要があった）が、それは詳細な観察力と手先の巧妙な操作の技術の両方を鍛えるためであった。目による観察により、異常を的確に推量し、外見上の一般的な病気の特徴をどれほど早く学べることか。特徴を正確に描けるよう訓練された手であれば、手術でナイフを扱うにもどれほど正確で安全に使えることか、とヘイデンは記している。

　実際、偉大な科学者の多くは、美術の正式な訓練を受けている。ルイ・パスツール、ジョセフ・リスター（Joseph Lister）、フレデリック・バンティング（Frederick Banting）、チャールズ・ベスト（Charles Best）、アルバート・マイケルソン（Albert Michelson）、W・ローレンス卿（Sir W. Lawrence）、W・ヘンリー・ブラッグ卿（Sir W. Henry Bragg）、メアリー・リーキー（Mary Leakey）、デズモンド・モリス（Desmond Morris）、コンラッド・ローレンツ、バート・ヘルドブラー（Bert Hölldobler）など、多数いる。現代は昔と比べ、科学者や医師向けの写生画の授業は少なくなったが、それでも医者のエドムンド・ペレグリーノ（Edmund

3　観察力　61

Pellegrino）の言うように、臨床医の技能、技術は目から始まる。目は不可欠な診察ツールだ、と広く認識されている。臨床医と美術家は、特に視覚的認識能力の必要性において一致している。どちらも目で見るのだが、視覚は単に見える領域を超えていかねばならない。画家、パウル・クレー（Paul Klee）が言うように、芸術とは、目に見えるものを単に再現することではなく、目に見えないものを表現することである。臨床医も目に見える領域を超えて、患者の病の原因を見抜かねばならないという認識は、今日も広く見られる。

　芸術で行われる訓練で得られる観察能力の有益性は、描くことだけに留まらない。文学作品、文献の読み書きも、社交的な仕事か法律関係か医療関係かを問わず他者と接する人々にとっては有益だ。医者のジョン・ストーン（John Stone）は、アーサー・コナン・ドイルやフランソワ・ラブレー（François Rabelais）、アントン・チェーホフ（Anton Chekhov）、ジョン・キーツ（John Keats）、サマーセット・モーム、A・J・クローニン（A. J. Cronin）、ウィリアム・カーロス・ウィリアムズ（William Carlos Williams）といった、医師でもあり優れた小説家たちの人生体験について指摘している。オリバー・サックス（Oliver Sacks）やジョナサン・ミラー（Jonathan Miller）など、医者には小説作家として秀でた感覚を持つ人たちが多い。ストーンによれば、「医師も作家も、同じ源泉から何かを引き出す。人との出会い、人物、その忘れがたい物語からだ。どちらの仕事も、感覚を上手く活用することが求められる。シャーロック・ホームズに見られるように、上手くいくかどうかは観察力次第だ。文学とは、実に一種の実験室のような働きをする。物語を適切に感じ取れるよう、医療での観察力を鍛えなければならない。医療における履歴というのも、結局は一種の物語なのだ」。内科医にして詩人であるジャック・コールハン（Jack Coulehan）は言う。「詩を書くことで、私はよりよい医師になれていると思う。詩作にはある流儀で物事をみて応答することが必要である。そのことによって、私が患者と治療上の関係を築く能力も高まっている」。

　観察の技術は、音楽を学ぶことによっても鍛えられる。ジャレド・ダイアモンドが、鳥の歌を聴き分けられる自分の能力を、音楽の訓練による賜物としていたことを思い返してほしい。他のバードウォッチャーたちも、鳥のさえずりの録音を何度も繰り返して聞き、わずかな違いをはっきり聴きとれるようにな

62

るまで、比較対照を繰り返して耳を訓練した。実際、Peterson Field Guides というバードウォッチング用ガイドの出版元では、Birding by Ear というシリーズを数巻発行している。これはオーディオカセットのシリーズで、さえずりだけで鳥の種類を特定する方法を教えるものだ。目で見ることに訓練が必要なのと同様、耳も訓練しなければいけないことを示す研究は数多くある。音楽家によれば、確かに一部の人たちは絶対音感を持って生まれてくるが、それは訓練でも身につけられる。音楽の批評家であれば、やり方や対等性での微妙な違いの観察を通じて、無数の演奏を聴き、何度も何度も比較してある水準に達したら、あるレベルの有能な演奏家と偉大な演奏家の違いが分かる。医者に関する研究によれば、聴診器や触診によって役立つ情報を引き出せる医師とは、音楽の訓練を受けた者や、聞く能力を積極的に訓練している者なのだ。心臓医の中には、ある場所からのドライブ移動中にも心臓の各種の異常を忠実に録音したものを聞いている人もいる。

　芸術の訓練や演習で科学的観察能力も向上するという方程式は、その逆も当てはまる。著作家や美術家が、自然史や医学、解剖学をしっかり学ぶことから恩恵を受ける場合がよくある。サマーセット・モームは、「かつて著作家にとって最も役立つ教育とは、医学の教育課程だった。むき出しの人間性などのもろもろを外来患者の診察室で見ることができるだけでなく、著作家にとって必要な科学知識も得ることにもなり、この時期最も重要である生命の側面を全く知らずにいるという事態を回避できる」と断言している。詩人のマリアン・ムーア（Marianne Moore）は、ブリン・マー（Bryn Mawr）大学で生物学を専攻していた。ムーアも生物学の科学的訓練が作品に影響していると感じていた。「実験室での研究が、私の詩に影響していたか。確かに影響していると思う。生物学の課程、専攻、副専攻、顕微鏡的組織学などは、実に楽しかった。実のところ、私は医学に進むことも考えた。精密さ、記述の簡潔さ、公平なことに対する論理性、描画、特定する行為などは、想像力に少なくとも何らかのいい影響を及ぼしたようだ」。

　そうした各種の理由から、この本の著者としてはどの科目においても観察を主眼にした訓練を推奨したい。学生は誰でも鋭い感覚を身につける必要がある。一部の博物館では、自然物や人工物を穴の中に入れて布で覆い、来館者に

3　観察力　63

それを触覚のみで観察してもらって、それが何か言い当てるという展示をしている。こうした訓練は家庭や教室でも実行できる。目隠しをしても触ったり嗅いだりすることで物体の様子を探ることができる。これはヒーラット・ヴァーメイがしてきたことで、彼はそうやって樹皮や葉、花、種、木の実、鳥の羽毛、貝、各種の布、ボタン、その他日常にありふれた物体をいくつも観察しているのだ。小さな箱の中に何かが隠されている場合でも、我々はそれが何なのか、重さや箱の中での転がり方、弾み方、滑り方、箱を振るとどんな音がするかで推察することができる。ハーブやスパイスは見ないで、匂いを嗅いだり味わったりすることで嗅覚や味覚が本来どう作用するかを学ぶことができる。もう1つシンプルな訓練として、目を閉じて聴覚だけで周囲で何が起きているのか推察するというものもある。また、暗闇の中を歩き回れば、空間感覚と触覚を鍛えることができる。テレビの画面を見ないで音声だけを聞く、あるいは音声をオフにして画面だけ見るというのも、観察力を教育するための手法となる、つまり、視覚あるいは聴覚のいずれかがなくてもよい場合は少なくない。

　切手やコイン、昆虫、ボタン、野球カード、葉書、書物、写真、版画、絵画などを収集することも、視覚体験を向上させるための優れた手法だ。真剣なコレクターは、品質その他の多様性をより細かく識別できるようになる。目と精神を鍛え、知識を身につけ評価することを覚えるのだ。岩石や貝殻、羽根、骨、布、糸、万年筆など触覚に働きかけるものを収集すれば、視覚以外の感覚を訓練できる。鳥のさえずりや動物の声を、裏庭や林、動物園で録音するのもよい。録音するのは都市の騒音でもよいし、民謡でもロックでもジャズでもよい。雑貨屋の香りや香水の香りを嗅ぎ、覚えるのもよい。味と香りだけでチーズやチョコレート、コーヒー、ティー、ワインなどの種類を特定できるようになるのは、素晴らしい成果ではなく、たやすいことである。

　ありふれたものが持つ素晴らしさに目を向けることも、訓練する必要がある。スタニスラフスキーやボレスラフスキーの下で研修を積む俳優がそうしたように、注意をすべて集中させることが必要だ。何か対象を1つ選び、その形態や描線、色彩、音、触感、匂いを、そして味さえも捉える。それからその対象を目の前から取り除き、可能な限り詳細に1つずつ、それらの感覚の経験を思い出す。そして、自分が知覚したものを言葉にして書くか、絵にする。それから

もう一度、その対象に戻ってみる。スタニスラフスキーは、こうした努力により その物体をより緊密に、より効果的に観察するようになり、その特質を見定め、把握できるようになると記している。あるいは、ピカソやシェーラーがしたように、同じ物体を何日間か、あるいは何週間か何か月間か、何度も観察し描写する。この訓練で視覚を向上させるのだ。

　こうして、我々は最初の訓練に戻る。テレビの受像機を描写するのだ。あなたの記したノートを見て、最初の時点でどれだけのものに気づかなかったか調べてみるとよい。あなたの描写は視覚的なものだけではなかったか。それとも、他の感覚も観察に用いただろうか。テレビの受像機の音を聞き取っただろうか。ボタンを押した時の音や、電源を入れる時・切る時の音、画面に静電気がたまった時のパチパチというかすかな音、受像機の各部を叩いて素材や構造を探っただろうか。匂いは。電荷に伴うオゾンのようなかすかな匂い、そして熱を持った電子部品の匂い、場合によっては新しいプラスチックの匂いは。受像機に触ってみただろうか。各種部品の素材はどう違うのか。画面に電気が入ると腕や頭の毛が静電気に引かれて立ち上がるのに気が付いただろうか。各ボタンに触感のみで機能の違いを確かめただろうか。受像機を見つめていた時の目との距離は。画像を構成している赤、緑、青の点が見えるほど近くにいただろうか。指先を少し水で濡らし、それで画面を濡らすと小型の虫眼鏡にして見ただろうか。画面の縦の長さを対角線で割ると黄金比率（0.616 : 1.000）に近くなることに気が付いただろうか。電源を切った画面に自分の姿が映る時、形や色がどう歪むかを見ただろうか。テレビを5階の窓から落とした場合、それが地面に到達するまでの時間でこうした各種の事柄を見て取れるほど、あなたの観察は鋭いだろうか。

　テレビ受像機のようなありふれた物体にも多くの観察すべき事柄があり、常に新たな観察法を忍耐強く適用しないと、そうした観察能力開発の可能性は開拓できない。美術家にして振付師だったオスカー・シュレンマー（Oskar Schlemmer）が晩年の1942年に発見したように、観察する技術の獲得に努力すればするほど、その見返りも大きい。「最近私はある絵画のシリーズを完成させたが、これは自分の身の回りにあるものから着想を得たものだ。窓の外に見える隣家の窓は、消灯する直前の夜9時から9時半の間に描いた。夜のとばり

が下りて、室内のベージュやオレンジ、茶色、白、黒が相互に干渉すると、実に面白い視覚効果が生まれる。こうした自然界の神秘的な効果に私はスポットを当てて描いている。物事を新たな、別の見方で見ることを重ねていくほど、それが観察できる」と、シュレンマーは述べている。教育の目標の1つが生涯続く学習を実践することであれば、観察の技術を磨く訓練に勝るものがあるだろうか。

4

イメージ化

　チャールズ・スタインメッツ（Charles Steinmetz）という名前は、アレクサンダー・グラハム・ベル（Alexander Graham Bell）やトマス・エジソン（Thomas Edison）ほどには知られていないが、スタインメッツの現代生活における影響は彼らと同じぐらい絶大なものだ。スタインメッツが発明した発電機や変圧器、その他の機器により、電力を広く社会に分配できるようになり、ベルの電話もエジソンの電球も一般家庭に普及した。ゼネラル・エレクトリック社の同僚で、スタインメッツの功績を身近に知っている人たちは、彼のことを「最高裁」と呼んでいた。これは要するに、彼に解けない問題などないと同僚たちには思えたためだ。1894 年のある日、2 人のエンジニアがある問題をスタインメッツに投げかけた。エンジニアたちはその問題を何週間も考えてきたのだが、解けなかった。「直径が 2 インチの金属製の棒がある。それに 2 インチの穴をあけて、2 つに切る。さて、取り除かれた金属の体積は」というものだ。この問題はコストを計算する企業であればどこでも、高価な金属に穴をあけると無駄が発生し経費の損失にもつながるため、重要な問いだった。

　そしてこのエンジニアたちは、スタインメッツが机に向かって座り、何枚か紙を取り出して図を描き、長い計算を始めるものと予想していた。スタインメッツの最大の関心事はこの穴あけによってできる穴の形状を見定めることであろうと彼らは見ていた。これが彼らにはできなかったからだ。それは球体でもなければ棒でもない。一種のひし形になるはずだ。形状が分からないと寸法も算定できず、体積も計算できない。スタインメッツの同僚たちは、彼なら解いてくれると期待していた。だが、彼らの「最高裁」は葉巻を少々余分にくゆらせて、「みんな、正解は 5.33 立方インチだよ」と答えた。これには同僚たち

67

図4-1　スタインメッツが推測した棒と穴の形状。

は驚いた。スタインメッツはあらゆることを、つまり穴あけでできる穴の形状からその寸法、そして体積の計算まで頭の中ですべてやってのけたのだ。

　スタインメッツの視覚化する能力は、人並み外れていた。物理的には目の前には存在していない物体の外観を想像し、視覚化できたのだ。この能力は偉大な功績のある他の人々にも見られるもので、例えばスタインメッツの同僚にしてライバルであったニコラ・テスラ（Nikola Tesla）にもその能力があった。テスラは、歴史上初の実用に耐える交流モーターと発電機を発明した人物だ。そのテスラは、自伝でこう述べている。「私は何かアイデアを得ると、直ちに頭の中の想像力でそれを組み立てる。その構成を変更して改善を加え、頭の中で動かしてみるのだ。思考の中でタービンを回すか、工房で試験するかは大した問題ではない。そのタービンのバランスが悪いなら、私はそれさえも気が付くのだ」。最近の例では、船舶や航空機向けのジャイロスコープ式安定化装置と関連機器の発明者、エルマー・スペリー（Elmer Sperry）がいる。スペリーの行動はよく次のように伝えられている。スペリーはぼんやりと空を眺めていたかと思うと、突如取り出したメモ帳を伸ばした腕で持ち、もう一方の手に持った鉛筆で絵を描きだすのだ。「頭で見ているものを描き、線で表せばいいんだよ」。

　発明家のジェームズ・ラブロック（James Lovelock）は、地球は万物がお互いにつながり合った１つの有機体だという概念の発案者として有名だが、彼も視覚イメージの創造に長けていた。相互作用し合うシステムへのラブロックの関心が芽生えたのは、大気中での生命の変化過程を調べるために超高感度化学分析機器を発明した時のことだった。ラブロックもテスラと同様、自分の功績を視覚的な想像力によるものとしている。「私は朝５時ごろに目を覚ます。よくあることだが、このような時にその発明について考える。それから、それを一種の構造体として３次元で頭の中で想像する。そして、そのイメージで実験を行う。回転させ、さてこうしたみたらどうなるだろうと考えるのだ。そして、たいてい朝食の時間までには作業台に行き、針金と蝋ですぐ動くモデルを作るこ

とができる。ほとんどの実験は、すでに頭の中で済んでいるからだ」。

驚くに値しないことだが、視覚的イメージ化と技術者としてのキャリアでの成功との間に有意な相関関係があることを数多くの研究が報じている。歴史家のブルック・ヒンドル（Brook Hindle）は、1981 年の著書 *Emulation and Invention*（『模擬と発明』）で、視覚的イメージ化の役割を説明している。これは、サミュエル・モース（Samuel Morse）やロバート・フルトン（Robert Fulton）といった人物による発明のプロセスを調べた書物である。モースとフルトンも非常に優れた画家である。*Engineering and the Mind's Eye*（『技術屋の心眼』1992）という書物の中で、技術者のユージン・ファーガソン（Eugene Ferguson）は、「一般に非言語的な想像が発明の中心的役割を占めている」と主張している。ヘンリー・ペトロスキ（Henry Petroski）も 1996 年の著作 *Invention by Design*（『デザインによる発明』）で、そうしたことを強調している。この通り、イメージ化、すなわち頭の中での視覚化、想像力はあらゆる専門分野の人間に役立つことが分かる。

心理学者は、視覚的思考をする人間には 3 つの基本タイプがいるとしている。自分がどのタイプかを知りたければ、三角形を 1 つ想像していただきたい。どんな方法でもいいので、三角形を頭の中で描いてほしい。どのように描いただろうか。紙に三角形を描いてみるか、指先でテーブルに三角をなぞってみるまで、三角形を頭の中で描くことができない人もいる。また、目を閉じる必要がある人もいる。これは何かが目に見えていると、視覚的な想像力に妨害があるためだろう。だが目を閉じれば、そうした人々は眼球の内側に三角形を投影できるのだ。三角形を思い描きながら、眼球は動いただろうか。わずかな人々だけが、目を開けたまま三角形のイメージを頭の中で描くことができる。見ている現実の光景の上に、その三角形のイメージを重ねることができるのだ。こうした人々の一部は、その三角形の大きさや、色や、視点を変えることもできる。三角形を回転させたり、ジャンプさせたり、他の図形を通過させたりすることも可能だ。スタインメッツとテスラは、明らかにこの 3 つ目のタイプの人間であった。

だが、三角形は単純だ。スタインメッツやテスラのような思考を本当にしたいのなら、3 次元の視覚的イメージを頭の中で描く問題をいくつか考えてみてほしい。

4 イメージ化 | 69

Ａ．上から見ても横から見ても輪郭が円形であるのは、どのような物体か。

Ｂ．上から見ても横から見ても輪郭が正方形であるのは、どのような物体か。

Ｃ．どの面を見ても輪郭が三角であるのは、どのような物体か。

球、立方体、4面体と答えた方は、正解である。さらに続けよう。

Ｄ．上から見ると輪郭が円形で、横から見ると輪郭が正方形であるのは、どのような物体か。

Ｅ．上から見ると輪郭が正方形で、横から見ると輪郭が三角形であるのは、どのような物体か。

Ｆ．上から見ると輪郭が三角形で、横から見ると輪郭が正方形であるのは、どのような物体か。

Ｇ．上から見ると輪郭が円形で、横から見ると輪郭が三角形なのは、どのような物体か。

もっと高度な視覚的思考のために、より複雑な形状を考えていただこう。

Ｈ．上から見ると輪郭が円形で、1つの側面は輪郭が円形で、別の側面から見ると輪郭が正方形であるのは、どのような物体か。

Ｉ．上から見ると輪郭が三角形で、横から見ると輪郭が円形であるのは、どのような物体か。

Ｊ．上から見ると輪郭が円形で、1つの側面は輪郭が三角形で、別の側面から見ると輪郭が正方形であるのは、どのような物体か。

不思議に思われるかもしれないが、上記の図形はすべて実在する。最後の図形でさえ実在する。本章の終わりに、正解として考えられる回答図を掲載している。実をいうと、上記のＨ、つまりある方向から見ると正方形で、別の方向から見ると円形の物体は、スタインメッツがイメージしたはずの棒をくり抜いた穴（plug）の形状だ。この棒は円柱であり、ドリルも円柱状である。だが、この穴の長手方向に沿って切った縦断面は、四角く見える。スタインメッツがこ

の棒の問題を容易に解けたのは、上記のような視覚ゲームに彼は馴染んでいて、すでに答えが分かっていたからではないかと本書の著者は考えている。

正方形と長方形、円、楕円、多面体の組み合わせを視覚化することで、基本的な幾何的立体はすべて形成できる。この種のものが好きなら、もっと複雑なイメージ化の問題もあり、例えば心理学者のマックス・ヴェルトハイマーが1959年の著書 *Productive Thinking*（『生産的思考』）で紹介している。だが、このような方法を難しいと感じても、がっかりしないでほしい。視覚的イメージ化を行う傾向は人によりまちまちだが、練習すればどのような人でも有益な能力が得られる。たとえ、まず図を描いたりモデルを作成したりする必要がある人でも、こうした問題に取り組むことで視覚化能力を訓練できる。練習するほど、偉大な発明家や数学者、物理学者、芸術家、著作家、ダンサーなどの視覚的思考の過程を理解し、共有できるようになる。

最も広い意味でのイメージ化は、多くの分野に共通する思考の道具である。実際、科学者や発明家でも、彼らの専門家としての成功と視覚的思考との間には、統計学的に有意な相関関係がある。

科学者の視覚的思考に関する先駆的な研究者であるアン・ロー（Ann Roe）の報告によれば、ローが好んだ被験者の1人、彼女の夫のジョージ・ゲイロード・シンプソン（George Gaylord Simpson）は、恐らく彼の頭の中で想像されるすべてのものを、映画のように明確に見ることができた。ノーベル賞受賞者で生物学者のフランソワ・ジャコブ（François Jacob）も、ベッドで目を閉じて横たわったまま、毎日最初に自分の部屋を頭の中で再現し、次に自宅を再現し、そして近隣地区を、そして全世界を再現していた。薬学者でノーベル賞受賞者のジェームズ・ブラック卿（Sir James Black）によれば、「自分の思考の中心は想像に富んだ感覚で全く制約がなく、すべてが絵画的だった。それが私の人生に欠かせない要素であり、私は狂ったように白日夢に浸るのだ。こういう化学的構造はすべて私の頭の中にあって、回転したり、逆さになったり、動いたりしているのだ」。別のノーベル賞受賞者で化学者のピーター・デバイ（Peter Debye）は、「私の思考は画像でのみ行われる」と記している。物理学者のリチャード・ファインマンも自分の脳裏に現れる画像について、「すべてが視覚的な洞察力だ。答えの特徴が私には見えるのだ。ひらめきによる視覚化なのだろう」と述べてい

4　イメージ化　71

る。ファインマンが明確にしているように、彼は問題の解答として視覚イメージを練り上げ、それからその解答を数学の方程式に置き変えるのだ。「通常、私は画像を明確にしようと努める。だが最後には数学が引き継いで、その画像のアイデアをもっと効率的に有効に人に伝える。今までに私が取り組んだ一部の問題では、数学で本当に示せるまでに画像をより明確化させる必要があったこともあった」とも語っている。同じようにハーバード・スミソニアン天文物理センター（Harvard Smithsonian Center for Astrophysics）の天文物理学者マーガレット・ゲラー（Margaret Geller）も、「科学者全員が視覚イメージを描かないといけないとは思わないが、私にはイメージが必要だ。視覚イメージがないと問題を考えられないので、私はそうやって問題を解くのだ」と語っている。

　科学者も含めて多くの人たちの場合、視覚化に優れているということは芸術的であることと結び付いている。例えばゲラーは、「私はたいていの場合、視覚的であり、周囲にある視覚的な暗示（ヒント）をよく感じ取る。私は視覚的にそれらを記憶することに優れていて、つぶさに観察をしている。これは、私の普段の過ごし方と何ら違わない。私は視覚による芸術に興味がある。科学者にならなかったとしたら、多分デザイン分野で何かしていたと思う」と述べている。第3章で言及したように、多くの科学者が視覚的思考能力と視覚芸術への関心を示しており、ゲラーもその1人なのだ。実際、ノーベル賞受賞者数人も含む40人の科学者を対象にした調査を見ると、芸術的な趣味と視覚的思考能力、科学者としての成功の間には強い相互関係が見られる。すなわち、芸術的な感覚で探求心を視覚化する学者は、科学においても視覚化して考えることが度々あり、芸術的活動と科学的活動の両方がお互いを高め合うのである。

　当然ながら、多くの分野で芸術家は視覚イメージに頼っている。画家は色彩や線、形態で自己表現（心、思考、印象、意図など）をするものだという点は確かだ。だが、その際の頭の中でイメージ化する作業との関係性を、すべての画家が明確にしているわけではない。

　明確に語ったという点では、ジョージア・オキーフが最も明快であろう。ポール・ストランド（Paul Strand）という写真家と会った後で、オキーフは彼に宛てて、「あなたが写真に撮るのと同じように、私はものを心の中で見たり理解したりしているのだろうと思います。奇妙なことだと思いませんか。ストランドさ

んの写真を私の心の中で作っているのですから」と記している。アンセル・ア
ダムス（Ansel Adams）も、写真撮影の過程において、最終的な仕上がりがどうな
るかをイメージしてから、初めてネガを現像するというものだった。だが、芸
術での視覚イメージ（印象、心像など）とは、必ずしも絵画的表現に限定される
ものではない。これには、例えば動作や言語描写の視覚的側面というものが関
連する場合もある。アメリカの振付師アンナ・ソコロフ（Anna Sokolow）による
と、ダンサーが動きを視覚化するのは画家が色彩や線を視覚化するのと類似し
ている。マーサ・グレアムの多くの弟子（ソコロフもその１人だった）はソコロ
フの教授法や創作法に関して、イメージに溢れていて、想像力を掻き立て動き
のあり方を導いてくれると述べていた。長年グレアムと研究と指導をともにし
たスチュワート・ホデス（Stuart Hodes）の記憶によれば、グレアムは弟子に
「Farrabique」というフランス映画を見るように強く勧めていた。これは、ある
フランスの家族農場での誕生と死の物語である。「特に、植物の成長をコマ撮
りで捉えたシーンに注目しなさい。植物がどうやって太陽に向かってらせん状
に伸びていくか、見なさい。生命はらせん状に流れていくのです」と言ってい
た。そして彼は、らせん状の形を舞踏の技巧的な動きにおいて数多くの機会で
強調させている。

　イメージ化は著作家にとっても大切な手段であり、必然の道具だ。詩人のス
ティーブン・スペンダーは作詩をイメージ化の論理による作業と述べていたが、
「自分の詩の始まりは、しばしば大変鮮明な記憶、しかもたいていは視覚的イ
メージであり、それを凝縮した書き言葉で具体化できると明らかになる」と述
べている。第１章でも述べたように、こうしたイメージ的思考は詩人の間では
普通に見られる。詩人のドライデン（Dryden）は、「イメージ化することそのもの
のが詩作の要であり、生命線なのだ」と断言している。ロマン派詩人のサミュ
エル・コールリッジ（Samuel Coleridge）は夢見る空想家であったが、彼はある友
人に、「イメージせずに思考することの危険性について書くなら、論文丸ごと１
本分の量になるだろう」と書き送っている。詩人のジークフリート・サスーン
（Siegfried Sassoon）は、「絵で考えるのが私の自己表現の方法だ。私は常に否応
なく、視覚的に文章を書いてきた」と述べている。もっと最近の例では、ピュー
リッツァー賞受賞者のドナルド・マレー（Donald Murray）は、自分自身を一種の

4　イメージ化　　73

実験用のマウスとして用いることによって、周囲の思い込みに反して、自分は言語的な思考をしていないこと、むしろ自分の思考が視覚イメージ的であり、最後に言葉で記していることを明らかにしていた。

　小説家や著作家の多くは、視覚化を行っている。チャールズ・ディケンズは、「自分は単純にストーリーを観て、それから筆記するのだ」と述べている。同様にテネシー・ウィリアムズ（Tennessee Williams）も、A Streetcar Named Desire（「欲望という名の電車」）は1つのイメージから生まれたものだと述べている。「私は単に、若年期の終わりにいるある女性という幻想を抱いただけだ。女性は1人で窓際の椅子に座り、そのやつれた顔には月の光が差し込んでいる。結婚するつもりの男性に待ちぼうけを食わされていた女性の……」。ウラジミール・ナボコフも写真のような視覚記憶を有しており、それにより彼は学生時代に、数分で読後感想の課題を終えることができた。彼は、子供時代に母がしていた日々の雑用から自分の作品の登場人物の行動や構想の展開まで、頭の中に描いていた。

　実際、第3章で述べたように、芸術を趣味か職業としている著作家が著作の筋書きの展開を文字通り予測していることは珍しくない。例えば、サッカレー（Thackeray）は自分の著作への注記を文章だけでなく、鉛筆と筆によっても描いている。ブロンテ姉妹もそうだ。アントワーヌ・ド・サン＝テグジュペリ（Antoine de Saint-Exupéry）やエドワード・リア（Edward Lear）、ジョルジュ・デュ・モーリア、ウィンダム・ルイス、D・H・ローレンス（D. H. Lawrence）、J・R・R・トールキンも同様である。G・K・チェスタトンも、言語で表現できなかった、またはしたくでもできなかった行動を実際に漫画に描いている。彼の描いたスケッチ Enraged Gentleman and His Victim（「激怒した紳士とその犠牲者」）を見れば分かる。芸術的な著作家であるヘンリー・ミラーは、*Tropic of Capricorn*（『南回帰線』）の構想の初期段階で、同書の主題、論点や出来事を視覚的に列挙している。マリアン・ムーアは画家になろうとして大学に入ったのだが、自身で情景を視覚化できることが分かり、絵画を描くより詩や戯曲を書くほうが好きなことに目覚めていた。イメージ化は確かに、単に可視的に見ることを超えて、登場人物や状況を再び創造することにも及ぶのである。

　明らかに、発明家や科学者である芸術家は視覚化を重要な思考の道具、方法

図4-2 「激怒した紳士とその犠牲者」。文学作品のためにG・K・チェスタトンが描いたスケッチ。

としている。だが、視覚的イメージを湧き上がらせるのは各種のイメージ化の中の1種類に過ぎない。1990年の書物 *Images and Understanding*（『イメージと理解』）で、ホレイス・バーロウ（Horace Barlow）、コリン・ブレイクモア（Colin Blakemore）、ミランダ・ウェストン・スミス（Miranda Weston-Smith）は、イメージを認識し伝達するのは画像としてだけではなく、その他多くの視覚以外の方法もあると述べている。「芸術家やデザイナー、技術者の長年の課題として、事実、アイデアや着想を他人の心にどう伝えるかという問題がある。つまり、そうした精神的な伝達をどう行えばよいのか、ということだ。それには、イメージ、すなわち印象、心象、心像、概念、影像、象徴、創造などイメージの持つ多様性を活用する。画像や図だけでなく、言葉や実演、音楽や舞踏などもそうだ」。我々は心の目で見るだけではなく、心の耳で聞き、臭いや味といった身体感覚を想像することもできる。そうした感覚経験のどれでもイメージの創作や伝達に利用できる。次のように別の言い方をしてみよう。目で観察すれば、視覚的イメージができる。手で観察すれば、触感と手の位置、動きのイメージが

生じる。鼻で観察すれば、科学的発明や芸術的発明で重要な役割を担う匂いのイメージができる。我々は観察できるものであれば、それらにより想像できる。そして、想像したもののイメージを心に描くことになる。

人は自分の専門分野においては数々のイメージ化能力を駆使するが、視覚的でないイメージ化能力を実証する研究は極めて僅かしかない。特に、匂いや味に関しては少ない。調香師が香水に使った香りのアイデアについて話すことがある。チャーリー・トロッター（Charlie Trotter）やピエール・エルメ（Pierre Hermé）のような高名なシェフが、実際にキッチンで料理を作る前に、その完成作の味を想像の中で掴んでいると述べていることもある。「ケーキを作り出す時、心の中で味わいや食感をまとめて考えるのですよ……。オーブンから出てくる前からどんな味になるか、私には分かっているのです」と、エルメは述べている。また著作家の場合、ナボコフが言ったように、「小説の実際のイメージは、舌でビスケットがとろける感触や足裏に感じる舗装のでこぼこからの実際の感覚のように得られる」ことがあると言う。匂いや味のイメージ化を示す証拠は確かに少ないが、それは人間が物事を観察する場合と同様に、創造において、それらの感覚よりも視覚を優先させるからに過ぎない。視覚以外のイメージで思考することは、第9章で取り上げる運動身体イメージ化、すなわち体感覚的思考や、ここで以下に述べる聴覚イメージの場合にはもっと明確になる。

視覚的なイメージ化能力を判定する場合と同じ単純なテストを、聴覚イメージ化にも利用できる。エドヴァルト・ムンク（Edvard Munch）のイメージの叫び声を聞くことができるだろうか。「Twinkle, twinkle little star」（きらきら　ひかる　お空の星よ）という言葉を読む時、何か聞こえてくるだろうか。言葉が心の中で音になるだろうか。何かメロディーが聞こえてくるだろうか。心の中で「ドレミファソラシド」の音階を聞いてみていただきたい。果たして、無言のままで聞こえただろうか。鼻歌を歌ったり声に出して歌ったりしないと聞こえなかっただろうか。ラジオがかかっていても、混雑したパーティーでも、その音階は聞こえるだろうか。仮に、あなたには純粋な聴覚イメージ化能力がほとんどなくて、心の中で音やメロディーを再現するには歌うか楽器を鳴らすことが必要だったとしても、あなたのような人は多数いる。作曲家のアーロン・コープランドが指摘したように、「一般の皆さんが聞いたことのない音を想像する

図4-3 聴覚的イメージ化の例。トム・セーヴズ（Tom Thaves）の漫画。

能力は、たいていはかなり貧弱なものです」。楽譜を読めて心で音楽を聴くことができる人は少数である。素人音楽家でも、以前に演奏したことのある音楽なら、ある程度正確に心の中で奏でることができるかもしれないが、音楽の訓練のない人なら心に聞こえる音は遥かに少ない。

　逆に、音とそれに伴う言葉とを合わせて難なく聞き取れる人もいる。また、想像の中で三角形の色を変えたり、動かしたりできる人がいるのと同様に、あるメロディーを普通に聞くだけでなく逆向きに聞くことやリズムを変えたりして聞くことができる人もいるのだ。実際、少数だが、聴覚イメージ化に極めて優れた人は1つの交響曲全体を心の中で聞くことができる。ちょうど優れた発明家がその機械全体を視覚的にイメージできるように。例えば、ヴォルフガング・アマデウス・モーツァルト（Wolfgang Amadeus Mozart）は、かつてこう記している。「長い曲であっても、全体が頭の中でほぼ完成してできあがった状態で現れるので、優れた絵画や美しい彫刻を観察するようにその曲を一目で見渡すことができる。しかも私の想像の中では各部が順に聞こえるのではなく、いわばいっせいに聞こえるのだ」。

　モーツァルトとしばしば対比されて、作曲に時間がかかり、几帳面にこつこつとペンで紙に記していくと言われているベートーヴェン（Beethoven）だが、その彼も、「曲のアイデアを長期間心に温めておく。これがかなり長い期間になることもよくある。それから、ようやくそれを紙に記していく……。いろいろと変更し、要らないものを削り、いろいろ試行錯誤して、やっと満足のでき

4　イメージ化　77

る曲が仕上がる。そして自分の頭の中で、その曲の広さ、狭さ、高み、深さを
丹念に調べる……。あらゆる角度から目の前でそのイメージを聞き、見るのだ
が、まるでそれが彫刻作品のようにぽんと置かれたような状態で、それを譜面
に書き記す作業だけが残っている」と述べている。ベートーヴェンが心のイ
メージに熟達していたことを考えれば、彼が聴覚を完全に失ったかなり後に、
極めて偉大な作品を作曲できたことも納得できる。たとえ、耳はもう音を知覚
しなかったとしても、彼はなお心の中で音を聞いていたのだ。実際、音の鳴り
響くイメージは、どの作曲でも重要なもので、作曲者が実際にその作品の演奏
を聞くか聞かないかとは無関係のようだ。アメリカの作曲家ヘンリー・カウエ
ル（Henry Cowell）は、「世界で最も完璧な楽器とは、作曲家の精神だ。聞き取れ
るすべての音色や差異、特徴、ニュアンスの美しさ、和音や不協和音などが、
同時に流れるメロディーがいくつあろうと、訓練された作曲家には自在に聞こ
えるのだ。そうした作曲家なら、どんな楽器や楽器の組み合わせによる音に留
まらず、どんな楽器にも出せない音でさえいくらでも聞こえてくるのだ」と述
べている。

　聴覚（音）での思考を考えれば、最高クラスの音楽家が無音の練習をできる
のも納得できる。つまり、運動競技者が頭の中で動きの練習をするように、想
像の中で音楽の練習をするのである。ピアニストのアリシア・デ・ラローチャ
（Alicia de Larrocha）は、「空港での待ち時間の間、私の頭の中は音楽に溢れ、これ
から演奏する曲を聞いている。すべての音符、音節、和音の練習をしており、
左手の練習もしている」そうだ。ほぼ同じ理由でデビッド・バル＝イラン（David
Bar-Illan）も、音の出ないピアノで練習する。「理解してほしいのだが、無音
のピアノで練習している時も、私の頭の中では確かに音楽を聴いている」と、
彼は語っている。似た例として、ダンサーのマーサ・グレアムも、「音楽にたっ
ぷりと浸った後で、静けさの中で、身体に今感じて頭の中に聞こえる音楽に合
わせて舞踏の練習をする」という。グレアムが明確に述べているように、ほと
んどのイメージ化は実は複数の感覚にまたがったものだ。グレアムは舞踏をし
ながら、聞いた音楽を頭の中で演奏しているのだ。ラローチャやバル＝イラン
も同様だ。さらに、運動感覚や聴覚のイメージ化には視覚的なイメージも伴う
場合が多い。アメリカの作曲家ジョージ・アンタイル（George Antheil）は、1930

年代に自らをハリウッドの問題児と呼んでいたが、自分の作曲の多くの源泉が精神的なイメージと夢にあったと回想している。彼の Ballet Mecanique（1924年）には、飛行機の騒音や巨大な工場の独特の音が取り入れられており、飛行機のプロペラ、扇風機、サイレン、ベル、その他の機械の音が登場し、音楽を作る際に利用されている。ストラビンスキーの作曲も、まず具体的な状況や行為の詳細なイメージから始まる。彼は次のように回想する。「Petroushka（「ペトルーシュカ」）の作曲では、具体的な操り人形の姿を心に描き、それに突然命が吹き込まれた。アルペッジョの悪魔的な段階的な流れ（カスケード）で、オーケストラの忍耐力を試す。対抗して、オーケストラは悪意に満ちたトランペットの炸裂で仕返しをする。その結果ひどい騒音が生まれ、それがクライマックスに達すると、残念なことに可哀想な人形は崩れ落ち、お仕舞となる」。バレエ興行主のセルゲイ・ディアギレフ（Sergey Diaghilev）のためにポルカを作曲した時、ストラビンスキーは友人ディアギレフのことを、イブニングドレスとシルクハットをまとったサーカスの舞台監督であり、鞭で床を叩き騎士に指示していると見なしていた。このポルカでもペトルーシュカでも、ストラビンスキーははっきりと、音楽の主題に映像が伴い、作曲の基本になったのだと述べている。

　多くの音楽家、演奏家にとって、視覚ならびに聴覚のイメージ化では楽譜全体を暗記することも含まれる。テナー歌手のルチアーノ・パヴァロッティ（Luciano Pavarotti）は、アメリカのナショナル・パブリック・ラジオによる最近の取材の際、「私はピアノで実際に歌うよりも、自分の頭の中で楽譜を研究する。……楽譜を見なければいけない、その曲の難しさを見て捉えないといけない。そうして、その曲を頭に入れるのです。いわば写真でも撮るように曲をそのまま」と言っている。同様に、ジョージ・アンタイルにも、音楽を聞くと同時にその楽譜を心の目で読み取る能力があった。これは、モーツァルトやベートーヴェンその他多数の作曲家にもあった能力だ。アンタイルは北アフリカに出かけた時、地元の民族音楽を耳にするとそれを書き留めた。「曲を聞くことは、私にとってはその楽譜で見ることだった。リズムやメロディーがどれだけ複雑であろうと、音さえ聞けば心の目ではそれが楽譜で見えるのだ」と、彼は説明している。素人にとっては、耳に聞こえる音楽を楽譜に記すというのは奇跡的な

4　イメージ化　79

行為に見えるし、その逆に目に見える楽譜を音楽にすることもそうだ。作曲家のアルテュール・オネゲル（Arthur Honegger）の回想によれば、彼が一番頻繁に受けた質問は、「あなたは楽譜を見ると、そこに書いてあるものが本当に聞こえるのですか」というものだった。ほとんどの音楽家の場合、答えは必ず「イエス」である。実のところコープランドは、実際に音を聞く前にその音を想像できる能力のあるなしがプロの音楽家かアマチュアかを本質的に区別するものだと考えていた。実際には、この才能は特殊なものだ。頭の中では、現実世界では不可能な方法で音を完全に操作でき、ヘンリー・カウエル（Henry Cowell）は演奏を聞くよりも楽譜を読むことを好んでいたのだ。

　実はこれは奇跡的なことではない。音楽家や作曲家は聴覚と視覚の間の転記能力を身につけるのだが、これは音と文字の対応を全世界の子供や大人が学ぶのととても類似している。……読み書きは日常の訓練である。ほとんどの人は、ページに書いてある言葉を自分の声で読み上げるのを頭の中で「聞く」ため、このような読み方を学ぶのは聴覚的イメージ化全般のいいモデルと言える。著作家はこの技術・技能・スキルをかなりのレベルまで高めることがよくある。詩人のエイミー・ローウェル（Amy Lowell）もそうだった。「1人で何かを読んでいる時、黙読している時でさえ、私はいつも言葉を聞く……。書く時には頻繁に、いったん手を休めて自分の書いた文章を読み上げてみる。言葉が自分の頭の中ではっきりと響いているので」とローウェルは述べている。頭の中での発言というものを数段高めているのがテネシー・ウィリアムズで、彼は自分の劇作品の登場人物それぞれの声の質や話し方の癖まで想像できた。「私には、よい内なる耳がある。舞台でセリフがどう響くか、どのように演じられるのか、それがよく分かっているのだ。私はこの内なる耳とその知覚を満足させるようにシナリオを書く」と語っている。ウィリアムズの想像イメージは極端に発展し、戯曲を書きながらすべての役を想像で演じてしまう場合がよくあるほどだ。「私が劇を書く時、照明を浴びた舞台にいるかのように燦然とすべてが視覚化される。そして、私は書きながらセリフを1つ1つ声に出す。ローマにいた時、家主さんは私がおかしくなったのではと疑ったほどだ。……おや、ウィリアムズさんはおかしくなっちゃった。大声で何か言いながら、部屋の中をうろうろしているよ……」と語っている。もちろん、この家主さんは、ウィリアムズが

頭の中で創造していることを表現しているのを知らなかったのだ。

科学者もその思考において、視覚的・運動感覚的・聴覚的イメージを融合させる。第1章でアインシュタインが視覚的・運動感覚的なイメージ化に強く頼っていたと述べたが、彼は聴覚的なイメージにも頼っていたようだ。彼は物理学に取り組んでいて上手くいかないことがあると、バイオリンやピアノをいつも弾いていたと、アインシュタインの親族の多くは回想している。彼の息子は、「父は仕事で行き詰まったり困難に直面したりすると、いつも音楽に憩いを見出していた。そうすれば、たいていの困難は解消した」と記している。アインシュタインは一般相対性理論を考案していた間、深い思索を中断するとピアノを弾いたり短い音楽を作曲したりしては、また書斎に消えていくのだった。アインシュタインがピアノの前で立ち上がり、「それだ、分かったぞ」と叫んだのを娘のマヤが覚えている。アインシュタインは日本の高名な音楽教師である鈴木鎮一の友人であったが、彼に対してさえ、「相対性理論を思いついたのは直感によるもので、その直感を導いてくれたのは音楽でしたよ。私の両親は、私に6歳の時からバイオリンを習わせたのです。私の新しい発見は音楽的な認識の成果です」と述べている。実際、アインシュタインは自分のピアノのことを、「長年の友ピアノを通して私は自分に語りかけ、歌いかけるのだ」と言うほどだ。

リチャード・ファインマンの問題の取り組み方にも、同じく多数の感覚によるイメージ化が顕著だ。問題を解決する手法について質問を受けた時、ファインマンはもちろん視覚的イメージ化を挙げたのだが、運動感覚のイメージ化や音響化、つまり聴覚的なイメージ化も挙げている。また、テネシー・ウィリアムズのように、心の中で自分に話しかけつつ、声を出して言葉にすることも挙げている。ファインマンの家族や同僚は、ファインマンが何かぶつぶつ言っているのをよく耳にした。韻を踏んだ意味のない言葉を口にしていたり、鼻歌を歌ったり、おかしな声をあげたりしてファインマンは、物理学の直感や数式を音声に転換していたのだ。恐らく彼は物理学のリズム性を聞き、また感じ取っており、それは熱心にボンゴを演奏していた彼とどこかで重なるのだろう。

ここで恐らくと言うのは、多くの創造的・想像的な人々の思考においてイメージ化が重要な役割を演じていることは分かっているのだが、個々の場合にそれがどのように作用しているのかは必ずしも分からないためだ。イメージ化のか

4 イメージ化 81

なりの部分は個人的なもので、視覚や聴覚、その他の感覚経験をその人なりに簡潔にイメージで表現することである。その中には、現象の具体的な再現からその人独自の抽象化や感覚連携まで、さまざまな表現が含まれる。人によって程度の差はあるものの、イメージ化は重要な役割を果たしている。場合によっては、ある個人の思考法には特定の種類のイメージ化が不可欠なので、その人はその特定のイメージ化に関わる感覚や作業、能力を意図的に選ぶのだ。天文物理学者のマーガレット・ゲラーは、「私は視覚的な対象か幾何的な対象がないと仕事にならない。そうした対象にできない問題は、私は取り扱わない」と述べている。そうした趣向によって、他の創作的な人たちの仕事の仕方や強みも説明できるかもしれない。

　自己のイメージ化能力に対応するか否かで、その問題を取り上げるか否かを決定するゲラーの様子は、彼女の同僚をはじめ、大方の学者、芸術家などの優れた人たちも同様であると言える。物理学者のピーター・カルーザーズ（Peter Carruthers）も視覚化に長けた人物だが、絵画的な人間と数学的な人間とを大まかに区別している。数学的なタイプの物理学者には、カルーザーズの言う「物理的な直観や視覚化する傾向」が見られない。実際、アラン・ライトマン（Alan Lightman）とロバータ・ブローワー（Roberta Brawer）の対談集 *Origins*（『原点：オリジンズ』1990）では、名高い天文物理学者を取材しているが、その半数ほどは視覚的イメージを使うという意識はないと述べている。量子力学、その他、物理科学の各種の分野において、最先端の学者は視覚化を実は勧めていない。フリーマン・ダイソンは、この分野での厳密に記号的なアプローチを新たな格式ばった言語を習得することに例えている。量子力学を理解するためには、人はそれを他の知覚形態や言語に置き換えてはならず、直接数学的に理解すべきだという。ちょうど、音楽家がオーケストラの演奏を聞かずとも楽譜の意味を聞き取ることができるように。

　科学においては視覚的に思考する学者とそうしない学者に二分されていることに最初に気付いたのはアンリ・ポアンカレであり、もう1世紀以上も前のことだ。ポアンカレは科学的な創造力について広く記しているが、カール・ワイエルシュトラス（Karl Weierstrass）、ゲオルク・リーマン（Georg Riemann）、ソフス・リー（Sophus Lie）、ソフィア・コワレフスカヤ（Sofya Kovalevskaya）に関する

ものであり、19世紀数学者の偉人名鑑のような面々だ。「ワイエルシュトラスは、何もかも数列やその解析上の変換に戻して考える。彼の著作をすべて見てみても、何の図も出てこない。反対に、リーマンは幾何学に頼る。彼の概念はいずれも表像、画像であり、誰でもそれを見て意味を理解すれば忘れられなくなる」。また、リーは絵画的に思考する。コワレフスカヤ夫人は論理学者だ。数学においてイメージ思考の学者とイメージを使わない学者とがいるという分裂は、現代も続いている。ファインマンは、意図的に代数の問題を幾何的問題に変換した。「何か、この問題を見る方法がないか」。これに対して、天文学者のフレッド・ホイル（Fred Hoyle）は視覚化が苦手だと認めており、「幾何の作業はすべて代数計算で解かねばならなかった」と述べている。幾何的思考と代数的思考という問題については、本章の付録をご覧いただきたい。

　個人によるイメージ化の好みの違いにより、数学その他の自然科学系科目の教え方に大きな違いが出ることをポアンカレは理解していた。そして、「学生たちの間でも同様な違いが見られる。一部の学生は解析的に問題を解くことを好むのに対し、他の学生たちは幾何的に解くことを好むのだ。解析的な学生たちは、空間の中に捉えることができない。もう1つのグループは長い計算をしているとすぐに飽き、困惑してしまう。この2種類の知性はどちらも科学の発展のために必要なものである」と記している。実際、この2種類の知性はどの分野でもともに必要なのだ。ある種の人たちが代数を幾何で処理し、他の人たちが幾何学的に代数で処理しており、ある人々が方程式で現実を捉えるのに対して、他の人たちは画像で捉えている。また、そうした画像が嗅覚と味覚の身体感覚同様に視覚と聴覚を結合することができ、多くの場合には抽象的なものになりやすい教授法をこのようなイメージ化による手法で補完し、知識の伝授を改善、向上させるはずだ。

　各種のイメージ化能力習得への扉はすべての人々に開かれているべきで、可能な限り、そうしたイメージ化を習得できる機会が認められるべきだ。幸い、イメージ化の技術は訓練で習得し、向上させることができる。アインシュタインが学んだカントン高校では、学生たちは言語のABCを学ぶのと同じように熱心に、視覚的思考のABCを学んでいた。この学校の設立者であったヨハン・ペスタロッチは、視覚的な理解が他のすべての形態の教育よりも先にあるべき

4　イメージ化　83

だと考えていた。1801 年に彼が著した古典的な教訓小説 How Gertrude Taught Her Children（「ゲルトルードは、いかにその子供たちを教育したか」）においてペスタロッチは、まず視覚的な基盤を構築した上で、言葉や数値をしっかりとそれに対応させるべきだと主張している。若きアインシュタインはこの学校で、現代の科学者なら思考実験と呼ぶような行為にどっぷりと浸かっていたわけだ。物理的な状況をまるで手に触るようなつもりで見たり感じ取ったりし、その要素を操作し変化を観察する。こうしたすべてを頭の中で想像するのだ。

　その他の創造的な人たちも、我が子の特徴を見てとった親や支援的な家庭環境のお陰で、イメージ化の技術を発達させるよう奨励されている。マーガレット・ゲラーの母親はゲラーの芸術への志向性を育て、その父親は彼女の 3 次元の物体を視覚化する能力を育んだ。ノーベル賞受賞者の化学者ピーター・ミッチェル（Peter Mitchell）のイメージ化能力は、兄の工房で物を作るのが好きだったことから向上したものだ。「少年時代、いつも小さなエンジンとか何かを作っていました。形と形の間の関係を把握できたので、それが成長してからの思考の手助けになったようです。もちろん、そうしたことが化学でも役に立ちました……。空間での原子と原子の関係を考えるのが化学ですから」と彼は語っている。こうした子供時代の経験が、多くの優れた科学者や発明家には共通にみられる。スタインメッツやテスラのような並外れた潜在能力を全員が持っているわけではないかもしれないが、芸術や工芸での手を使った経験や簡単な想像力の練習などで得られるイメージ化の技法を身につければ、誰にとっても有益なこととなる。

　そうした訓練は、子供時代を過ぎても効果がある。アラバマ州にあるオーバーン大学（Auburn University）の工学専攻の学生たちは、ある学期の最初に視覚的思考のテストを受けた。このテストの結果、学生が幾何的・視覚的思考をするものと解析的思考・代数的思考をするものとに大別されることが判明した。全学生が、2 次元と 3 次元の作図ならびに投影のテクニックを学ぶ集中コースを受講した。このコースの終わるころには、解析的・代数的な傾向の学生たちも、生まれつき視覚的な傾向の学生と同程度の得点を視覚的思考のテストで取るようになった。この件に限らず、MIT（Massachusetts Institute of Technology　マサチューセッツ工科大学）やスタンフォード大学（Stanford University）などの諸大

学でも、類似した成果が出ている。MIT ではウディー・フラワーズ（Woodie Flowers）がイメージ化の技法や技術、技能を教授しており、スタンフォードではロバート・マッキム（Robert McKim）が視覚的思考を教えている。そうした成果から、デザインや作図、デッサン、描画、写真などの正式な訓練を受ければ、成人でも視覚化の技術が向上することがうかがえる。

　抽象的な概念を具体的に考えるという単純なことも、効果をあげる場合がある。カルテック（California Institute of Technology）の生物学者ジェームズ・ボナー（James Bonner）によると、彼が最初に科学で考察する状況を視覚化する方法を学んだのは彼に化学を教えた教授のロスコー・ディッカーソン（Roscoe Dickerson）からだったそうだ。「教授は我々に毎日のように、『自分のやっていることを本当に理解していないとだめだよ。何かが図示されているのなら、それが物理的に何を表しているのかを見て捉えないといけない』と言っていた。そしてある日突然、私は抽象的な問題も具体的に視覚化できるようになり、また、方程式などの意味を視覚化できるようになった」と述べている。

　芸術を教える教師の多くも同様に、学生の視覚的想像力を鍛えている。ナボコフによると、芸術には優れた作家が必要なのと同様に優れた読者も必要なのだが、優れた読者であるには読んでいるものを積極的に見る能力が必要なのだそうだ。そうした優れた読者になるためには、作者が書いた部屋や服、行動などを視覚化することが必要だ。それには、視覚的、聴覚的、受容的な感覚に日ごろからじっくりと注意を向ける経験を積むことだ。想像力は結局、経験が原動力になる。

　聴覚的なイメージ化の技術も、訓練によって学べることは明らかだ。作曲家で音楽評論家のロジャー・セッションズ（Roger Sessions）は、「音楽的な技術が上達するのに対応して心の中で新しく曲を創る能力も高まっていき、その体験によって、熟練した作曲家と若い初心者とではこの創造性の能力は全く異なると私は思う。実践と想像で成長していくにつれてこれらの経験は大きな役割を担い、これこそが創造という行為の本質をもたらすと一層思えるようになるのだ」と述べている。作曲家ハロルド・シャペロ（Harold Shapero）が作曲家志望者へのアドバイスとして、「聴覚的なイメージ化を通じて、こうした聴覚的能力を発達させるには、まずよく知られた曲の演奏を心の中で想像して、それを原曲

楽譜と見比べるのが有効な訓練手段であり、こうした訓練により、心の耳と目とが鍛えられる」と述べている。

　詩人のエイミー・ローウェルによれば、詩や文学の朗読を聞くことによってもイメージ化の技術は向上できる。幼い子供たちに読み聞かせをすると子供の知的刺激になるというのは、このイメージ化における聴覚の刺激によるものかもしれない。詩や物語の朗読を聞くことで、聞き手の内なる感覚的イメージが成長し、目がページから解放される。そのため聞き手は感覚的なイメージの創造に集中できる。実際、文学の朗読に耳を傾けているのは、年代を問わずよいことだ。朗読がライブか録音かを問わない。テレビや映画、ビデオ、コンピューター・アニメーションなどは、聴覚と視覚の両方で画像を示してくれるという点で確かにいいものだが、それには危険も伴う。他人が用意した画像に依存してしまう人たちは、自分のイメージが想像できなくなってしまうという危険にも留意する必要がある。

　興味深いことに、数学や科学の言語を耳で聞く訓練によっても、イメージ化の能力を高めることができる。情報理論科学の開拓者ノーバート・ウィーナー（Norbert Wiener）は、それを身近に体験している。子供時代にウィーナーは深刻な眼病を患い、6か月間読書ができなかった。「父親が私に数学の代数と幾何の両方を耳で教えてくれた。それに化学も教えてくれた。この期間が目よりも耳の訓練になり、私が体験した訓練の中でも特に貴重なものの1つとなった。暗算で数学を考えるしかなく、単なる書く練習ではなく、聞いた言葉について考えるしかなかったからだ」と述べている。無論、イメージ化による思考を強化するためにわざわざ重い病気にかかれと勧める者はいない。だが、記号を目で見ることなしに、すなわち聴力感覚で視覚的な科目を学ぶことの難しさと利点を考えていただきたい。いったん幾何図形を紙に描き、それから心の中に描いてみていただきたい。こうした方法に伴うイメージはその描写に使う言語と結び付いており、より広く深い理解力を呼び起こすことになる。必要なら実際描かれた図形と口頭で聞いたもの、すなわち、物理的な描かれた図形と頭の中の図形を交互に用いれば、両者のつながりがより強化される。

　教育でイメージ化を推進するためにここで勧めたことはすべて、小学生から専門教育の完成段階に至るまで、個人での自力の訓練でも有効だ。年代を問わ

ず観察能力を訓練できるのと同様に、イメージ化の能力も鍛えることができる。各段階は単純なものだ。まず第1には、自分が視覚的、聴覚的、その他のイメージ技術、能力、道具をどう使っているかを認識していただきたい。どこに鍵を置いたかを心の目で見ることができるか。映画を見ているかのように、あるいはその物語の登場人物であるかのように、はたまたラジオで朗読を聞いているかのように、読んでいる物語を想像できるだろうか。バナナでもネコでもそれを想像する時、その姿を、音を、匂いを思い浮かべ、感じ取ることができるだろうか。

　第2には、イメージを心いくままに満喫することだ。意図的にイメージを膨らませ、満足するまで続ける。視覚化が好きな人であれば、好きな映画のシーンを思い返す。可能ならばその映画の筋を変更し、自分だけの映画を作り、もう一度頭の中で上映するのである。*Pentagames*（『ペンタゲームズ』）というパズルの本にあるような視覚パズルを試してみる。音のイメージで思考するのが好みである場合には、好きな歌や協奏曲のメロディーだけではなく和声も思い返し、頭の中で聞いてみる。

　第3に、芸術をたしなんでみることだ。といっても単に音楽や舞踏や絵画や料理に関することを学ぶだけではない。歌、詩、ご馳走などを実際に作ることだ。こうした活動の多くでは、イメージ化が創作過程の一部になっている。色で思考しなければ、描いている絵画の色を決められない。音で、また音に関する思考をしていなければ、ピアノでメロディーを奏でることはできない。鶏肉の料理を創るには、鶏肉について考えて、鶏肉と何を組み合わせれば美味しいのかを考える必要がある。こうした創作の過程を想像し、実際にやってみる。そして、その後でその過程を再び思い返す。最後に、内なる目や耳、鼻、触感、身体感覚を活用するために正当な理屈を考える。実際に、数学や科学の問題を口頭で言ってもらう。戯曲を読む時には、各役の声や顔つきを見たり聞いたりする空想的な訓練をする。音楽を聞きながら感じるものや想像するものに注力する。他の技術と同様、絶えず一貫した練習をしていれば、イメージ化能力もより強く、より迅速にできる。

　ただし、優れたイメージ化能力を身につけることには困った面が1つある。それは、この技能、能力、スキルが高まるほど、イメージを直接他人に提示し

ようとする際に不満を感じるようになる場合があることだ。イメージを他の媒介手段に変換する必要があるが、それは苦痛になりうる。ヘンリー・カウエルが実際に演奏される音楽よりも自分の頭の中で楽譜を音にする方を好んだのは、そのためであろう。同じくアインシュタインも、自分のアイデアを数学で他人に伝えるのは困難だと自ら述べていた。最初にできた概念があまりにも直接的で完全なものであり、付随するイメージや感覚、感情まで伴うのだが、それが数学化することで失われ、減衰し、あるいは歪曲されてしまうのだ。そのため創造的な人たちの多くは、もっと直接的な伝達手段がほしいと発言している。芸術家であるマックス・ビルにとっては、それが芸術の新たな形態にあった。「頭の中に存在する概念は、これまでのところ、何らかの言語という表現手段が媒介しなければ他人に伝達できない。だが、最終的には芸術の媒体を通して概念を伝達できるようになることもあり得る。だから私は、芸術をアイデアの直接的な伝達の比類のない手段にすることが可能ではないかと考えている。なぜなら、絵画や造形で概念を表現できれば、その本来の意味が歪められることがなくなるからだ」。

　作曲家のチャールズ・アイヴズ（Charles Ives）は、こうした伝達における芸術の能力についてそれほど楽観的ではない。音楽も例外ではない。アイヴズはその著作 *Essays*（『エッセイ』）において、「何ということか！ 音楽が心に生じるのと同じように、他人に伝えることはできないのか。ガット弦、針金、木材、ベースといった障壁を乗り越えずとも」と記している。小説家のマーガレット・ドラブル（Margaret Drabble）も、主観的なイメージを客観的な伝達形態に変換するということについて疑念を唱えている。「画家と同様に著作家も画像で思考している場合がある」と彼女は記している。そして、視覚芸術も文学も映画も「私的な内面のイメージを表す」ことができるが、この伝達はどれだけ巧みに行っても、なお間接的なのだ。ドラブルはある夢の機械を想像している。その機械は「私が夢で見る画像をそのたびに記録してくれて、私が目覚めるとその物語を再現できる」というものだ。ニコラ・テスラも、目覚めている現実の世界との関連で同様なことを考えていた。彼の推測によれば、「人が心に描くあらゆる対象をスクリーンに投影して、目に見えるようにすることは可能なはずだ。こうした進歩がすべての人間関係に革命的な変化をもたらすだろう。そうした

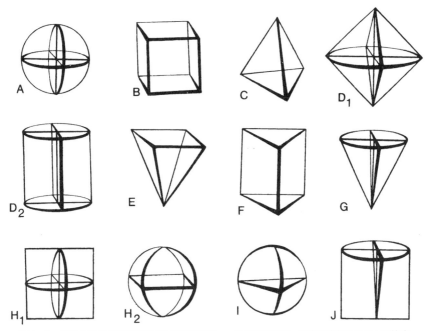

図4-4 前述の幾何図形を想像する問題の解答。一部の問題では、正解が複数あることに注意。他にも正解があるかも。

素晴らしいことがいずれ可能になり、実現すると私は確信している」と。

　彼らだけではない。多くの SF 小説ファンもイメージが融合した想像の未来というものを夢見てきた。Star Trek（「スター・トレック」）の物語の多くでは、エムパス、つまり他人との意思伝達を完全かつ瞬時に行う特殊能力者が登場する。あるいは Strange Days（「ストレンジ・デイズ」1999）という心の平穏をかき乱す映画を考えてほしい。仮想現実での身代わりの体験を描いた作品だが、実際にはよかれ悪しかれ、誰も未だこうした SF 小説を現実のものにはしていない。依然として我々は、すべての心のイメージを他の媒介物に、つまり言語や音楽、動き、モデル、絵画、図、映画、彫刻、数学などにしなければならない原初的な状態にいるのだ。恐らく我々は、この状態に不満を言うべきではないのであろう。直接にイメージを伝える能力がないからこそ、我々は人間の技能による芸術作品が生まれる世界を構築できているのだから。

4　イメージ化 | 89

【付録】代数的思考と幾何的思考について

　ファインマンは代数問題を幾何的に処理すると言った。またホイル（Hoyle）は幾何の問題を代数で処理する。これはどう理解すればよいのか。具体的な実例を挙げれば分かりやすいだろう。

　ある古典的な文章題を次に示す。ある男性が川でボートを漕いでいたところ、帽子を落とした。川は下流へ時速 3 km で流れている。男は上流に向かって、この川の流れよりも毎時 2 km 速い速度で進んでいる。帽子をなくしたことに彼が気付いたのは、帽子が川に落ちてから 30 分後のことだ。彼がボートの向きを変え、やはり川の流れよりも 2 km 速く下流へ漕いでいったとすれば、帽子に追い着くまでには、どれだけの時間がかかるか。

　代数で解くには、この問題の主要パラメーターを抽出して、方程式を立てて未知数を求める。落ちた帽子は時速 3 km で 30 分間流れている。つまり、すでに 1.5 km 下流にあるのだ。この男性は、同じ 30 分間で上流に時速 2 km で進んだので、上流に 1 km 進んでいる。したがって、帽子をなくしたことに気付いた時点で、この男性は帽子からは 2.5 km 離れた地点にいる。彼はボートの向きを変える。上流に毎時 2 km 進むには、川に対しては時速 5 km で移動していたはずだ。したがって、下流に向かう場合には合計速度が、毎時 5 km に川の流れ毎時 3 km を加えた毎時 8 km となる。一方、帽子はその間も下流へと時速 3 km で流れている。男性が帽子を拾うまでに必要な時間を t としよう。すると、帽子を拾うまでの所要時間 t は、（毎時 8 km）×（t）＝2.5 km＋（毎時 3 km）×（t）となり、これはその時点での男性と帽子の距離に、男性が漕いでいる間に帽子が流される距離を加えたものだ。この方程式を解くと、（時速 8 km）t－（時速 3 km）t＝2.5 km なので、t＝0.5 時間となる。

　同じ問題の幾何的な解法では、これを視覚化する。視覚化に秀でた人であれば、この種の問題が単純な相対論的技法を使えば解けると気付くはずだ。川上へ向かってボートを漕ぐ男性のかわりに、流れる川を走る電車を想像すればよい。電車の中で帽子を落としたので、その電車の進行方向に向かって電車の中を歩く場合を考えればよい。帽子が落ちたことに気付くまでに、進行方向と反

対向きに 30 秒歩いていた。向きを変えて電車の中を進行方向に歩き帽子を探す。電車に対して、同じ一定の速度で歩くとすれば、帽子を見つけるまでどれだけの時間がかかるだろうか。明らかに 30 秒だ。この電車、つまり川が大地に対して移動しているという事実は、この物理の問題には無関係だ。川を電車のように扱い、ボートを漕ぐ男性を川、つまり列車の中を歩く人と捉えることで、同じ 30 分という正解がすぐに得られるのだ。

　このように、代数的解法ならびに幾何的解法で同じ結果が得られるが、解き方は確かに異なっている。代数主義者は幾何主義者を計算も定理も明らかではないので、答えが証明されていないと非難するかもしれない。逆に幾何主義者は代数主義者を、答えが直感的に明白なのにわざわざ計算することを非難するかもしれない。大方の人はどちらかの手法を好み、もう一方を使わない。

　アインシュタインやファインマンにとって困難だったのは、彼ら自身は幾何的に思考したが、厳密な物理学的証明を満たすには、結果を解析的に代数の形で伝達しなければなかったことだ。ホイルの抱えた問題とは、彼の代数的定式化ではゲラーのような視覚的幾何主義者には意味をなさないことだ。そのゲラーが、天文物理的研究でホイルの理論の検証をすることになっていたのだ。大方の人には、この 2 種類のアプローチを容易に、あるいは迅速に切り替えられない。そうした変換が、新たな画期的発見の中核になる場合も少なくないのだが。この点については、第 14 章の変換思考で詳しく論じる。

4　イメージ化　91

5

抽象化

　我々の社会では、いわゆる抽象化・抽象概念・要旨という考えや表現は日常的に存在するので、我々はあまり気にとめていない。誰でも、抽象芸術を見たことがあるし、書籍や論文の要旨（abstract）を読む機会もある。また、アイデア、着想や理論の全体を精細に捉えていないが故に、それらを抽象的概念・抽象化とすることもよくある。だが、抽象化の過程はまだ謎に満ちている。抽象化から生み出されるものの多くは、正確に、そして精細に認識されてはいない。その意味するところを充分に理解するために、ある試行をやってみていただきたい。この本をしばらく脇に置いて、あなたが想像できる限りのあらゆる方法で、1個のオレンジを抽象化してみるのだ。その次に、人間を抽象化する。ここでも、できるだけ各種の抽象化をやってみていただきたい。これをいくらか真剣にやってみた上で、この先を読み進めていただきたい。

　この試行をどう始めればよいのか、どう進めればよいのか、困ったという方々は気を悪くしないでもらいたい。本書の著者は、経験的にプロの芸術家や著作家、教師でも、この試行には苦労する場合がよくあることを知っている。彼らは抽象化されているものを見ればすぐにそれと分かるのだが、抽象化の対象（芸術、技術、科学、現象、事象など）を抽象的にしている素質、感性、感情など、何かを実際に説明できる人はごくわずかだ。想像上の抽象的作品を自分で創り出せる人はさらに少ない。この試行をしてみた人たちの大半が思いつくのは、ありふれた目に見える抽象作品だ。例えば、オレンジはオレンジ色の円で、人間は棒人間か身体がなくて笑っている顔の部分で抽象化を表現する程度だ。オレンジや人間の動き、音、匂い、感触を抽象化しようとする人は僅かであるし、その化学的な観点や生命体のネットワークでの生物的な役割を抽象化しようと

93

図5-1 画家とモデル。パブロ・ピカソによる Cahiers d'Art、1932年。

する人は、さらに少ない。また、こうした抽象化を絵ではなく、音楽や舞踏、言葉、数値で表すことも考えつかないのだ。実際は、こうした媒体のいずれを用いても抽象化の表現はできるのだが。明らかに、抽象化という過程は一般的に充分に理解できる過程であるとは受け止められていないし、広く理解もされていない。

　優れた実例を紹介すれば、分かりやすいかもしれない。最初の例は1927年、ピカソが愛人のマリー・テレズ・ワルテル（Marie-Therese Walter）の写生画を描いたときのものだ。そのとき、彼女は編み物をしていた。ピカソは彼女を描いている自分を描き、その絵には自分の描き込んでいるカンバスも含まれている。そのためこの絵は、絵を描く過程を描いたものになっており、それはピカソの好んだ主題の1つでもある。特にこのマリー・テレズの肖像は、明らかに無作為な直線や曲線が連なっているだけに見える故に、この主題を理解する助けになるものだ。一体、ピカソは何をもくろんでいたのか。

　ほぼ同じころ、物理学者のC・T・R・ウィルソン（C. T. R. Wilson）は素粒子の写真を撮影していた。我々の大半は、こうした素粒子がもっと大きい何かの断片のように見えると予想するだろう。ところが実際は、ウィルソンが現像した写真は、ピカソによるマリー・テレズの肖像画に不気味なほど似ていた。それは、3次元空間で奇妙なバネのようにも見える、多くの螺旋と渦巻きであった。こうした写真の成果で、ウィルソンはついにノーベル賞を受けることになる。だが、こうした写真は原子と何の関係があるのだろうか。

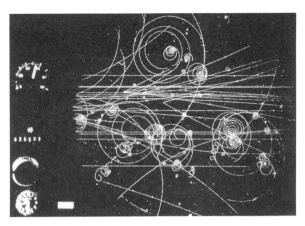

図5-2 泡箱の中での素粒子の軌跡、1970年。

　それから数十年後、ピカソのファンで芸術面の支持者の1人、E・E・カミングズが、ピカソに劣らず見る人を困惑させる作品を残した。彼の作品は、下に示すような、線ではなく言葉を並べて作られていた。

I
l (a
le
af
fa
ll
s)
one
l
iness

　ピカソの写生画やウィルソンの写真、カミングズの詩などを普通に解釈しようとすると、頭が混乱するだけであろう。問題は、これらはいずれもあまりにも表面的には単純なので、意味するところが分からない点だ。だが、その画家や科学者、詩人の意図を知れば、作品の意味がはっきりと分かる。同様に驚く

5　抽象化 | 95

べきことだが、ちょうど雷鳴が稲妻の音であるかのように、カミングズの詩は確かにピカソの「画家とモデル」を言語にしたようなものなのだ。ウィルソンの写真は、各素粒子の痕跡を捉えたものだ。この3人はいずれも、観察したことや考えたことから1つの重要な要素だけを残し、他を消したのである。視覚的、物理的、感情的、感性的な複雑な着想をむき出しにして、そぎ落とした概念的なものに還元して、簡潔さを通じてそのものにある純粋さを明示したのだ。言い換えれば、抽象化をしたのだ。

　物理学者のヴェルナー・ハイゼンベルク（Werner Heisenberg）は、抽象化とは対象や対象のグループを1つの視点から考慮し、他の特徴のすべてを無視する可能性である、その本質は1つの特定的な特徴を選び出し、他の特徴よりも際立って重要だと見なすことにあると定義している。この定義はどの分野でも当てはまり、ピカソは自分の抽象絵画作品の1つについてその意図を次のように述べて、それを明らかにしている。「その特定の裸体、と言いたいのだ。ある裸体として、1つの裸体、と言いたいわけではない。乳房と言い、足と言い、手あるいは腹と言いたいだけだ。それを言う方法を見つけること、それで充分だ」と。つまり彼の目的は、紙やカンバスに配置できて、すべてを詳しく描かずとも認識させられる最小限の視覚刺激を見つけることだった。視覚言語の本質をピカソは探したのである。ちょうど、ハイゼンベルクが自然の原理を求めたように。

　ピカソがマリー・テレズの姿を抽象化した写生画を理解するための鍵は、抽象化されたものは対象全体を表すのではなく、目立たないある特徴のいずれかに注目し、それを表す場合があることに気付くことだ。ピカソは関心をモデルにではなく、モデルのいた空間に向けた。この写生画を解釈するためには、通常のモデルとは異なり、マリー・テレズが動いていたことを認識しておくことが不可欠だ。写生中、編み針が前後に出たり入ったり動いていた。毛糸のもつれを調整せねばならず、毛糸を落とした場合には屈んでそれを拾い、再び編み目を見ることもあったろう。そこでピカソは、モデルの頭部や手、ひじ、肩、その他身体の各部が空間の中で動くときの軌跡である曲線を描いたのだ。それはあたかも、モデルの身体に発光マーカーを付けて、モデルが動くにつれ軌跡を空中に残したかのようだ。この種の絵画的なアイデア自体は、すでにピカソ

以前から動きに関心のあるさまざまな人たちが持っていたものだ。これについては、すぐ後に論じる。その結果、できた絵画は複雑なものになった。一方では、ピカソが描いた写実的な肖像画や自画像から、ピカソ自身が写実的に描こうと思えば描けたことが分かる。だが、そうしなかったのだ。このマリー・テレズも含めて、ピカソの描いた肖像画は別の現実があることを示す。それは興味深く、リアリズムとは比べものにならないほど全く予想外のものなのだ。ピカソは、この絵を見る人たちに警告している。「あなた方はただ目を向けているだけだ。本当に見てはいない。ただ目をやるのではなく、考えよ。一目で分かる特徴の背後に、驚くような特徴が潜んでいることに気付け。目ではなく、心で見よ」。

　心の目で見ることが、ウィルソンの写真を理解するためにも鍵となる。この場合、彼が写真の中にその奇妙なイメージを捉えるために用いた技法を理解する必要がある。彼は霧箱という道具を発明し、雲の生成を研究した。簡単に言えば、特殊な箱の中に水蒸気で飽和した空気を作り出し、その箱には大型のピストンが付いていた。ピストンを引くと圧力と気温が下がり、水蒸気が凝縮する。物理学者であったウィルソンは、雲の形成に最も適した条件というものを探りたかったのだ。すぐに彼は、イオン（電荷を帯びた粒子）の存在がこの過程を大いに促進することに気付いた。ウィルソンは電子や陽子といった原子を構成する粒子には電荷があり、そのために霧箱の中で水蒸気が凝縮し、そうした粒子が通過した後には小さな水の飛沫の形跡が残る可能性に気付いた。霧箱全体を強い磁場の中におけば、粒子が磁場の中で方向を変え、その方向で粒子の電荷の正負が分かる。したがって、この写真は粒子その物の写真ではなく、原子を構成する荷電粒子が磁場を通過する際の軌跡を示すものなのだ。ちょうど、ピカソの絵が空間の中でのモデルの動きを示していたように。いずれの場合も、見る人は主題の物理的・動的な特徴を推察できる。ただし、そのためには、その新たな手法によってできたものが肖像ではなく、抽象化されたものであることを認識していないといけないのだ。

　カミングズの詩も、ピカソやウィルソンによる抽象化に劣らず強烈だ。実のところ、彼らの作品には関連性がある。中国の表意文字に魅了されていたピカソはかつて、「中国人として生まれていたら、画家にはならず著作家になってい

5　抽象化　97

ただろう。絵を言葉で書くわけなのだから」と言ったという。ウィルソンは言うなれば、原子の構成粒子が霧箱に筆跡を残すようにさせたことで有名になったのだが、カミングズの詩人としての評判もかなりの部分は、言葉を使って絵を書く方法を見出し、表意文字に頼らずに英語で表現したことにある。

　カミングズの詩を単に文字や言葉として捉えるのではなく、イメージとして見ていただきたい。この詩は1という文字で始まっており、これは数字の1にも見える。この文字・数字がカミングズの抽象化の本質である。彼はその両方の意味を利用している。ページに印刷した場合の詩の形も利用しており、自らの創作物を詩絵画（poem-pictures）と呼んでいる。詩の言葉を聞くと同時に、見る必要があり、ページ上での文字のパターンを構文と同じく調べる必要がある。詩の中で括弧に入れて、a leaf falls（葉が落ちる）とあるが、言葉が分断され配置されているのは、葉が舞い落ちる様子を真似ていることに読者が気付くことが期待されている。そうした配置によって、読者の視線はページ全体を行き来させられる。まるで、木の葉が揺れながら舞い降りるのを目で追いかけているように。この技法をカミングズは他の詩でも利用している。そうした詩の1つである Grasshopper では、読者は視線をページのあちこちに行ったり来たり移動させなければならない。次に、one という単語が現れ、最初の文字を再現する。そして1が再登場し、iness という文字が現れる。木には葉が多数茂っているのだが、特にカミングズの小文字のアルファベットで示され、I-ness とも読み取れる。つまりこの I は1枚であること、他とは離れて1枚きりであることを示している。木にともに茂っている仲間から離れた、1枚の落ち葉のように。さらに、最初の文字である1を数字の1と重ね合わせ、詩の終わりに、iness を持ってくる。つまり、括弧に入ったフレーズを消すことで、loneliness（孤独）が浮かび上がる。木に茂っている仲間から離れた落ち葉の状態である。1人きりの、個人の状態である。あるいは、カミングズがよく単語を創作したことを知っている読者なら、括弧の後にある文字を見れば、oneliness と読める。1人でいる状態だ。それと同じぐらい重要なポイントは、この詩全体が1つの1としてページに印刷されている点だ。1人でいること、孤独、I-ness の持つ意味がすべて含蓄されて、こうした形態に融合している。実にわずかな文字で、実に深い意味があるのだ。

興味深いことに、あらゆる抽象化は単純化だが、このピカソやウィルソン、カミングズの抽象化の例に見られるように、その単純化の結果からそれまでは見えてこなかった特徴や隠れたつながりが浮かび上がり、しばしば複数の洞察や意味が新たに読み取れる場合がある。経験的に、最も簡単な抽象化こそ最も

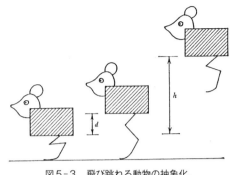

図5-3　飛び跳ねる動物の抽象化。

認知も考案もし難いと同時に、最も重要な洞察をもたらすものであることが多い。数学を例にとれば、数学というもの自体が抽象化だ。数という概念そのものが限りない抽象化である。だから数は、何にでも、どこにでも、いつでも適用できる。また、現実とは無関係に操作できる。そのため、コンピューターの使用は普遍的な力なのだ。「無」というものは、それ自体では抽象化であり、ゼロは存在しないものを示す。しかし、存在しうるすべてのものの場所となりえる。数理物理学者のポール・ディラック（Paul Dirac）の主張によれば、数学とは、あらゆる種類の抽象概念を扱うのに特に適した手段であり、道具だ。この数理物理分野では、数学の力に限界はないと述べている。数学者のフィリップ・デービス（Philip Davis）とルーベン・ハーシュ（Reuben Hersh）は、抽象化とは知性そのものの特性であり、ほぼ同義語だとまで述べている。

　科学理論や原理は、いずれも驚くほど強力で、洞察豊かな抽象化である。重力場にあるすべての物体は質点で表すことができるのだが、この事実の持つ意味を考えてほしい。質点とは、限りなく小さいが実際の物体の全質量を持つ点のことだ。ここでは、その物体の形状や大きさ、密度、色、素材、質量分布、構造などは関係しない。物理学者なら、ネズミを質点で表し、その下にバネを付けてネズミの脚とし、そのネズミがどれぐらいの高さまで跳び上がれるかを正確に示す方程式を作ることもできる。同じように、速度や加速度、温度、密度といった概念も極めて普遍的な抽象化なので、どこにでもあるどんな物体にも適用できる。ピカソの描いたマリー・テレズの肖像画やウィルソンの原子構

成粒子の軌跡と同様、こうした特性は直ちに明らかにできるものではない。感覚で把握できる明らかな現実を超えて、心の目で知覚することを学ばねばならないのだ。

　言語というものも、抽象化があって初めて成り立つ。愛、真理、名誉、義務などといった多数の単語が、極めて複雑な概念を表している。著作家は考えられる多数の文章の中から、こうした単語も含めて各種の言葉を適切に抽出し、ただ１つの文章を作成する。だが、文学における抽象化とはより深いものだ。(18世紀英国の文学者) サミュエル・ジョンソン (Samuel Johnson) によれば、「詩人の仕事とは……個体ではなく、概念や属性を調べることにある。一般的な特性や巨視的な様子を述べることにある。……そのためには、詩人はそのグループの特徴とは言えない細かな差異を無視しなければならない」。文学での抽象化の多くは、重要なことでも言葉にして表さないことがよくあると、小説家のウィラ・キャザー (Willa Cather) は指摘している。「具体的には言及されていなくても、ページから読み取れるものは何であろうと、そこに創り出される。これは、表現できない何かが心や意識の中に出現するという説明不能な現象だ。耳には聞こえないが感じ取れる含意であり、言葉の雰囲気、事実や行為に伴う感情のオーラである。これらが、その小説やドラマそのものの質を高める」。またキャザーは、「芸術の高度な過程とは、いずれも単純化にある。それが実は、高度な芸術的過程のほぼすべてなのだ。形態の規則や詳細のうちどれを省略しても、変わらず全体の生命力を保持できる」と結論付けている。

　身体の言語とは抽象的なものだ。実際、身体的言語は代数と同様にあまりに基本的なものなので、最も異なる文化と文化の間の橋渡しもできる。全世界の人たちが、言葉で意思疎通できない場合にはパントマイムを用いる。表情を作り、身振りをし、ほしいものを身体で伝える。パントマイムの能力をテストするため、ジェスチャー・ゲームなどの遊びを考案する。その遊びをやってみると、身体言語の能力が余り得意でないことが多い。だからこそ、マルセル・マルソー (Marcel Marceau) のような驚くべき身体的言語能力を称賛するのだ。言語が身振りや動きに還元されることで、日本の能という演劇や西洋のバレエ、モダン・ダンスは具現化された純粋な言語となり、我々はそれを見るために大枚をはたくのだ。マーサ・グレアムは、自分の特徴を完全に抽象化した舞踏は

Appalachian Spring（「アパラチアの春」）であるとしている。また、オスカー・シュレンマーは友人のオットー・マイヤー（Otto Meyer）に対して、「ほぼ逆説的ながらも、抽象化という行為に関わるほど、現実への感受性が強くなるのを経験してきた」と書き送っている。他の分野でもそうだが、舞踏では抽象化によって物事の本質に迫り、概念を純化する。その結果、彫刻家のヘンリー・ムーア（Henry Moore）によれば、最大級の直接性と強調性が生まれる。

　こうした本質的な直接性は、生命、生存のすべての面に存在している。何かの曲を口笛で奏でるときは、オーケストラの曲であれ、ポップミュージックであれ、抽象化をしているのだ。各種の音が豊かに織りなす模様から、主旋律だけをほんの少し取り出しているわけだ。よい書物を読んで簡単な概要を伝える際には、やはり抽象化をしている。テレビガイドや新聞にある1行だけのあらすじから、どのテレビ番組を見るかを選択するときにも、抽象化を利用している。新聞や雑誌のある記事を読むか読まないかを決めるにも、その見出しを見て抽象化を利用しているのだ。「Cliff Notes」（クリフの注釈）や、その他の専門家が、シェイクスピア劇などの古典作品の要約を紹介しており、それを学生が利用する場合がある。風刺画なども一種の抽象化である。人の名前のイニシャルもそうだ。エピグラムと呼ばれる短い警告・風刺も、経験から得られる知恵を短く表したものであり、一種の抽象化。「今日の1針は明日の10針」（訳注：小さなほころびも大きくなってから縫うのは大変だという意のことわざ）といったような言葉がその例である。

　数値であれ、言葉であれ、身振りであれ、こういった抽象化行為は極めて基本的で単純なので、人の注意を引くことはあまりない。実際、抽象化の本質とは、「私の子供でも、これならできるだろう」と考えるようなことなのだ。忘れられやすいことだが、そうした技能や技術も実は身に付けているにもかかわらず、新しい数学を考案し、新たな自然法則を発見し、認知のあり方を新たに捉え、新しい身振りの言語を考案し、あるいは人間の感情に関する根本的な真実を説明できる人は極めて少数だ。そうした成功例は稀で実現しがたいことである。ピカソは、単純かつ直接的に描くことを学ぶのが自分にとっていかに難しかったかを繰り返し述べている。一歩一歩、その過程を歩まなければならなかったのだ。カミングズのノートを見ても、単純な効果を得るためにどれだけ

5　抽象化　101

苦労したかが偲ばれる。複雑で混沌とした現実を見て、それを伝えるほうがよほど簡単なのである。

　実際、抽象化という行為は、どの分野の人たちにとっても困難な作業なのだ。マーク・トウェイン（Mark Twain）やアーネスト・ヘミングウェイなど高名な小説家の多くは、編集者に対し、草稿があまりに長くなってしまって残念だと書き送っている。「もっと時間があれば、その作品は半分の長さで済んだはずだ」と。ウィンストン・チャーチル（Winston Churchill）は「丸1日話をするのなら、5分前にそう言われれば話ができるのだが、たった5分の話をするには、丸1日準備しなければならない」と言ったとされている。詩人のエドウィン・アーリントン・ロビンソン（Edwin Arlington Robinson）は、若いころには短い作品を書いていたが、歳を重ねるにつれて作品が長くなっていった。その彼が言うには、「もう私も60歳を超えた。短い詩を書くのは労力が多すぎる」。こうした人たちによれば、書くことの本質とは、ページに言葉を置いていくことではなく、不必要な言葉を認識して消すことを学ぶことなのだ。教師であれば、入門レベルの学生向けの授業を準備するほうが、高度なレベルの学生を教えるよりも大変だと分かっている。基本的な事項のほうが、使いこなすことや単純化することが難しいためだ。同じように、優れた内容で短い科学論文を読む場合も、大した内容ではないと読み過ごしてしまいやすいものだ。だが、ハーバード大学の生物学者ジョージ・ワルド（George Wald）はかつて、ノーベル賞受賞者のアルベルト・セント＝ジェルジ（Albert Szent-Györgyi）の論文（セント＝ジェルジの論文は明快で短いことで有名だった）を読んだうえで、彼に対しこう述べた。「あなたのこの論文は、大変軽い調子で書かれているので、執筆に大変苦労なさったでしょうね」。

　このワルドの言葉にはかなりの真実味があり、科学論文を書くことだけでなく、科学の原理にも大いに関連している。実際、どこの科学の教室でも最初に、1つの面白い事実を説明しているはずだ。すなわち、中等学校の生徒向けの最も簡単な教科書でも、科学史上における極めて偉大な学者の業績を基にしているのだと。ガリレオ（Galileo）、ニュートン、ダーウィン、パスツール、メンデル（Mendel）、キュリー（Curie）、ワトソン（Watson）、クリック（Crick）といった科学者だ。この事実をしばらく考えてみると、実に面白い。科学史上、非常に

重要な成果であるため、とても複雑なものだろうと思われがちだが、実際は常に最も単純なものなのだ。半世紀ほど前、物理学者で発明家のミッチェル・ウィルソン（Mitchell Wilson）は、「偉大な科学者になるための秘訣とは何かを教えよう。あまり複雑なことを理解できる必要はない。その正反対なのだ。世界でも特に複雑に見える現象を見て、すぐに、その基底にある単純さをひらめきで理解しないといけない。それが必要な能力だ。単純化の才能なのだ」と記している。

　根本にある単純さから基本理論が生まれる。そして、基本理論はいずれも先ほどのカミングズの詩に似ている。I / 1 / 1というコンセプトに幾つもの解釈と適用の余地があるのだ。単純化により抽象化することで、認識と自然の織り成すものの中に共通のつながり、つまり結び付きが生まれるのだ。だが、複雑な現実の中に、そうした単純な原理を見抜くには極めて偉大な天才の力が必要となる場合が多い。ピカソは、「最も抽象的なものこそ、現実の頂点なのかもしれない」と語り、ヴェルナー・ハイゼンベルクは、「より一般化を進めるために踏み出す一歩はいつでも、抽象化に踏み込むことだ。もっと正確に言えば、次のより高いレベルの抽象化を目指すことだ。一般化するほど、多様な個別性がより豊かに統合されるからだ」と記している。リチャード・ファインマンは、そのノートに単純にこう記している。「現象は複雑だが、法則は単純だ。何を省略するべきかを知れ」。

　抽象化とは、何かを知り、その重要性を知るだけでは問題の半分に過ぎない。残る半分は複雑な表れの中に隠れた単純な概念を見つける方法を知ることだ。どうすればよいのか。幸い、多数の創造的な人々が自分がどのようにして抽象化を成し遂げたのかについて、詳細な記録を残してくれている。ここで多くの人々が犯す間違いの1つは、現実を無視して始めることだ。非具象主義の前衛絵画（op-art）で有名な芸術家ブリジェット・ライリー（Bridget Riley）は、「抽象化は必ず現実のものからの発展が不可欠である」と述べている。著作家にして芸術の講師でもあったブライアン・ロバートソン（Bryan Robertson）は、ライリーに対し、かつてこう語った。「The Autobiography of Alice B. Toklas（「アリスB・トクラスの自伝」）に、ガートルード・スタイン（Gertude Stein）の面白い発言が引用されていますが、私は次の言葉が好きなのです。私はいい景色が好きだけど、

5　抽象化 | 103

図5-4　パブロ・ピカソによる「牡牛」1946年。左上から時計回りに、2枚目、4枚目、8枚目、11枚目。

それに背を向けて座るのが好きなのだ。これこそ、抽象的な作品を作る芸術家の多くが、自然に近づく最高の方法ではないかと思います」。すると、ライリーは簡潔にこう答えた。「そんな人は撃ち殺してしまうべきだ」。どんな芸術家にとっても、自然観察が最初の重要なステップなのだ。感覚の認識を引き起こす実際の事象なしに、感覚の認識を目覚めさせることがライリーの絵画の狙いであったのだ。そのライリーのような人にとっても、まずはその感覚経験を体験して理解し、それを純化することが必要であったのだ。

　ピカソも他の画家に、「抽象に至るには、必ず具体的な現実から始めることだ。必ず何か具体的な物事から始めよ。その後で現実の形跡をすべて取り去ることができる。そうすれば危険はない。いずれにせよ、その対象の観念が消せない痕跡を君の中に残しているのだから。そこから芸術家の仕事は始まり、アイデアが湧き出て、感情が高まるのだ」と忠告していた。その言葉にある通り、ピカソはその有名な牡牛シリーズを、まずは牡牛の写実的な絵から始めている。それから、牛の形を定める平面に目を向けた。だが、そうした平面で試すうちに、実際に形を決めているのは端部であることに気付いた。それを単純な輪郭に還元した。最終的には線の大半を消し、牛であることの本質を示す純粋な輪郭だけを残した。注意していただきたいのは、最初の版画では巨大だった頭部が、最後の版画ではちっぽけなものになっているが、我々が牛を表す絵だと認

104

識するのに問題はないことである。ピカソにとって、牛であることは頭部の形状や大きさで決まるのではなく、角などの極めて単純な特徴で決まるのだ。こうしたことはいずれも、最初の時点では明確ではなかった。他の目にとまりにくい特徴が、ピカソの牡牛のシリーズとそれから何年も後にロイ・リキテンスタイン (Roy Lichtenstein) が創作した牛のシリーズを比較すると、明らかになる。リキテンスタインのシリーズは、ランディー・ローゼン（Randy Rosen）の 1978 年の *Prints*（『版画』）という素晴らしい本で見ることができる。リキテンスタインは同じ牛というテーマを扱ったのだが、かなり違ったやり方で抽象化を発展させた。それによって、ピカソの版画が焦点を合わせた牛であることとは別の牛であることの側面が示されている。

　抽象化は手段、道具、技術、技能の 1 つであるので、使い方はさまざまだ。同じ牡牛を表現するにも 2 人の芸術家がかなり異なった表現をするように、どんな物体やアイデアや着想でも、その抽象化の方法には多種多様あり、根本的に各種の様相を示すのである。その成果は観察と単純化の対象になった特徴、固有性によって変わる場合が多い。例えばエルズワース・ケリー（Ellsworth Kelly）という画家は、色と平面に焦点を合わせることが多い。彼の 1973 年作の絵画 Yellow with Red Triangle（「赤い三角のある黄色」）もその例で、明るい黄色の大きな長方形が傾けて置かれ、それに少し小さな赤の二等辺三角形がついている。この一見したところ単純な絵画のアイデアをどういうきっかけで思いついたのかと尋ねられた時、ケリーは、「2 つの図形の形状は、私のアトリエのそばにある家屋の構造から、抽象化したものです。その家の傾いた屋根が、対角線に配した黄色の長方形になり、横から見た屋根窓が赤い三角形になったのです。……どこを見ても、私は関係性を捉えるのです。……形と色の関係ですね。それを私は分解して、むきだしの基本的な形に還元するのです」と答えている。このように、しばしば、各種の角度や視点からものを見て、描き、色を塗る過程は、必ず自分の考え出したものではなく、実世界から始まったとも述べている。ケリーの場合、抽象化は観察する対象の形と色の最も単純な関係を発見することに行き着く。

　アンリ・マティスも、自分流の抽象化を行っていた。晩年の彼は慢性の病のために床に臥しており、絵を描くことができなかった。それでも、ハサミをあ

図5-5 アンリ・マティスの「カタツムリ」(1952年および1953年作)のための、基本的な抽象化を示すスケッチ。

る程度器用に使うことができるのを知り、切り絵のコラージュ法(collage)による有名な作品群を生み出した。カタツムリの集合を表現した切り絵作品を見れば、彼の方法が特によく分かる。ピカソと同様にマティスも、自分が望めば写実的なカタツムリを描けたことは誰でも知っている。彼のハサミの使い方からは抽象化の斬新な方法がうかがえる。ある作品ではマティスは、カタツムリの貝殻をその湾曲する線に沿って切り、それを紙のように平らに広げるとどうなるかを想像した。もう1つの思いつきでは、カタツムリであることの本質を、連結させた紙を集めて構成したらせんとして捉えた。いずれの場合にもその意図は、見る人の注意をカタツムリの複雑な形状の明確な表現に向けさせることであった。

　マティスやケリー、ピカソ、リキテンスタインからは、どのような1つの対象でも多様の抽象化が可能であり、それぞれが何らかの隠されていた真実を露わにするという教訓を引き出せる。現実とは、可能なすべての抽象化を総合化したもので、そうした可能性を見出すにつれて現実をよりよく理解できるのだとさえ言うこともできる。これは科学者が学んだ教訓でもある。マティスがしたように生物学者もしばしば研究対象を「切り」出して、時には文字通りに切断して、基本的な構造を研究するための各種の形態にすることが有用であると考えてきた。エイサ・グレイ(Asa Gray)など19世紀の植物学者は、抽象化した各部を連ねて花を描くことがよくあった。その各部をそれぞれ単独で見ると、我々が見るような花とは思えない。パイナップルなどの果物の構造の成長を理解するため、植物学者はマティスがあるカタツムリの作品で用いたのと同じ手順を使った。外側の表面に沿って切り開き、平らに広げたのだ(図5-7参照)。この抽象化では、見たところ規則性のない果物の表面から、突如として隠れた

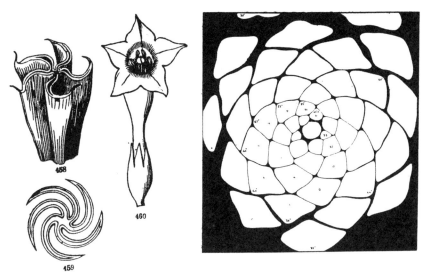

図5-6　左:「チョウセンアサガオ」。花、花冠、花冠の断面。右:マツの実の頂点の、横軸の断面。

パターンが出現する。実際、数学者はこのパターンをより発展させて方程式で表すことができる。その方程式はフィボナッチ数列（Fibonacci sequence）であり、2つの数値の比率から導き出せる。フィボナッチ数列は最初の2項が0と1で、次の項は直前の2項を足した値とする。つまり、0、1、1、2、3、5、8、13、21……となる。この数列は、自然界でも特に広く見られるパターンを表す。パイナップルの場合なら、正確に同じパターンが再度現れるまで（21の区分）に、パイナップルの周囲をらせん状に何回回ればよいのか（8）、その比率8/21で描写することができる。松ぼっくりや花、その他の自然物も、フィボナッチ数列を使って同じように単純に記述できる。

　抽象化の例がもう1つある。それは、一連の発明家や科学者、芸術家が、分野が異なっても過程が同一であるだけでなく、分野間の境界を超越して行っていることを示すのに役立つものである。20世紀のすべての絵画の中でも特に革命的で重要、加えて多くの人たちには理解しがたい絵画の1つに、マルセル・デュシャンの抽象化した Nude Descending a Staircase（「階段を降りる裸体」）がある。これは、今から1世紀以上も前にエドワード・マイブリッジ（Eadweard

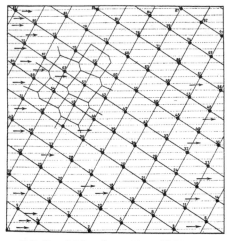

図5-7　パイナップルのパターン構成の分析。

Muybridge）という人物が始めた革新運動の頂点を示す作品だ。1878年、マイブリッジは、一見すると単純な質問がもたらす課題に取り組んだ。走っている馬は、4本の足がすべて同時に地面から離れる瞬間があるのかという問いだ。正解は何か、明確ではなかった。馬を観察した人たちも意見が食い違い、この問題を解明する方法もないように思われたが、そこにマイブリッジが革新的なアイデアを持って登場した。当時は新しい発明であったカメラを使って、時間を止める必要があると彼は考えた。ただし、もし馬の4本の足がすべて同時に地面を離れるのであれば、その瞬間を示すためには、連続したいくつかの瞬間を撮影せねばならなかった。当時は、それができるカメラなどなかった。そこでマイブリッジは対策を考えた。何個かのカメラを配置し、時間を調整する仕組みを作って各カメラのシャッターが数分の1秒の違いで作動するように設定した。何度も実験を重ね、マイブリッジは正解を得た。ギャロップで駆けている馬の足は、足の運びの中のある瞬間に4本すべてが地面を離れるのだ。それを証明する写真を撮影できた。

　マイブリッジはすぐに、自分の試みにより多くの種類の運動の分析ができることに気が付いた。体操の技や寝床への出入り、階段や坂の上り下り、走り、ジャンプ、その他多くの活動を捉えた連続写真を撮影した。こうした写真は書物に掲載されて、広く転載されたり翻訳されたりして全世界の人々を魅了した。

　ここまでの話では、何も抽象化は行われておらず、単にマイブリッジが見たものを記録したというだけのことだ。彼の関心は、複雑な現実をそのまま捉えることにあった。だが一部の人たちは、この技術の新たな可能性に目をとめた。その中で最も著名だったのは、フランスの生理学者E・J・マレー（E. J. Marey）

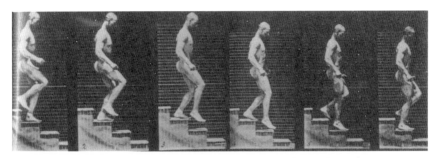

図5-8　エドワード・マイブリッジによる、階段を降りる男性の写真。

である。マレーは運動の記録や分析で偉大な技術革新を成し遂げた人物で、マイブリッジの写真では科学者の要求を満たすには雑すぎることに直ちに気付いた。マレーが知りたかったのは、骨や関節といった身体の主要部位の位置だけであり、そうした部位の動きを研究するのが目的だった。そこでマレーはモデルとなる人間に、頭からつま先までをすっぽりと覆う真っ黒な服を着せ、手足にある主な骨をその服の上に白い線を描いて示した。関節の位置は大きな白の点で示した。それからマレーは、モデルに黒い背景の前で動いてもらって写真を撮ると、肉体のない線と点でできた人物のように写った。一種の抽象化である（図5-9参照）。

　もう1人のフランスの生理学者ポール・リッシェ（Paul Richer）はアマチュアの芸術家でもあったが、マレーの抽象化した写真によって、科学者が史上初めて人体の動きの正確な物理的動力学を分析できるだろうと早くから気付いていた。リッシェはマレーの写真のいくつかを写し描いて、動いている人体に作用する力や、各種の運動での身体の重心、相対速度などを計算できるようにした。

　啓蒙主義の哲学者が人体を機械として再現することを夢想した着想は、類推と抽象化の両方を表したものである。そして、この連続写真の登場により、生理学者は人体の仕組みを実際に分析できるようになった。人体が質量となり、手足や関節はてこ、そして運動が単なる力と速度と加速度の関数となる。抽象化が見える領域から想像できる領域へと拡大していった。リッシェは、ウィルソンの霧箱の写真やピカソの Artist and His Model（「画家とモデル」）の生理学版を作成した。実のところ、ウィルソンよりもピカソよりもリッシェのほうが数

5　抽象化　109

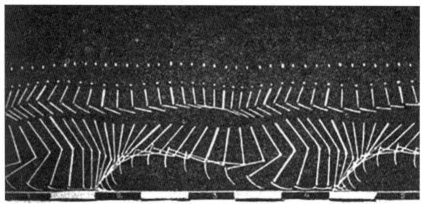

図5-9　上：黒い衣装に身を包んだ男性。下：動いている男性の幾何学的連続写真の一部。上下とも、エティエンヌ＝ジュール・マレーによるもの。

図5-10　ポール・リッシェによるFigure Descending a Staircase(「階段を降りる人物」)。

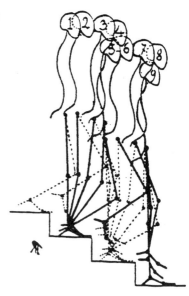

年先んじていたのだ。

　この過程からは、他にも驚くべきことが生じた。19世紀末から20世紀初頭にかけての芸術家は、マイブリッジや生理学者に劣らず、運動や動作という問題に関心を寄せるようになった。彼らの問いは、動かぬカンバスに、動く物体をどうすれば効果的に描けるのかというものだった。斬新な表現をする芸術家は、マイブリッジの写真から確かに何らかのヒントを得たが、多くは生理学者の発見に追随した。その1人がマルセル・デュシャンで、彼の作品は絶えず、芸術界で神聖とされていたものに対して挑戦的であった。デュシャンはマイブリッジやマレー、リッシェのさまざまな作品を所有しており、Nude Descending a Staircaseの最終形では、彼らからの影響が明らかだ(図5-11参照)。この作品「裸体」と、そのインスピレーションとなったリッシェの階段を降りる人との分析を比較してみよう。デュシャンの関心を引いた問題とその源泉となった研究を鑑賞者が知らなければ、この絵画は革新的で理解し難く見えてしまう。だが、このような流れを踏まえれば、この作品は意味を成すだけではなく必然的な結果とも思えるのだ。

　運動や動作の絵画的な抽象化の背後にある論理は同時代の人たちには明らか

5　抽象化　111

図5-11 マルセル・デュシャン、Nude Descending a Staircase, #2、1912年。

なもので、その原理を把握していただけではなく、結果を模倣することもできた。他の芸術家、例えばイタリアのジャコモ・バッラ（Giacomo Balla）やウンベルト・ボッチョーニ（Umberto Boccioni）、ロシアのカジミール・マレーヴィチ（Kazimir Malevich）やナターリヤ・ゴンチャローワ（Natalya Goncharova）なども、すぐに複数の重なり合う画像を使用して、絵画で運動の表現を始めた。ピカソも、この技法を一連の銅版画作品で試している。現在では、このように運動を静的な2次元で表現することは広く一般に理解されており、漫画や広告でよく見られる。マイブリッジもマレーも、彼らが始めた研究も現代の我々の見方や観察に大きな影響を及ぼしている。実際、この2人の写真技術の革新により、幾つかの技術的な発明がもたらされている。映画産業は連続写真を高速で撮影し投影する機器を発明し、撮影した写真が動いて見えるようにした。MITのハ

ロルド（・ドック）・エジャートン（Harold（Doc）Edgerton）は、運動を停止させたかのような写真を撮影する手法を発明し、高速運動の印象を記録できるようにした。映画のアニメーターは、モーション・キャプチャー（motion capture）という技術を開発した。俳優が身体の主要部分に小型のセンサーを装着し、それが空間情報をコンピューターに送信、それをアニメーターが利用して、アニメの動きを現実的なものにするのだ。マイブリッジの人体モデルで作った点と棒を発展させたような技術である。振付師のマース・カニンガム（Merce Cunningham）は、Biped（「二足歩行」）という舞踏で、ダンサーがモーション・キャプチャーのセンサーを身につけ、コンピューターがそのアニメーションを作成、それを透明スクリーンに投影させた。そのスクリーンの背後で、ダンサーが抽象的かつ動き豊かなパフォーマンスをした。

　Nude Descending a Staircase の映像化が実証しているように、抽象化の過程とはどの分野でも同様なものであり、双方向である場合もある。芸術家が抽象化の新しい手法を発見すれば、それは科学者やテクノロジー関係者にも役立ち、科学者やエンジニアが別の抽象化技術を発見すると、芸術家もそれを直ちに活用しようとする場合がある。すべての科学実験、すべての科学理論は、抽象絵画や詩に劣らず抽象化である。科学者や芸術家、詩人はみな、複雑なシステムや体系の要素の一部分以外を消去することで、そのシステムに真意、意義を見つけようと努める。科学でも芸術でも、実験は重要な抽象化に至る形式化された過程となる。

　この過程が普遍的であるがゆえに、１つの分野で抽象化の方法を学べば、すべての分野での抽象化への過程を理解する鍵を得たことになる。アルベルト・セント＝ジェルジは書く文章が明快で分かりやすいことで多くの読者に知られているが、それまでに書かれた科学論文の中で最も明快なものはオットー・ワールブルク（Otto Warburg）という生化学者の論文だと考えられている。その秘訣を尋ねられたとき、ワールブルクは、「私は16回書き直す」と答えた。セント＝ジェルジはこの助言に、自分流のひねりを加えた。初稿を書くときには、心によぎることをすべて書いてみる。そこで原稿を置き、１か月後に初稿を見ずに第２稿を書く。この第２稿が初稿と異なっているなら第３稿を書く。こういうわけで、16回書く場合がある。もう文章が変わらなくなるまで書き続けるの

だ、と。セント=ジェルジが1つの原稿から次に進むとき、その論文の主張にとって必要でないものはすべて削っていく。本質だけを残すのだ。

　同じような吟味の過程は、あらゆる言語表現に適用できる。例として、本書の共著者の1人（ミシェル Michèle）による次の一連の文章を考えていただきたい。そこでは、最初の観察事項やアイデアの「ごった煮」（Ⅰ）が、徐々に洗練されていき、シンプルになっていく。まず、関連する視覚的イメージや着想を強調あるいは抽出している（Ⅱ）。そして最後には、本質を突く言葉の連なりによって、そうした着想の1つを抽出している（Ⅲ）。

　水に洗われ、すり減った石の観察

　Ⅰ

　滑らかな湖の石、片面に丸い穴が空いている。その中に別の石が隠れているようだ。丸い穴が1つあって、その中に別の色の平らな突出物が見える。側面にも、やや黒に近い灰色が明灰色の表面が浸食された個所から突き出ている。1つの面には深い穴があり、洞窟か何かのようだ。その形はまるで細胞かアメーバのようで、中央に核があり、原形質の中にあらゆる体が浮遊しているかのようだ。水の起こす波が、どうやってこのような形状を作ったのだろうか。この石は私の手よりも小さい。裏側には別のしるしがある。石に直線が刻まれており、南米かアフリカ大陸のような形状だ。手斧の頭部のようでブーメランにもよく似ている。なぜこんな模様ができたのか、私には分からない。

　Ⅱ

　どこから来たのか、手の平に乗る丸く浸食を受けた石。月面のような穴があり、星々の冷たい物質のような石。知らない世界の地図があり、深淵から古代の円形の細胞が現れる。

　Ⅲ

　石でできたアメーバ（花序）、中央の核も石でできており、その細胞質に

見えるところも、すべて冷たい石。

　言語での描写がどんどん短くなり、詩に近づく場合がよくある。個々の単語の指し示すものや意味がどんどん重くなるためだ。これは科学文書であろうと、文学書物であろうと変わらない。多くの科学者が言うところによれば、専門用語や概念の多くには、詩のような簡潔な純粋さがある。化学者のシリル・ヒンシェルウッド（Cyril Hinshelwood）は 1956 年のノーベル賞受賞講演で、「自分は化学における時間と変化に魅了されており、それが科学の領域を超えて詩に近づく。だが、科学というものは絶えず真理に少しでも迫る近似を考察せよという厳格な必要性を求められているので、実は詩に近い要素を多数含んでいるのだ」と述べている。彼の同僚で著名なロアルド・ホフマン（Roald Hoffmann）も、同じように化学というものを詩的に理解していることで有名であり、また、ハンフリー・デイビー卿（Sir Humphry Davy）もそうであった。ジョン・アップダイク（John Updike）の詩の多くは、この境界線を探るものだ。ジョーン・ディグビー（Joan Digby）とボブ・ブライアー（Bob Brier）による、詩とエッセイの優れた選集 *Permutations*（『配列』1977）があるが、それにも同じことが言える。

　サンティアゴ・ラモン・イ・カハール（Santiago Ramon y Cajal）は、抽象化によって科学観察と芸術間の違いが消えていくことを示した。芸術の才能にも恵まれていた神経解剖学者であったカハールは、10 代のころには絵画を学んでおり、20 世紀初頭にはスペイン史上初のカラー写真を撮影することになった。脳解剖に関する自分の論文では、必ず自ら絵図を描いた。たいていの人はカハールが自分の目で見たものを直接描いたのだろうと想像するのであるが、これは大間違いだ。ラモン・イ・カハールの説明によれば、彼は脳や脊髄の何十もの部位を集め、そして観察して、午前中を過ごすそうだ。そして昼食後、彼は記憶から絵図を描くのだ。そして、絵と標本とを比較する。食い違いを分析して、また描く。この過程を何度も繰り返す。記憶で描いた絵が各種の標本で見たものと本質的に同じものになって、ようやくその標本の観察を終了とする。この結果得られる絵は、特定の脳のある特定部位を表したものではなく、どんな個人であれ、その脳のその部位を取り出せば、間違いなく観察されるはずのものを表している。各個人が実際の基底として固有するものを、解剖で抽象化した

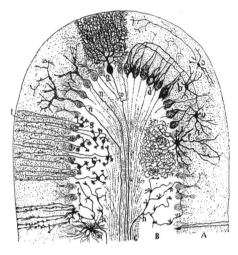

図5-12 哺乳類の小脳にある典型的な渦巻きの様子を示す、図式化した断面図。サンティアゴ・ラモン・イ・カハールによる絵。

結果なのだ。

　ラモン・イ・カハールの例を見れば、昔から言われているように科学者は観察した通りのものを記録するということが真実ではないことが分かるだろう。実際、彼の描いた絵図は神経解剖の本質を正確に表しており、写真技術やハイテクの染色、脳の構造の3次元再現がこれほど高度に発展した今日でも、教科書に出てくる著者の多くはカハールの描いた絵図の方を掲載したがる。それほど彼の絵図は、明確で簡潔なのだ。写真で捉えられるのは、あくまでその個別標本の固有の様子であり、余計な細部も写っている。これに対してラモン・イ・カハールの絵図を見た学生は、自分の観察する標本にある多様な細部のなかで、何を見つければいいのかがすぐに分かる。マティスなら、このことを完璧に理解したことだろう。彼の手法はラモン・イ・カハールと全く同じだからだ。マティスはこう述べていた。「学校では、私は学生たちによくこう言っていました。理想としては、3つの階があるアトリエがあればなあと思う。1階ではモデルを見て描く。2階ではモデルはおらず、必要な時だけ下におりてモデルを見る。3階ではモデルなしで描く」と。

　新しい数学理論であるカオス（Chaos）理論の考案者の1人、ミッチェル・ファイゲンバウム（Mitchell Feigenbaum）は、「明らかなことだが、人は自分の周囲に

116

ある世界を詳しくは把握していない。芸術家のすることは、重要なものとはわずかであると認知し、それが何かを見抜くことなのだ。だから芸術家は、私のしている研究の一部を担当できる」と語っている。ファイゲンバウムは、雲を描写するにはどうすればよいのか心から知りたいが、物理学者が通常採用するアプローチ、つまり濃度の測定結果を延々と並べ、それらを微分して分析するというやり方ではない。それでは人間が雲をどう知覚するか分からないし、芸術家がどう認識するのかも分からない。偏微分方程式を書くというやり方ではこの問題を解決できない。ファイゲンバウムが求めているのは、優れた洞察を得た時によくある、「ああ、そうか！」という声が聞こえるような抽象化なのだ。その方法が芸術的抽象か、数学的抽象か、両者の結合かは問わない。そのためか、ファイゲンバウムはその科学的な研究成果の公開を多くの美術館で実施している。

したがって、抽象化とは現実から始まり、余計なものをそぎ落として必要不可欠な本質を見出すことである。その結果、多くの驚きを引き起こす場合が多々ある。芸術家、そして著作家も、それを行っている。科学者や数学者、ダンサーも行っている。こうした人たちの抽象化の方法は基本的に同じなのだ。読者諸兄もできることだ。この章で論じた抽象化の手順のいずれかをガイドとして利用すればよい。例えば、ピカソの「牡牛」の過程や著者による「水に洗われ、すり減った石の観察」などだ。抽象化したい主題を選び、その手段を選択し、そして、現実的に考えてみていただきたい。その主題にある各種の特徴や特性を探り、一番本質的なものを見出すのである。それから、時間的な、そして距離的な間隔を置いて、自分で得た結果を検討し、そして再検討を加えていただきたい。抽象化したものを口頭で表し、パントマイムで表現し、歌い、散文に記し、詩で表し、概念または暗喩を抽出してもいい。芸術作品の創作をするのもいいし、もっと科学的な志向が強い人であれば、単純な実験を試行してみたり、数学的概念を操作してみる。ダンサーであれば、実際の人間や動物の動きを真似してみる。その上で、その人物や動物の特徴を探す。鳥であること、風であること、回転木馬の本質を、音楽で表現してみる。最小限の言葉で、最大限の感覚、意義を伝えるように努める。

抽象化を始めるのに、早すぎることも遅すぎることもない。小学校の児童も、

5　抽象化　117

ある部屋や物語、ある1日の中で最も自分にとって大切なものを1つ選んで、それを抽象化して表すことができる。より習熟した学習者であれば、物体やアイデア、着想のあまり明らかではない特徴、特性、本質を探し、さらに驚くべき根本的な抽象化をすることもできよう。達人による抽象化の実例を収集し、触発されるのもいい。模倣することだ。オレンジでも人体でも、同じものを幾度も抽象化すれば、自分の進歩の程度が分かる。以前には見過ごしていた事象を発見できるようになっただろうか。オレンジジュースでもいい。心臓の鼓動でもいい。化学成分のリストでもいい。ピカソがそうだったように抽象化の過程を練習するにつれて、最初に考えていたよりもさらに深く突っ込んで抽象化できるようになるだろう。

　こうした問いに正解はない。さらに高度な単純さと深遠な真理を求める追求が無限に続くだけだ。最終的に大切なことは、抽象化という行為そのものの本質を見出し、自分がどのような探求をしようとも、抽象化への道を照らす光を灯し続けることである。

6

パターン認識

　本章を始めるに当たり、少し笑い話を紹介しよう。Owl（フクロウ）と雌の Goat（ヤギ）を掛け合わせると何が生まれるだろうか。Lassie（名犬ラッシー）と Cantaloupe（メロンの一種）なら。もちろんこれは言葉遊びの「なぞなぞ」で、正解もダジャレだ。Owl と Goat を掛け合わせると、生まれるのは hootenanny（何とかいうもの）である［訳注：hootenanny は、名前が分からないものを指す英語。hoot はフクロウのホーという鳴き声、nanny は雌ヤギを意味する］。Lassie と Cantaloupe だと、そう、生まれるのは Melancholy baby（憂鬱な赤ちゃん）である［訳注：melan と melon、choly と collie のシャレ。名犬ラッシーは、犬種がコリーである。また Lassie には、女の子という意味もある］。では、Abbey（修道院）と Perfume factory（香水工場）なら（ヒントは、有名なミュージカルのタイトルに似ている）……。正解は Nunscents［訳注：Nunscents は、nonsense（ナンセンス、無意味な）という言葉に似て聞こえる。Nun は修道女、Scents は香りという意味。Nonsense という有名なミュージカルがある］。

　上記のような言葉遊びが無意味なことだと考えるのであれば、注目していただきたい。決して無意味ではなく、本章の主題はパターン認識であり、上記の掛け合わせのなぞなぞにも、ある種のパターン、つまり反復的な形態や方式がある。この種のなぞなぞを考案する人は、多音節の言葉の一部で各音節が別の単語のように聞こえるものがあることに気付くのだ。すなわち、Melancholy は、melon と collie になる。考案者はさらに論理的な連想をこれら 2 つの単語から広げ、他のよく知られた言葉と結び付ける。Melon が Cantaloupe になり、Collie が名犬 Lassie になる。その結果、「Lassie（名犬ラッシー）と Cantaloupe（メロンの一種）から何が生まれるか」という問いができたのである。このように、言葉を新しく組み合わせたなぞなぞから予期せぬ答えが作り出され、面白い

119

ジョークになる。このパターンを理解すると、あなた独自の掛け合わせのなぞなぞを考案するのも、さほど難しくはない。

そもそも人間にパターンを認識する傾向がなければ、ジョークのようなものは存在しないだろう。心理学者のP・C・ドッドウェル（P. C. Dodwell）の言葉を借りれば、「タンパク質を合成したり、刺激に反射的に反応したり、結婚相手を選んだりするなど、問題解決のため複雑な幾つもの戦略から１つを選ぶ。こうした能力はいずれも、このパターン認識の技術や技能によるものだ」。毎日、毎秒、我々は目にし、聞き、感じ取る無作為の出来事をグループ化して整理している。分子生物学の歴史家ホレス・ジャドソン（Horace Judson）は *The Search for Solutions*（『科学と創造——科学者はどう考えるか』1983）という書物で、「パターンを認識するとは、次に何がくるかという考えをすでに持っているということだ」と述べている。我々のパターン認識の能力は、予測し、期待する能力の基盤である。

だが、パターンにジョークにも騙される場合がある。そこで、もう少しなぞなぞを考えてみよう。「タイタニック号で大西洋を横断する（cross）と、どうなるのか」、そして「マフィアに逆らう（cross）と、どうなるのか」。この２つは、掛け合わせのなぞなぞのように聞こえるのだが、落ちの性質は全く違う。「タイタニック号で大西洋を横断する（cross）時はびしょ濡れになる。または、救命ボートに乗ることになる。マフィアに逆らう（cross）と、セメントに埋め込まれて海に沈められる」。この２つが予想外なのは、掛け合わせのなぞなぞで予想するようになったパターンを壊しているからだ。実際、ジョークというものはすべて、何かあるパターンを予想させて、それとは違うものにすり替えることで成り立っている。おとり商法のようなものだ。コメディアン、そして数学者のトム・レーラー（Tom Lehrer）は流行りの音楽に滑稽な歌詞をつけて歌うのだが、「聞き手の予想を巧みに活かしているのは明らかだ。有名な曲がお題としてあり、ひな形がある。さあ、それで替え歌が創れるのか。秘訣は聞き手がその場で思いついた予想を外すことだ。課題はきっちりこなしつつ、予想できないものにしなければならない。それが創造的なものであり、驚きなのだ」と述べている。レーラーが聴衆に必要な予想をさせられない場合（パターン１）、あるいは聴衆がジョークの落ちの意外性を認識できない場合（パターン２）

図6-1 ジュゼッペ・アルチンボルド（1527-1593）の「庭師」。

には、そのジョークは失敗なのだ。予想がなければ意外性もない。意外性がなければ笑えない。

　アーサー・ケスラー（Arthur Koestler）の *The Act of Creation*（『創造活動の理論』1976）によると、ジョークの特徴となっているのと同じパターンが、すべての創造的なことの特徴でもあることが分かる。それには科学と芸術も含まれる。あるパターンを基に我々は、知覚と行動の一般原理を認識していることを知り、そうしたパターンを基に予想をする。そして我々は、そうした予想に新たな経験や観察を当てはめようとする。我々の観察や経験からは未知である何かのために新たなパターンを考えざるを得ない場合に、発見は必然的に生まれる。イタリア・ルネッサンスの画家ジュゼッペ・アルチンボルド（Giuseppe Arcimboldo）が描いた静物画は、視覚的なジョークの一種だ（図6-1参照）。一見すると、野菜の入ったボウルが見えるだけだが、上下を逆さまにすると全く別のパターンが見える。こうしてようやくアルチンボルドの意図が分かると、1組の特徴にしか焦点を合わせていなかったことに気が付くのだ。この新しいパターンに

6　パターン認識　121

 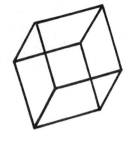

図6-2　1つの形の2つの見え方。

よって、それまでは無関係だと思っていたものとの間に新たな関係が生じる。ここに鑑賞者は、心理学者の言う「ゲシュタルト変換（Gestalt Shift）」を経験したことになる。つまり、同じ感覚情報が複数の異質な意味を持ちえるのだ。単純なゲシュタルト変換のもう1つの例として、同じ形が六角形に見えたり立方体に見えたりする現象がある（図6-2）。平面上の6辺からなる図形なのか、それとも正方形の面で構成された立体図形なのか。2次元と3次元の間を行ったり来たり、パターンの認識を切り替えることができるようになるだろうか。

　パターン認識の巨匠の1人に、グラフィックアーティストのM・C・エッシャーがいる。どうやらエッシャーは、この技術・技能を日々鍛錬していたようである。その息子ジョージ・エッシャー（George Escher）によると、「下の階にある小さなトイレの壁には、緑と黄色と赤と茶色で、不規則な渦巻きの装飾が施してあった。父は鉛筆を持って、あちらの線を強調したり、こちらの影を強調していた。そして、笑っていたり、悲しそうだったり、滑稽だったり、厳かだったりする顔を浮かび上がらせていた」。何か月後には、その壁はいくつもの顔で賑やかになっていた。さらにエッシャーは、雲や木目といった不規則なパターンの中に、動物の形を見つけて楽しんでいたそうだ。自分の作品の中でエッシャーは、こうしたパターン認識をモザイクやタイルの形状と結び付けていた。そうして相互に関連し合う動物たちを見ていると、形状がどんなに複雑であっても、必ず基底には単純な対称パターンがあることに気付くのだ。エッシャーの才能は、正多角形の繰り返しの中にも、魚や鳥、トカゲ、天使、悪魔、その他の予想外の驚きを見出すことであった。そして我々に、それらの見方を教えてくれることだった（図6-4参照）。

　パターン内におけるパターン認識は、多くの芸術家たちを刺激してきた。19

図6-3　木目に見られる補完し合う顔と顔。

世紀フランスのガラス工芸家エミール・ガレ（Emile Gallé）も、吹きガラスの模様に予想できない形状と奇妙な効果の中にパターンを見出したのだが、「それは、壁紙の大理石模様から何千もの奇妙な形になったり、あるいは黄昏の雲から巨大な羊の群れに姿を変えて現れている」と述べている。超現実主義（Surrealism、シュールレアリズム）の画家マックス・エルンスト（Max Ernst）は、ある日大雨のため、海岸の宿屋の中に籠らざるを得なくなった。そこで木製の床の模様に、ひらめきを感じた。エルンストは自室の荒れた木板の上に紙を乗せ、鉛筆で擦り付けて木目を写し取った。後に彼は、「そこには対立し合うイメージが次々に、夢のように浮かび上がった。そこで私の好奇心が掻き立てられ刺激され、自分の視野に入る限りのあらゆる素材を活用して、片っ端からこうしたイメージを探ることにした。木の葉とその葉脈、荒い麻布の擦り切れた端、糸巻からほぐれ出た木綿糸などから、現代絵画の筆使いを認識した」と記している。

図6-4 「ピラニアとロブスター」。ロバート・ルート・バーンスタイン（Robert Root-Bernstein）による、エッシャーふうのモザイク細工。

　やがてエルンストは、パターン認識の際に感じた魅力を利用して、新たな技法をいくつも開発した。それらがモダンアートに革命を起こしたのである。その技法の例としては以下のものがある。「Frottage（フロッタージュ）」では、物体の上に紙を置き、鉛筆やクレヨンで擦ることで物体の質感を写し取る。「Grattage（グラッタージュ）」では、ざらつきのある物体にカンバスを乗せ、その上から絵具を擦りつける。「Decalcomania（デカルコマニア）」では、例えば1枚の紙に無作為に絵の具を落とし、その上に別の紙を乗せて軽く擦りつけることでイメージを創る。このデカルコマニアでは、ロールシャッハ・タイプ（Rorshach type）のような染みができる。または、インクか絵具を紙に落とし、紙を折り、再度広げるのである。それによって生じる線や質感、形状については、さまざまな解釈が可能である。実質的に、観察者各々が自分に見えるイメージを投影し、その意味付けをするのである。
　パターン認識を利用して新しいアイデアや着想を生み出した芸術家としては、レオナルド・ダ・ヴィンチ（Leonardo da Vinci）の名を挙げないわけにはいか

ない。レオナルドは *A way of Stimulating and Arousing the Mind to Various Inventions*（『多様な発明を生み出すために精神を刺激して高揚させる方法』）において、「自分にも、そして他人にも、染みで汚れた壁、さまざまな石が混じり合う様子を観察せよ。何らかの景色を考えだして描く際、川、岩、樹木、平原、広大な渓谷、丘陵、山々などが多様に配列されている風景と、観察した壁や石の様子の間に類似性を見出し、これらの観察を活かせるかもしれない。あるいは、戦場とそこでうごめくさまざまな人の姿、そして奇妙な顔と衣服をその様子の中に浮かび上がらせることができるかもしれない。その他にも、果てしなく多種多様な物体が観察することで現れ、そこから煮詰めて完成した形態をしっかりと描くこともできるかもしれない」と述べている。レオナルドはこうした創造の手段を大切にしていたので、聴覚的にも視覚的にもそれらを活用した。彼は優れた音楽家でもあり、イタリアの宮廷でのオペラの即興演奏やその他の音楽会にも参加していた。そして、パターンを見出す上では、目に劣らず耳も繊細な感受性を持つことを知っていた。「壁の上の混乱した模様にも、それが現れる。鐘の音の中にも現れる。その耳障りな金属音の中に、想像できる限りのあらゆる名前や単語が聞こえることがあるだろう」と彼は述べている。

　聴覚によるパターン認識は、まさに昔なじみのマザーグース（Mother Goose）の童謡「セント・ヘレン（St. Helen 教会）の鐘」の前提にもなっている。この童謡にはさまざまなバージョンがあるが、次のような言葉がさまざまな教会の鐘の音の中に聞こえる。

You owe me five shillings,
Say the bells of St. Helen's.
When will you pay me?
Say the bells of Old Bailey.
When I grow rich,
Say the bells of Shoreditch.
When will that be?
Say the bells of Stepney……

（「君に5シリング貸したよね」
と、セント・ヘレンの鐘が言う。
「いつ返してくれるの」
とオールド・ベイリーの鐘が言う。
「お金持ちになったら」
とショアディッチの鐘が言う。
「いつ、お金持ちになるの」
とステプニーの鐘が言う。）

　実際、リズミカルな音から不規則な音まであらゆる音の中にパターンを聞き取ることは珍しいことではない。シャワーの水の音の中で電話のベルが聞こえた気がする人は多いし、メールの着信音が「golly-gee」（ガリィ・ジー、何てこったい）と聞こえる人も多い。北アメリカに広く生息するネズミのウッドチャック（woodchuck）の「chk-chk-chk（チュクチュクチュク）」という鳴き声を聞いたことのある人や、チッカディー（chickadee、シジュウカラ）のさえずり「chick-a-dee-dee-dee（チック・ア・ディー・ディー・ディー）」を聞いたことがあれば、誰でもそうした英名が何に由来するかが分かるだろう。どの言語にも、何らかの特徴のある音からくる擬声語や擬音語がある。英語では、brook（ブルック、小川）は「ゴボゴボといい」（burble、バーブル）、snake（ヘビ）は「シューと鳴き」（hiss、ヒス）、iron（鉄）は「カーンと鳴る」（clang、クラング）である。

　さらに、複雑なパターンが毎日の発話や文章には見られる。話し言葉の英語では、2音節で構成され、後ろの音節にアクセントのある単語が多数ある。こうした2音節が弱強格の韻律を形成している。これは、goodBYE、fareWELL、aDIEU といった挨拶で耳にするリズムだ。このリズムが特によく聞かれるのは、心臓の鼓動や呼吸などの弱強、弱強、弱強のリズムが多くの自然の音に似ているからであろう。さらに我々が単語をいくつか連ねる時、声の強弱の中では、弱強格の韻律が繰り返される場合が多い。ウィリアム・ワーズワース（William Wordsworth）が i WANdered LONEly AS a CLOUD（私は雲となって、1人さまよった）と述べたように、文全体を弱強格のリズムを繰り返して話したり書いたりすることは大変やりやすい。強弱格のリズムの2音節の韻脚では、最初

の音節にアクセントがある。WANder といったリズムだ。弱弱強格の 3 音節の韻律では、最後（3 番目）の音節にアクセントがある。In the BREEZE がその例だ。強弱弱格の 3 音節の韻律であれば、最初の音節にアクセントがある。DAFFodils がその例である。強強格の場合には、HEAR! HEAR!のように両方の音節にアクセントがある。こうしたパターンの認識を学ぶと、あらゆるところに詩を見つけることができるようになる。

　詩の発見は、それ自体が 1 つの文学形式なのだ。それには絶対的な規則はないとはいえ、これを実践する人たちは、ニュース記事や広告、書物など、あらゆる種類の文章に詩的な部分を無意識に探し、それに気付いて立ち止まるのだ。そして、その発見した部分を再構成するか、少し作り変えてその詩的な特徴を強調する。このように発見した詩の際立つ点として、同じ言葉を各種の方法で編成し、内在する多様な思考パターンを顕在化させるのである。

　たとえば、宇宙飛行士マイケル・コリンズ（Michael Collins）の著作 *Carrying the Fire*（『炎とともに』）に、こういう 1 節がある。「I have been places and done things you simply would not believe……I feel like saying: I have dangled from a cord 100 miles up; I have seen the Earth eclipsed by the Moon, and enjoyed it. I have seen the Sun's true light, unfiltered by any planet's atmosphere. I have seen the ultimate black of infinity in a stillness undisturbed by any living thing. 」（私はいろいろな場所で、いろいろなことをしてきたが、それは他の人には信じられないような体験だろう。例えば、こんなことだ。160 km 上空から紐にぶら下がったこと、地球が月の陰に入るのを見て楽しんだこと、太陽の真の光、すなわちどんな惑星の大気によっても遮られていない光を見たこと、そして、生物の全くいない究極の黒の静寂が続く無限を見たこと）。本書の共著者の 1 人（Michèle）が、このコリンズの言葉を再編成して 3 つの詩を作った。それぞれ、使っているリズムのパターンが異なる。1 つ目の詩では音節のリズムを表に出し、決まった音節数に応じて各行の長さが決まっている。2 つ目は一種のスプラング・リズム（sprung rhythm）を特徴としており、強勢音節の数はどの行も同じだが、韻律の規則的パターンを持たない。3 つ目は弱強格の繰り返しに基づいた韻文のリズムだ。

　宇宙飛行士 I

Dangling from a cord
I have seen the Earth
by Moon eclipsed
I have seen the Sun's
true light unfiltered
by atmosphere
the ultimate black
of infinity
in a stillness
undisturbed.

宇宙飛行士 II
Dangling from a cord
I have seen the Earth
by Moon eclipsed
I have seen the Sun's
true light
unfiltered by atmosphere
the ultimate black
of infinity in a stillness
undisturbed

宇宙飛行士 III
I dangled from a cord;
I saw the Earth
by Moon eclipsed, the Sun's
true light, the black
of stillness undisturbed
by any living thing.

（紐にぶらさがり、
私は見た
月の影に入った地球の食を

私は見た
大気を通さない、
そのままの太陽の光を

邪魔をするもののない
静寂に佇む
究極の黒の続く無限を）

　ロン・パジェット（Ron Padgett）が編纂した *The Teachers and Writers Handbook of Poetic Forms*（『教師と作家向け詩の形式のハンドブック』）では、作詩を学ぶ者に対し、知的練習や分析することだけでそうしたリズムのパターンを学ぼうとするなと警告している。そうではなく、「多様なリズムを学ぶためによい方法の1つは、ビバップ（bebop）やモダン・ジャズ（modern jazz）を聴いて踊ることだ。リズムという技術・技能を学ぶのにもっともよいのは、耳と足からだ。脳からではない」と記してある。実際、音楽やダンス、詩といったさまざまな媒介で、パターンがお互いにどのように関連し合うのかを知ることが、パターン同士を結び付けるパターン、すなわちメタ・パターン（meta-patterns）の認識のための第一歩なのだ。写真家のアンセル・アダムスは驚くべきピアニストでもあり、十代のころにはプロのミュージシャンとしてのキャリアを夢見ていた。何十年も後になっても彼は、ある日突然、譜面にある音符の視覚的パターンと音楽のパターンが関連づいた日のことを覚えていた。彼が尊敬していたピアノの教師がアダムスに、音符の上がり下がりが、丘の上り下りのように思えないか、持ち上げて落とすことのように思えないかと尋ね、アダムスにそれを鍵盤で弾いてみるように言ったのである。アダムスがその通りにしたところ、「形が生まれた。音符が正確なら、その音量は持ち上げる高さと関連するはずだ」と、彼は言ったそうだ。

6　パターン認識　129

あらゆる種類の音楽家にとって、音楽のパターンを見ることは、それを聞くことと同じくらい重要だろう。そして、音楽のパターンを一連の動きのパターン、運動感覚のパターンとして見たり感じたりできることも、同じように重要であり得る。ピアニストのミッシャ・ディヒター（Mischa Dichter）は、自分が曲をどうやって暗譜するのかを述べている。「まず、音程旋律、曲の和声、それぞれを作る聴覚的と視覚的な構造を探す。頭の中で、そうした大きなまとまりに集中する。和声の構造や、旋律パターンのまとまりに。なぜなら、その時までに、私の手がそうしたまとまりの視覚的なイメージをほとんど作っており、私は和声だけでなく、そうした主なまとまりに対応する手の動きまで映像的に把握しているからだ」。練習の目的とは、視覚的、聴覚的、運動感覚的なパターンを融合して、1つの継ぎ目のないメタ・パターンに仕上げることにある。「すべてのものが融合して、大きな、しかも明らかにシンプルな創造的パターンになる。それは、高度な記憶や理解、感受性を示すパターンである」とも彼は語っている。

　言うまでもなく、パターンおよびメタ・パターンの認識には多数の感覚による観察が必要である。さらに、概念的な分析も必要となることが多い。作曲家にして指揮者のレナード・バーンスタイン（Leonard Bernstein）は、著書 *The Unanswered Question*（『答えのない問い』）の中で、音楽での美しい実例を紹介している。ハーバード大学（Harvard Univ.）の学生だったころ、彼は次に述べる驚くべき発見をしたと回想している。アーロン・コープランドの変奏曲にある 4 つの音のパターンが、他の各種のかなり異なる曲でも中心にあったというのだ（図 6 - 5 参照）。バーンスタインは、次のように説明している。

　　「この曲の最初の 4 音 [2] がこの曲全体の兆しになっていて、実はこの 4 音は [3] の最後の音を 1 オクターブ上げたものだ [4]。そして、私は突然、この同じ四音が順序を変えて、バッハ（Bach）の平均律クラヴィーア曲集、第 1 巻（Well-Tempered Clavicord, Book 1）にある嬰ハ短調のフーガの主題節を形成している [5] ことを発見した。それと同時に私は、この同じ 4 音が移調されて、最初の音は繰り返され、ストラビンスキーの八重奏曲のヴァリエーションを生み出していることに気が付いた [6]。さらに、頭の中で

[2]
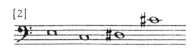

[3]
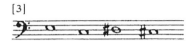

[4]

[5]

[6]

[7]

[8]

図6-5　レナード・バーンスタインによる、音楽における共通パターン。

同じ4音がひらめいた。別の音調だが、ラヴェル（Ravel）の「スペイン狂詩曲」（Spanish Rhapsody）でも、最初の主題節になっているのだ［7］。そしてさらに、私は以前に聞いたヒンドゥー音楽（Hindu Music）を突然思い出し

6　パターン認識　131

た。当時、私はかなりの東洋音楽の通であったがそこでもこの同じ4音が
あったのだ [8]」。

　バーンスタインの心にひらめいた類似性がすぐには分からなくても、心配す
るに及ばない。読者はお気付きにならなかったかもしれないが、Baa, Baa,
Black Sheep, Have You Any Wool?（「メエメエ黒ヒツジ」）という童謡があるが、こ
れは実は「きらきら星」（Twinkle, Twinkle, Little Star）の音楽なのだ。どのような
パターン認識でもそうだが、パターンが浮かび上がるためには、まず何を予想
すべきか、そしてどのように比較すべきかを心得ている必要がある。アルノル
ト・シェーンベルク（Arnold Schoenberg）が主張したように、音楽家は音符が3
次元の物体のようなものだと理解していなければならない。「例えば、ナイフ
でもビンでも腕時計でも、それがどこにあるかとは無関係に、かつ、それをあ
らゆる可能な場所に想像の中で再現できるように、我々の頭が絶えず認識でき
るようなものである。同様に、音楽を創造する者の心は、音の並びを無意識に
操作できる。上下逆さま、後ろ向き、内と外を逆に並べ替えられる。しかも、
本質的な関係性は保ちながらだ。実際、作曲家が大きな関心を向けるのは、左
から右へと読んだ場合の個別の音の順序よりも、音と音の間の関係なのである」
と述べている。
　例を挙げて説明すれば分かりやすいかもしれない。英語圏の人間の大半は、
自分の名前を左から右だけでなく、その反対からも読むことができ（Robert な
ら Trebor、Michèle なら Elehcim）、また dog と god が同じ文字でできていること
を認識している。また、文字を入れ替えれば、新しい言葉を作ることができる。
例えば Michèle であれば、文字を入れ替えれば、ice helm（氷の指揮）にできる。
さらに、少し考えれば、add という言葉と bee という言葉の関連が分かるはず
だ。つまり、add はアルファベットの1番目と4番目の文字でできており、bee
は2番目と5番目の文字で構成されている。音楽家が移調をするように、文字
をアルファベットの後ろへ動かすだけで、add を bee に変えることができる。
単語内では、アルファベット順の文字関係が変わらないのだ。同じように音楽
家も、音楽のパターンの関係とさまざまな音調でパターン間の関係を認識する
のである。

これで、正式な音楽の訓練を受けていなくても、バーンスタインの挙げた例を理解できるだろう。図6-5にある音符をパターンと見ればよい。バッハの嬰ハ短調のフーガ［5］は、その前にある例とは音調が異なっているが、音と音の間隔（音程）が同じだ。ちょ

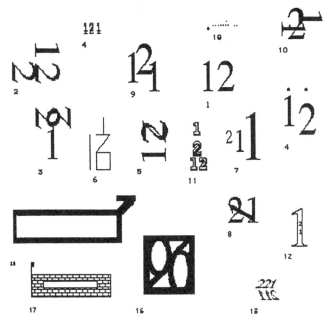

図6-6　「12 たす 12 は」という質問に対する失語症の芸術家たちの答え。

うど、アルファベットでの add と bee のようなものだ。ラヴェルの例［7］はバッハの例と同じ音調だが、音は移動した順序になっている。つまり、arts と tsar のような関係だ。ヒンドゥー音楽は単純に、音調は同じでバッハとラヴェルの音の順序を入れ替えたようなもので、Michèle と ice helm のような一連の変調である。

　奇妙に聞こえるかもしれないが、失語症の人々は単語や数字を音楽家が音符を扱うのと同じように扱うようだ。たいていの人は記号を左から右へと読むことで、12＋12＝24 といった等式の意味を読むことを学ぶ。だが、失語症の人たちは、同じ等式を全く別の方法で理解する。図6-6は、失語症の芸術家18人が、12＋12をどう理解しているかを例示している。この等式を2次元上の1方向で読むのではなく、このような失語症の芸術家のほとんどは、非直線的・多次元的に読む。向きを変え、数字を積み重ね、重複させたり、逆さにし、大きさや字体、視点を変え、場合によっては（16〜18）など、我々には意味不明なこ

とをする。こうした作品を見ていると、失語症での視覚情報処理の変化の原因に関する手掛かりが得られるだけではなく、我々のパターン認識がいかに固定概念に陥りやすいかも分かる。同じ物体や着想を観るにもその見解は多様なのだが、我々は1つの見解しか利用しないことは明らかである。

　人間、すべてがそうだという訳ではない。音楽家や失語症の人たちと同様、数学者も複数のパターンを知覚することに長けている。音楽家と同様に、数学者も関連する事項についてパターン認識が得意なのだ。歴史上最大の数学者の1人、カール・フリードリッヒ・ガウスがこの点を実によく例示している。若き学生であったガウスとその級友たちに対し、ある日、1から100までの自然数をすべて足すといくらになるか、という問題が出された。ええー、というため息が聞こえてきそうだ。だが、ガウスはわずか数秒後に正解を出した。ガウスはどうやってこんな神業を成し遂げたのか。彼は予め計算をしていたわけでもなければ、暗算能力に長けていたわけでもない。そうではなく、ガウスはパターン認識能力に長けていたのだ。0から100まで（本来のこの問題には、0も含まれていた）の数列の最初の数字と最後の数字とを加えた。さらに、最初から2番目の数字と最後から2番目の数とを加え、3番目以降も同様に足していった。すると、必ず100になっている。$100+0=100$、$99+1=100$、$98+2=100$、$97+3=100$……といった具合だ。これを$51+49=100$まで続ければよい。すると、相手がいないのは50という数だけになる。つまり、足すと100になるペアが50組あるので、合計は5,000になる。そこに相手のいない50を足せば、正解は5,050となる。多くのジョークの落ちのように、この問題の正解も全く予想外のものだった。

　もっと複雑な問題でも正解が単純な計算に帰着できる場合がある。例として、無限数列x＝$1+1/2+1/4+1/8+1/16+$……をすべて足すと、いくつになるだろうか。この計算は大変複雑で、不可能とすら思えるかもしれない。だが、少し利口な操作をすればたやすい問題なのだ。このxという数列に対して、x/2という数列を考える。その各項はxの各項の半分であり、x/2＝$1/2+1/4+1/8+1/16+1/32$……となる。これは、xという数列にきわめてよく似ている。そこで、面白い選択肢が得られる。xからx/2を引いていけば、x－x/2＝（$1+1/2+1/4+1/8$……）－（$1/2+1/4+1/8+$……）となる。この同じ数値の項どうし

に着目して順序だけ変えれば、x−x/2＝1＋(1/2−1/2)＋(1/4−1/4)＋(1/8−1/8)……となる。こうして、分数の項がすべて消しあうので、x−x/2＝1が残る。したがって、x＝2である。数字のパターンに着目することで、この問題を解いたわけだ。実際、優れた数学者たちは各種の問題を何らかのパターンの活用で解けることを知っている。数学を習得する作業の半分は、個々の問題に適用できる解決のパターンを学ぶことなのだ。数学者のフィリップ・デービスとルーベン・ハーシュは、「数学全体の目的とは、あるところまでは混沌が支配しているように見えるところに新たな秩序を作り出すことなのだ。不整合と揺れ動きの範疇に、構造体系と不変な何かを抽出することなのだ」と記している。

　数学者たちにとって一番不満の残る状態とは、認識したパターンが本当にそうなのか誰にも分からない場合だ。クリスティアン・ゴールドバッハ（Christian Goldbach）の予想がその代表例だ。ゴールドバッハがもう 250 年以上ほど前に発表した予想によれば、偶数はいずれも素数 2 個の合計で表現できる。例えば、24＝13＋11 である。例外となる偶数は知られていない。だが、未だにそうした例外が存在しないということを証明できずにいる。このパターンは真なのか偽なのか、真であればなぜ数にはそうした特性があるのか、こうした謎があるからこそ数学者は思考を進めるのである。

　科学者たちは探究心から、自然界で一見すると無秩序に見える中にパターンを見出そうとする。多くの科学者は自然界がどれだけ複雑に見えようと、その基本原理や法則は説明も理解も可能なものだという信念に支えられている。発見をするのに必要なものは、目の前にあるものにパターンを見出すだけである場合もある。医療での診断も、一種のパターン認識だと見なし得るだろう。視覚や触覚、聴覚、嗅覚、そして技術的な情報を結び付け、既存の病気の記述と比較検討するのだ。そのため医学上の発見では、新たな情報への着目や既存の情報の新たな活用法の発見を伴う場合が多いのだ。例として、疫学、つまり伝染病の原因や感染の研究であれば、この分野はジョン・スノー（John Snow）という医師が 1854 年のロンドンのコレラ蔓延で死亡した人たちの住居の位置を地図に記していった時に始まったとされている。この地図を見れば、死亡した人たち全員が水を同じ水ポンプから得ていたことが明らかだ。このポンプが汚染されていたのである。現代から見ると、それまで誰もこうした死亡者の発生地

6　パターン認識　135

点の地図作成をしていなかったのはなぜなのか、理解に苦しむ。だが、とにかくそういう地図作成は誰もしておらず、犠牲者の死亡場所や時刻に関するデータもなかった。そのため、疫学的パターンを発見できなかった。

　その他のケースでも、地図がきっかけでそれまで人々が見ていながら、理解していなかったものを発見できたことが少なからずある。昔の人は、アフリカと南アメリカの両大陸の形状が似ていることに地図で気が付いたはずだ。フランシス・ベーコン卿（Sir Francis Bacon）は世界1周が行われ、全大陸の大まかな形状が分かると直ちにこのことに気付き、それを記録した。そして、地質学的にはもっと重要なことはアフリカの西岸と南アメリカの東岸とがぴったり重なり合うということだ。まるで、隣り合うジグソーパズル（Jigsaw puzzle）のピースのようだ。19世紀にもアレキサンダー・フォン・フンボルト（Alexander von Humboldt）やアントニオ・スナイダー・ペレグリーニ（Antonio Snider-Pellegrini）といった人たちが、この事実を指摘していた。だが、この観察を史上初めて真剣に受け止めたのは地質学者のアルフレート・ウェゲナー（Alfred Wegener）であった。彼はアフリカ大陸と南アメリカ大陸の形状がぴったり重なるだけでなく、北米大陸とグリーンランド、ヨーロッパも重なることを示した。さらに、大西洋の両端にある両大陸の海岸部での地層や化石を調べてみると、それらもほぼ同一であった。そこからウェゲナーは、ずっと昔に地上のすべての大陸は1つの巨大大陸であったと理論を構築し、その巨大大陸をパンゲア（Pangaea）と呼んだ。それから50年後、ハリー・ヘス（Harry Hess）という地質学者が地質学に革命を起こした。パンゲアを分割し、現在の諸大陸へとゆっくりと分けていった大陸移動のメカニズムを明らかにしたのだ。ひとたび適切な理論が組み立てられた結果、大陸移動のパズルは他のパターンに関する疑問も氷解させた。すなわち、地震の揺れ、火山の噴火、山々の形成は、大陸プレートの衝突や崩れ、破断が原因となって起きることが判明したのである。

　実際、引き裂いたパターンのジグソーパズルなどというものがあるとすれば、科学者たちにとって強力な暗喩となっている。それも、理論的な概念的な問題だけではなく、地図のような純粋に観察による問題に関してもそうなのだ。自然はその働きを支配する原理を人が解き明かせるようにヒントを見せているのだが、その解明には時間がかかる。ノーベル賞受賞物理学者のチェン・ニン・

図6-7　アルフレート・ウェゲナーの描いたパンゲアの図。

ヤン（Chen Ning Yan、楊振寧）や胎生学者のクリスティアーネ・ニュスライン・フォルハルト（Christiane Nüsslein-Volhard）は、それをジグソーパズルのピース（断片）と呼んでいる。科学者は、これらのピースを集めて、全体像が見えるようにしなければならない。この全体像が、困ったことに多くの場合、すぐには輪郭さえなかなか見えてこないのだ。ウェゲナーも当初そうだった。各種のパズルのピースがごちゃごちゃに科学者の手元にあり、ヒントになるものも全くなく、どのピースとピースを組み合わせればよいのか、全体像がどうなるのか、全く分からないことが多いのだ。そのような場合、ニュスライン・フォルハルトは、「最重要なことは、いずれの1つのピースを見出すことではなく、充分な枚数のピースとその関係性を見つけ、全体像を見出すことだ」と述べている。研究の最重要な部分とはデータを得ることではなく、その意味を見出すことなのだ。ヤンによれば、「新しい関連性を絶えず探し求めることが科学研究の重要な要素の1つだ。その探求が意識的であれ、無意識的であれ、1つのピース

にいつも関わっているわけではない。小さな関連性がいくつか分かってくれ
ば、それらを組み合わせていくと、時に 5 つのピースを連結できるピースが 1
つ見つかるのだ。その時の喜びといえば、言葉に表しようもない」。充分なデー
タとコンセプトの関連性がつながり、概念のパズルが概念のパターンあるいは
全体像に変わると、科学者はそれを理論あるいは自然法則と呼ぶのである。

　科学のパズルを解くことは別の意味でもジグソーパズルを解くことに似てい
る。充分なピースがマッチすると、そこで全体が、あるいは穴が見える。いず
れも貴重なものだ。全体とは新たな構造のことで、その構造の中では入手した
データの意味が見える。穴というのは何かの欠落であり、これも役立つ。それ
は未発見の何かの形を示す貴重なヒントであるからだ。穴の形状が具体的に見
えれば、その穴を埋めるために必要なピースを探せる。こうして、関係性を求
める探求が行き当たりばったりではなくなる。必要となる具体的な疑問を持っ
ていれば、その答えを導き出す上での明確な基準も得られたことになる。著名
な科学者のほぼ全員が、質問を正しく明確化できればその解決への道の半分以
上まで来ているという趣旨のことを述べている。この意味では、疑問そのもの
も一種のパターンなのだ。

　何が分からないのかを知ること、自分が知らないことの思考におけるパター
ンを知ること、それは自分が何を知っているかを知っているのと同様に、貴重
なことなのだ。ノーベル賞を受賞したウイルス学者トーマス・ウェラー
(Thomas Weller) は、未知の疑問が山のようにあるからこそ科学が進歩できるの
だと述べている。やはり、ノーベル賞受賞者の物理学者 I・I・ラービ (I. I. Rabi)
も、科学の諸分野の中で面白いのは、未だ何が問題なのかが分かっていない分
野だけだと語る。ノーベル賞仲間のセント＝ジェルジも同じ意見で、科学研究
者は人間の知識の現状を示す地図にある空白のスポットに惹かれ、必要なら命
をかけてでもその空白を埋めようと努めねばならないと述べている。この言葉
を応用したよく知られた実例は、無知の起源についての専門家である哲学者の
アン・カーウィン (Ann Kerwin) とアリゾナ大学医学校の外科医マーリスとチャー
ルズ・ウィッテ (Marlys and Charles Witte) によるものであろう。彼らは、医療的
無知に関するカリキュラムなるものを作成したが、これは特に質問の仕方を学
び、医学の地図における空白スポットを認識するための医学生向けの訓練カリ

キュラムである。こうしたカリキュラムはどのような分野でも役立つことは明らかだ。

インディアナ大学の心理学者エリオット・ハースト（Eliot Hearst）も、現在我々が未だ知らない分野を専門にしているが、さらに過激なアイデアを提唱している。"Psychology and Nothing"（「心理学と無」）という素晴らしい論文で彼は、「無（不在）」というものが、音楽家にとっては音のないところは沈黙であり、美術家や建築家にとってはデッサンなどの中の背景になる空白部分や物体と物体の間にある空間、科学者にとっては完全真空や絶対零度、哲学者にとっては虚無主義、小説家にとってはシャーロック・ホームズの有名な小説内で吠えない犬が重要なヒントになったように、極めて重要ではあるが、我々は無というものを何も知らないと述べている。「無、すなわち、不在なこと、消去されたことやもの、起きなかったということなどを認識し、そこから学ぶのは驚くほど困難なのだ。動物も人間も表の面を強調したがるようだ」と、ハーストは記している。例えば、星占いやフォーチュンクッキーのお告げがその通りになったことを誰でも覚えているだろう。しかし、実現しなかった無数の予測を覚えている人はほとんどいない。だがハーストは、「精神に関する事柄では、熱力学とは違って無から何かを得ることが可能かもしれない」と推察している。その秘訣は、予測あるいは曖昧な直観によって、ある特定の状況で何がある「はず」という感覚を充分に養うことだ。それが起きなかった場合には、その無（不在）の認識は特異なものと認識され、強い関心を引くことになる。彼は、「ある出来事や情報の不在や発生しないこと、あるいは消去に関する問題を学習の場にもっと厳密に定期的に取り入れれば、無は知覚や新たな発見のための、他の関連する各種の要素に劣らぬ有益な手段、道具になるはずだ」と述べている。

我々が「無」というものを知らないために発生する最大の問題は、あるパターンが不在であるかどうかを判定する術がないということである。ここでの不在とは、実際にそのパターンが存在していないか、実は存在しているのだが知覚されないということである。ミシガン州立大学の自然科学部の人が長年使用してきた視覚パズルが、その優れた例になる。このパズルには「理論とはデータのパターンである」という主旨の標語があり、学生たちはこのパズルを解くように求められる。それはデータそのもの、つまりパズルのピースだけでは、そ

6　パターン認識 | **139**

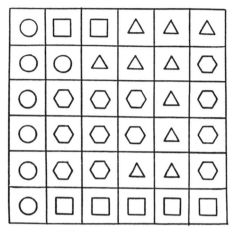

図6-8　パターンのパズル。

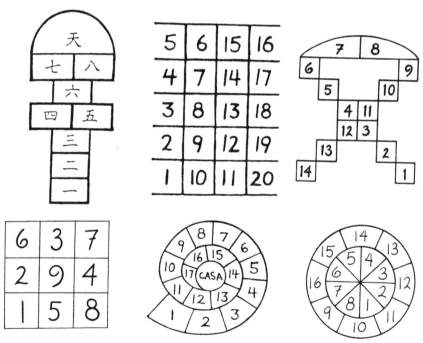

図6-9　世界中の「けんけん」のパターン。左上から時計回りに、中国、英国のName Bed、イタリア、英国のホップラウンド、ラテン・アメリカとフランスのカタツムリ、デンマークのヒンカ。

の意味が分からないということを理解するためである。そのパズルを基に解答を再現する。そこには、パズルを解くためのすべてのデータは揃っているのだが、パターンがかなり見つけにくいため、多くの学生たちは何のパターンもないと結論付けている場合が極めて多数である。

　実は、このパズルには正解があるのだが（本章の終わりを参照）、それを認識するには、恐らくヒントが必要であろう。パターン認識には異なる独自の文化が微妙に影響を及ぼす。このパズルの場合、多くのアメリカ人がこのパズルに取り組む際には文化が妨げになる。世界中どこの人であれ、自分が育った芸術や科学で好まれるパターンだけを認識する傾向がある。パターンに関する偏向や性向は、建築や芸術、風景の制作、都市計画、データのグラフ化、天文学での星々の組合せ方などにさえ見られる。アメリカ先住民や中国人は、オリオン座やそのベルトを認識しない。オリオン座は西洋の古代神話に基づくものである。アメリカ先住民や中国人は同じ星を違うパターンで見るのだ。

　パターンの違いはゲームにも表れる。例えば、けんけんという遊びは全世界で見られるが、その形態は多様である。ここからも、前述のパズルを解くためのヒントが得られる。たいていのけんけんは、共通の視覚的や運動感覚的パターンで遊ばれる。例として、中国のけんけん板は、北米のものと同じように基本的には直線的だ。ヨーロッパやアジア、南米、アフリカ、西インド諸島のものも、ほとんどは直線的なものだ。イングランドには少し異なる長方形のものがあって、20 の正方形を長方形に並べている。これを使って遊ぶけんけんは、Name Bed と呼ばれる。同じようなグリッド型パターンはインドにもある。いずれにせよ、けんけんのルールは似たようなもので、明確に決まっている縦または横の線に沿って、パターンの中をプレイヤーが跳ねて移動する。

　だが、こうした一般的なパターンから外れるけんけんゲームも存在する。本書の共著者の 1 人は、デンマーク流のけんけん（hinka、または Hinkerude）の遊び方を知っている。9 つの箱がついた板を用い、その数字の並び方は直線ではなく、非直線的に格子上を飛んで進まねばならない。英国でのもう一種のけんけんである hop round（ホップラウンド）では、円形にプレイヤーは進まないといけない。これは、古代ローマ兵がブリテン島に侵攻した際の馬車の車輪に由来しているそうだ。さらにフランスと一部のラテン・アメリカ諸国では、snail（カ

タツムリ caracol, escargot）というけんけんがある。これは、らせん形の配列に
なっている。

　少し考えてみれば、本当に変わっているのはフランスとラテンアメリカのも
のであることに気付く。長方形や直線形、さらに円形のものも西洋の諸文化で
は普通にみられる。その形は、建物からテーブル、夜のテレビニュースでのグ
ラフなどに見られる。だが、らせん形というのは、ニューヨーク・シティーの
グッゲンハイム美術館（Guggenheim Museum）があるくらいで、極めて珍しい。
自然界にはらせん形は存在しており、カタツムリ、貝殻、竜巻、松ぼっくり、
頭のつむじなど、いくらでもある。だが、我々はらせん形に気が付かないこと
が多い。それは、人間が作った世界にはらせん形を真似たものが少ないためだ。
ところが、先ほどの「理論とはデータのパターンである」というパズルの正解
は、このグリッドそのものは矩形であるにもかかわらず、らせん状なのだ。文
化的にあまり目にしないものを見出す能力がないと、このパターンには気が付
かない。

　パターンの認識に対する文化の影響は、我々が何をどのように発明するかに
も見られる。例えば、西洋の科学では、我々は若いころから世界をユークリッ
ド幾何学的（Euclidean geometric）に認識するよう教えられる。3次元といった
言い方をするが、これは x-y-z 座標系（Cartesian system）で記述できるというこ
とだ。各軸が互いに直角に交わり合う。見えるものほとんどすべてがそうした
様式で構築され、記述される。この座標系がトマス・クーン（Thomas Kuhn）の
言うパラダイム（Paradigm、枠組み）になっている。つまり、ある特定の分野に
おいて問題の設定と解決のために広く利用できるパターンのことだ。だが、ど
のようなパラダイムにも限界がある。次元のパターンは、地球上の固定した場
所ではよく機能するが、地球を航海するという場合には機能しない。経度も緯
度も、デカルト座標の軸のようにまっすぐ伸びている訳ではない。地球の周囲
を球状に覆っている極座標という別の座標系があり、球状の世界の中でベクト
ル（vector）により位置を特定するのだが、天測航法や宇宙飛行には、極座標（polar
coordinate）の方が直交座標（geometric coordinate）よりも遥かに便利だ。

　だが、極座標を使えば直交座標で解けない問題をすべて解けるわけではな
い。発明家のバックミンスター・フラー（Buckminster Fuller）はドーム状の構築

142

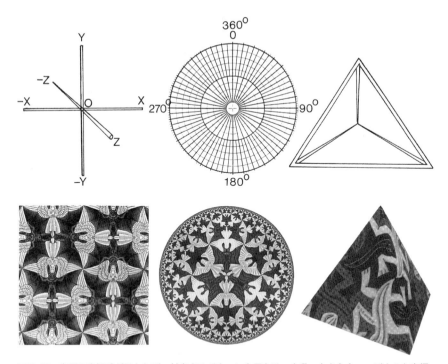

図6-10 空間の座標系が異なれば、対応するパターンも異なる。上段、左から右へ：デカルト座標、極座標、バックミンスター・フラーの四面体座標。また、それぞれをM・C・エッシャーがモザイク模様で例示したもの。ドリス・シャットシュナイダー（Doris Shattschneider）とウォレス・ウォーカー（Wallace Walker）が示したように、3次元物体の表面にカライドサイクル（Kaleidocycle）というモザイク状の模様を創作することが可能である。カライドサイクルは、最近幾何学で発見された模様である。

物設計者だが、その設計法を発明できたのは、彼が標準的な直交座標も極座標も拒否し、四面体パラダイム（tetrahedral paradigm）を採用したことによると主張している。同様に、アインシュタインもユークリッド幾何学を拒否し、非ユークリッド幾何（Non-Euclidean Geometries）を採用して、有名な時空の記述を行った。相対論的な重力場における時空の曲りである。アインシュタインもフラーも、ユークリッド幾何は世界の数あるバージョンの中の1つに過ぎないと、明確に把握していたのだ。非ユークリッド幾何、球面幾何（spherical geometry）、その他多数の空間を記述する数学的体系があって、それぞれ異なるパターンを提

示し、発明家や芸術家、その他の革新者が利用している。問題は知らないものを利用することはできないということだ。違う形のけんけんに精通していると役に立つように、我々のパターン認識能力は、こうした空間に関する異なるバージョンを練習することで向上させることができる。

　パターン認識は複雑なものだが、この創造的な技術や技能を鍛え強化するには、どうすればよいのだろうか。もちろん、各文化にあるパターンの偏りや傾向を利用し、文化ごとに異なる見方や聞き方、踊り方、感じ方、行動様式を体系的に探ることは可能だ。経験したことのないパターンは認識できない。すなわち、多文化のものであろうと、自分の場所、時代のものであろうと、パターン認識には練習が必要なのだ。

　そして、年齢と関係なく練習はでき、パターン認識を上達することができる。物理学者のリチャード・ファインマンがパターンについて学び始めたのは、幼くて、まだ子供用の椅子に座っていた時のことだったそうだ。父親がある日、ファインマンが遊ぶ玩具としてバスルーム用の小型のタイルを持って帰ってきた。さらに父親が、タイルのより複雑な配列を教えてくれた。白いタイル2枚に青1枚、白いタイル2枚に青1枚といった具合だ。こうしてファインマンの父親は息子に、パターンとはどういうものか、どれほど面白いものかを教えてくれた。初等数学のようだった。こうやって老いも若きも、ドミノのような単純なゲームでも、チェスのような複雑なゲームでも、ゲームからパターン学ぶことができる。三目並べやチェッカー、チェスの秘訣は、ボードの上のどのようなパターンが勝ちにつながりやすく、どういうパターンが負けになりやすいのかを知ることである。実際、チェスのトッププレイヤーたちに関する研究は、彼らの技術や技能の多くがルールの適用や具体的な戦略、考えられる動きの応用よりも、パターンの認識から成り立っていることから分かる。チェスのコンピュータープログラムがゲームの各段階で考えられる何百万通りもの動きの組み合わせについて、その勝利につながる確率を計算するようにできているのに対して、人間のチェスマスターはボードの上の駒の配列を見て、ある特定の戦略を示すパターンとして直ちに認識する。軍隊の指揮官として成功する人たちも同様に、パターン認識の能力を養う。もっとも、彼らの場合は勝負とは言い難いが。

144

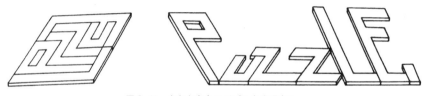

図6-11　あなた自身のパズルを発明する。

　ジグソーパズルもパターン認識の練習につながるし、パズルの作成も同様だ。本書の著者たちが本書の執筆準備で発見したことの中で、特に予想外だったことの1つとして、いずれの分野においても、著名な人たちの多くがパズルに熱狂しているか、またはパズルの発明家なのだ。発生学者のニュスライン・フォルハルト（Nüsslein-Volhard）も、自分の研究する科学をパズルの解法に例えており、不可能なパズルをデザインして、自分自身も他の人たちも遊べるようにしている。無数の数学者や物理学者もパズルをデザインしており、その多くがマーティン・ガードナー（Martin Gardner）の気晴らしのための数学の著作に紹介されている。あるパズルを発明した結果、全く新しいパターンを発見できる場合もある。デザイナーのエルネー・ルービック（Erno Rubik）はルービックキューブの発明者としてその名を知られるべくして世界に知られているが、このキューブは本来、3次元での色のパターンをデザインの学生に教えるために開発したものだった。ルービックキューブで遊んだ経験を基に、アレキサンダー・フレイ（Alexander Frey）とデビッド・シングマスター（David Singmaster）は、*Cubik Math*（『キュービックの数学』1982）という著作を出した。配列の数学を考察する書物である。

　パズルやゲームで遊ぶ以外にも、予想外の場所に慣れ親しんだパターンを探すことができる。心理学の調査からは、生後数か月までの乳児は人間の顔に似たものなら何にでも強い反応を示すことが分かっている。実は、顔を探すことの必要性は生涯残る。1997年に2人のスイスのグラフィックデザイナー、フランソワとジャン・ロバート（François and Jean Robert）が、*Face to Face*（『顔を合わせて』）という書物を著した。これは人工物体の画像が満載の本に、時計、ドアノブ、ラジオ、ハンドバッグ、カメラ、栓抜き、その他各種の物体が掲載され

6　パターン認識　145

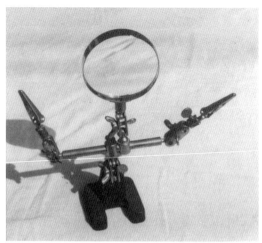

図6-12　生命なき物体に、なぜ顔や体が見えるのか。

ている。それらすべての共通点は、人間の顔に似ていることだ。身の回りを観察してみれば、顔に似たもの、あるいは人体に似たものが見つかるはずだ。

　子供がパターンを認識することを支援するためには、ルドウィッヒ・ベメルマンス（Ludwig Bemelmans）の *Madeline*（『マドレーヌ』）を子供に読んで聞かせるとよい。そこには天井の裂け目は時にウサギのような姿に見えるといった記述がある。あるいは、もう1つの子供向けの古典的書物 *It Looked Like Spilt Milk*（『こぼれたミルクのように見える』）でもよい。そこでは雲の様子の中に見える物を列挙している。また、リチャード・ヒューズ（Richard Hughes）の *A High Wind in Jamaica*（『ジャマイカの烈風』）では、海賊に誘拐された女の子が船室内の木材に見える形や顔を探して遊んでいる。我々も、ドア、木製パネル、壁紙、床、木の幹、窓にできた霜、奇妙な形状の果物や野菜などにイメージを見出すことを子供に勧めてみれば、エッシャーやエルンスト、レオナルド（Leonardo）などのやり方を子供たちに学ばせることができるだろう（第13章参照）。

　また、老いも若きも言葉のパターンを探すことはできる。子供向けの書物の中で特に優れたものには言葉のリズムや音韻が活用されており、誰が読んでも楽しい。普段の話にもそうしたパターンが見つかるかもしれないし、新聞記事

146

の中にも偶然の詩が見つかるかもしれない。年長の子供たちであれば、見つけた言葉を対句や五行詩、俳句など単純な詩の形に並べることができる。そうした形式で、自分なりの詩を書くことも可能だ。十代や成人であれば、ピアジェ（Piadgett）の *The Teachers and Writers Handbook of Poetic Forms*（『教師と作家向け詩の形態のハンドブック』1987）や、ミラー・ウィリアムズ（Miller Williams）の *Patterns of Poetry*（『詩の形態』1986）などの書物にあるような、より複雑な形態の詩作に打ち込むこともできよう。トニー・オーガード（Tony Augarde）の *Oxford Guide to Word Games*（『英語ことば遊び事典』）には、数々の言葉遊びがある。ジョークを作り、シャレを飛ばして楽しむのもいいだろう。

　楽しみながら、さらに新たなパターンを探してほしい。例えば、現代のダンス・ミュージックの音の中に、クラシック音楽にも使われている、または類似したリズムやフレーズを探すことができる。そうした音楽のリズムを、ワルツやタンゴといった確立したダンスのパターンやその床の上でのステップと比べてみてほしい。さらに、そうしたリズムを言葉に見られるパターンと比較する。そうした音楽的、運動感覚的、視覚的、言語的パターンには、編み物や布を織るパターンとの共通点はないか。各国の典型的な布地のパターンには、その国の美術や音楽との関連性はないか。パターンの中からパターンを見つけるには、物事の反復的な秩序や計画に関して、自分なりの疑問を持つことが何よりも大切である。そして、正解を求めて目で見、耳で聞き、感触を探ることだ。

　最後に、パターン認識のためには、時間を無駄にしたり遊んだりすることをある程度は容認しなければならない。ウラジミール・ナボコフによれば、彼は幼少期にパターンというものに人並み外れて敏感であった。特に、そろそろ寝ないといけない時間になると敏感になった。まず彼は、水道の蛇口から水滴が落ちるポチャ、ポチャ、ポチャ、という音に合わせて、バスルームのドアを開けたり閉めたりした。水滴のリズムを奏でる音とリズミカルなパターンを結び付けることで、床を仕上げる際にできた迷宮のような穴を解明し、ひびや影から、その場所の特徴を探そうとしていたとナボコフは記している。そうしている間、彼は幼き日の詩を口ずさんでいたのだった。こうして彼は聴覚、視覚、言葉のパターンを運動のパターンと統合化し、これらの感覚をお互いに補強しあった。この経験はとても重要なもので、彼は回想録に次の珍しい助言を記し

6　パターン認識　147

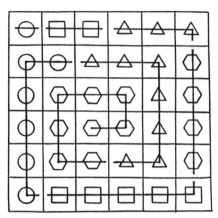

図6-13 図6-8のパターンのパズルの正解。

ている。「子供のいる人たちにお願いしたいのだが、子供に向かって決して、早くしなさいとは言わないでいただきたい」。少なくとも、若年者や友人、同僚などをたしなめる場合には、一瞬黙って、その結果を考えることだ。相手が何歳であれ、このような厄介な行為（nuisance、ニューサンス）は、面白いなぞなぞと同様に、何か新しい意味（new sense）を生み出すものであるべきなのだ。

7

パターン化

1998 年、アボリジニの芸術家エミリー・カーメ・ウングワレー（Emily Kame Kngwarreye）の絵画の回顧展が、オーストラリアのシドニーで開催された。展示されている中でも特に 2 点、シンプルな視覚的パターンが探れる作品がある。小さい方の作品には、縦縞が何本も描かれている。もう 1 つの作品は、壁面全体を埋め尽くすほど大きくて、クモの巣のようにうねる曲線のパターンが描かれている（図 7‐1 参照）。ある写真家が、2 人の学芸員が小さい方の作品を運びながら大きい方の作品の前を通過する瞬間を撮影した。そして、特筆すべきことに気付いた。その写真にニューヨーク・タイムズは、「Moving Lines」［訳注：線を運ぶ、うごめく線の両方の意味に取れる］という見出しを付けた。これは、この 2 人の学芸員の運ぶという行為と絵画に描かれたそのものを掛け合わせた言葉遊びだ。だが、この写真はそれ自体が雄弁に語っている。ウングワレーの作品を別々に見ると、どちらもある一定の線の構造を示しており、それぞれ特定のリズムがある。その 2 つのリズムが偶然に重なり合うと、2 つのリズムがさらに複雑な意味を持つようになり、人間の歩み、人間の思考を繰り返させるという意味を含むようになるらしい。この写真を撮影する直前または直後であれば、2 人の学芸員の脚はこういう繰り返しパターンの形ではなかっただろうし、運んでいる絵画も斜めになっていたかもしれないし、恐らく背後の壁にある絵画は一部しか見えなかったであろう。だが、この写真ではすべての要素のバランスが美しく、線を運ぶという行為により、これらの線に新たな動きを生じさせている。

まさしく一瞬だけ、2 枚の絵画と 2 人の学芸員とが、合成された新しい視覚パターンを生み出したのだ。その結果は複雑なものだったが、過程そのものは単純であった。パターン化とは実は、複数の構成要素及び機能的操作の両方、

図7-1　学芸員たちがエミリー・カーメ・ウングワレーの絵を持って、別の絵の前を通りすぎる。オーストラリア・シドニーの美術館にて。

または、そのいずれか一方を組み合わせるだけのことなのだ。合成パターンは1つの要素や操作を他の要素などと一貫した方法で組み合わせることによりできるが、それは各部分の総和よりも遥かに多くのものになり、単なる総和とは全く異質なものになり得る。前述の「Moving Lines」(うごめく線)の場合、この過程は突発的で偶然的なものであった。だが、パターン化は計画的、意図的に行うこともできる。セーターを編むときには、遥かに複雑なパターンを作ることができる。表編みと裏編みという2種類の編み方を組み合わせて、何千ものパターンが作れる。表編み2つと裏編み2つという操作を交互に行えば、リブ編み (ribbed) の構造ができる。1つの列全部を表編みで、隣り合う列を裏編みで編めば、単純なメリヤス編み (stocking-stitch) ができあがる。

編み物や機織りといった手芸からパターン化について多くを学ぶことができ

る。優れた職人たちが何世代も継承してきた操作や構造を模倣するのだ。だが本章では、独創的なパターンや革新的なパターンをどのように形成するのかという問題に焦点を絞ることにする。芸術家や音楽家、ダンサー、物理学者、数学者、発明家たちは絶えず新たなパターンを想像し、創り出している。しかもその出発点にある構成要素は、物理的なものにせよ精神的なものにせよ、あらゆる種類に及んでいる。彼らが新たなパターンを発明するとき、それがすでに存在するパターンであっても、それまでは見逃されていたことが多い。パターンにおける秩序を理解するには、秩序をどのように作り出したのかをしばしば学ぶ必要がある。

ウングワレーと同様、画家のジーン・デイヴィス（Gene Davis）も、芸術的なパターンの探求を線を描くことから始めた。カンバスに線を描き格子を形成することで、これらの線間隔に関する格子空間を利用して定義できるようになった。さらに色彩によって、あるいは空白と色彩によっても、線間隔を定義できるようになった。「私は最初に鉛筆で縦線を描く。何か機械的に聞こえるかもしれないが、それから絵具を用いて、自分独自のやり方で縦線の間を埋めていき、そして絵画にある無色の格子空間を充分に埋められたと思うまで作業を続ける。そこには一種の体系があり、秩序といってもよいだろう。それは、現れてから気が付くものなのだ」とデイヴィスは述べている。

デイヴィスの作品には色彩があるので、ここに適切に再現できない。よって、読者諸氏には、窓に縦のブラインドがあって、幅 4 m の窓に設置してあるところを想像してほしい。そのブラインドには縦の羽目板が 37 枚ある。それぞれ幅が 10 cm 程度だ。それが天井から床まで伸びている。いずれの羽目板も、次の 8 色のうちいずれか 1 つで塗装されている。ダークブルー（B）、ライトブルー（b）、白（W）、ライムグリーン（l）、オリーブグリーン（O）、赤（R）、黄色（Y）、グラス（草）グリーン（G）である。これらの色が OBbWlBOBOBObBWOBO BIBWRYGWBObBOWBIBOBO と、パターン化されている。これが、デイヴィスの 1962 年の絵画 Citadel（「要塞」）の基本パターンなのだ。ダークブルーとオリーブグリーンの織り成すシンコペーション（切分音）のリズムが、BOBO という主題で繰り返される変化がすぐに分かる。そこにライトブルー（b）と白（W）の羽目板が割り込んでいる。実際の絵画全体は 3 つの色を中心に構成されてお

り、これら3色はそれぞれ1度だけしか登場しない。赤、黄色、グラスグリーンである（RYG）。これらの3色は、他の羽目板から際立つというよりもパターンに関心を向かわせる。これは赤と黄色と緑が混じり合うと、オリーブ色ができるためだ。つまり、これらの色を並んで絵画に配置することで、オリーブ色の縦縞の繰り返しであることを説明しているのである。色鉛筆なりパステルなりクレヨンのセットでパターンをちょっと作成してみていただきたい。そうすれば、この様子が理解できるはずだ。それから、その色を1つ以上消すか別の色に変えてみれば、どれほど劇的な変化が生じるか目の当たりにできる。こうした変更を加えることでしか、単純なパターンの奥深さを会得できない場合が多々起こり得る。

　デイヴィスは、自分の作品のパターンが音楽のパターンに似ていると認めている。実際、デイヴィスの絵画を描写するのに、シンコペーション（切分音）という言葉を意図的に使用したが、それも視覚的パターンがリズミカルな運動を帯びることがあるからだ。オプ・アーティスト（op artist）のブリジット・ライリー（Bridget Riley）もこれらの線における運動を探究しているが、彼女の線はジグザグに動いたり波状に変動したりして目の前で動いているように見える。ライリーも、自身が頭に描いた音楽と結び付けて考えている。だがライリーの場合には、リズムの類似性はパターン化の過程そのものから始まっている。「画家は常に、音楽と絵画の類似性を意識している。基本的に絵画とは、物理的世界とは直接的に関係のない抽象的性質を持つ一種の構成物であるためだと私は考える。あるいは巧妙な操作と呼んでもいい。感覚的であると同時に、抽象的なものであるため、音楽がそのパターンをもたらすのだ」と、ライリーは述べている。さらに彼女は、「作家が関心のある分野を別の作品にある程度活かすのは必然的なことだ。そこから何か新しいことを始める。作家はいつでも、すでに経験したものを理解することから始める。それこそが新しいことを発見し、何かを始める私たちのやり方だ」とも語っている。画家のスチュアート・デイヴィス（Stuart Davis）も同じ意見だ。「ジャズは、私のひらめきに絶えず一役買っている。私はいつもジャズを芸術として考えている。彼らにできるなら自分もできるだろうと考え、私は絵画を描くのだ」。

　こうした発言から分かるのは、パターン化をするパターンがあって、それが

境界を越え、1つの領域における単純な着想を他の領域へ伝達するということだ。芸術家や音楽家たちによるパターン化の過程を比較すると、そうした過程の一部の解明が始められて、それから基底にある原理をもっと一般的に理解することができる。ここで、アフリカ民族音楽の驚くほど複雑なリズム構造を考えてほしい。これは、西洋の観察者を以前から非常に悩ませていた。この音楽は複雑なものにもかかわらず、現地の普通の村民たちが演奏している。彼らは言葉を話すことを学ぶのと同様に、音楽も身につけているのだ。日常で模倣し、社会生活に参加することで学ぶのだ。これは、西洋社会の慣行からはかなりほど遠いことである。西洋では、専門分野に特化した音楽家たちが作曲や演奏を集中的に学び、聴衆は受け身であることが多い。さらに西洋音楽では、楽譜を書いておかなければ音楽が失われてしまうということが当然の前提になっている。アフリカでは伝統的に音楽は耳で聞くものであって、書かれることはほとんどない。問題は、形式について訓練されない素人たちが、自然発生的にどうやって洗練された音楽を楽譜もなしに創り出すのだろうかという点である。これを解き明かすと、パターン化全般についての重要な情報が得られる。

アフリカのリズムを理解するための重要な手がかりを、音楽学者のシムハ・アロム（Simha Arom）が示している。アロムは、アフリカ中部のポリリズム（polyrythmic）の音楽の録音とビデオを何百本も丹念に分析し、その多くは単純な1つの原理が基底にあることを発見した。鼓動（拍動）のパターンの反復による厳密な周期構造である。個々の演奏者が習得しなければいけないのは非常に限定的な鼓動や音の一式のみであり、それを繰り返し何度も演奏する。これは、ウングワレーによるアボリジニ（aborigine）の絵画に見られたようなものと同様である。このようなパターンをいくつも配置することで、音楽の複雑性が生まれている。ちょうど2人の学芸員が絵画の1つを運んで別の絵画の前を通り過ぎた時のような現象である。

音の繰り返しに基づく音楽など極めて退屈だと思うかもしれない。しかしそうでないのは、個々の演奏者によって鼓動のパターンが異なり、それらのパターンを異なる時間間隔で繰り返すためだ。1人の演奏者が8拍ごとに1つのパターンを繰り返すと、もう1人が9拍ごとに1つのパターンを繰り返す。その間、第3の演奏者は別のパターンを12拍ごとに繰り返す。その結果として、演

図7-2 「モ・コンゴ」(mo. kongo) を叩くアカ族の男たち。

奏中の大半の時間、いずれのパターンも他のパターンとは同時にならない。全体としての音楽が繰り返しになるのは、個々のパターンが一斉に最初の拍を同時に打つ状態に戻った時だけである。今の例なら、それは72拍叩いた後のことだ（8、9、12の最小公倍数）。この72拍の間、実は個々の演奏者は自分のパターンをひたすら繰り返しているにもかかわらず、絶えず音が変化して聞こえるのである。アロムの指摘によれば、演奏者それぞれがリズムのさまざまな部分に強拍やアクセントを加えたり、微妙な変化を付けたりするので、さらに複雑なパターンが生じる。このように、細部では二度と同じパターンを繰り返さない音楽が、極めて単調な定型の範囲内ではほとんど変化しない要素から作られることもあるのだ。

　アロムが述べる実例によれば、ピグミー（Pygmy）のアカ族（Aka）の音楽では、木片、鐘、鉄片といった楽器を何人もが一緒に叩いて各種のリズムを作る。アカ族ではボンド（Bondo）という形態の音楽を、狩猟に出かける前の各種の祭

	1	2	3	4	5	6	7	8	9	10	11	12
First part	●		●	●		●		●	●		●	
Second part	I			I			I			I		

図7-3　2つのパートによるアカ族の音楽のパターンの例（第1パート、第2パート）。

	1	2	3	4	5	6	7	8	9	10	11	12	13	14	15	16	17	18	19	20	21	22	23	24
è.ndòmbà		●			●			●			●			●			●			●			●	
dì.kpàkpà			I			I			I			I			I			I			I			I
ngúé					▲		▲	▲	▲		▲			▲			▲	▲	▲	▲			▲	
dì.kétɔ̀	*	*	*		*	*	*			*		*		*		*		*		*		*	*	

図7-4　4つのパートによるアカ族の音楽のパターン（エ・ンドンバ、ディ・クバクバ、ングエ、ディ・ケト）。

儀で奏でている。ボンドの一番単純な形態は、4つの楽器を用い、2つの基本パートに分かれて、12拍ごとに繰り返される2つの別々のリズムで打ち鳴らす。両パートの楽器とも、2拍、5拍、12拍目で休符になる。2つの基本パートが同時に叩かれるのは、1拍目と4拍目だけだ。3拍、6拍、11拍目では片方のパートの楽器だけ、7拍目と10拍目ではもう一方のパートの楽器だけが叩かれる。これは、実に単純な要素で驚くほど複雑な結果を生み出している例である。

　アカ族の人びとはさらに、ヨンベ（Yombe）というもっと複雑な形態の音楽も奏でる。これは、狩猟の成功や重要な客の歓迎、弔い、その他、お祭りごとの全般で奏でるものだ。ヨンベの曲には、3拍、12拍、24拍でリズムを繰り返すものが多い。その結果生じる複雑なリズムは、図7-4を見れば分かる。この図は、4つのパートによるヨンベの例である。奇妙なことだが、4つの楽器が同時に1つの拍を打つことは全くない。4拍目と13拍目では音がない。また1拍、10拍、15拍、16拍、19拍、21拍、22拍、24拍目では、1つの楽器の音だけが聞こえる。2つの楽器の音が聞こえるのは、2拍、3拍、6拍、7拍、8拍、9拍、11拍、12拍、17拍である。3つの楽器が同時に聞こえるのは、5拍、14拍、18拍、20拍、23拍になる。ジーン・デイヴィスの縞模様の絵画は

7　パターン化　155

こうした音楽の絵画版とも言える。

　これらの音楽リズムの実例が人を混乱させるようにみえるとすれば、ボンドやヨンベが比較的単純であることに価値を見出すべきである。アフリカの一部部族の音楽では、12 を超える種類の楽器を使うものもある。各楽器が独自のリズムを奏でる。それは想像を超えるほど複雑だ。西洋の音楽学者はその理解に大いに苦しんだ。というのも我々西洋人は、音楽といえば 4 つの主旋律があり、それを 4/4 拍子といった既知の数学的パターンによるリズムの単位で測ることに慣れているためだ。だが、アフリカの部族音楽では主旋律は特定できないし、小節というものも存在しない。さらに、ヨンベのリズムのパターンに見られる拍数、1、10、15、16、19、21、22、24 や、5、14、18、20、23 といった数学的なパターンを聞いたことがある西洋人などいるだろうか。こうしたパターンに慣れていないため、西洋人はこうした音楽の理解と分析に苦労するのである。

　我々がアフリカの部族音楽を理解し難いことには、恐らくもっと深いところにも原因がある。西洋では、個々の作曲家が音楽を書いて、それから初めて演奏される。聞こえてくるパターンも旋律も、事前に用意され意図されたものだ。ところが一部の部族音楽は、その場の演奏者たちによる共同作業の結果である。聞こえるパターンは、全演奏者が拍の 1 つで休止する時の静寂であろうと、全演奏者が同時に叩く時の強い拍動であろうとも、それは計画的ではなく偶然の産物である。4 拍目と 13 拍目で全員が休止する時、演奏者それぞれが 4 拍目と 13 拍目で休もうと同じことを考えているからではない。そうではなく、全演奏者のパターンが同時的な休止に集結することが、偶然起こるためなのだ。だから、4 拍目と 13 拍目で音が止むと、聴衆と同じく演奏者も驚くはずだ。部族音楽を奏でている時、演奏者たちの楽しさの 1 つにはこうした驚きもあるはずだ。

　アフリカ系アメリカ人の革新的な音楽、大衆精神から開花したラグタイム（rag）やジャズ、スイング（swing）に対してアフリカのポリリズム（polyrhythms）が与えた影響については、すでに多くの研究がある。さらに、現代の西洋音楽の作曲家たちの一部は、アフリカ音楽の手法をより正式に再発見している。そうした作曲家たちの中でも傑出した例が、ロシア生まれの作曲家にして音楽理論学者だったヨーゼフ・シリンガー（Joseph Schillinger）である。彼の弟子には、

156

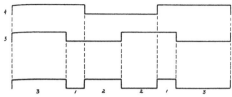

図7-5　4拍子と3拍子のパターンで形成される時間的周期性。

ジョージ・ガーシュウィン、オスカー・レヴァント（Oscar Levant）、グレン・ミラー（Glenn Miller）、ベニー・グッドマン（Benny Goodman）、トミー・ドーシー（Tommy Dorsey）、ポール・ラヴァル（Paul Lavalle）らがいる。シリンガーは著作 *The Mathematical Basis of the Arts*（『芸術の数学的基礎』）で、リズムとは周期的な同期構成部分によるものとし、その定義を例示するために実例を挙げているのだが、それらはアロムの説明に酷似している。図7-5では、1人の演奏者が4拍子ごとに音を変えており、他の演奏者たちは3拍子ごとに変えている。この4拍子ごとと3拍ごとのパターンが12拍子ごとに繰り返され、その拍子の定式は3、1、2、2、1、3と聞こえる。3、4、7などの同じ速さの拍子を組み合わせた場合には、さらに複雑なパターンが生まれる。シリンガーはデザイナーでもあり、著作においてそうした音楽のパターンを視覚的パターンに変換する方法について詳しく述べている。そこでは、ジーン・デイヴィスやスチュアート・デイヴィス、ブリジット・ライリーが述べたような音楽と美術の間の類似性の一部が明らかになっている。

　最近、作曲家のスティーブ・ライヒ（Steve Reich）は、アフリカの部族音楽の要素に関する実験を実施している。彼の1978年の作品 Music for 18 Musicians（「18人の音楽家のための音楽」）では、一定の旋律のパターンに合わせて調和のとれたパターンを変更することで、実は変わっていないのにアクセントが変化しているような感覚を作り出している。さらに、作曲家のフィリップ・グラス（Philip Glass）は、古代インド（Hindu）の音楽の原理を描写して、驚くほど多様な曲を作った。彼の1982年の作品 Glassworks（「グラスワークス」）と翌年のKoyaanisqatsi（「コヤニスカッツィ」）では、人間の声、サクソフォン、シンセサイザー、その他多くの楽器によって単純な繰り返しから複雑で驚くべき音を生み出している。ピアノ曲のように1つの楽器だけの曲を書く場合でも、グラス

は同じ原理を利用している。スコット・ジョプリン（Scott Joplin）が多くのラグタイム作品で行ったのと同様に、グラスもピアニストの右手と左手の拍子が異なる曲をよく書いている。「片手が5拍子で、もう一方が4拍子という演奏ができないといけない。あるいは、これはどんな音楽でもよく起こるのだが、片手は3拍子の反復、もう一方では拍子を周期的に変えるといった曲を私も書くことがある。つまり、片手は3拍子で、もう一方は9、8、6、5、4、3、4、5、6、8、9、12と拍子が切り替わっていくのだ。いずれも、基本の3拍子に合うようになっているのだが、それを演奏するにはかなりのリズム感が要求される」。

　ライヒやグラスの曲は古代のポリリズムの音楽に限りなく近付いているのだが、パーカッション（percussion）の踊りのパフォーマンスグループ、ストンプ（Stomp）はもっと類似している。缶やポット、鍋、ホイールキャップ、台所の流し、箱などを、棒やタイヤレバー、手や足で叩いて音を出す。箒やごみ箱、クレート（crate、運搬・収納用の木箱）で、繰り返し床を叩く。さらに、指を鳴らし、紙袋をクシャクシャと鳴らし、手を叩く、そしてお腹を叩くなどしながら、ストンプのパフォーマーたちは音とリズムを作り上げていく。人間が誕生した時から存在する行為でありながら、高層建築やリサイクル運動と同じ位斬新だ。彼らの使っている楽器はアフリカやインドで伝統的に使っている物ではないかもしれないが、共同作業の過程は最初の音楽の誕生に劣らず、運動感覚的で刺激的だ。

　驚くべきことに、西洋の高度に洗練された音楽も、その基盤にあるパターン化の概念はアカのピグミーやストンプと比べてさほど複雑な訳ではない。例えばJ・S・バッハは、リズムの代わりに2つの異なる旋律や主題を対比させながら、しばしば対位法による単純な音楽を演奏している。バッハはさらに反転、転回という手法も用いている。そのよい例が彼の Two-Part Invention（「2声によるインベンション」）［訳注：invention とは即興曲ふうの小曲をいう］の第8曲で、ある基本となる主題を導入（a）してから、それを反転させ（b）、さらにその反転主題を上下逆さまにし（c）、今度はその上下逆さまの主題を反転させる（d）。最後の主題（d）は、元の主題（a）の上下逆さまということになる。パターンの対称性という面白い例である。この2声によるインベンションの大半は、ある

主題の多様な変奏を展開するための多様な方法を探る現れなのだ。こういう言い方をすると、作曲という行為は幼稚なまでに単純な行為に思えるかもしれないが、実はこれだけさまざまな変換を受けても音楽として通用するパターンを創作するのは、かなり厄介な作業なのだ。反転によるインベンションの分かりやすい

図7-6　バッハの「2声によるインベンション」での反行。

例が、Mr. Bach Comes to Call（「バッハさんがやって来た」）という曲にある。そこでは、ワルター・バビアク（Walter Babiak）が Pop Goes the Weasel（「イタチが跳ねる」）という主題を基に、Adventure in Music（「音楽の冒険」）というフーガを一歩ずつ作曲している。

　バッハが利用している反転、転回は、さらに一般的な数学の概念である組み合わせ論（Combinatorics）とも関連している。これは、ある体系における存在しうる個体（element）の組み合わせをすべて求める数学である。例えば、全く同一の2つの個体を組み合わせる方法は1つしかない。だが、2つの異なる個体を組み合わせる方法は4通りある。3個なら27通りある。こうした組み合わせのすべてが関心の対象になるわけではないが、とにかくすべての組み合わせを調べてみないことには、どれが関心の対象になるのかも分からない。作曲家のダリウス・ミルホードは、多調音楽、つまり同時に複数の調を使う音楽を考える際、組み合わせ論による思考を明確に活用していた。「私は、2つの調を同時に使う組み合わせとして、考えられるものをすべて検討した。そして、そこから生まれる和音を調べた。さらに、反転させた場合の効果についても調べた。また、そうした和音を構成する調性の音階を変え、あらゆる組み合わせを検討した。さらに、3つの調の場合についても同じことをした」。ミルホードは、こうした新しい組み合わせに慣れるにつれて、通常の和音よりも微妙に甘美で、気に入った組み合わせがあることを発見した。さらに、恐ろしいほど聞く人を

納得させる組み合わせもあることに気付いた。いずれの場合にも、ミルホードのそうした組み合わせから新たな作曲上のパターンが生まれ、それを土台に曲ができていった。

　単純なパターンの配列により、面白い結果が得られることは科学におけるパターン化の過程にも見られる。実際ほとんどのパターンは、どれか１つの芸術または科学の分野に独自に属するものではない。例えば、モアレ（moiré、絹やレーヨンなどの織物に見られる波状の紋様）のパターンは、本来、何世紀も昔に中国で開発された波紋絹に関連したパターンであった。この絹の布地は、主な糸の方向から少し角度をずらして布を幾度も折り重ね、それに強い圧力でアイロンをかけるか、または機械に刻んだ模様をローラーで布に移していくかで製造するものだ。いずれの場合でも、布地には２種類の補完しあう模様ができる。１つはその織布自体の糸の模様。もう１つはアイロンか機械で加えた模様。ちょうど音楽で補完し合うリズムが新たな音楽的効果を生み出すように、この布では２種類の視覚的パターンが斬新な視覚的効果を作り上げる。これらの２種類の模様が交差する箇所で光が反射するときらめきが生じて、ちょうど池の水面の波のような感じになる。また、網戸を複数重ねたり、薄いカーテンのひだ、あるいはダイアモンド模様のフェンスを２枚組み合わせるとモアレ効果が見られる。実際に、直線でも波状でも円形でも何でも構わないが規則正しい線の格子を描いて、それを透明なアセテートのシートにコピーし、そのシートを元の格子の上に置いてみてほしい。そして、そのシートを小さく、ゆっくりと回転させれば、誰でもモアレを作成できる。こうした視覚的効果は、アカのピグミーやストンプのダンサー、スティーブ・ライヒ、フィリップ・グラスなどが音楽で織りなしているパターンに完璧に類似した視覚版なのである。

　モアレのパターンは科学や技術方面でも利用できる。光学的な格子を利用して金属や結晶を検査すれば、応力線が容易に見られる。布地でもワイヤーのメッシュでもレンガの構築物でも、何か明確なパターンがある物体の表面に不規則性があれば、格子を通して発見できる。以前、ジェラルド・オスター（Gerald Oster）と西島安則（Yasunori Nishijima）が *Scientific American*（『サイエンティフィック・アメリカン』日経サイエンス）に、「モアレのパターンを、２つの周期関数の相互干渉への数学的解と見ることができるので、モアレ技術はアナログコン

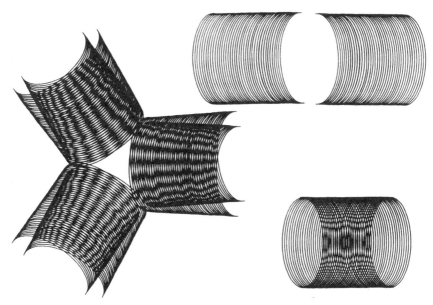

図7-7　右上に示すような単純なパターンを重ね合わせてできるモアレのパターン。

ピューターに利用できる」という主題に関して論文を発表した。古典的な論文となっているのだが、この主題は大変重要な指摘かもしれない。つまり言うなれば、像と像を直接重ね合わせ、数値なしに計算するコンピューターというわけだ。1つ1つの格子が1つの数学的関数を表していれば、複数の格子が交差する地点は複数の関数による数学上の問題の解を示すことになる。電磁気や音波、水の波動には自然にモアレが発生するが、その交差地点の解は数値計算だけではなく、視覚的なパターンそのものによっても求めることができる。

　電磁気や音波、水の波動の数学的記述は、今ではフーリエ変換と呼ばれているが、そこでも単純な要素を組み合わせることにより、いかに複雑なパターンが生じるかを詳しく理解している必要があった。ＬＰやＣＤを再生すると、レコード針やレーザー光の振動が電流に変換される。その電流をさらにスピーカーが音声に変換する。電流の変動の中にスピーカーを振動させるためのすべての情報が含まれ、オーケストラ全体や合唱団、ロックバンドのすべての楽器や歌声がそこから聞こえてくる。オシロスコープで電流の波動を視覚化する

7　パターン化 | 161

図7-8 2つの正弦波を融合させて、4つの波と3つの波とを重ね合わせるフーリエ変換（図7-5参照）。同じ一定時間内に1つの波形は3回振動し、他方の波形は4回振動する。右側の波形（B）は、左側の2つの正弦波（A）を重ね合わせると形成される。したがって、BはAに示す2つの正弦波という構成要素に還元できることになる。

と、実に複雑である。ジョゼフ・フーリエ（Joseph Fourier）が研究をしていたのは1820年代初頭で、未だシンセサイザーも電子機器も存在していなかった。その時代にフーリエは、音波であれ電流であれ熱であれ、その他どのような物理的な動因や作用であれ、複雑な波形を数学的に記述する方法を探究していた。アフリカの部族音楽の複雑性を把握しようとした音楽学者のように、たいていの数学者は、この波動という問題に頭を悩ませていた。シムハ・アロムが部族音楽は単純な要素の繰り返しの配置であることを発見したように、フーリエはどんな複雑な波形の関数も単純な関数をいくつか融合すれば、記述あるいは生成できることを発見したのだ。

　フーリエの業績を理解するには、順序を逆さまにしてみることだ。交響曲の音を表す電流をいきなり分析しようとしないで、その電流を合成することを考えてみるのだ。純粋な音波を作ることは容易だ。音叉は単一の周波数で振動し、純粋な音波を出す。それを数学で表現すれば正弦波になり、電気信号もそうなる。音程が異なれば正弦波の周期が異なる。このことはフーリエの時代の数学者たちも皆知っていた。だが、フーリエが他の数学者たちと異なっていたのは、こうした純粋な音波、純粋な数学的関数をいくつか組み合わせるとどうなるのか、という疑問を抱いたことだ。彼の推論では、各種の音叉の音を正確に調整すれば、どのような音波でも作り出せるはずなのだ。さらに純粋な音波は必ず正弦波で表せるので、どんな複雑な音波でも正弦波の組み合わせで記述

でき、そうした波形の複雑な数学的記述であれ、基本となる波形の関数へと分解できるはずだというのだ。

フーリエ変換の及ぶ範囲は、熱力学から電子工学、人工頭脳工学から磁気共鳴映像、その他大変幅広い。たいていの人が知っている応用例として、電子式シンセサイザーの音楽がある。19世紀後半、ヘルマン・フォン・ヘルムホルツ（Hermann von Helmholtz）は、フーリエの推論を物理的に証明した。音叉を電気でコントロールする機械で、複雑な音楽の音を作ったのである。この機械は現代の電子式シンセサイザーの直接の先祖と言えるものだった。そして、シンセサイザーの音楽はフーリエの洞察の素晴らしさを現代に実証するものだった。同じシンセサイザーで、バッハのカンタータ（Cantana）からインドのサーランギ音楽（Sarangi Music）のシタール（Sitar）の音、日本の三味線や琴、さらにはヘビーメタルバンド（Heavy Metal Bands）の最も強烈な曲まで奏でることができる。その仕組みは三角関数を重ね合わせることにある。これこそ普遍性と呼ぶべきものである。

現代の数学者は、単純な操作で驚くような特徴のある複雑なパターンを形成できることを発見している。その例として、1つの三角形に単純な操作を行うとどうなるかを見てみよう。まず紙を取り出し、それに1辺が9cmほどの正三角形を描いてみる。その各辺を3つに等分する。各辺の中央にある3cmすぐ外側に正三角形を描いてみると、3つの正三角形が新たにできて、その1辺は元の正三角形の1/3になっている。さらに、この新しい小さい3つの正三角形の各辺にも同じ操作を繰り返してみよう。つまり、新しい各正三角形の各辺を3等分して、中央の部分にさらに小さな正三角形を描いていく。この過程は無限に反復できる。結果として生じる図形は独自の星形になり、コッホ曲線（Koch curve）と呼ばれている。発明者であるスウェーデンの数学者ヘルゲ・フォン・コッホ（Helge von Koch）の名から取ったものだ。コッホ曲線には、面積は有限でありながら、周囲の長さは無限になり得るという奇妙な特性がある。正方形を使っても、同じような操作が可能だ。やってみて何ができるかを見てほしい。

逆方向にこの操作を行っても、これに劣らず奇妙な結果が生じる。やはり適当な大きさの正三角形を最初に描くのだが、今度は各辺を等分していく。三角

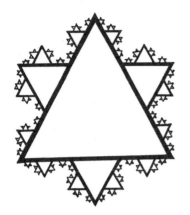

図7-9　左：コッホ曲線。右：シェルピンスキーのカーペット。

形の内部に、頂点の1つがその等分点に重なるように小さな正三角形を描く。中央に三角形ができ、これを切り抜くとそこには穴ができるはずだ。3隅には、正三角形が3つ残る。その各辺も等分し、やはり中央の三角形を切り抜く。飽きるまで、この操作を繰り返してみてほしい。これでできる図形は、シェルピンスキー（Sierpinski）のカーペットと呼ばれている。その特性は、コッホ曲線の反対である。このカーペットには虫食いの穴が多数あるので、周囲の長さは有限でありながら、面積は限りなくゼロに近付くのである。コッホ曲線の三角形の場合と同様、正方形を切り抜いて小さな正方形の穴を作っていっても、面白い結果が得られるのだ。

　コッホ曲線もシェルピンスキーのカーペットも、フラクタル図形（Fractals）と呼ばれる数学的図形の巨大な集合の一部だ。フラクタル図形を最初に体系的に研究したのはブノワ・マンデルブロ（Benoit Mandelbrot）で、1970年代半ばであった。フラクタルには実に奇妙な特性がいくつもある。その1つとして、面積と周囲の長さとの関係が予想外のものになる点だ。もう1つの特性として、フラクタル図形の中にあるパターンは観察の規模が異なっても全く同じであることだ。細部の構造が図形全体の構造と同一なのだ。さらに、実に奇妙なことだが、物理学者も芸術家も同様に、フラクタル図形が物の構造の理解に役立つとともに、山々や雲といった各種の物体のコンピューターによる画像生成に役

立つことを発見している。植物学者は樹木の構造の中に、生理学者は肺から伸びる気管支の構造に、フラクタルを発見している。少数だが、フラクタル音楽の実験を始めている音楽家もいる。やはり極めて単純な操作から、とんでもないほどの複雑性と予想を超える結果が得られている。

　美術や音楽、数学でのパターン化に関することはいずれも、その他の諸分野にも該当する。言うまでもないが、著作家たちも比較的少数の単語を組み合わせ、文や段落、そして詩、小説などを著作する。気付きにくいが、各種の経験のパターン化を作品の構造としている。例えば、ヴァージニア・ウルフは、「シーンや登場人物を作り上げる時、ばらばらな各部をまとめ上げるように、文章を書く時、私は何がどこに属するのかを見出している。そこから私は一種の哲学のようなものを作っていく。何であれ、それが絶えず私の抱く考えだ。元になる背後に、つまり意識しないで経験している日々の出来事の背後にパターンが隠れているはずだという考えである」と、強く感じていたと述べている。ウルフにとって文学の目的とは、そうしたパターンを明らかにすること、パターンに大きな声で歌わせることであった。

　ナボコフも著作を、「全くばらばらな糸で、突如として調和あるパターンを形成する技術」だとした。これは意味あることだが、ナボコフは文学の中でも最も高度な構造を有する詩というものを利用して、散文を書くようになった。さらに彼はチェスの問題を考案した。これはナボコフによれば、ルールや複雑なパターン、そしてそれらを活用するための戦略が絡むという意味で創造的著作に似ているという。実際、彼の小説はチェスのゲームのように複雑で、丁寧に段取りが図られている。ナボコフの初期の小説 Mary（「マリア」）はどちらかといえば単純な物語で、ある若い男性が長年、恋人の予期せぬ到着に不安を感じながら待ち続けるというものだが、それをパターン化した経験として描いている。この物語はベルリンの寄宿舎での7日間に起きたことという展開になっており、この寄宿舎には部屋が6つあり、それぞれに古いカレンダーから取ったページで番号が付けられている。ここ数年間のうち、その若者が恋人と密会していた日々の中の6日を示している。その1週間の間、若者は毎日いずれかの部屋に入り、7日目になると部屋はなくなる。そこで彼は寄宿舎を去り、ベルリンを後にするとともに、自分のかつての恋の炎を燃やす可能性をすべて消し

てしまう。出来事を日々と部屋という囲いの中に入れることによって、ナボコフはこの物語に視覚的、空間的でありながら時間の定期的な経過によって刻まれた反復的な構造を作り上げる。また、回想と期待とを配列することで、甘さと苦さの対位法を形成している。ナボコフによるパターンの活用を詳細に研究したアレックス・デ・ヨンゲ（Alex de Jonge）によれば、「Mary」の構成はナボコフの後の作品に比べれば単純で、後の作品では人間の経験が自然の秩序を反映する様子を探究している。

　そうしたパターンを探るのに小説家である必要はない。会話という行為自体もパターン化の練習になる。アフリカの部族音楽の創作に見られるように、我々１人１人がコントロールしているのはパターンの一部に過ぎない。それぞれ独立しながら関係し合っている個々人の意図が絡み合って、パターンができているからだ。機会があれば、他人の会話を音として聞いてみてほしい。具体的な言葉ではなく、音のパターンとしてである。声の高低のリズムを聞いてほしい。声と声が重なり、分離し拍子を取り、区切る（syncopate、シンコペーション）様子である。1960年代後半、ピアニストで作曲家のグレン・グールド（Glenn Gould）は実際に会話の音楽を作っているが、それは The Idea of North（「北という概念」）というラジオ番組で創作した声のトリオソナタ（trio sonata）であった。最初にある女性の声が聞こえ、カナダの北の外れに暮らすことの孤独を語っている。30秒ほどすると男性の声が入り、女性の声と重なる。同じ話題を話しているのだが、単語やペースが異なる。するともう１人の男性が会話に加わり、３人が同時に盛り上がる。その結果、会話の内容は聞き取りづらいのだが、単なる音でもない。音符もメロディーもない対位法の音楽と言えよう。言葉を使ったコミュニケーションなのだが、言葉によるものではない。似たような対位法の実験は、作曲家にして作詞家スティーブン・ソンドハイム（Stephen Sondheim）の音楽や歌詞によく見られる。一例として彼のミュージカル「リトル ナイト ミュージック」（A Little Night Music）では、数人が同時に歌い音と意味の層を形成するのだが、１つのメロディーや詩ではこれは表現できない。また、児童文学作家のポール・フライシュマン（Paul Fleischman）も、ニューベリー賞（Newbery Award）を受賞した詩集 *Joyful Noise*（『喜びのノイズ』）で、多数の音楽的なデュエットを創作している。そうした詩では、２人の朗読者が同時に声

高らかに朗読をすることが要求されるのだ。

　電子操作によるものであれ、歌であれ、朗読であれ、会話の音楽を聴いていると、発話の中には想定されている言葉でのコミュニケーションというもの以外に話のパターンというものがあることが分かる。踊りであれば、マース・カニンガムなどの振付師は身体の動きの組み合わせをすべて駆使しようと探求に努め、さらに新規の運動感覚のパターンを見て体験できるように、予想される踊りの動きのパターンを覆していった。カニンガムはパターン化の発想を自然界に求め、ちょうど新生児が形成される時に遺伝子の鎖が組み合わされていくのと同様に、踊りの諸要素を無作為に組み合わせていった。まず彼は、踊りの各種の側面、すなわち動き、タイミング、間隔、踊り手の人数、パターンの形などの要素を抽出した。それから各要素に異なる変数を割り当て、例えばコイン投げみたいな方法で無作為にそれらの組み合わせを形成していく。カニンガムの踊り手の 1 人であったキャロリン・ブラウン（Carolyn Brown）は、「踊りというものを、芸術と言うよりもパズルのように扱う。パズルの要素とは、空間と時間、形状とリズムだ」と述べている。カニンガムの振り付けは、ミルホードの多調音楽と同様に、伝統による先入見を避けながらダンスの要素を集めた集合の中に眠るパターンをすべて調べていく。カニンガムは、「こうした行為をいろいろなやり方で分解すると、どうなるか分かってくる」と語っており、そうして新たな組み合わせの中に、どんな驚きが潜んでいるのかを探っていくのだ。

　カニンガムが自然を模倣しているのは科学的であると同時に、洞察や刺激にも富んでいる。科学的な進化理論の全体が既存の遺伝子の無作為な変化を基盤としており、新たな生命のあり方がそこから登場するのだが、そのうちの少数の形態は既存のものよりも面白いものであり、適応力に優れている。人間の免疫系は、限られた数の遺伝子を可能な限り組み合わせることで考えられる抗体をすべて作り出す。その働きは感染を食い止めるのに必要なものと見なされている。化学者たちは、近年その過程を実験室で模倣できるようになったが、それにはポリメラーゼ連鎖反応（PCR：Polymerase chain reaction）という手法を用いて DNA の連鎖を何百万も作成し、その中から希望する具体的な特性を持つ連鎖を取り出して複製するのである。すでに、少数の反応物質の集合の考えられ

7　パターン化　167

る限りの組み合わせ、新しい医薬や合成素材を製造する方法を見出している。それにより、毎年、何百万もの新しい化合物を生み出している。

　実際、単純な要素の組み合わせにより複雑性が生まれるという原理は、パターン化の普遍的な特徴である。我々の目に映る色彩は、いずれも光であれば赤、青、緑の混色、顔料であれば赤、青、黄の混色でできている。たいていの音楽は 12 の基本単位で書くことができる。わずか 4 つの核酸塩基の組み合わせで、この世界に住むすべての生物の遺伝情報を符号化できる。自然界に存在することが分かっている全タンパク質は、20 種類のアミノ酸からできている。この宇宙の何億種類もの化合物が知られているが、そのすべては 100 種類程度の元素の組み合わせである。あるいは、これが最も驚くべき事実かもしれないが、すべての言語はわずか 2 つの記号に転写できる。モールス信号の短点と長符だ。また、ほぼすべての情報を 0 と 1 の 2 進法数値に変換し、コンピューターに入れることも可能だ。パターン化について最も驚くべきなのは、その構成要素の複雑さではなく、予想を超える組み合わせが成されているという事実なのだ。

　芸術では賢明で予想外、しかも多様なパターン化が成されるが、それは科学でも同じだということを強調しておきたい。それを強調することの重要性を理解するには、次のよく見られる神話の真偽を考えてみればよい。「10 人の画家に同じ情景を描かせれば、10 枚の異なる絵画ができる。だが、10 人の科学者に同じ問題を解かせれば、全員が正しく解く限り全く同じ解答が得られる」という神話だ。実際には、創造力豊かな科学者は芸術家に劣らず、異なる道筋で異なる解答を得ることがよくある。例えば、ピタゴラスの定理（Pythagorean theorem）を証明する方法は 300 通り以上もあるのだが、いずれも独自の形式や内容である。最終的な結果は同一かもしれないが、同じ樹木を 10 人の画家が描けば、それぞれ絵の様式が異なるのは当然であり、同一なのはあの木を描いたものだということだけなのだ。人間の進化に関する諸理論について、ある調査が最近行われたのだが、判明している証拠に一致する進化論は少なくとも 7 種類あるそうだ。同様に化学者のエドワード・G・メーザーズ（Edward G. Mazurs）がその衝撃的著作 *Graphic Representations of the Periodic System During One Hundred Years*（『100 年間の周期表のグラフィック表現』）で記しているように、元素周期表の有効な表現としては 450 以上もの種類があり、その大半は表形式で

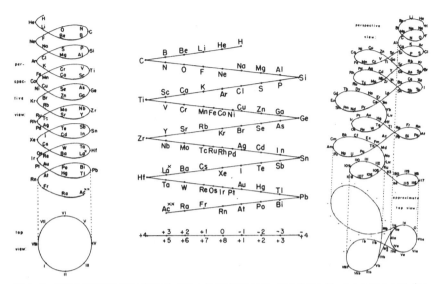

図7-10 有効な種類の周期表が何百とある中から実例を3つ。左から右：ド・シャンクルトワ（De Chancourtois）のもの（1863）、レイノルズ（Reynolds）のもの（1886）、シュマイゼン（Schirmeisen）のもの（1900）。

はない。メーザーズの指摘によれば、いずれの種類も元素の並べ方は基本的に同じで、同じく原子量の規則性や原子間の結合の類似性などを示しているのだが、周期性や化学的特性の力点をどこに置くかが異なっている。化学の知識は今も拡大しているので、今も新たな周期構造が考案されている。本書の共著者の前著 *Discovering*（『探検』）では、科学的問題への多数の解答の例を多数紹介した。

　科学や数学の解答が多数できるという事実に関連する課題として、科学者たちの創造力だけではなく、そうした多様性を我々が活用できるという事実もある。解答が異なれば利用も異なる。例えば、「1と半分」という数値を表記する方法には、1.5 と 1（1/2）とがあることを考えてほしい。論理的には同じだが、電卓に入れられるのは 1.5 の方だけだ。同様に、アラビア数字であれば 157 × 339 を計算するのは容易だ。だが、ローマ式数字だけで表記すると、CLVII × CCCXXXIX となるので、計算をやってみると途方にくれるはずだ。アラビア数

字の場合と違って、それぞれの数値にある桁と桁とを掛け合わせることが容易ではないからだ。ではどうしたらよいのだろうか。我々が物事を理解し、それを具体的に表すために各種の個別パターンを考案するのだが、それぞれに弱みと強みがある。1つのパターンだけが完璧だとか、すべてをカバーしているといったことは有り得ない。対象や概念の性質に応じて生じるパターンも変わるのである。

　こうした違いは、他の分野でも全く同じように見られる。アルノルト・シェーンベルクの考案した12音程により、それまでの西洋で標準的だった音階ではできなかった新たな可能性が生まれた。身体の動きをアルファベット化することで、古典バレエのダンサーの新たな可能性を秘めた世界が広がる。モダンダンスのダンサーたちも、動きのアルファベットによって別の世界を持っている。体操競技や格闘技から選び抜いた動きを使えば、別の体系ができる。我々が経験するこの世界を切り取り、定義し、表現するためのパターンが増えるほど、実際の知識が増え、理解が豊かになっていくことは言うまでもない。

　したがって、パターンの創造を学ぶことはいずれの分野でも革新に欠かせない要素の1つであり、早くからこの技術を学んでおくことが賢明だ。ものを書くという行為では、パターンを比較的に容易に学ぶことができる。少数の言葉を選び、それらを並べて意味のあるフレーズをすべて作ってみる、という練習がある。メアリー・アン・ホバーマン（Mary Ann Hoberman）の Combinations（「組み合わせ」）という詩は、*Oxford Book of Children's Verse in America*（『オックスフォードアメリカの子供の詩集』）に掲載されているが、これがよいモデルである。この詩の冒頭は「A flea flew by a bee. The bee / To flee the flea flew by a fly」（ノミがハチのそばで飛び跳ねた。ハチ／ノミを避けるため、ハエのそばを飛んだ）となっており、同じ行を繰り返すことなく28行も続いている。最初の2行に登場する単語だけを使ってである。

　似たような練習を運動感覚や聴覚のパターンやリズムについても行うことができる。たいていの人は、お腹を円状にさすりながら頭を軽く叩けるかどうかという運動をやってみたことがあるだろう。だがこの運動は、各種の可能性に比べれば難しいものではない。その可能性の例として、お腹を1回さするたびに、頭を1度ではなく3回叩いてみてほしい。これができるようなら、2回さ

するごとに３回叩いてみよう。もしくは４回ごとに３度。やさしい運動ではないのでご用心いただきたい。

　同じような運動をドラマーのように足でもできる。優れたドラマーは手足で４種類の異なるリズムを同時に叩くことができる。試してほしい。両手に鉛筆を１本ずつ持ち、同じ時間内に片手で２拍子を、もう一方の手で１拍子や３拍子を叩いてみるのだ。あるいは、３と４、３と５、その他を。ピアノ曲の多くには、３と２というモティーフ（動律）がある。そのコツを理解したら、どのような組み合わせでも試すことができる。足では単純な２ステップを踏みながら、手では３拍子を叩けば、全身を使って複雑な複合拍子を体感できる。こうした練習はグループで行えばより楽しくなる。本書の共著者２人の地元にある中等教育の学校のバンドのドラマーは、最近ある大学の教授からアフリカのポリリズムを学んだ。すべてのリズムが組み合わさってできる効果を聞きながら、自分のパートを正しく保つことの困難さを体験したのだ。輪唱をしたことのある人であれば、自分のパターンを正しく守るよりも全体の進行に合わせたほうが歌いやすいことを体験しているはずだ。一緒に作業をするには努力が必要なのである。

　多くの対照的なパターンを身体で表現するのが難しいのであれば、グラフを用いてそうしたパターンを調査するほうがより簡単であろう。まず、ルネ・パロラ（René Parola）の *Optical Art: Theory and Practice*（『オプティカル・アート──理論と実践』）という書物を強くお勧めする。これには、多様な規則的ならびに不規則なパターンをデザインするための実例やガイドラインがある。さらに、オプティカル・アートの歴史やその背後にある科学的知識の一部も紹介されている。あまり絵を描く能力のない読者でも、既成のパターンを使ってパターンの融合を探ることができる。金物屋で各種のフィルターやスクリーンを探し、あるいは多様な模様のある織物を入手すればよい。そうした物を切り取り、重ね合わせて配列すれば、モアレのパターンが生じるコラージュ（Collage）や複雑な組み合わせができる。そうした創作物をコピー機に置けば、グラフィックなイメージができる。または、そうした創作物を使って動く彫刻をデザイン・創作することも可能だ。彫刻のある部分が他の部分の前を通過するとモアレが生じるのである。

図7-11 上に示すピースで各種の正方形を作るタングラム（Tangram）。

　組み合わせや視覚的パターン化の能力は、パズルで遊ぶことでより強化できる。例えば、古代中国の「タングラム」(Tangram) という図形パズルなどだ。タングラムとは、1つの正方形を5個の三角形、1つの小さい正方形、1つのひし形に切断したものだ。そうした断片を配置して、家や動物、人、その他、何でも表現できる。想像力の及ぶ限り無制限だ。ここでの問題に特に関連することとして、タングラムでできる形態の中には複数の正解がある。例えば、小さな三角形の隙間が内部にある正方形を作るには、その方法は最低でも9種類ある。そうした正方形から類推すれば、その9通りの方法を論理的には等価であるが、構造的かつ審美的に異なる同じ問題に対する解答と見なすことができよう。与えられたピースで、ある大きさの同じ特徴のある正方形を作れという問題に違いはないのだ。このように、タングラムというパズルで何か1つの解答を考案するというのはほんの手始めに過ぎないが、より多くの可能性があるのである。
　単純性が作る多様性という原理は工学でも見られる。どのような複雑な機械も、レバーや車輪、ねじ、歯車といった単純な部品でできている。発明とは、そうした部品と部品を新しい方法で組み合わせる過程、つまり部品の組み合わ

せを活用することで今までにないパターンを考案することである。子供向けの昔からの組み合わせ玩具として「ティンカートイ」（Tinkertoys）や「エレクター」（Erector）、「メカノ」（Mechano）などの一式があり、さらに今では「レゴ」（Lego）や「K'NEX」、「ズーブ」（Zoob）などがあるが、同じ原理を新たに具体化している。レゴであれば言うまでもないことだが、限られた種類の構造単位を組み合わせて、想像力の及ぶ限り無制限にいろいろな物体を構成できるという原理を活用している。MIT のメディア研究所で著作と発明を担当しているミッチェル・レズニック（Mitchel Resnick）は物理学とコンピューター科学の学位を持っているが、そのレズニックがレゴと共同で「マインドストームズ」（Mindstorms）という新たなゲームを開発した。これは標準的なレゴのブロックと、コンピューター駆動のモーターを併用するもので、「デジタル世界と物理世界の両方から、ベストの物を組み合わせようとしている。子供たちに出来合いの玩具を与えようとは思わない。子供たちが自分で玩具を作れるようパーツを与え、デザイナーや発明家になれるよう手助けしたい。物事を作ることで子供たちは自分で理論を作り、自分のやり方でそれを試すことができる」と、レズニックは述べている。その他の構築型玩具も同じ哲学に基づいている。例えば「ズーブ」（Zoob）には、基本単位は 5 種類しかない。それを、「ズーブ」の発明者であるマイケル・グレイ（Michael Grey）は DNA の構成単位になぞらえている。グレイは芸術家であるが、遺伝学の学位も持っている。「ズーブは言語やアルファベットのようなものです」と、グレイは語っている。DNA の模型も含め、ズーブではほとんど何でも構築できる。K'NEX の部品は双方向型だが、利用できる部品の数は限られたものだ。芸術家にしてビジネスマン、そして発明家のジョエル・グリックマン（Joel Glickman）は、これら部品を 3 次元のクレヨンと呼んでいる。その 3 次元のクレヨンで描けるものに限界はない。

　こうした玩具から 2 つのことを学ぶことができる。まずいずれの発明者も、芸術や科学など、各種の訓練と観察が最も重要である。それと同じく、本章ですでにジーン・デービズやスチュアート・デイヴィス、ブリジット・ライリー、ヨーゼフ・シリンガーに関して述べたようにパターン化が重要であり、これはそのパターン化の出現の意味においても分野の境界を越えるものだ。第 2 に、こうした玩具を用いるパターン化において、視覚芸術や音楽、コンピューター

プログラミングの場合と同様、最終的な産物が複雑であるのは、構成要素が複雑であるためではなく、限られた数の単純な構成要素を使って多様な未知のものを作りだす知恵によるものだ。

　科学ではどうも1つの正解が期待されやすいのだが、科学においても、この単純な構成要素を組み合わせた複雑性という教訓が活かされてほしいものだ。多数の周期表に関するメーザーズの著作は広く入手できるのだから、化学専攻の学生たちに周期表を教える効果的な方法として、単に誰かが考案した配列を暗記させるよりも周期性を表現する自分の方法を考案させた方がよい。同じように幾何学を学ぶ学生たちには、教科書にある証明を単になぞるのでも、教師の好む証明を真似るのでもなく、自分なりに定理を証明する方法を考案させるべきであろう。実際ほとんどの科学分野で、その歴史を学び、科学での議論の対立の実情を詳しく調べれば、科学者が手を尽くして彼らの洞察を表現していることが分かるはずである。その後になって、教科書にあるような標準化した公式などができ、その問題での思考を固めるのである。自分でパターン化する方が単に暗記するよりも面白いし、ずっと価値がある。1つのパターンを分解して新たなパターンを組み立てるには、現象や過程の基本要素を理解することが要求される。それによって全く新しい知識の世界が開かれるのである。

8

類推思考

20 世紀最初の 20 年間に、物理学者たちはあたかも原子をパイプオルガンやグランドピアノの明快に響き渡る音であるかのように語り始めた。そのような文章には、単なる詩的表現に留まらないものがあった。原子と楽器の類似性の指摘は、原子に熱などのエネルギーを加えると特定の波長を持った光を出すという説明できない種々の観察結果に端を発した。プリズムによる光を波長によって分解する分光器で調べてみると、各元素の色特性を作り上げている分光スペクトルは目に見える色よりも複雑だった。オルガンやピアノのように個々の原子が同時に一連の音を奏でると、個々の原子に特有のある音調が合成される。元素のエネルギースペクトルと原子構造の間に何らかの関係があることは、明らかだった。だが、どのような関係があるのだろうか。

ドイツの物理学者マックス・プランク（Max Planck）は、この問題に取り組んだ。単純な原子核と 1 つの電子でできている水素のような原子でさえ、そのスペクトルは複雑であった。デンマークの物理学者ニールス・ボーア（Niels Bohr）が提唱した原子の標準モデルは、太陽の周囲を惑星が回るように原子核の周りを電子が回っているものだったが、これではこのスペクトルの複雑性を解明するには何の手がかりも得られなかった。当時一般に知られている限り、電子の軌道は連続的で原子核からの距離はどのようなものでもあり得た。なぜ、原子から放出されるエネルギーは特定の周波数に限られるのか。実際には、電子は特定の回転軌道に存在し特定のエネルギー量を有しているのだが、何が原子をそのように調律しているのか。しかも、楽器の音程が「ラ」から「ド」へとジャンプできるように、原子の電子はある経路から別の経路へとジャンプし得るが、「ラ」から「ド」へグリッサンド（glissando、1 音 1 音を区切らず、隙間なく滑らせ

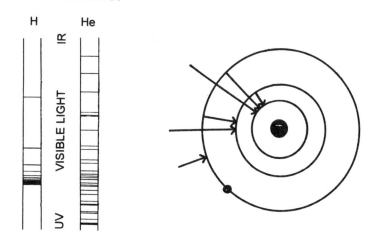

図8-1 水素原子のような電子が1つだけの原子や、電子が2個だけのヘリウムのような単純な原子でも、放出のスペクトルはピアノやオルガンの和音と同じように複雑である。ニールス・ボーアは、惑星が太陽の周りを公転するように電子が原子核の周囲を公転していると仮定することでスペクトルを説明できるとした。上図の矢印のように、エネルギーの高い軌道（原子核から遠い）から低い軌道（原子核に近い）へと電子が落下した場合、光エネルギーあるいは光子の量子化された単位を放出する。軌道間の移動が放出スペクトルに観察されるエネルギーの帯に対応している（放出スペクトル、赤外線、可視光、紫外線）。

るように流れるように音高を上げ下げする楽器の演奏技法）できないのは、なぜなのか。プランクは、音楽の喩えをさらに一歩進めればこの疑問を解消できることに気付いた。彼は、原子内の電子の軌道を振動する弦であるかのように見なして数学的に扱ったのだ。

　類推化とは、最も一般的な意味では、物事と物事の間の機能的な類似性に注目することをいう。プランクはピアニストでもあり、音楽の職業を考えたこともあった。その彼が振動する弦と言っても、電子が実際にそうした存在だと捉えている訳ではない。そうではなく、弦であるかのように数学的に電子を扱うと、大変面白いことを発見できたのである。まず、電子の挙動が定常波のような状態である場合にのみ、軌道の振動エネルギーが保存される。弦のようにあ

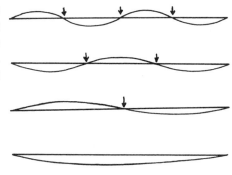

図8-2 マックス・プランクによる電子の挙動の方程式は、左のような振動する弦を記述している。矢印の位置では弦が動いていないことに注意。すべての運動と運動エネルギーは、こうした不動の結節点と結節点の間で量子化されている。

るいは水面の波のように振動している場合や、定常波として自らと共振している時にはエネルギーの高い領域となり、つまりピークが重なり高め合う。そういう同期をしない波動であると、お互いに抑え合う。すなわち高エネルギーの箇所と低エネルギーの箇所、ピークと谷底とが重なり合い平準化する。原子の軌道でこうした平準化が起こるなら電子はすべて原子核の中に落ち込んでしまうので、我々の知るような意味での物質は存在しないはずだ。だが現実には電子は落ち込まないので、プランクはそれを定常波のような挙動をするものと見なしたのである。この数学的モデルによってプランクは驚くべきことに、電子がなぜ特定の軌道を取り他の軌道に移動しないのかも説明できたのだ。

　定常波という類推化にはもう1つ面白い特徴があり、それがプランクの関心を引いた。弦が振動する時、その振動エネルギーはすべて何らかのノード（結節点）の間に存在する（図8-2参照）。つまり、そのエネルギーは量子化されており、別々の単位にどどまっているのだ。プランクが計算をしてみると、そうした単位は正確に、原子のスペクトルに見られる個々の帯のエネルギー量の多くと対応していたのだ。つまり、個別の原子の電子軌道の挙動は弦のような特徴を持っているのだ。ここからプランクの有名な量子理論が誕生した。それをアインシュタインは、思考という領域での最高の形態の音楽性と呼んだ。実験結果と音楽的構造物との間の奇跡的な調和である。アインシュタイン自身も、量子理論を用いて光の波動がなぜ粒子としても挙動するかの説明をした。今ではそれを光子と呼んでいる。プランクとアインシュタインが予測したように、光子の各パケット（束）に含まれるエネルギーの量は波長の関数で決まる。い

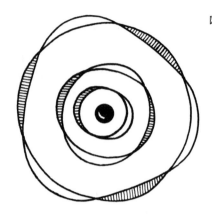

図8-3 原子核の周りの電子の軌道は、ある種の軌道しか存在しない。これをボーアは説明できなかったが、それを説明するためにルイ・ド・ブロイは、電子は粒子であると同時にエネルギーの波であって振動する弦のような挙動をすると提唱した。彼の予想では、そうした振動するエネルギー波には和声も倍音もあるはずだ、実際の楽器の振動する弦がそうであるように（図8-2参照）。

わばその光の色である。こうした洞察に対し、プランクは1918年に、アインシュタインは1922年にノーベル賞をそれぞれ受賞している。

　プランクにとって、振動する弦と原子の間の類推化は便宜のためである。この類推化で数学的定式化をして、複雑な問題を扱いやすくしたのであった。だが別の科学者のケースでは、類推化はそれ以上の意味を持った。ルイ・ド・ブロイ（Louis de Broglie）は、職業的には物理学者で、アマチュアのバイオリニストとしてはフランスでも最高峰クラスの存在であった。彼は量子化した電子を音楽に類推化することを真剣に受け止めただけではなく、彼の同僚だったジョージ・ガモフ（George Gamow）によれば、ド・ブロイは実際に原子を小型の弦楽器のように見なしていたそうだ。そう見なすことでド・ブロイは、プランクもアインシュタインも引き出せなかった含意を見出せた。超小型の楽器である電子の円形の弦（電子軌道）が振動しているのなら、それには和声も倍音もあるはずだと考えたのだ。ちょうど実際の楽器の弦がそうであるように。

　ピアノでもその他の弦がある楽器でも、ド・ブロイの類推化を確認できる。ピアノの鍵盤でどこかのラを叩けば、オクターブの倍数離れているその他のラも振動するはずだ。同じ共振はどの弦楽器でも見られる。ベースの弦を弾くと、近くに同じ音程に調節したティンパニー（tympani、ケルトドラム）があれば、それも音を出す。その逆も起きる。こうした音は和声のなせる技で、最初の弦の振動が他の弦と正確に同じであるために生じるものだ。弦と弦が共鳴するのである。ラ以外の一部の弦も振動するが、そのエネルギーはラよりも小さい。

これはそのエネルギーのパターンが、そうした部分的共鳴を起こすのに充分なものであるためだ。ド・ブロイの類推的想像では、こうした和声や倍音が原子にも存在するはずだ。何世紀も前に実際の弦の和声や倍音を記述するために考案された標準の数学的手法を用いて、ド・ブロイは原子サイズの楽器の音を算出したのだ。

　ド・ブロイの予想は当初嘲笑され、愚論として退けられた。電子は粒子であり、振動せず波長はない。多くの物理学者たちはプランクの波動関数を単なる数学的形式としか見なさず、現実に波動があるとは考えていなかった。電子が文字通りに弦のような挙動を示すのであれば、電子は粒子であると同時に波動ということになる。これは馬鹿げている。ド・ブロイが正しければどんな粒子も、例えば野球のボールにも波長があることになる。これはありえないはずだ。だが 1927 年、アメリカの 2 人の物理学者 G・デイヴィソン（G. Davisson）と L・H・ジャマー（L. H. Germer）は、ド・ブロイの原子の調和振動を聞くための道具を発明した。そして、彼らはその発明で 1929 年にノーベル賞を受賞した。さらに後には、原子核にエネルギーを照射すれば調和振動が発生することが判明した。これをきっかけに核磁気共鳴式分光器が開発され、さらにそこから発展した磁気共鳴映像、つまり MRI は、今では医療での標準的な診断手法になっている。特定量のエネルギーを生成し、それを原子核と共鳴する各種の周波数に合わせることで、我々の身体を構成する原子の一部の音を聞き、その音を目に見える像に変換することもできるのだ。さらにド・ブロイの計算は、野球のボールの波長にも適用できる。大学で物理学を履修した人であれば、誰でもその証明を学んだはずだ。馬鹿げて聞こえる説だったが、正に真実であったのだ。

　この話で最も驚くべきことは、1920 年代以来、我々の原子への理解は根本的に変貌したのだが、それでも基本的な物理学は今も通用しているという事実だ。エルヴィン・シュレーディンガー（Erwin Schrödinger）方程式とそれ以降の量子力学の発展により、原子の軌道公転的モデルは永久に追放された。原子を小型の楽器と見る類推化も、今では効力を持たない。それでもプランクとド・ブロイの研究は今も現代物理学の中核に輝いている。その時点では間違いだと分かっている類推化が、なぜこうした基本的で経験的に検証できる洞察を生み出せるのか、それは謎だ。すべての類推化の核心にある謎なのだ。何かを説明し

8　類推思考　179

ようとして、それに曖昧に対応するだけの類推化が、どのように、そしてなぜ現実の現象を解き明かすのに役立つ洞察につながるのだろうか。

話を先に進めよう。そもそも量子力学や論理、民主主義、善といった事柄を習得できるのは、なぜなのか。直接的に物理的には感知できないものを習得し説明できるのは、なぜなのか。さらに、ある文脈で学んだことを全く別の文脈に応用できるのは、なぜなのか。音楽の共鳴を原子に適用し、原子の共鳴を医療に応用できるのは、なぜか。その答えは、もう1つの原子共鳴の類推化のケースにありそうだ。全く同じ着想ではなくても、着想と着想が楽器の弦と弦のように、あるいは原子核と電子のように共鳴し合う場合がある。今から200年以上も前、ドゥニ・ディドロ（Denis Diderot）は人間を知覚のある繊維、敏感に振動する弦になぞらえ、「振動する弦には他のものを振動させる特性があり、それによって1つの着想が2つ目の着想を生み出し、その2つが共鳴して第3の着想を呼び起こす。そして、それら3つの共鳴が第4を、という連鎖が発生する」と主張していた。ディドロには、そのように結び付く着想の数や範囲には制限はなかった。彼の観察では、精神という楽器は「驚くような飛躍をし、1つの着想が浮かぶと、信じられないような感覚で調和が生じることがある」。この類推化を現代の核物理学に持ち込むとするなら、いくつかの概念の集合に適切な波長の別の着想を照射すると、そこから調和振動音や倍音が生じ、それまでは分かりにくかった、あるいは存在にすら気付かなかった現象が照らし出される場合がある、とでも言えるものである。

それまで見えてこなかった世界を類推化によって浮かび上がらせるという力を示す最も強力な証言の1つは、ヘレン・ケラー（Helen Keller）のものだ。視覚も聴覚もなしに触覚・味覚・嗅覚で世界を知り、しかも世界を理解して、それに貢献できるとはどのようにして可能になるのか。彼女の挑戦は多くの点で、プランクやド・ブロイ、その他間接的にしか認識できない世界を理解しようとしたすべての人々の挑戦と同様だ。原子を調べるにはその軌跡や放射スペクトルを探るしかなく、あるいは外宇宙のブラックホールを発見するには他の星からの光の経路に対する影響を調べるしかない。生命を研究するには遺伝子という文字列を読まねばならず、愛を知るには詩人や小説家の言葉を読み、正義というものを学ぶには各種の文化が同じ行為に対してどう反応するかを探り、神

を知るには地上の不完全な実態を探らねばならない。その意味で我々は皆、ケラーと同じハンディキャップを背負っている。目や鼻や耳、口、皮膚を通してお互いを分かり合うには限界があり、たかが知れている。実際、生物たち、すなわち動物、植物の多くは、人間の感覚では捉えられないものを感じ取っている。地球の磁束、電界、気圧や水圧などだ。多くの生物は紫外線や赤外線も感知できるのだが、我々人間には見えない。味覚や嗅覚となると、その全貌は人間の知識や想像を超えており、その他の感覚で人間には未知の現象が発見される可能性がある。人間の最も優れた器官でもその感度や感知領域は限られたもので、発見された現象を人間が認識するにはその限られた感覚で把握できる形態に変換しなければならない。人間としての諸感覚が完全に機能している人であっても、つまり多くの人間は宇宙のある種の事象を感知できないのだ。しかし、我々は努力し学ぶことができる。

　ケラーも同様であった。彼女の自伝に明らかなように彼女の学びの秘訣は類推化にあった。彼女の教師だったアニー・サリバン（Annie Sullivan）は、ケラーに水を示す記号と水の感触、水を飲みたいという願望とを結びつけ、それによって他人と意思疎通することを教えた。そのすぐ後にケラーは、「私は触覚と嗅覚から生じる印象を調べることを学び、そこからどれだけの着想が生じるかを知って驚いた。そこから私は目や耳で知る世界へのヒントを掴んだ」と述べている。ケラーの類推化力は視覚や聴覚ではなく、味覚や嗅覚、触覚で感じた体験の間に無数の関連や対応を形成できる能力が大きく影響していた。

　　「私は観察し、感じ取り、考え、想像する。数えきれないいろいろな印象や経験、概念を結び付ける。そうした素材を使って、脳の中の巧みな職人、想像力はイメージを作り上げる。内なる世界と外の世界の間には、類似性の大洋が広がっているからだ。手の中の花の新鮮さは、もぎたてのリンゴを食べる時の新鮮さと似ている。そうした類推化を活かして色というものの認識を広げていく。物の表面の性質や振動、味、匂い、そうした感覚の間にも類推化を行い、他の人たちは同じことを視覚や聴覚、感触の間で行う。この事実によって私は耐える気になり、目と手の間のギャップを埋めようと努める気になる」。

自分にはできないことと自分が感じ取れるものの間を類推化で埋めることが、ケラーには直接には感知できない各種の物事を習得しえた基本的な技術、技能であった。「例えば、私は好ましい香りの種類やその程度を嗅ぎ分け、それにより、目が見える人なら各種の色彩や色合いに魅せられるのかを想像するのです。さらに私は、思考の光と日の光とを結び付けて追求し、人間が生きる上で光がどれだけ大切かをそれまでになかったほど強烈に理解したのです」。ケラーの著作にはこうした類推化が満載である。

　耳の聞こえないケラーが話すことを習得し、目が見えないのに文章を書きタイプすることを習得し、点字で6つもの言語を読めるようになり、思考ということについて最も説得力のある思想を著作し、目や耳で捉える世界とそれ以外で捉える世界の間の橋渡しをしたといった事実は、確かに類推化による想像力の偉大さを示す優れた証拠である。多くの心理学者や哲学者が、「類似性を認識する能力は知性の優れた試練である」という主旨のことを述べている。それに同意するなら、ケラーこそは歴史上最も知性に優れた人物の1人であった。彼女の手法をド・ブロイやプランクと比べれば、我々が制約されるか制約から解放されるかは感覚の問題ではなく、既知の事項との類推化で道を照らしだす能力が重要だと分かる。ものを学ぶという行為そのものが類推化なしには成り立たない。

　その過程においては、類推化を単なる類似性と混同しないことが大切だ。類推化では、複数の異なる現象と現象が複雑に入り組む集合の間に内的な対応関係を認める。実際、類推化という言葉はこうした比較に限定して用いているはずである。これに対して類似性という場合には、色や形態といった観察できる特徴に基づく事象の間の類似性をいう。「あの子の唇はベリーのように赤い」というような詩でよく見られる直喩は、類推化ではなく類似性の例である。この直喩では単に赤いという観察した特徴を比較しているだけだからだ。子供が「オレンジはグレープフルーツに似ている」とか「オレンジは野球のボールに似ている」という場合、やはり直喩をしている。丸い形状という点でこれらはどれも似ている。だが、子供でも詩人でも野球のボールを太陽になぞらえるなら、いずれも弧を描いて大空を昇り沈むという点で有効な類推化をしている可能性がある。オレンジを人生の喜びになぞらえるのも類推化だ。生きることを文字

通りに味覚で確かめることはできないが、生きることを望み、そこで喜びを体験することにより、人生は隠喩的に喜びに満ちたものとなるためだ。ケラーは各種の花の香りの強さを目の見える人の場合の絵画など色彩の多様性と強烈さに例えたが、これも適切な類推化である。ケラーは観察した特徴と人間がそれを捉える感覚との間の関係を検討したのであり、実際に共有した特徴を考えた訳ではない。ド・ブロイは原子を弦楽器になぞらえたが、これも有効な類推化である。原子に弦などないことは明らかだが、弦があるかのような機能をするためだ。

　関心を引く類推化の重要な要素として、そうした類推化は単なる類似性ではなく、抽象的な機能の間の表面には見えない関係を明るみに出す。そうした機能のうち1つは既知のものだが、もう1つは未知のものだ。原子とは、実際には楽器のようではないし楽器に似てもいない。匂いとは、実際には色彩のようではないし色彩に似てもいない。野球のボールは、実際には太陽のようではないし太陽に似てもいない。だが、比較によって思いもしなかった共通の特性が明らかになることもある。しかし同時に、実際そうした比較は不正確であり、多くの意味で誤りを含む。役に立つ類推化だが、全く文字通りに間違いであるといったケースさえある。例として、内科医のルネ・ラエンネック（René Laënnec）はフルート奏者でもあったのだが、1816年、極度の肥満症の女性患者の心臓音を聞く必要が生じた。だが、肥満が酷すぎて心臓音が聞こえなかった。ラエンネックは「よく知られた音響現象を思い出した。木の棒の片端に耳を付けると、もう片方の端をピンで引っかく音をはっきりと聞き取れる。私は紙の束を取り出し、それをとても固く巻いてその片方の端を患者の前胸部に当て、もう一方に自分の耳を当てた。今までにないほど鮮明に心拍音が聞こえ、喜んだ」と記している。これをきっかけに聴診器が発明された。だが実はラエンネックの類推化は間違いだった。木材は音波を伝える。それに対し聴診器は焦点を絞って音を跳ね返すのである。ラエンネックにとってこの違いはどうでもよかった。彼の類推化は機能的なものだったのだ。論理学者であれば、こういう類推化は嫌がるだろう。実際、多くの重要な哲学者たちが、類推化というものは一般的に人を誤解に陥れ、非論理的だとして否定してきた。だが本当のところ、類推化は不正確で不完全であるからこそ、そもそも未知のものと既知の

8　類推思考　　183

ものとを結び付けることができるのだ。違いを埋めるための不完全な対応としての類推化は、既存の知識から飛躍して他の思考手段では到達できない新しい理解の世界へと至るうえで役立つのである。

　当然類推化は、あらゆる分野の人々が活用する創造的な手段の1つだ。最近の書籍 *Mental Leaps: Analogy in Creative Thought*（『精神の跳躍——創造的思考における類推』）によれば、類推化思考は我々の生活、人生のあらゆる側面に浸透しており、宗教や政治、社会組織、文化活動なども浸透している。同書の共著者キース・ホルヨーク（Keith Holyoak）とポール・サガード（Paul Thagard）の主張によれば、類推化は人間の思考の中核にある行為かもしれない。少なくとも創造的思考の中心にあることは間違いない。多くの科学者たちが、知性の技術や技能の中でも特に重要なものとして、類推化を挙げている。生物学者のアグネス・アーバー（Agnes Arber）は、「類推化の変わった特徴にさえ留意しておくなら類推化は欠かせない手段だ」と記している。A・E・ヒース（A. E. Heath）も、「類推化が科学的手法の基盤にあることは、控え目ながらも明確に指摘しておかねばならない。類推化の根源もその発展したものもすべて否定してしまうと、既知のもので未知のものを説明する試みすべてが無効とされてしまう。すると、いかなる仮説も摘み取られてしまう」と主張している。スタニスワフ・ウラムはさらに、具体的によい数学者とは物事の間の類推化関係を見つけられる人のことであり、偉大な数学者とは類推と類推の間に類推化関係を見出せる人だとしている。

　実際、類推化は科学における多くの着想の誕生において役割を果たしてきた。前述の Mental Leaps でホルヨークとサガードは、そうした画期的な着想を生んだ類推化に関する短いリストをまとめている。例えば、古代ギリシャでの音波と水の波との類推化、ヨーロッパでの光と音の類推化、ウィリアム・ハーベー（William Harvey）による心臓をポンプに例える類推化、ベンジャミン・フランクリン（Benjamin Franklin）による稲妻を電気とする類推化、ジェームズ・クラーク・マクスウェル（James Clerk Maxwell）の電磁気力を連続体力学で捉える類推化、さらに最近では染色体を紐に繋いだビーズに精神をコンピューターに例える類推化などだ。

　その他にも、科学的洞察の根底に類推化がある例は多数ある。ニュートンの

重力理論は元々、リンゴが木から落ちるように月も落下しているに違いないと彼が突然気付いた時に生まれたものだ。リンゴを地面へと引き付ける力があるなら、その同じ力は空にも及び月をも引っ張っているはずだ。ただ、岩あるいはロケットを非常に高速で空に投げれば、地平線の向こうへと落ちていくように月も同じように軌道を描いて落ちているのだ。この日常的なものと天上の機構の間の類推化は深遠なもので、物理学の世界に革命を起こした。この地上で研究できる過程との類推化によって、全宇宙を動かす過程を人間が理解できることを証明したのである。月や星、物質そのものも、機能という点では同じだということである。これこそ最も壮大な類推化を示すものだ。

　ダーウィンの進化理論もいくつかの類推化に基づいている。特定の特徴がある植物や動物を繁殖させること（人為淘汰）の効果を、環境や捕食、病気、その他の生命体の個体数に影響する要因（自然淘汰）と結び付けて考えたのだ。「鳩や犬、猫、牛、馬などについて、人間がその歴史の記録がある期間でこれだけの品種を編みだしたのであれば、数えきれないほどの年数による変化が植物、動物に及ぼした影響は、さらに絶大なはずだ」と、ダーウィンは主張した。彼の2番目の類推化も、それに劣らず深遠なものだ。19世紀初頭の英国の経済学者トマス・マルサス（Thomas Malthus）は、人口には資源という制限があることに気付き、その資源の限界を超えて繁殖すれば餓死を招くとした。餓死に陥りやすいのは貧者と弱者であるため、人口過剰の結果はそうした人々に顕著に表れる。自然界でも似たような過程が見られるはずだとダーウィンは理解した。魚は一度に何千もの卵を産むが、成魚にまで達するのはそのうちの数個だけだ。樹木も何百万もの種子をばらまくが、木として大きく育つのは数個だけだ。誰が死に、誰が生き残るかという選択が人間の場合と同様に偏りを示すのであれば、自然界全体で適者生存が行われているはずだとダーウィンは考えた。この類推化を今ではバイオテクノロジーや製薬企業が拡大解釈し、自然淘汰の過程に基づく新薬開発を進化させている。

　工学と発明の成果の多くも、自然界との類推化に基づくものだ。傷口を塞ぐため現在使用されている外科用ステープルは、ある部族の人々が傷口を塞ぐために人を噛む蟻を利用していたことに着想を得たものだ。現在の手術で使う真空式鉗子や搾乳機の起源は、19世紀の類推に遡る。これは、人の血を吸う蛭と

機械との類推化だった。ベルクロ（Velcro）というファスナーは今や靴から衣類、バッグ類と各種のものに使用されているが、元は単なるトゲが物体を保持する能力に着目したものであった。こうした自然界からの類推化が近年は非常に広まっており、生物模擬、つまり自然界に着想の源泉を求める手法が技術革新の方法として広く認知されている。例えば、英国のクリス・ウィルキンソン（Chris Wilkinson）の建築事務所が最近設計した跳ね橋は、こともあろうに人間の瞼を類推化のモデルにしたものだ（図8-4）。この橋は曲線の形状によって構造的な安定性を実現している。瞼もそうである。瞼を閉じると橋は降りた状態であり、人や自動車が渡ることができる。船が近付くと瞼が上がる。

　工学や科学に劣らず、芸術的デザインの世界でも類推化は大いに成果をあげている。科学者も芸術家も技術者も職人も、同じ理由で同じように類推化を行う。物理学者で詩人にしてヒューマニストのジェイコブ・ブロノフスキー（Jacob Bronowski）は、「科学の発見、芸術作品はともに、隠されている類似性の探求、あるいは発現なのだ」としている。類推化によって、発見者あるいは芸術家は2つの現象を配置する。ブロノフスキーの言葉によれば、「自然の2つの側面が融合して1つになる。それが創造の行為であり、そこでは斬新な思考が生み出される。独創的な科学でも芸術でも同じことだ」。多くの芸術家、ことに詩人たちはこのことを明確に知っている。ウィリアム・ワーズワース（William Wordsworth）は、「異質なもの同士の間に類似性を認めることの喜び」について記している。詩人ロバート・フロストはかつて、「近年、私は暗喩（事柄を直接的に結びつける修辞法の一種）を私の思考のすべてにしたいと願うようになっている」と語っていた。フロストによると、「詩による教育とは暗喩による教育である」そうだ。科学者もそうであるが詩人も、人間の理解を客観的な世界ではなく主観的な世界へと拡大しようと努める。知的な連想だけではなく情緒的な連想へと広げ、既知あるいは未知のものとの類推的つながりの探求に誘うことだ。この点で、暗喩は単なる類推化とは異なる。

　歴史を超えた文学には必ず強力な暗喩がある。よく見られる文学での暗喩の1つとして、人生は迷宮に例えられる。そこでは人は罠に陥る場合もあれば、無事に出口へと至れることもあるのだが、出口に至るには細心の注意と知恵が必要となる。この暗喩は古代ギリシャのテーセウスやミノタウロスの神話か

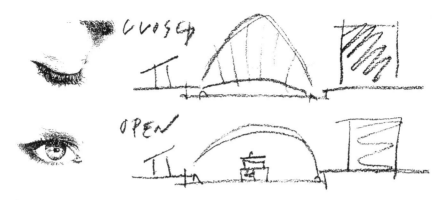

図8-4　上：瞼との類推化による橋の構造のスケッチ。閉じた状態と開いた状態。
　　　　下：ゲーツヘッドミレニアム橋の設計。

ら、ウンベルト・エーコ (Umberto Eco) の In the Name of the Rose (「薔薇の名前」)、アルゼンチンの作家ホルヘ・ルイス・ボルヘス (Jorge Luis Borges) の小説や物語に至るまで、広く見られる。また、多くの著作家は人生を長旅に例えるととも

8　類推思考　187

に、小説や詩といったもの自体を「荒れた険しい山で、それを越えると極めて美しい喜びの平原がある」と暗喩している。ボッカッチョ（Boccacio）も自作Decameron（「デカメロン」）をそう例えた。こうした類推化はホメロス（Homer）のOdyssey（「オデュッセイア」）やチョーサー（Chaucer）のCanterbury Tales（「カンタベリー物語」）、ダンテのDivine Comedy（「神曲」）、セルバンテス（Cervantes）のDon Quixote（「ドンキホーテ」）、デフォー（Defoe）のMoll Flanders（「モル フランダース」）、英国の小説家フィールディング（Fielding）のTom Jones（「トム・ジョーンズ」）などにも見られる。こうした著作では読者は暗喩的に誘惑や危険に直面し、熱意や知性をもってそれに立ち向かうのである。善を選ぶ場合もあれば悪を選ぶこともある。20世紀の文学でも、暗喩はやはり意味を持つ。マーク・トゥエインのHuckleberry Finn（「ハックルベリー・フィン」）やJ・R・R・トールキンのLord of the Rings（「指輪物語」）などで明らかだ。英国の詩人スティーブン・スペンダーはStations on the Journeys of Poets through Life（「人生の旅における停車場」）において実に真剣に論じているし、アメリカの詩人フロストはThe Road Not Taken（「選ばれざる道」）で、この暗喩を再度利用している。「森の中で道が2つに分かれた……私は、あまり人が通っていない方の道を選んだ」という箇所だ。この基本的な暗喩は古代から続くものだが、今だに古びてはいない。どういう使われ方をしようと、新たな独自の連想をいろいろと引き起こす暗喩であるからだ。

　類推化によって文学そのものが形成されるとともに、その具体的な文章も形作られる。詩人は読者の精神と自分のものが類似化するという前提に立って、像や音、匂い、感触などの心像を操り、読者の内に似た感情的体験を引き起こす。フランスの詩人ポール・ヴァレリー（Paul Valéry）の言葉によれば、詩作の目的とは「他人の内に類似した存在状態を引き起こす」ことであるそうだ。さらに、詩人が読者にも経験してもらいたいと願っている洞察というものは、ブロノフスキーによれば隠されていた類似性の顕現、つまり類推化によって得られる場合が多い。スペンダーは1940年代初頭にブリテン島の工業地帯を旅していた時のことを、自分の詩的アイデアの発展を述べたエッセイの中で述べている。その時突然彼は、ボタ山や煙を吐く煙突、荒らされた風景を言葉に代わる無秩序な言語になぞらえたのだ。現在の社会のことを本当に取り上げて語る

のであれば、その荒野のような言語こそが人々の想いを代弁できるのではない
のか。「そうした思考が自分の心の中でひらめき、考えるより先に答えが出た。
肉体と薔薇の言語（language of flesh and roses）が自分の中で誕生したのだ」とス
ペンダーは回想している。多くの詩人が体験することだが、この語句は完全な
状態でスペンダーの心の中に舞い降りたのだ。各種の心像の融合と類推化から
である。彼によれば類推化とは、「想像力を働かせて思考するための方法の１
つ」だ。

　だが類推化なら何でも発展的に活用されるという訳ではない。スペンダーは
その他の類推化、「海がハープ（harp）のように横たわる日がある」というよう
なひらめきでさえ詩にしていたにもかかわらず、上述の「肉体と薔薇の言語」
を詩にしたことはない。前述のエッセイでスペンダーは海を楽器になぞらえる
例えを記していた草稿を次々に示している。海の波の線がハープの弦に例えら
れ、波間には陸地の崖や平原、家屋が水に映り、目で見る音楽のようだとある。
そこでは、人生の短さと終わりなき永遠とが融合している。この暗喩はスペン
ダーの心を捉え、ド・ブロイの類似した暗喩は物理学者たちに働きかけた。そ
の暗喩からは幾重もの連想が生じ、それを活かして彼は心像を作り上げたのだ。

　類推化が内容だけでなく、詩の形式にとっても重要である場合がある。ゲイ
リー・スナイダーという詩人は、インドの伝統音楽との類推化で詩を構築して
いる。「着想や心像の行の中には、メロディーラインに似ているものもあり、ま
た繰り返しの合唱部分や副次的な主題に類似しているものもある。さらに各種
の展開を見せる繰り返しもあり、詩が展開していく中で多様な側面を浮かび上
がらせる」と彼は述べている。スナイダーの Burning the Small Dead（「枯れ枝を
燃やす」）という詩の中で、そうした構造面の類推化が見られる。

　　　Burning the small dead
　　　　　　branches
　　　broke from beneath
　　　　thick spreading
　　　　　whitebark pine.

A hundred summers

snowmelt   rock   and air

hiss in a twisted bough.

  Sierra granite;

    Mt. Ritter⋯⋯

    black rock twice as old.

Deneb, Altair

windy fire

（小さな枯れた
枝を燃やす
うっそうと茂った
ホワイトバーク松の
下の方から落ちた枝

100年もの夏と
雪解け　　岩　　そして空気

それらが曲がった大枝の中でひしめく

シエラ花こう岩；
リッター山
倍ほど古い黒い岩

デネブ、アルタイル

風に煽られる火

　この詩は、小さなキャンプファイアーで松の枯枝を燃やすというイメージ心像とメロディーで始まる。途中でメロディーは転調し、100 年の夏、時間そのものが「曲がった大枝の中で」ひしめくというアイデアを奏でる。その時すでに、副次的主題または合唱部分が聞こえている。ページの上では、空白を設けて単純な言葉の拍子をリズミカルに印刷しているのだ。枝々は自然の要素や遠方に見える暗喩のような岩山に、そして何光年も彼方の星座のデネブ（Deneb）とアルタイル（Altair）に結び付けられる。燃える枝、溶けた岩、混じり合う星、そして我々人間が皆 1 つの風に煽られる火であり、この詩そのものも燃焼であり、そして組織化された時間からの解放なのだ。ページ上でのこの詩の配置も煙に似ている。

　最高の美術も最高の文学に劣らず、類推化や暗喩を土台とすることが多い。彫刻家のイサム・ノグチ（Isamu Noguchi）の作品の一部は、光が持ついくつもの意味を基盤としている。彼の光の彫刻の起源は、彼が日本の提灯作りを大変好んでいたことにあった。ノグチは彫刻家として、「私は提灯作りに大いに関心があった。型があり、それに竹と紙を巻きつける。これらは大変柔軟で単純な素材なので、彫刻の形態にも新たなる可能性を持たせられるとすぐにひらめいた。半透明で折りたためる光の彫刻だ」と記している。ノグチは 2 つの並行する方向で感覚、技術を磨き、彼の類推化を展開させた（図 8 - 5 参照）。まずノグチは日本の岐阜に向かい、提灯、つまり「アカリ」作りの技を研究し、学んだ。アカリとは日本語でライトや照明のことだ。この努力は大いなる成功をもたらし、彼の「アカリ」という作品は、ニューヨーク近代美術館などでデザイン作品のコレクションに収蔵されている。それと同時にノグチは、同じ構成原理から類推化を活かして、新たな彫刻の形態を編みだした。「アカリ」と同じく、提灯のように内側からの光に浮かび上がるものだが、こちらは光と形態の芸術的探究であって実用的な物体という意図ではない。歴史上最初の光の彫刻である。

　彫刻家のヘンリー・ムーア（Henry Moore）は、骨や岩、その他、普通に見られる自然の物体から構造的ひらめきを引き出したことで有名だ（図 8 - 6）。彼は、

図8-5 上:「アカリ」ランプを学ぶイサム・ノグチ。
下:Column of Light(「光の柱」)の傍に立つイサム・ノグチ。

図8-6 左：ヘンリー・ムーアのMother and Child with Hood（「フードのある母子」）の模型。
右：ナタニエル・フリードマン（Nathaniel Friedman）がムーアにあげたファウンドオ
ブジェクト（骨）。

　また、自然がそうした物体にどのような変化をもたらすかという知識もヒントにした。「小石や岩からは、自然が石をどう物理的に扱うのかが分かる。海で磨かれた滑らかな小石からは石を擦って磨く様子と非対称という原理が分かる」と記している。自然がどのように彫刻を形成するのかを学ぶことで、ムーアは自分が彫刻を作るための新しい方法も学んだのだ。この、自然が彫刻を形成するというのも、いろいろと連想を生み出す暗喩である。
　スペインの偉大な彫刻家エドゥアルド・チリーダ（Eduardo Chillida）も、独自に自然界の生物的過程から自分の作品のひらめきを得た。「私は、生命そのものを写し取ることができる。生命体の見かけではなく生命そのものを。時とともに進化していくうえで生命体が成長していく歩みを。私はその進化を作品に写し取る。分かるだろうが、それは実に自由な並行表現だが、同時に大変役に立つ表現なのだ」と述べている。チリーダは、形態が自然界で形成される様子

8　類推思考　193

図8-7　スペインの彫刻家エドゥアルド・チリーダはアトリエの外の樹木の育ち方と自分の彫刻の進化との間に類推化を見る。

を考えることで、芸術の着想を発展させる術を学んだ。自然の形態が成長し変化していく様子を考えることで彫刻を生み出す新たな方法も学んだのだ。その例として彼は、樹木の生長を模倣した。そこで、「木が行動するのと同じように私も行動する。といっても木を作りたいのではなく、他のものを作りたいのだ。私は自然科学の偉大な素人なのだ」として観察していた。この熱意を彼の芸術が表している。

　創造工夫に富む人たちにとって、実りある類推化をするためには、多様な好奇心がその原動力となる場合が多い。チリーダが生物学の知識を活かして彫刻の創作を高めたように、生物学者のドン・イングバー（Don Ingber）とスティーブン・ハイデマン（Steven Heidemann）は、彫刻への関心を活かして生物学の研究を発展させた。この2人は大学院生時代に、ケネス・スネルソン（Kenneth Snelson）のテンセグリティ（tensegrity、張力・圧縮力による統合）彫刻に魅了され、彼らの寮の部屋を飾るため、彼ら自身でもテンセグリティ彫刻を作った。テンセグリティとはスネルソンとバックミンスター・フラーが解明した原理で、独立した各単位に張力を加えることで全体を1つの構造体にする。スネルソンの彫刻は内部が空洞の金属製の棒でできており、いずれの棒同士も直接には接触しない。長い針金で結び付けられており、安定した構造が得られるまでその針金を締め上げる（Skwishという子供向けの玩具も、スネルソンの着想によるものだ）。さらに1990年ごろ、イングバーとハイデマンは、細胞の構造を固めるタンパク質にはスネルソンの彫刻の特徴が多数あることに気付いた。そうしたタ

図8-8 上：Wing I（「翼 I 」1992）のようなケネス・スネルソンのテンセグリティ彫刻を基盤に、ドン・イングバーとスティーブン・ハイデマンは細胞内の構造的タンパク質の理論を形成した。こうしたタンパク質（下）も、テンセグリティの原理に則っているのかもしれない。

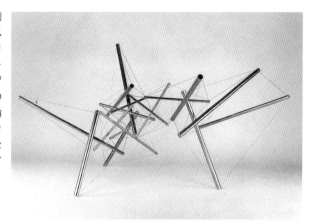

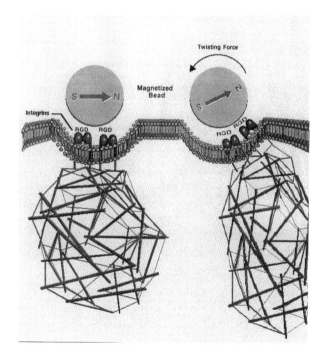

ンパク質も固い棒と棒が交互に配されて構成されており、柔軟な個所が棒と棒を結び付けている。そこで2人は、タンパク質にもテンセグリティ彫刻の特性があるかもしれないと唱えた。この考えは話題を呼び、*Scientific American*（『サ

8 類推思考 | 195

イエンティフィック・アメリカン』）の 1998 年 1 月号の表紙を飾った。

　役に立つ類推化は他にも多数あるのだが、それらの起源は明確ではない。ミシガン州立大学の胎生学者のキャシー・トスニー（Kathy Tosney）は、鳥類の発育を教える際に折り紙を利用しており、胚が最終的な生育した形態に達するまでの折り重なりと紙を折ることとの間に、明らかな類推化関係を引き出している。他方、やはり胎生学者のスコット・ギルバート（Scott Gilbert）は、胎児の生育とバリ島の音楽(Bali music)の形態との間にある種の類推化を見ている。ウェズレヤン大学 (Wesleyan University) の学部生だったころ、ギルバートは「ガムラン」(gamelan) 音楽に関心を持った。ガムランとは、バリ島のドラムや木管に似た楽器、青銅製の打楽器のことを表すとともに、そうした楽器を演奏するグループのことも示す。第 7 章で述べたアフリカのドラマーたちと同様、ガムランでは個々の奏者はいくらか単調なリズムを叩く。だが、ガムランがアフリカの音楽と異なる点として、楽器の調律がペアでなされており、1 つは純正な音程よりも高く、もう 1 つは低く調律されているのだ。この 2 本の楽器を同時に演奏すると、2 本の周波数が相殺し合って干渉パターンを構成し、第 3 の音を生み出すとともに、元来の 2 種類の音のいずれにもないような拍子が生じる。2 つの周波数の干渉というメカニズムは、西側諸国では警官の警笛やスポーツの審判の笛でも採用しており、耳を突き刺すような鋭い音を発して周囲の人間の注意を集める。この調律の結果、ガムラン音楽は単純な手法で極めて複雑な効果を生み出している。まず音程が干渉し合うように楽器で複数の音色を出し、さらに数種類の単調なリズムを組み合わせ対照させることで、アフリカのドラムの場合と同じように複雑で絶えず変化していく音楽を作り出す。ギルバートはそうした過程と細胞を集めて胚、そして成体を形成する過程との間に類推化を見ている。細胞のプログラムがガムラン音楽のようなものであるのなら、細胞の複雑な成長も実は少数の周期的な過程の組み合わせなのかもしれない。単純な周期がお互いに干渉し合うことで、発展する分子的あるいは生化学的な音楽の集合を奏でているのだろうか。こうしたプログラムないしは発達的な作曲をするには限られた数の遺伝子があればよいので、我々の染色体の中には他の種類の構造的・機能的情報を取り入れる余裕も充分にある。

　音楽を用いた類推化は、各種の芸術の間でも広く見られる。かつて M・C・

エッシャーは、自分の生き生きとしたモザイク細工をバッハの音楽に例えた。エッシャーの発見によれば、「多声音楽のカノン（canon、輪唱曲）と平面を規則的に同一の形態に分けていくこととの間には、類似性がある。バロック音楽の作曲家たちは、私が視覚的イメージで好んでやりたがる方法に類似したやり方で音を操作していた」。カノンを歌ったことのある人であれば輪唱曲とは何であるか概念を持っている筈だ。いくつかのパートに分かれて歌うのだが、一定の間隔で同じメロディー（音節）を歌っていくという音楽形態だ。この文を少し変えて「いくつかのパートに分かれているが、一定の間隔で同じ主題（theme）を扱っていくという芸術的形態だ」という文にすればエッシャーの見出した類推化を基本的に理解できるはずだ。輪唱と同じようにエッシャーのタイル状模様のパターンも、定期的な繰り返しである。どちらにも規則がある。規則は、カノンという言葉のもう１つの意味でもある。その規則に従い、周期が定まる。音楽家が主題を扱い、それを反転させたり反行させたり、反行を逆転させたりするのと同じように（図７‐６参照）、エッシャーの美術的タイル模様も、視覚的パターンにおいて類似化した対称型の操作を行っている。さらに、フーガ（fugues）であってもタイル模様であっても、音楽の線であれ視覚的な線であれ、線を１本引けば２つの形態が生じる。これはエッシャーのタイル模様を見れば明らかだが、音楽では分かりにくい。反行や逆転が元のフーガの旋律と同時に起きるわけではなく、後になって奏でられるからだ。バッハのカノンやフーガを聞くことで、補完し合うパターンをデザインする作り手の中でも最も賢明な人の１人から学ぶことができたと、エッシャーは述べている。「音楽の父バッハは、私のひらめきの強い源泉であり続けている。バッハの明快で論理的な言葉を聞くと、多くの版画が私の中で明確な形を取る」と、エッシャーは語っている。

　類推化から学べることは非常に多数あるので、その習得する方法を無視してはいけない。創造的な思考の手段や道具はいずれもそうであるが、我々自身また我々の子供たちの中に思考の能力を養い鍛えることが必要だし、類推化的思考を磨くのは幼いころから始められる。著作家のジェラルディン・ブルックス（Geraldine Brooks）は自分の類推化の能力を、自分の母親が教えてくれた遊びによるものとしている。彼女が歩き始めたころに教えられた遊びだ。ブルックス

は、「自分にとって一番記憶に残っている遊びというのは、母がとっさに思いついたもので、母がお家の庭のツアーで植物の1つ1つ、岩の1つ1つにある物語を探っていくのだった。レンガに張り付いているトカゲがその場で想像を羽ばたかせて、ドラゴンのお話の英雄になったりした。落ちている枝に生えているノコギリ状のキノコが、妖精が秘密の世界に行くための階段になったりした」と記している。あるいは、デイジーの花は人形になり、ツツジのガウンやフクシア（fuchsia）のスーツを身にまとうことになったりした。どの物体も他の何かを表していた。あらゆるものがロバート・フロストの言うような意味での暗喩であった。ブルックスは母親について、「母の世界を見る見方には詩があった。私が5歳になるまでに、私の自宅の小さな庭が1つの世界になっていた」と述べている。

　ブルックスは我々に、すべての子供に類似する世界を発見できるように手助けするべきだと主張している。花が人になり、キノコが妖精の階段になり得るなら、あまりに現実的過ぎる玩具を子供に与えると子供の創造力がどれだけ損なわれるか心配になる。ブルックスの言うように、「現代の玩具は想像の余地をあまり残してくれない。コンピューターの集積回路が思考をしてしまっている。テレビ漫画の番組から模倣されて、登場人物の性格などは予め詳細が決まっている。どの人形もアクセサリーである彗星の尾のようなものを伴っている」のである。そうした製造済みの経験では、詩的や芸術的な創造力が萎えてしまう。そして創意工夫する意欲を妨害してしまう。何かを作る、あるいは何かに代わるものを作ることの経験がない子供は、ある物の持つ可能性を認識できず、本来の意図された用途以外の用途を思いつけない。物が何なのかだけではなく、何になり得るのかを見て取って初めて、斬新な考え方でそれを利用できるのだ。

　だから、子供にはいろいろな使い方のできる玩具を与えるべきだ。ブロックや単純な人形、紙、布、家庭用品などで遊ばせ、可能な限りのシナリオを考えられるようにする。棒を剣に、スカーフを川に、アルファベットのブロックのペアをサイコロのペアに見なすことができるように、子供を手助けするべきだ。さらにそうした類推化を、教材を利用して教室にも取り入れる。そうした教材の例として、ケリー・ルーフ（Kerry Ruef）が指導したプライベートアイ・プロ

図8-9 雪の結晶をエッシャーふうのタイル模様で表現したもの。これをバッハのフーガとして想像できるだろうか。

ジェクト（Private Eye Project）のものがある。これはシアトルの公立学校で試験的に実施された教育プログラムである。ルーペ（loupe）や宝石職人の拡大レンズを使って、あらゆる学年の児童に観察に集中するように求めた。そして、そこから何を連想するかを考え、絵に描き、再度考え、類似物のリストを作り、そうした視覚的類推化を批評し機能的な関係を探し、最後になぜそうなるのかという説明を求めた。このプライベートアイの手引きを見ると、類推化による思考のために、すべての学年、ほとんどすべての小学校の科目での演習課題が多数提案されている。小学校の科目としては、作文、美術、理科、算数、社会などが含まれる。

　類推化や暗喩を活かして教え学ぶ。古代中国のお話に登場するある人物が類推化を使うのを止めるように言われた。彼は次のように答えた。「説明をするとは、まだ知らないことを理解できるようにするということだ。そのため、既

知の何かと比較する。類推化を止めてしまうと、説明するという行為は不可能になってしまう」。すでに知っている何か、説明をしている相手がすでに知っている何かから始めて、それらとこれから理解する必要がある未知の事項とを類推化という橋で結び付けるのである。

　レオナルド・ダ・ヴィンチやトッド・シラー（Todd Siler）のような芸術家にして発明家たちは、類推化を構築するための卓越したモデルを示してくれている。レオナルドのノートを見ると、言葉と視覚的イメージ心像による類推化が散りばめられている。水車の周囲で起きる水の渦巻きを心臓の中を流れる血の渦巻きと並列している。ハーベーによるポンプのモデルとは異なるが、それに類似している。また、レオナルドは水の渦を風の動きと比較した。さらに彼は、現代の我々から見れば不正確な類推化であるが、光や熱、匂いが距離とともに分散する過程を比較した。彼が水の波や風、空気中を伝播する音波の類似性を認めたのは現代の物理学から見ても正しい。彼は人間の目の構造を精神の構造と、同時に玉ねぎの構造とも比較した。お互いに視覚的な類推関係があるというのだ。

　トッド・シラーは、そうした取り組みを大きく広げている。人間の精神の発展を樹木や玉ねぎの成長に例え、アイデアや着想という花を咲かせる蕾だとしている。あるいは、原子炉が核物質を反応させるように、大脳は一種の反応炉で情報を融合させて心のエネルギーを生み出す、あるいは粒子加速器のように対立するアイデアをぶつけ、その基底にある素粒子や想定を明らかにするといった類推化を考え出している。シラーによれば、宇宙の構造と現実を理解するために利用する道具とは、精神の構造と我々自身を探索するために使う道具を反映している。最終的には、シラーはその暗喩の融合を説得力ある芸術作品や、実用的な発明（シラーは、多数の特許を取得している）、思考というものに関して心を引き付ける思弁、科学と芸術の結び付きといったものに具体化している。それらの考えの基盤を、彼の著作 *Breaking the Mind Barrier*（『心の障壁を崩す』）に詳しく記述している。シラーはさらに、別の著書 *Think Like A Genius*（『天才のように思考する』）で、metaphorming（メタフォーミング：暗喩による形成）という造語に、自分自身の思考の基盤を示している。この本には演習課題が多数紹介されており、いくつかの内容は特に類推化、暗喩的思考を開拓し発展させ

 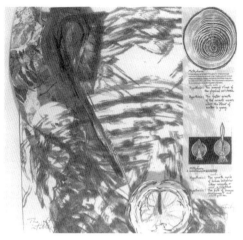

図8-10 左：レオナルド・ダ・ヴィンチ (1452-1519) は、脳と眼球、玉ねぎの構造の間に類推関係を見た。右：トッド・シラーの Our Perpetually Flowering Minds (「絶えず花を咲かせる、我らの精神」)。脳幹を花の蕾に例えている。書かれたテキストの一部には知的生命体の究極の蕾。「意識と想像」、絶えず花を咲かせる我らの精神。年輪、成長のサイクルと発展。

るためのものだ。例えばシラーは精神を庭園に例え、言語での暗喩を探り、物語を考え、仮説を形成し、言葉遊びを探し、そこから生じる1つ1つの心像や感情、連想を追求するよう勧めている。この手法はどのような対象、事象についても利用でき、予想しなかった世界を切り拓くことができる。ヘレン・ケラーやルイ・ド・ブロイが発見したような他には見えなかった世界を。

　そこで読者諸氏も、ご自分で暗喩化を少し試してほしい。レオナルドやシラーが描いた図を図8-10に紹介したが、それを見てどのような言語的・視覚的・科学的アイデアが浮かぶだろうか。ケラーやド・ブロイ、ロバート・フロストなら何を思うだろうか。あるいは、我々全員が演じる人生というゲームを考えてみよう。ペルシャの詩人ウマル・ハイヤーム (Omar Khayyám) は800年以上も昔に、短い風刺の四行詩である「ルバイヤート」(Rubaiyat) で次のように記している。

　　Tis all a Chequer-board of Nights and Dayas

8　類推思考　201

Where Destiny with Men for Pieces Plays:
Hither and thither moves, and mates, and slays
And one by one back in the Closet lays

「すべては、昼と夜のチェッカー盤
駒が人の運命を刻み
ここに移り、そこに移り、王手をつかみ、敵を倒す
そして1つずつ、元いた部屋に戻っていく」

　では、カードゲームに関する版画 The Degrees of Meaning（「意味の程度」）と
この詩を比べてみよう。これは日本の芸術家、荒川修作（Shusaku Arakawa）によ
る 1972 年の作品だ。荒川もハイヤームも、人生とはゲームだと主張している
ことは明らかだ。ここからさらに、他のゲームとの類推化が思い浮かぶはずだ
（例えば「ブリテンの指導者は、ロンドンの西にある名門校イートン（Eton）の運動場
で形成される」、「ゲームは人生を模倣する」など）。そうした連想の多くは陳腐な
ものだ。だが、そうした類推と類推の間の類推化関係を見つければ、暗喩化に
よってもっと深い意味が見えてくる。我々は運命にもて遊ばれるポーン
（pawns、歩兵）なのか（荒川の版画であれば、テーブルの中央のジョーカー）、それ
とも偶然に打たれた手、すなわち遺伝的、個人的、社会的、経済的な運によっ
てプレイせねばならないのか。チェッカーやチェスでは、ゲームの勝敗は戦略
で変更できる。だが、他のプレイヤーの好きなように動かされるポーンである
とそうはいかない。ならば、可能な間にせいぜい楽しんでおくのが最善なのか
もしれない。あるいは、人生などどうでもよいのかもしれない。なるようにし
かならないという訳だ。ポーカーでは確率を知ることで勝敗が分かれる。場合
によっては虚勢を張ることで勝利が得られる場合もある。だがいずれにせよ、
荒川の版画のように手持ちのカードを場に出し、全員が各自の手持ちが何かを
知る時が来る。そこでゲームは終わりなのだ。ここには、さまざまな意味を示
唆できる。敗因の追及、長旅、人生、運命、死。カードゲームがどんな意図が
あろうかと、どんな過程となろうと、どんな道しるべになろうと、何をかたど
ろうと、荒川やハイヤームは、何にでも結び付け得るということを示してくれ

図 8-11 荒川修作、The Degrees of Meaning (1972)。テキストには、「上の物体…絵画…ゲーム…構造…ダイアグラムが、何物（いす、風景、飛行機、ケーキ、その他）とも同型であるという事実を利用せよ。一歩ずつ、囲むこと」とある。

ている。だから、類推化という行為そのものにも言及することができる。機能や目的に隠された正体を求め発見する時、一歩ずつ我々の世界と自己の認識を意味のあるものとしてつなげることができるのだ。その時、突如として理解が訪れる。

9

体感覚的
思考

　1925 年、霊長類研究の専門家ヴォルフガング・ケーラー（Wolfgang Köhler）は、チンパンジーの知性に関する長年にわたる研究の成果を公表した。彼の実験の中で最もよく知られるものは、チンパンジーを部屋に入れた実験であろう。部屋には長さの異なる棒が何本かと木箱が何個か置いてある。そして、バナナが天井からぶら下げてあるのだが、チンパンジーの手の届かない高さにある。その部屋には他に何もない。チンパンジーはバナナを棒で叩き落としたり、木箱を積み重ねて直接手でバナナを掴んだりして、バナナを手に入れる方法を考え出した。もう 1 つ、これはあまり信憑性のない話なのだが、あるチンパンジーはケーラーの予想を超えて知性が高く、まだケーラーが部屋にいるうちにバナナを天井から吊るして 2、3 秒で、このバナナの問題の正解を思い付いた。しかも驚くべきことに、このチンパンジーは部屋の中の道具を一切使わずにバナナを手に入れた。一体どうやって。これを知るには、読者の皆さんにも身体を動かしてもらう必要がある。実際に猿のように動かなくてはならない。猿のように動くことを想像するのが難しければ、子供のころの身体の動きを思い出してほしい。石蹴りや馬跳び、側転、おんぶ、ボール遊び、とんぼ返り、木登り、目が回るほどの回転、ホッピング、動いているブランコからの飛び降り、フラフープの回転動き、などの身体の動きの感触だ。これらは人間、少なくとも人間の子供たちがする遊びであり、進化上の親戚である猿もする遊びだ。あなたがどのように動くかによって、あなたがチンパンジーのように考えられるかどうかが決まるだろう。

　なるほど、とあなたは言うだろう。答えはこうしたおんぶや木登りがヒントとなる。上述の利口なチンパンジーは行動の予想をいきなり裏切り、ケーラーがバナナの下を通った時に彼の背中に飛び乗り、そして肩に乗って獲物を掴ん

図9-1　箱を重ねてバナナを取るチンパンジー。

で誇らしげに飛び降りた。我々は合理的になり過ぎて、身体が本能的にどう動けばよいか知っていることを忘れてしまい、それを実行した後で、ようやくそのことに気付くのだ。

身体で考えることには筋肉の動きや姿勢、バランス、接触の感覚が求められる。こうした感覚は1890年代に神経生物学者のC・S・シェリントン（C. S. Sherrington）が発見したもので、「自己受容感覚」（proprioceptive sense、生体自身の状況を知るために自己受容体により統治されている知覚）と呼ばれる。この感覚は、我々の身体の動作において基本的なものだ。我々が歩き、走り、跳ねる時、身体の感覚を絶えず意識している。空間の中でどこに自分がいるのか知っている。ほとんどの場合、そうした自覚ははっきりと理解せずに感じているものだ。神経学者のオリバー・サックスによれば、そうした無意識のうちに絶えず起こっている身体の動きの感覚は、第六感とか秘密の感覚と呼ばれてきた。我々は絶えず、自分の筋肉の動きを監視しているわけだ。サックスによれば、我々は自分の位置や状況、動きを調整している。だが、ある意味でそうした感覚は自動的かつ無意識的であり、自覚されない。

つまり、普段は意識されない。新しい動作を身につける場合には、そうした自己受容的な感覚を強く意識している。自転車に乗る、野球のボールを打つ、ハンマーやドライバーの使い方を覚える、新しい楽器を弾く、セーターを編む、

ガラスを吹いて作るといった動きだ。こうした技術や技能には、それぞれ長期間にわたる意識的な学習と練習が求められる。自転車に乗る、ピアノを弾くといった行為に関わる動きを習得するにつれて、意識せずに行うことができるようになる。ボールを打つのにはどうすればいいかを考えずに打てるようになって初めて、テニスが楽しくなるのだ。ある曲を演奏するのにどのように指を動かせばよいのか、それを考える必要がなくなった時に本当に演奏ができる。ピアニストがソナタを弾く時、音符や音の動きに伴う筋肉の記憶が働くと言われる。その記憶が指にあるわけだ。また、俳優が姿勢や身振りをその身体のすべての筋肉で記憶しており、登場人物の性格を即興で演じる場合、すでに記憶している身振りが楽にかつ自然に登場するように。音楽家の場合も同様だ。音楽家が作曲家でもある場合、その楽器なり歌なりに関連する身体の動きとして、音楽のフレーズ（音節）を想像しているのかもしれない。例えばモーツァルト（Mozart）は、手や口の動きによって人前で作曲をすることがよくあった。これは身体的想像力を働かせている例であり、筋肉の動きや身体の緊張や触覚の感触を活かして思考し、創作を行っている。

　身体的な緊張の感覚や心の中の動きや感動の感覚を呼び起こすことは可能だが、我々のほとんどはそうした想像的な感覚を見過ごしてしまう。これは、幼いころからそうした感覚を視覚化したり、言葉で表現するように訓練されているからだ。身体がどれだけ多くを語っているのか明確に理解するには、ヘレン・ケラーのような視覚や聴覚の情報に妨害されない人物でないと難しい場合もある。1930年代に何度かケラーは、マーサ・グレアムのダンススタジオを訪問している。ケラーは、ピアノやその他の楽器に手を置いて、その振動を感じることで音楽を聞くことに慣れていた。同じように、彼女はグレアムの舞踏団のダンスも見ていた。自分の足元の床の振動や顔や手で感じる空気の揺れを感じ取っていた。しかもケラーは自分が見逃している側面があることにも気が付いていた。グレアムがバレエ、またはモダンダンスに起こしていた革命をケラーが目で見て、動きの感覚としてそれらを捉えることができなかったのは確かだ。ケラーは目の見える人の大半がする、走る、跳ねる、廻るといった動作をしたことがなかったのだ。目の見えない女の子には、そうした動作は危険すぎると見なされていたためだ。ある日、そうした動作に伴う体内感覚が彼女に

図9-2 「身体の動かし方で思考のあり方を変えられると、今、ヴィヴィアンは学んだ」。ジェリー・ファン・アメロンゲン (Jerry van Amerongen) による漫画。

はないことが明らかになった。ケラー自身の口から、「マーサ、跳ねているのは何。私には分からないけど」という発言があったのだ。すぐにマーサはダンサーの1人、マース・カニンガムを手すりの所に呼び、ケラーの手をカニンガムの腰に当てた。グレアムの話によれば、「ケラーの手が腰に廻したまま、マースはその位置でジャンプしたのです。スタジオの中の全員がこの出来事、この動きを見守っていました。マースの身体が上がり下がりするのと同様に、ケラーの手も上がり下がりしますよね。すると、ケラーの表情が好奇心から喜びへと変わったのです。ケラーは両手を突き上げ、『同じ感覚を共有して心が通い合った』と叫びました」。

　ケラーのその発言から、グレアムやその他のダンサーがジャンプは以前から感じていたことではあるが、一種の思考を生みだす動きであることが確認できた。ジャン・コクトー (Jean Cocteau) が偉大な舞踏家であるヴァーツラフ・ニジンスキー (Vaslav Nijinsky) について、「ニジンスキーの身体は物事を知り、その足には知性がある」と述べていた。コクトーによれば、ニジンスキーは自分の斬新なダンスのあり方を言葉で説明することがほとんどなかった。とにかく彼は、誰もそれまで置かなかったような位置に足を置き、それまでの誰よりも高

く遠くへジャンプした。一方、グレアムはダンスの論理について、「それは筋肉の活動にふさわしいレベルで起こるものだ」と記している。このことは言葉によって知的な関心からダンスが生まれることがないと断定するものではない。実際、グレアムのノートを見てみると、彼女の創作意欲を喚起した文章や記号について言語による分析が溢れている。身体運動という発言の真意はダンスの諸要素、つまり空間や力、時間といったものの利用が、あくまで身体の筋肉的な動作にふさわしい水準で意味があるということなのだ。

　人間の身体の動きの中で１つの運動が次にどのような動きにつながるのか、その点でダンサーは長年の訓練を受けている。グレアムとダンサーは、運動が思考になり得ることを充分に理解している。要するに、振付師の任務とは自分と他のダンサーの身体を使って創作することだ。振付師のエリオット・フェルド（Eliot Feld）は、「振付は身体で作らないといけないのです。頭の中で想像するのではなく」と語っている。だがケラーにとっては、体感覚的思考には全く精神的な次元もあった。ダンスのジャンプでは身体にエネルギーを溜め込んで一挙に解放するのだが、その様子を感じるとケラーは、考えが意識の中に溢れる様子を思い出すのであった。ケラー自身が何度も、そうした精神のジャンプを体験していた。最もよく知られた実例が水、つまり「ｗａｔｅｒ」という単語を教師がケラーの手のひらに書いた時の体験だ。ポンプから滴る冷たい液体はｗａｔｅｒというものだということを、不思議にかつ突如としてケラーは察知したのだ。ケラーは、自分の意識に発生する考えの多くは現実の感覚体験ではなく、身体の動きや感覚の記憶や想像によるものだと認識していた。ケラーがこの言葉という光を初めて体験したのは７歳の時だったが、それまでの長年の暗黒と沈黙の中で、彼女は自分と世界を基本的には触感を含む身体の感触で把握していた。後に彼女は「自分の舌で、旨味を感じることができましたし、手ではアイスクリーム製造機の回転の様子を感じ取れました。私が手で身振り（多分、アイスクリーム製造機のハンドルを回しているような手のしぐさ）をすると、母は私がアイスクリームを食べたいのだなと理解してくれました。私は自分の手で考えや要求を表現したのです」と記している。

　後年ケラーは、そうした幼少期の鮮明な身体的感覚を思い起こす時、それを思考と呼んでいた。もっとも彼女は慎重で、「言葉のない感覚を思考と呼んで

9　体感覚的思考　209

よいのならの話ですが」と述べている。確かに、筋肉の動く感覚や身体の感覚、触感が、創造的思考のための強力な手段や道具になり得ることを我々は知っている。個人でも集団でも同じだ。実際、運動感覚的思考というものを主張した研究者は多数いる。つまり、身体運動のイメージや動きの記憶による思考だ。1959 年にエリオット・ドール・ハッチンソン（Eliot Dole Hutchinson）は、かなりの身体的技術や器用さが要求される創造的行為であれば、必ず創造性を発揮するには身体的感覚の想像を伴うと論じた。「すべての洞察が言語で表現される訳ではない。ピアニストや彫刻家、楽器演奏者、ダンサー、外科医、手作業の職人などの場合、アイデアは運動感覚的な形態で浮かび上がる。いろいろな筋肉による表現で手探りで進んでいくのだ。それら生み出される動作によって、ダンサーやオーケストラ指揮者の思考が表現されるのだ。プラスチックによる形態を作ろうという肉感的な欲求が、彫刻創作では必須のものになる」とハッチンソンは記している。

　近年、心理学者のハワード・ガードナーは *Frames of Mind*（『精神の枠組み』1983）という著作で、同じような運動感覚による思考を主張している。ガードナーは、身体は独自の知性を抱いていると主張しており、それには説得力がある。身体的な感覚の活用と思考との間の類推化を繰り返し用いているのだが、そうした類推化はフレデリック・バートレット（Frederic Bartlett）など他の心理学者も述べたものだ。やはり心理学者のヴェラ・ジョン・ステイナー（Vera John-Steiner）も身体を思考の道具と見なしており、*Notebooks of the Mind*（『精神のノート』1985）で、そのあり方を探求している。神経科学者のマーク・ジャンヌロー（Marc Jennerod）など、筋肉の記憶の生物学的な根拠に関する答えを熱心に求めている学者も、認知、心像と知覚の間の関係を引き出したいと考えている。

　だが、心理学者や神経心理学者は研究の対象範囲を制限しており、そのため彼らの体感覚的思考に対する理解には、2 種類の誤った前提があるのではないかと本書の共著者は考える。まず、体感覚的思考は思考の内容が運動そのものであれ、運動のイメージであれ、感覚経験であれ、運動に関するものだけだと彼らは仮定している。だが、生理学者のウォルター・キャノン（Walter Cannon）が 50 年前に指摘したように、自己受容には内臓感覚的なものや感情的なものも含む。身体の態度や動きには気分が現れ、気分にはキャノンの言う体内の環

図9-3 ジャクソン・ポロックの描く様子、1950年ごろ。ハンス・ナムス（Hans Namuth）による写真。

境での感触が影響する。人の体内や精神のあり方が合わさった環境だ。人は筋肉以外の身体の感覚経験でも思考をするものだ。第2の誤りは1つ目から発展したもので、体感覚的思考は身体の動きによってしか表現できないという想定だ。したがって、ダンサーや競技者、その他の演技者を研究するのが最適であると想定していることだ。確かに、運動による体感覚的経験は体感覚的思考のかなりの部分を占める。だが、他の自己受容の感覚経験が除外されるわけではない。音楽家は自己受容で思考しており、それは数学者も同じだ。それは決して身体を動かすことによる共通性ではなく、皮膚感覚や体内感覚で感じ取っているためだ。

　体感覚的思考は多様な現れ方があり、通常は身体の触覚、体内の緊張感などとは関係がないと思われているが、これらは創造的表現のしばしば基本となる。例えば、絵画やデッサン、エッチングの制作過程を考えてみよう。創作の運動的な側面は、ジャクソン・ポロック（Jackson Pollock）の作品において、特に顕著に見られる。美術館では彼の「滴り（drip）絵画」を壁にかけている場合が多く、したがって単に見るための絵画であるかのように思われやすい。だが、ポロッ

9　体感覚的思考　211

クの絵画は、見るだけでは充分には体験できない。感じ取ることも必要なのだ。彼は絵画を制作する時、カンバスを画架から外し、床に平らに置いた。画家と描く対象との位置関係が普通のものではなかったのだ。そして、彼は文字通りカンバスの周囲で舞った。そうしながら絵の具をまき散らした（図9-3参照）。そのため、個々のカンバスは彼の動きの記録であり、絵画の制作過程での身体的感覚も感じ取らないと、ポロックの絵画を理解したことにならない。

　体感覚的思考を重視した視覚芸術家はポロックだけではない。神経科学者であり、画家でもあるジャック・マンデルブロト（Jacques Mandelbrojt）は、「芸術家は体内の筋肉が示すところに沿って、表したい対象を創作するのだ」と述べている。フランスのエクス・アン・プロヴァンス（Aix-en-Provence）に数年暮らしたマンデルブロトは、「屋外で絵を描いていると、私は自分自身を認識する。樹木の単純で純粋な形態にも沼地の複雑な形にも、私の記憶には筋肉の示す感触が残っていて、私の近作は抽象画が多いのだが、認識された自分自身を描いたものが多々ある。これらは、私が自分自身を森や茂みと同一視していた遠い記憶を表した絵画なのだ」と語っている。

　体感的に思考するのは抽象画家だけではない。ドイツのバウハウス（Bauhaus）で優れた教師であったヨハネス・イッテン（Johannes Itten）も、自分の描く絵を運動の表現、そして触感の具現化であると感じており、自分の学生にも芸術作品にはそうした感覚を取り入れるように教えていた。1921年に彼は、「私の前にアザミがあるが、私の運動神経はぎざぎざした発作的な運動を記憶している。私の触覚や視覚はその形態が引き起こす鋭さや尖った感触を感じ取り、私の精神はその本質を見て取る。私はそうやってアザミを感じ取るのだ」と書いている。

　自己受容による思考は、彫刻ではより明確に表れる。イサム・ノグチは、「彫刻を真に見る人は身体を動かしながら見ないと、その形態を理解できない」と語っている。それよりも何世紀も前、ルネッサンスの彫刻家にして建築家のロレンツォ・ギベルティ（Lorenzo Ghiberti）は、彫刻の形の感触は視覚では発見することができず、手で触るしかないと述べている（図9-6参照）。美術館に行くと触らないでくださいという掲示が彫刻の上にあったり、彫刻の周囲を歩き回ることが難しくなったりしている。彫刻は身体的な経験をまさに身体的に表現

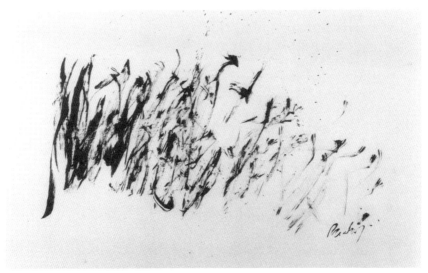

図9-4 ジャック・マンデルブロトの Bushes (「茂み」)、紙にインク。1993年。

図9-5 ギュンター・ストルツル・スタドラー (Gunta Stolzl-Stadler) の Thistle (「アザミ」)。彼女がイッテンの弟子だったころのもの。

したものであるから、自己受容的なやりとりなしに彫刻を見ているのでは、音を出さないオーケストラを目で眺めているようなものだ。彫刻家のクレス・オルデンバーグが彫刻に惹かれたのは、彫刻作品の触感に魅了されたからだった。

9 体感覚的思考 | 213

図9-6 ヘンリー・ムーアとケネス・クラーク卿（Sir Kenneth Clark）。大英博物館で彫像を触っているところ。1950年ごろ。

「私は当初、絵画を制作していたのだが、平坦さが好きになれなかった。私は物体に触りたいのだ」と、彼は述べている。チャールズ・シモンズ（Charles Simmons）が彫刻家になろうと決めたのも、子供時代にもらったプラスティシーン（Plasticine）という造形用粘土を使ってみてのことであった。「ある夜、その粘土のいくらかを使って私は横たわるレスリング選手の彫刻を作った。筋肉組織をすべて克明に造形した。粘土で作業をすることの体験は圧倒的なものだった。粘土の感触、それとつながっているような感触、そして自分の手でそれだけのことができるという実感、そうした感触に感動した」。

　こうした身体感覚の高まりそのものを作品にする彫刻家もいる。恐らくそうした彫刻家として最も有名なのは、オーギュスト・ロダン（Auguste Rodin）だろう。彼は、彫刻というものは内から外へと作らねばならないと認識していた。彼は主題のデッサンを無数に描いてから粘土でそれを形成したが、これは彼によれば、「自分の目で見ているものをどこまで自分の手が感じているかを調べるため」であった。ロダンにとって、形成する形態を理解するとは、ほぼ全面

図9-7 オーギュスト・ロダンによる「考える人」(ヴィクトー・パネリエ (Victor Pannelier) による写真)。

的に感覚を持った身体の機能であった。*Personal Reminiscences*(『個人的回想』)という著作で彼は、「お分かりだと思いますが、私が形を作る時、人間の形態を全面的に知っている必要があるだけでなく、そのあらゆる側面に深い感触を得ていないといけないのです。言ってみれば、人体の線を取り入れて、それを自分の一部にしないといけないのです。それができた時だけ、本当に理解できたと確信できるのです」と述べている。ロダンが「考える人」を制作した時、自分自身の自己受容に物理的な形を与えたのだ。この彫刻は、世界でも最もよく知られている彫刻作品の１つであろう。この裸体の男性は、ロダンの意図としてはすべての詩人や芸術家や発明家などを表すものであり、その男性が岩の上に腰かけ、張りつめた熟考に入り込んでいる。ロダンはこう記している。「私の考える人に考えさせているものは、脳、入りくんだ眉や膨らませた鼻の穴やかみしめた唇だけでなく、腕や背中、脚、握りしめたこぶし、そして足先の緊張など、あらゆる筋肉を使って彼が考え込んでいることなのです」。

ヘンリー・ムーアも、自らが刻む形態に対する深い感触に基づき制作をしていた。もっとも彼の場合には、その形態は抽象化されており、具体物を表象していないことも多かったが。彼は内的な生命力を表現しようと努め、形態は内部から外へと溢れ出そうとしている。自身の内部から形態を表そうとしているのだ。彫刻でこのように身体を表現したいという願望から、ムーアは各種の有機物に惹かれた。特に骨である。彼によれば骨とは、「すべての生命体の内部構造だ。内から外へと押し出す力を出す。膝を曲げるとそこに緊張が生じる。そこから次の動きとエネルギーが生じる」という存在である。ムーアは自分の身体で思考しており、形態の内的な強さや圧力に関心を抱いていた。「身体というものを理解するには、自分の姿勢を変えてみるとよい」と、ムーアはノートに書き記している。あるいはアンリ・マティスは、学生に人間のモデルを最大限に活用する方法について次のように述べていたが、ムーアと同じような考えに基づくものかもしれない。「目を閉じて、見たものを保持せよ。そして、自分の感性で制作せよ」。マティスは、「自分でもモデルと同じポーズをやってみよ。どこに筋肉の緊張感を置くかでポーズが決まる」とも言っている。これは、マーサ・グレアムのダンスでも鍵となっていた。彼女は弟子たちに、「運動全体の一部として、身体の中にある骨格を感じ取ってほしい」と語っていた。ヘンリー・ムーアの彫刻のように「穴が空いた彫刻のように動いてほしい。つまり、自分の骨格に穴が空いていて、そこを空気が通るように」とも述べていた。ムーアがこれを聞いたら、自己受容的な感覚を表現した自分の彫刻がよく理解されていると喜んだはずだ。

　音楽も、自己受容的な思考の産物だ。ジャクソン・ポロックの「ドリップ」(drip) の絵画を見ているだけでは、充分には鑑賞できないように、音楽演奏を充分に体感するには対応する身体の活動を感じ取ることが必要だ。ボストン交響楽団の指揮者、小沢征爾 (Seiji Ozawa) の指揮の様子は、「全身を使って音楽のあり方をダンスで表す」と言われてきた。ニューヨーク・フィルハーモニーの指揮者のレナード・バーンスタインも、極めて動的な指揮をして情熱と動きを融合させた音を生み出していた。演奏者も身体の想像を活かして音楽を作り上げなければならない。バイオリン奏者のユーディ・メニューイン (Yehudi Menuhin) によれば、バイオリンを奏でるにも立ち方やバイオリンの持ち方を学

ばねばならない。そして弓を合わせる方法、指盤で指を動かす方法なども学ばなければいけない。こうした身体の運動を学ぶのに何年もの時間がかかるのだ。作曲家でピアニストのジョージ・アンタイルも、ピアニストの技術・技能とは基本的に筋肉によるものだと力説している。「ゆったりしたトリル（trill）なら、死にそうになるまで練習しないといけない。2本の前腕がずきずきと痛むまで、何か2倍にも3倍にも腫れ上がったような感触になるまで」と、彼は述べている。アンタイルは、コンサートでの演奏をボクシング（boxing）で15ラウンドまで闘うことに例えている。同じくらい汗を流し闘い続けないといけない、というわけだ。有名なコンサートピアニストのルース・ラレード（Ruth Laredo）によれば、「懸命に動かすのは両手だけではない。ピアノを弾くには全身を使う必要があって、全身が関与する。しかも、曲ごとに身体の使い方が違う」。

　音楽家は個々の曲を別々に身体感覚で捉え、最後は高度な技術を備えた一連の複雑な動きの連続として表現する。運動選手や舞踏家と同様、音楽家も最高のパフォーマンスを実現するため、音楽を演奏している間の身体の感触を頭の中でリハーサルする。そうしたメンタル・トレーニング（mental practice）を行う音楽家の中でも最も風変わりだった1人が、グレン・グールドである。彼は、実際の鍵盤に向かっての練習は1日に1時間程度だと言っていた。録音の前でさえそうだった。楽器を演奏するのではなく、グールドは「楽譜を調べ、その音楽にどうアプローチしたいか、その構想を明確に作り上げた」。ある懐疑的な記者がそうした最低限の練習では身体の調整ができないのではないかと尋ねたのだが、グールドは、「その逆ですよ。ピアノの前に戻る時には純粋に身体的にも以前より上手に弾けるようになっています。これは心のイメージによって身体がどう動けばよいのか支配され、そのイメージがより正確で明確なものになっているためです。結局のところ、ピアノというのは指で弾くものではなくて、心で弾くものなのです」と答えている。無論、こうしたメンタル・リハーサルをするには、それまでに身体的な各種の動きや体感的なイメージを身体を使った練習で充分に身につけていることが前提である。その上で初めて、演奏時の身体の感覚をしっかりと想像できるようになるのだ。

　驚くべきことだが、筋肉の感触や身体感覚、身体を操作する技術、それらの

9　体感覚的思考　217

精神的イメージといったものは科学的思考でも重要な役割を演じる。それは、偉大な科学者の多くが優れた美術家や音楽家であるという事実とも関連しているかもしれない。科学者は実験室の器具を演奏し、実験作業の運動感覚を身につけていく。発生学者のC・H・ウォディントン（C. H. Waddington）は、「傑出した科学実験と絵画との間にはある種の能力が必要だという点で共通性がある。それはこの世界にある物理的存在を扱う能力であり、最終的には筋肉の働きだ」と記している。実際、シリル・スタンリー・スミスは意図的にグラフィック・アート（graphic arts）を学び、金属の構造に対する感覚を磨いた。彼がそこでいう感覚の意味は、文字通り感覚だ。彼は1972年に友人に宛てて、「ずっと昔、合金を開発していたころ、自然な理解というものを極めて強く感じ取るようになった。自分が何かの合金であったら、どのように行動するだろうか、その硬さや柔らかさ、伝導性や可融性、変形性、脆さに関して。そして、すべてが奇妙な身体内の感覚になって、文字通り感覚で感じられるようになった」と記している。これはちょうど、第1章で紹介したアインシュタインやファインマンの自己受容的あるいは運動感覚的なイメージと似ている。スタンリー・スミスにとって、こうした感覚は的外れなものではなかった。彼の科学研究は実際、均衡の取れた構造を求める美的な感覚と境界面の筋肉的な感覚に大いに依存していたと言える。

　物理学者にして発明家のミッチェル・ウィルソンも同様に、素材や物体を手で触り、そこから得た触覚的知識を彼の小説 Live with Lightning（「きらめきに生きよ」）で述べている。小説の登場人物であるエリック（Erik）が、ウィルソン自身の旋盤やボール盤などの機械を使うようになった経験を再現し記述しており、小説の中では、「以前からの友人の個性のように、各種金属の機能的特性を学んでいった。銅は柔らかで腰が強い。だから、優しく扱わないといけない。真鍮は手に優しくてもろく、簡単に扱える。鋼鉄は予想できない。ある鋼鉄は強靭であり、ある鋼鉄は柔らかだが所々に硬い個所が全面にある。ちょうど料理にかけるスパイスのように」ということを発見するのだ。ウィルソンは、こうした感触的な素材の知識が機器の設計と組み立てには不可欠だと明言している。機器そのものが実験に不可欠であるように。

　同様に、機械や建築、その他の構造物においても、素材の筋肉的、触感的感

覚は不可欠だ。ユージン・S・ファーガソンは *Engineering and the Mind's Eye*（『エンジニアリングと心の目』）の著者であるが、彼によると、技師が機械や構造物を設計するには一般に考えられているよりも、構造物を手で触ることによって得られる知識が必要だ。「大型のタービン式発電機でも何でもよいが、機械を製作する時は、機械工やその他の人は視覚的な知識だけではなく、触覚や筋肉による知識を取り入れる。そういう人が道具や技術、判断力を活用して技師が頭に描いた像に命を吹き込む」と、ファーガソンは記している。機械工や大工、その他の熟練工の仕事には、「学ぶ能力を有する手で触ることが必要だ」とファーガソンは結論付けている。そうした学ぶ手は、どの程度きつく締める必要があるかを伝えており、もう1回転ねじを廻したり、ナットを締めてしまうと壊れてしまうということを知っているのだ。各種の木材や金属をどこまで曲げるとひびが生じるのかを知っている。ガラスが融解しそうになり、吹いて形成できる状態になればそれと分かるし、まだ形成できない状態ならそれを見て取れる。こうした知識は文章として記すことができず、青写真にも記載できない。直接の身体的な経験でしか学べないのだ。

　筋肉や触覚、操作に伴う思考技術は、生物的・化学的・物理的な体系を理解する上でも重要である。数学でもその役割は目につく。例えば、数学者のカルヴィス・ジャンソンズ（Kalvis Jansons）は、結び目に対する感触がある。「結び目とは言葉では大変表現し難く、覚えにくいものの好例だ。言葉で覚えようとする人はたいていすぐに忘れてしまうし、複雑な結び目と結び目の間の共通性を見出せない」と彼は記している。だが、「知ある手」であれば役に立つ。実際、ジャンソンズは深刻な失語症があり、自分の手にロープがなければ結び目を想像しようとも言葉で表そうともしない。彼は身体感覚で空間を感じ取っている。ちょうど目の見えない人が通りを歩く時、木製の手すりに触って歩くように。「手で触っていれば先の方での振動が感じられて、弾力と柔軟性が感じられる。コンクリートの柱のところに来ると、それが急にいびつに変わる」。こうしたイメージは見るものではなく、感じ取るものだ。同じようにジャンソンズは、「関連する指の動きを想像し、解こうとしている結び目の感触を感じ取るのだが、頭の中で絵に描くのではないし、事前に指を一切動かさない」のである。これは、ちょうどグレン・グールドのように頭の中で数学的操作を行い、

それからその記号の数式を演奏に移すのだ。

　数学者のスタニスワフ・ウラムは、それを先に進める。「数や記号ではなく、実に奇妙な精神の作業でほぼ触覚的な感覚と推論を融合して計算を実際に行うのだ」。ロスアラモス（Los Alamos）研究所での原爆に関する研究で、ウラムは明らかに原子の動きを視覚的かつ自己受容的に想像していた。「物理的な状態を想像するための主な方法は、視覚的かつほとんど触覚的なものであり、単なる論理的な像ではないことに、私は気付いた。12個に満たない放射線や原子核に関する定数を感覚で掴めれば、原子内部で生じている世界も手に取るように想像でき、その状態を次元的に数量的に操作できる。それから、もっと正確な関係を計算すればよい」と彼は述べている。本書の共著者が大学院にいたころ、別の物理学者の話を聞いたことがあり、その名前をすっかり忘れてしまったのだが、その物理学者もウラムの言うような、身体全体で量子の方程式を感じ取る能力があったそうだ。セミナーで講師が原子のやり取りに関する方程式の説明が冗漫に過ぎると、その物理学者は椅子にはまり込み座りこんでいた。逆に、詰め込み過ぎるような方程式で原子の説明をしていると、トイレに行きたいかのような素振りを見せた。その物理学者が口を開いてコメントせずとも、ずっと前に講師は彼の意見を読み取ることができた。

　数学者のノーバート・ウィーナーは、奇妙な身体感覚を活用していた。彼はある難しい問題に何か月か取り組んだが成果が得られず、ハーバード大学の同僚との論争も始まった。そして、ウィーナーは深刻な肺炎を患うようになってしまった。肺炎の熱に苦しんでいた間、身体の苦痛に加え精神の不安も膨らんだ。「身体の苦痛と息苦しさ、それに窓のカーテンの動き、そして自分の取り組んでいた問題の未解決の部分が、私には区別できなくなっていた」。ウィーナーにとっては、身体の苦痛は彼を悩ませていた数学の難問を表し、同時に数学の難問は身体の痛みを表していた。「解明されていない数学の問題がある時、どのような感覚でもその問題の一時的な象徴や思考になりえることを私は認識した」。ウラジミール・ナボコフも、数学での大脳の作用と病気との間の似たような融合感を体験していた。「少年時代の私は、異常なほど数学が好きだった……扁桃腺炎や猩紅熱と格闘していた時には、この数学好きが大変な結果を招いた。痛む頭の中で、巨大な球体や非常に大きな数値が、情け容赦なしに膨れ

上がっていくのだ」。

　たいていの人にとって、そうした感覚というのは有難くないだろう。だが、ナボコフは後にその時の記憶を思い返して、自分が世の中でどのような経験をしてきたかを深く洞察するいいきっかけだったと記している。ウィーナーも病気の時の経験を思い起こし、自分の数学的思考のかなりの部分は実は病気でない時でも身体の緊張という形の思考であることに気付いた。未解決の数学問題があることによる不安や苦痛が、実は彼を数学問題の探求へと向かわせていたのだ。事実、彼は身体的な感覚を一種の速記のように活用し、数学の難問として取り組み、そうした思考様式が数学では不可欠だと考えるようになった。「優れた数学者に欠かせない特徴を1つ挙げるとすれば、一時的な身体的で情緒的な記号を操作して、そこから半恒久的で繰り返し使える言葉を組織化する能力だろう。これができないと折角の着想が生まれても、未だ定式化されていない形で保存しておくのは難しいため、そのアイデアは消えてしまう」と彼は記している。

　本章で紹介したウィーナーやナボコフ、グールド、その他の人の経験を見ていると、思考とは感じることであり、逆に感じるとは思考することだと判断したくなる。そもそも、あることが我々にとって問題であるかどうか、どうやって判断できるのか。それは、身体が不快を感じるかどうかなのだ。そして問題を解決すると、身体も幸福になる。上機嫌になるだけでなく、文字通りに舞うように歩き、笑みを浮かべ笑い声を発する。ナボコフは、新しいチェスの問題を考える時の穏やかな身体の満足や、子供のころベッドで遊びの計画を立てていた時の心地よさなどについて述べているが、これも驚くに当たらない。数学者にして哲学者のバートランド・ラッセル（Bertrand Russell）が、「私が今までやってきたすべての創作活動は最初に問題があった。それらは不快さを伴うパズルである」と記しているが、これも驚くような発言ではない。我々は皆、純粋に精神の中のアイデアが身体の快感や苦痛を起こすことを経験しているし、その逆も体験している。しかも、実は解剖学的にも精神と内臓、顔の表情の間には強い関連性がある。解剖学者のシルヴィア・ベンズリー（Sylvia Bensley）はかつて、「人間の感情の多くは顔の筋肉で表現され、そうした筋肉の1つ1つは発生学的に内臓の筋肉であり、第1または第2の内臓の弓（きゅう）から発生し

内臓の神経が刺激していたものであり、解剖学的にはそれらと直接的なつなが
りがある。感情と内臓の間の超自然的なつながりは、我々が考えているよりも
密接なものかもしれない」と指摘していた。気分のいい時、悪い時、楽しい時、
悲しい時、我々の心は実際に内臓と連絡を取り合っていて、内臓は心や筋肉と
やり取りをしている。心と身体は1つで、こうした相互の関わりをどう促進し
活用するのかを考えねばならない。

　自己受容的な思考の側面の中でも最も驚くべき観点は、自分自身が身体内で
の感覚や感じ取ることだけに限定されず、他人や他の事柄に及ぶという点かも
しれないことである。ダンスの批評家で歴史研究者のジョン・マーティン（John
Martin）によると、他人の自己受容的な状態の認識と模倣からダンスとパント
マイムという芸術が可能になる。「内臓的な模擬によってダンサーの経験を
我々が体験できるようにすることが、ダンサーの仕事のすべてだ。事実は口で
話すこともできるが、共感的な行動により他人に類似した感情を引き起こすこ
とによってしか伝達できない感情もあるのだ」と彼は記している。オスカー・
シュレンマーも、Man the Dancer（「ダンサーの男性」）という図で同じような主
張をしている。ダンスが意思を伝えることができるのは、ダンサーの自己受容
の体験が鑑賞者の身体と共鳴する場合だけだ。

　チャーリー・チャップリン（Charlie Chaplin）の演じるリトル・トランプ（Little
Tramp）は、綺麗な女性が傍にいると帽子を持ち上げたり、恥ずかしそうに足元
を見つめるのだが、このしぐさが何を意味するかは世界中の人が知っている。
それはこのボディーランゲージ（body language）がどういう感情を伴うのか、我々
も自分で知っているからだ。実際、Encyclopaedia Britannica（『ブリタニカ百科事
典』）ではパントマイム（mime-pantomime）のことを、最初で唯一の真に普遍的な
言語であるとしている。であれば、スタニスラフスキーが、すべての俳優はパ
ントマイムの技能を学ぶべきだと論じているのも驚くことではない。「俳優に
は実に鋭い観察力と高度に鍛えた筋肉の記憶力とが必要であり、ポーズや身振
りだけでなく、それらに伴う思考や身体の動きを再現できなければならない」
と彼は言う。スタニスラフスキーの発言に対する唯一の不満は、彼がこの言及
を俳優に限定していることだ。明らかにこの求められている技能を身につけれ
ば、誰でも他人を理解し、意思疎通する能力を高めることができる。

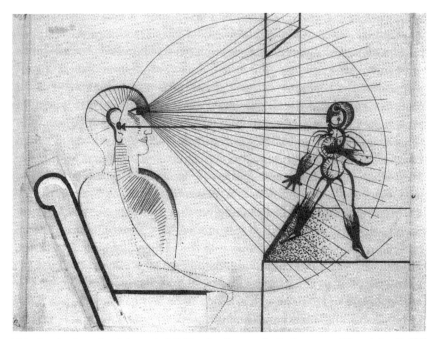

図9-8 オスカー・シュレンマーによる Man the Dancer Ⅰ: Performer and Spectator Ⅱ (「ダンサーの男性Ⅰ：パフォーマーと鑑賞者」) での内的な模擬のイメージ。1924年ごろ。

　人間の自己受容的な感覚は、身体の部位で失った部位や非生物の物体にも及ぶ。神経学者は昔から、手足などの切断手術を受けた人や視覚または聴覚をなくした人が、幻肢（実体のない手足）とか幻感覚と呼ばれる経験をする場合があることを知っている。つまり、何かの原因で足を失っても、それから何か月か、場合によって何年かはその不在のはずの足に痛みや痒み、場合によっては動きすら感じるのである。手をなくした人も、コーヒーカップを取るのにそのないはずの手を伸ばすところを想像できる。聴覚や視覚を失った人も物事を聞いたり、見たりしているものと思うことがある。明らかに精神は身体の体内的イメージと感覚を作るのである。そのため、どこかの部位を物理的には失った場合でも、精神は未だその部位があるかのように機能してしまうのだ。この自己受容的なイメージは人工器官をうまく使用するには極めて重要な問題となるので、義足を付けるにせよ、それを幻肢と上手く統合化しなければ義足には意味

がなくなると認識している医師もいる。つまり、手や足を切断した人は、人工器官を心にあるイメージの感覚と融合させることを学んでいくことである。ちょうど、ダンサーやパントマイムを見て、そこに想像により感情移入するのと同様である。ある神経学者から最近、義手で鉛筆を掴んで何かを書くことを患者さんに教える際の話を聞いた。鉛筆が自分の新しい手にあることが、どうやって分かるのかとその患者さんに尋ねたところ、彼は直ちに、感触ですよ、と考えずに答えたそうだ。そして短い沈黙の後で、その患者さんは当惑した顔付きで、こう付け加えた。でも、本当は感触はないはずですよね。実は彼には感触はあるのだが、我々の大半が考える意味での感触ではない。また、彼が感じたのは、つまり存在しない手の感触というわけでもない。その逆で、手の幻が義手に感触を与えているわけだ。手や足に問題がない場合でも、人は幻を投影する場合がある。ピッツバーグ大学医学大学院で精神医学専攻の研修医であるマシュー・ボトゥヴィニック（Matthew Botvinick）は、最近ある実験を行った。手足に問題のない被験者何人かに座ってもらい、自分の手が見えないようにした。だが、それに似た義手は見えるように配置した。ただし、この義手は被験者の身体につけられてはいない。描画用の筆を使い、実験の担当者が被験者の実際の手と義手とを同時に叩いていった。すると、自分の手への刺激に反応するのと同じように義手にも反応したと、被験者は述べた。実際の手には刺激を与えずに義手だけに刺激を与えた場合には、何も感じなかったそうだ。ボトゥヴィニックはこの現象を触覚的腹話術と呼んでいる。「ここで何が起きているのか。それはこちらで起きていること、つまり絵筆が手に触れるという視覚的な刺激とそちらで起きていること、つまり実際に絵筆が接触しているという触覚の刺激がある場合に、脳はその違いを単純に無視して筆が接触するのが見える。筆の接触を感じる。自分の認識に何か間違いがあるはずだ。でもそれを無視して、この2つを一緒にしてしまおうとする場合があるのだ」と彼は記している。

　実際に我々は各種の道具や機器を使う場合、幻肢を絶えず創り出している。テニスのラケットであれ、塗装用のブラシであれ、チェロと弓であれ、手の延長となる。つまり一種の義手となるのだ。それらを使って我々は世界を操作しているのである。特に、使い難いような延長物であっても、いずれそこに身体

図9-9 ダンサーのアマンダ・フォン・クリービグがオスカー・シュレンマーの1927年のダンス作品 Pole Dance（「棒のダンス」）を演じているところ。

の幻を埋め込むことが可能になる。オスカー・シュレンマーの1927年のダンス作品 Pole Dance（「棒のダンス」）では、ダンサーのアマンダ・フォン・クリービグ（Amanda von Kreibig）が手足に白い木製の棒を12本巻きつけてステージに舞った。長い棒は3mほどあった。彼がどういう感触を得たかについては記録がないが、1980年代半ばにデブラ・マッコール（Debra McCall）がこのダンスを再度演じたところ、すべての棒の隅々にまでダンサーは自分の身体の感覚を投影しなければいけないことが分かった。マッコールは、「ダンサーが手足や胴体に12本の白い棒を付けてリハーサルを始めると、息をするのも難しくなり、ダンサーはその拘束と闘う。しかし、棒の動きが空間において自分の動きの延長になっている感覚を覚えるようになり、次第にその拘束感は薄らいでいく。次にダンサーは自分の身体が周囲の空間と相互作用し、ダンスを形成していくのを感じる。その時に初めて、ダンスは3次元のものになり、生きた彫刻と化すのだ」と記している。やはり小道具を使ったダンスの実験を試みた振付

9 体感覚的思考 | 225

師のアルウィン・ニコラス（Alwin Nikolais）の言葉によれば、棒により骨と肉がより充足され、ダンサーの空間における物理的な大きさが拡大したのである。訓練により身体そのものを自由に扱うことができるように、こうした小道具をも扱うことが可能になる。小道具と身体の間の分離感を克服できるのだ。自分の身体の概念が変わり、運動感覚と自己受容の両面で延長部分を取り込み拡大されるのである。

　その他多くの芸術でも、身体を拡大させ取り入れることは極めて重要である。ユーディ・メニューインは、「偉大なバイオリンは……生きたものであり、バイオリニストは自分のバイオリンと一体になる」と記している。メニューインは、演奏をしている時には「身体は一種の聴覚の知性となり完璧に調律され、私から独立して音を奏でる楽器となる」と述べている。つまり、バイオリン自体と区別ができないほど純粋な声と化しているという。フランク・R・ウィルソン（Frank R. Wilson）は *The Hand*（『手』）という書物に、ドイツの操り人形師アントン・バッハライトナー（Anton Bachleitner）とのインタビューを記録している。バッハライトナーは自分の道具、つまり人形に自分の身体の感覚を投影している。この操り人形師によれば、「技術的に一番難しいのは、人形の足が床に着地した時にそれを感じ取ることだ。操り人形を生きているかのように見せるためには、手の感触で何が起きているのかを感じ取るしかない」。そのためには、認識のあり方を変える必要がある。操り人形師が人形の目で物事を見るようにすることだ。バッハライトナーによれば、人形使いは操り人形になることを学ばないといけない。

　同じような身体と道具の融合は、医学や科学でも起こる。アメリカのペンタゴン（The Pentagon）では最近、「テレプレゼンス・サージェリー・システム」（TeSS、Telepresence Surgery System 遠隔手術システム）というものを開発した。実質的に現実（Virtual Reality）の機械であり、何マイルも離れた場所で生命の危機に瀕している患者の手術を外科医が行えるシステムで手術を執刀するロボットを電子的に操作する。すでに外科医は、TeSS のテストを人形や医療研究用の死体や麻酔を施した動物などを対象に実施しているが、すぐに医師は媒介（TeSS）なしに手術をしているかのような感触が得られたそうだ。ある医師は、「ピンセットが指の動きに直ちに反応してくれる。ハンドルを操作すれば開い

たり閉じたりしてくれる。特に驚くべきこととして機械の感じている感触を自分も感じ取れる。ピンセットが何かに当たったり外科用の糸を強く引っ張ったりすると、その抵抗感が自分にも分かる」と述べている。同じように驚くような報告が、原子間力顕微鏡を使用している物理学者からも聞こえてくる。これは、原子の層と微細な針との間に生じる引き付ける力を拡大する機器である。この顕微鏡を使用している人が言うには、原子の層の１つの感触を感じ、個々の原子間に生じる物理的な引き寄せる力を感じ取ることができるそうだ。

その目的や規模がどのようなものであれ、人は身体の感覚を、技術が必要なあらゆる種類の道具に投影する。使用する道具に幻の身体を感じる場合さえある。意外と思われるかもしれないが、建築作業に従事する人たちも大きな機械との一体感を口にする。多くの人はこうした一体感を音楽家や美術家と結び付けるが、建築作業での道具との一体感も現実のものだ。「心を無にして何も考えないことだ。するとバックホー（backhoe、切削機）が自分の腕の延長になる」というある機械の運転者の話が、*Wall Street Journal*（『ウォールストリート・ジャーナル』）に引用されている。別の建設作業員は、「使う人が機械の一部になる。機械もその人の一部になる」と語っている。自分の愛車に同じような感触を感じる人は多い。狭い場所に駐車する場合や車庫に入れる場合、愛車の大きさを身体がよく覚えていて、物との衝突なしに操作できることを考えてほしい。自動車の外寸を実際に目で測るわけではないが、愛車が自分の身体の拡張身体になっていて、大きさや形状を把握しているのだ。これは、乗り慣れない自動車に乗って車両を走行させるのが右か左かが異なる国で運転をしてみれば、すぐに納得できる。その場合、意識的にあれこれ調整をして、その新しい車体のイメージで自分の幻の身体を作り変えるのだ。

本書で取り上げる他のいかなる形式の思考でもそうだが、身体的な思考によって客観的思考と主観的思考とが融合する。取り扱っているものが他者ではなく、自分の一部になった時に初めて、そのものは使う人の意図や要望の通りに動くのである。自分の周囲にある空間を探って入り込んで初めて空間を感じ取り、それとやり取りができる。ちょうど、ピカソがマリー・テレズが編み物をしている様子をデッサンで探り（図 5 - 1）、シュレンマーが 1924 年の図 Figure and Space Delineation（「人体と空間の線的描写」）（図 9 -10）で行ったよう

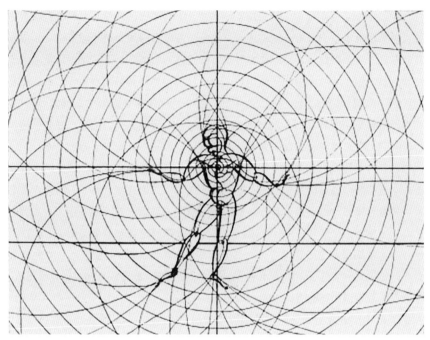

図9-10 オスカー・シュレンマーの Figure and Space Delineation (「人体と空間の線的描写」)。1924年。身体の自己受容的な拡大を視覚化している。

に。ダンサーのドリス・ハンフリー (Doris Humphrey) が、「運動感覚に対して、たいていの人は未熟な応答しかできず、この特殊な感覚を充分に自覚する必要が大いにあります。そうでないと、運動感覚に秩序を与え総合化することはできません」と問題点を記している。どんな人であれ、自分の身体を動かし装具や器具を扱い、運動感覚や自己受容による反応を自覚することは必要だ。こうした必要な行為を考えれば、スポーツやダンス、演劇のプログラム、義務教育での演習、また楽器を習得することの必要性として、新たなものが見えてくるためだ。特に、そうした活動を文字通り感触で進めていくことが、訓練の一環になるべきである。

身体による思考を実践することは、各分野や学際的な研究でも明確にその訓練の一部とすることができよう。一部の学校では創造的な運動を意図的に取り入れ、多くの学問分野での探求に役立てている。音波の物理学を学ぶ場合なら、

児童を分子の隊形で並ばせる。固体なら密集し気体なら散らばる。そして順に肩を叩いていくのだが、その肩叩きの波が各種の物体の状態に対応して、どれだけの速度で伝わっていくかを体験してもらうのだ。あるいは、他人の動作を観察し、内的に真似るのもいい。ミシガン州のオケモス (Okemos) にある「ハップンダンス・モダン・ダンス・カンパニー」(Happendance Modern Dance Company) のメンバーは、分子の物理化学をモデルにしている。ステージ上、至るところを走り回り、ダンサーの間で風船を弾ませながら、熱い気体中の分子の動きを具体化しているのだ。それからダンサーは冷却される。つまり、密度の高い物質に凝縮し、動きを遅くしていく。ダンサーの間の風船はゆったりと転がる。また、距離や速度、時間の数学を示すため、ダンサーは子供たちにカーフュー (curfew、門限) という身体を動かすゲームを教える。抽象的な概念を身体で体験するためだ。例えば、ドラマーが叩く 8 ビートに乗って、ある速度である距離を動く。その後で同じ距離を 4 ビートで動く。そうすると、歩く速度を増やさないといけなくなることを学ぶのだ。

　歴史の出来事を理解する上でも、再現することは根本的に重要だ。ある話の基本的な構成要素を表すため、子供が振付による動きを体現すれば、よりよく記憶に残る。授業で取り上げた問題が分からない場合には身体感覚に注目し、その不快感をきっかけに質問をすればよいだろう。敏感な教師であれば、姿勢や表情を読み取り、感情を見定めてそれに応じた行動をすることを教えることもできる。ちょうどパントマイムを読み取るように。こうした各種の方法で、子供は自分のこの世界に関する知識と自己受容的な感覚とを結び付けることができる。感覚体験の記憶を豊かに発展させ、それを基に自分の身体で考えることができるようになるだろう。

　教室において身体で思考することは、有名な生物学者の J・B・S・ホールデン (J. B. S. Haldane) が提唱していたように、実は単純なものかもしれない。彼は一時、科学の理想郷を夢見ていた。「図工の授業では、鉄道貨車や母親の顔など形態を想像し……それを絵に描いたり、像を作ったりする。そして見るだけでなく、自分の手をその作品の上に置くところも想像する。言語のクラスでは、物を投げたり、竹馬で歩く、気体体積の分析器で作業をするといった行為の感触を言葉で表現するのだ。つまり、運動感覚による想像力を発達させる」とホー

ルデンは述べている。彼はヒンドゥー教のヨガ（Yoga）の行者が行うような体感的感覚、運動感覚による探究者も想像していた。彼らは身体的な感覚と作用、効用が持ち合わせる可能な限りの特徴をより広く、より鮮明に感じ取り、コントロールすることを習得していく。この体感的感覚技術の習得は科学でも芸術でも未知の経験を探り未解決の問題を解決するのに役立つものと、ホールデンは考えていた。

　こうした手法のいずれでも、記憶し潜在している身体のイメージを無限に拡大することができる。実際、練習していけば、我々は誰でも運動や緊張感、触った感触の感覚経験を体験し、模倣し、モデル化し、投影することにより想像を膨らませることができるはずだ。ある研究者は、「すべては私の脳のどこかに身体的に記憶されていて、それを呼び起こして再生すれば、私は飛躍的に意識を高めることができる。自己受容と運動感覚による創造力について研究している」と述べている。また、古代中国のある諺によれば、「聞いたことは忘れる。見たことは覚える。実行したことは理解できる」。行動とその感触の記憶とは、身体による思考を学ぶ上で切り離せない。では、読者諸氏もただ座しているのでなく、猿のように歩き回ってみていただきたい。あるいは、身体だけが答えを知っている問題があって、その解答を見出せるかもしれない。

10

共感的思考

アメリカの作家ウィラ・キャザー（Willa Cather）はかつて、小説家や俳優、内科医は「他人の肌の下へと入り込むという、独特で驚くべき体験をする」と記した。多くの著作家がこうした共感的体験をすることについては、実例が数多くある。フランスの小説家アルフォンス・ドーデ（Alphonse Daudet）も、似たようなことを観察していた。その表現までキャザーとよく似ている。「描写している人物の中に入り込まねばならない。その肌の下へ。そして、その人物の目で世界を見て、彼の感覚で物事を感じ取らなければいけない」。他人と身体的に融合するには他者性をなくす、または消し去る必要がある。ドーデは著作において、「著者として直接に介入するのは誤りだ」と述べているが、それはまさしく、この他者性を消さなければならないためである。ある種の著作家にとっては、この登場人物との共感による同一化とは、チャールズ・ディケンズがそうであったように、登場人物（他者）になったかのように書くということであった。小説家のジョージ・エリオット（George Eliot）も、自身の最高の作品では自分以外の何者かが彼女に乗り移り、そうして彼女は自作の登場人物になりきってしまうと述べている。フランスの小説家ブレーズ・サンドラール（Blaise Cendrars）も、自分が想像した架空の登場人物のことを知り尽くすまでは書き始めることができないと語っている。登場人物の生まれた日から他界する日に至るまでのすべてを知らないと書けないのだ。彼のノートや書類を見れば、そのことが分かる。こうした伝記の細部に対し病的なまでのこだわりを持つ著作家はサンドラール以外にも多く、単に複雑な事実を積み重ねるだけでは済まされない。考えられる限りのあらゆる状況に応じて登場人物を表現し、発展させる能力も問われるのだ。

キャザーの指摘によれば、俳優も、そしてその延長としてすべての役者も他

231

者と共感し、演じる。ヨハン・セバスチャン・バッハ（J. S. Bach）の息子で音楽家のカール・フィリップ・エマヌエル・バッハ（C. P. E. Bach）は、「音楽家自身が感動していなければ、聴衆を感動させることはできない。聴衆の中に引き起こしたいすべての感情を自分が体験しなければならない。自分自身の気質を表せば、聴衆にも似たような雰囲気が生じるからだ」と主張している。こうした感情を引き起こすための鍵を、チリのピアニストのクラウディオ・アラウ（Claudio Arrau）は、「ちょっとした奇跡であり、聞く人と作曲家の間の一種の連帯で無意識から湧き出るもの」と呼んでいる。アラウにとって音楽家とは俳優であり、多様な様式や役割を演じられる人のことだ。アラウは、「作曲家は自分を変身させ知らない世界へと手探りで入り込んでいくことができなければいけない」とも述べている。

　舞踏家も、劇の登場人物、すなわち自分とは別人の身体として動きを理解しようと追求することがある。イサドラ・ダンカン（Isadora Duncan）の理解によれば、音楽と同様に舞踏も、観客の体内に共感を引き起こし身体を動かしたいという願望を呼び起こさなければいけない。演技の場合と同様、この共感はその役割を自分で感じ取ることによって、また観客の中に感情を引き起こし、その動作を模倣することによって作り出される。こうしたことは、同時に対立する場合もある。バレリーナのジェルシー・カークランド（Gelsey Kirkland）は、自分の感情を舞踏で表現することと振付師のジョージ・バランシン（George Balanchine）の願望との対立に苦しんだようで、その様子を記している。バランシンは、カークランドが自分の指示通りに舞ってくれることを願っていた。この対立からは共感というものの別の側面が浮かび上がるが、それに関してドリス・ハンフリー（Doris Humphrey）が次のように論じている。ハンフリーの考えによれば、踊り手こそが舞踏を作り上げる素材であるので、振付師は踊り手に対しても共感を抱く必要がある。振付師は「同時に、他の踊り手のために振付を考える際も、個々の個性を強く尊重し自分とは違うということを意識して、自分の知性を充分に活用して、踊り手を理解するよう努めるべきだ。身体的にも、感情的にも、心理的にも。多くの振付師が間違えるのは、踊り子への感受性のなさが原因だ」と、ハンフリーは述べている。振付指導の失敗について、同じような意見の俳優が多いことだろう。

無論ほとんどの俳優は、自分が演じる人物と共感しながらその役を演じている。ある俳優は、この共感するという技術を子供時代のロールプレイ（role play、役割行動）で学んでいる。トム・ハンクス（Tom Hanks）は、子供時代に宇宙戦争に憧れ、家のプールの中でホースを使い呼吸しながら歩いていたそうだ。無重力での訓練のつもりだった。しかしながら、当時は自分が将来 Apollo13（「アポロ 13」）の主演を演じることも、From the Earth to the Moon（「人類、月に立つ」）の総指揮を取ることも知らなかった。こうした擬似同一化による共感を意図的に進める場合すらある。英国の映画スター、ダニエル・デイ・ルイス（Daniel Day-Lewis）は、映画以外の場所でも自分の役柄が生きるよう努めたと言われている。その役柄の能力を学び、The Last of the Mohicans（「ラスト・オブ・モヒカン」）の Hawkeye（ホークアイ）の演技、また、アイルランドの著作家クリスティー・ブラウン（Christy Brown）の My Left Foot（「マイ・レフトフット」）で体現している。ダスティン・ホフマン（Dustin Hoffman）も、同等に役柄になりきろうとした。役柄を真似るのでも役のように振る舞うのでもなく、なりきるように努めたのだ。

　演劇でのこうした内的な真実を最も強く提唱した 1 人が、コンスタンティン・スタニスラフスキーである。彼は弟子に対し、「役柄を理解し、その人物に同情し、その立場になりきれ。そして、その人物が行動するように行動せよ。そこから、俳優の中にその役に求められる感情が湧いてくる」と教えていた。彼自身も、イプセン（Henrik Ibsen）の戯曲に登場するある理想的な人物を演じた時、その役柄と自身の共感を活用した。

　「初めてこの劇の台本を読んだ時、よく理解でき、気に入った。最初のリハーサルでも、この役をどう演じればよいのか分かった。ただストックマン（Stockman）の考えや不安さえ考えていればよかったのだ。それと前かがみの姿勢と速い歩き方を。手の人差し指と中指は真っすぐ伸びていて……ステージ以外の場所でも、ストックマンの行動や癖を身につけてさえいればそれでよかった。すると、私の心の中にそうした行動のあり方の原因となる感情や認識が芽生えてきた。この過程で私は俳優としての最大の喜びを実感した。つまり、その人の考えを舞台で語り、その人の情動に自

らを委ね行動するということで、すべてがあたかも自分のものであるかのように喜びを感じた」。

　キャザーが先に述べたように、多くの内科医も共感によって患者を理解し処置をする。詩人のウィリアム・カーロス・ウィリアムズ（William Carlos Williams）は、内科医としての仕事もこなしていたが、*Autobiography*（『自叙伝』）で、「患者の皆さんの心の特徴の中に入り込んで、自分を忘れていました。どんな患者さんであろうと、私は暫くの間は患者さんと１つでした。そのため、患者さんと自分を切り離す時は再度目覚めて自分に戻るような感触でした」と述べている。神経学者のオリバー・サックスは、*Awakenings*（『覚醒』）や *The Man Who Mistook His Wife for a Hat*（『妻を帽子と間違えた男』）などの著作で神経の病の挙動を詳しく述べているが、それら著作物を読んでいる間だけだとしても、話ができないこと、自分の身体の感じ方、自分の言葉を使うこと、記憶することといったような行為の意義をよく理解できるとしている。

　実際、多くの医学教育の関係者によれば、「一時的に患者と一体になるという共感という技術が、一流の内科医とそうでない内科医とを判別することになる。そうした共感とは、他人の役に立つどのような行為においても欠かせない技術だ」と、ペンシルベニア州立大学の医学教育者 E・A・ヴァスティアン（E. A. Vastyan）は断言している。共感に富んだケア担当者（caregiver）は、よく知らない検査や治療が命じられた時に、患者が体験する言葉にならない不安を察知できる。担当者が同情と理解を持って患者に接するので、患者も抵抗なく症状や秘密事項を他人である担当者に話してくれるし、痛みを伴うかもしれない治療にも協力してくれる。そして、聞きたくもない予後診断に耳を傾ける。人に見せたくない身体の部位や心をさらすのだ。この他人の中に入り込むという能力は、精神医学でも実に重要なものであり、アルフレッド・マーグリーズ（Alfred Margulies）は精神医学における共感について、*The Empathetic Imagination*（『共感の想像』）という著作物を作成している。実に適切なタイトルだ。

　面白いことに近年、著作家や俳優、内科医の共感の世界が融合しつつある。1981 年、ミネソタ州ロチェスターにあるマヨ・クリニック（Mayo Clinic）では、医学生や医師が患者をよく理解し共感を持てるように、演劇の活用プロジェク

トを始めた。ジェイソン・ロバーズ（Jason Robards）を始め、何人かの俳優がいくつかの劇を演じる Insight（「洞察」）というプログラムである。俳優はユージン・オニール（Eugene O'Neill）の Long Day's Journey into Night（「夜への長い航路」）を演じて薬物依存症に入り込み、同じオニールの The Iceman Cometh（「氷人来たる」）を演じてアルコール依存の深部に入り込んだ。また、ローレンス・ハウスマン（Laurence Housman）の Victoria Regina（「女王ビクトリア」）では、老いることの理解を深めた。このプログラムの監督者でマヨ・クリニックの薬物依存治療プログラムにおいて治療後ケア（after-care）の担当責任者であるメアリー・アダムズ・マーティン（Mary Adams Martin）は、「内科医にとって、これ以上事実を与える必要はない。これに対し、自分のことであれ他人のことであれ、医者が人間的な問題に取り組める時間は極めて限られている。演劇はこの隙間を埋めてくれる」と語っている。ニューヨークにあるマウントサイナイ病院（Mount Sinai Hospital）では、この取り組みを一歩進めている。末期癌やエイズなど、各種の病気に苦しむ患者を俳優が演じるのだ。医学生がそのカルテを調べ、診断を下し、予後診断を患者に伝える。これは遊びではない。学生は患者と感情的に関わるようになり、医師は単なる技術者ではなく、患者をケア（care）しなければならない存在であることを初めて知るのである。

　医療現場での状況を集団で再現することで内科医の共感を強化できるのであれば、個人で小説を読んで感情の動きを感じることも共感の育成につながる。ピューリッツァー賞も受賞している精神科医のロバート・コールズ（Robert Coles）は、ハーバード大学医学大学院で担当していた学生に対し、ジョージ・エリオットの *Middlemarch*（『ミドルマーチ』）とウォーカー・パーシー（Walker Percy）の *The Moviegoer*（『映画愛好者』）を読むよう力説している。この 2 冊の本は標準的な教科書と異なり、内科医が直面する倫理的な問題の多くを人間の視点で探っている。エモリー大学医学大学院の心臓専門医ジョン・ストーン（John Stone）は、レオ・トルストイ（Leo Tolstoy）の *The Death of Ivan Ilyich*（『イワン・イリッチの死』）とアルベール・カミュ（Albert Camus）の *The Plague*（『ペスト』）を勧めており、死と死にゆく人への洞察を磨くのに効果的であるとしている。ホルヘ・ルイス・ボルヘスの The Immortals（「不死の者」）という話は、生体工学による臓器移植と義肢のもたらす心理効果を考えるのによいと言われている。

ストーンによれば、「文学は状況が許すのであれば、若い医者が適切な感受性を養うことに役立つ。すなわち、文学は適切なタイミングで適切な言葉を言うことや、医師が病床の患者の立場に自らの身を置き、自分のことのように感じることにも役立つ」。E・A・ヴァスティアン（E. A. Vastyan）も、「共感とは単なる心理的な概念ではない。真実性が感じられる小説の登場人物は著者が作り上げたものである。著者はその想像力を通じて、登場人物の身に起きたことをとても深く擬似体験するので、その結果、読者からみてそれに命が吹き込まれる。文学には、学生の想像力を解き放つための宝物が多数ある。共感する技術を習得したいのであれば、そうした想像力が必要なのだ」と述べている。

　要約すれば、ウィラ・キャザーの発言からは、著作家や俳優、内科医の仕事の重要なあり方が推察される。彼らは他人を客観的に外から理解するだけではなく、その内部を主観的に理解しようとする。この他人になりきるという側面ゆえに、共感はイメージ化や固有受容的思考とは明らかに異なる。共感を実現するための鍵となるのは、他人の精神と身体を介して世界を認識することである。

　キャザーの洞察は優れたものだが、小説家や俳優、内科医だけが共感を持つかのように聞こえるのは彼女の誤りである。こうした人たちの経験は、決して彼らだけのものではない。禅仏教の教学全体を貫いて、人はその瞑想する対象と１つにならなければならないという考えがある。自分という意識を捨てて、他者が他者でなくなるように理解を深めなければならない。そのため、禅と関連する芸術はすべて、それが風景であろうと、石の庭園であろうと、絵画であろうと、素描であろうと、建築、茶道、その他の儀式であろうと、自然と共感する能力を求める。鈴木鎮一が主導する才能教育のプログラムにも、同じ手法が見られる。このプログラムは西側では矮小化され、子供の音楽教育のスズキメソッド（Suzuki method）にされてしまっている。実は、鈴木の意図は人間そのものを育てることにあった。音楽は、あくまでも学び方を知るための手段に過ぎない。その鍵となるのが「勘」（Kan）というものだ。これは英語にしにくい日本語で、共感と運動感覚的思考とを組み合わせたようなものだ。音楽、そしてそれを奏でる楽器と一体化することである。この理念を西洋化し近代化したものとしてよく知られているのが、ロバート・M・パーシグ（Robert M. Pirsig）

の *Zen and the Art of Motorcycle Maintenance*（『禅とオートバイ修理技術』）である。これは、人間だけでなく物事を共感という手法で理解しようという案内書である。

　共感による理解の力を高く評価するのは何も東洋哲学に限った話ではない。75 年前にドイツの哲学者マルティン・ブーバー（Martin Buber）は、「共感とは、自分の感情を対象の動的な構造の中に入り込ませ、その内部を探り、その対象の成り立ちと変動（Bewegtheit）を自分の筋肉で理解することだ。対象は、柱であっても水晶であっても木の枝でも動物でも人でもよい。対象へと、そして対象の内部へと自分を移していくことだ」と記している。それと同じころ、フランスの哲学者アンリ・ベルグソン（Henri Bergson）は、最も重要な洞察は共感によってしか得られないと主張した。「したがって、絶対的なものには直感によってしか到達できない。人間のその他の知識は、分析、解析によって得られる。直感を共感と呼ぶこともできる。それによって人は対象の内部に入り込み、その独特な言葉にできない特性に溶け込む」と彼は言う。1958 年に物理学者にして哲学者のマイケル・ポランニー（Michael Polanyi）は、*Personal Knowledge: Towards a Post-Critical Philosophy*（『個人的知識──脱批判哲学をめざして』）で、知識の内部化からどのようにして理解が生じるかを論じていた。この内部化において、アインシュタインは、「人が自然の小さな一部になり、外部のものを自分の中に反映させる」と。高名な哲学者カール・ポパー卿（Sir Karl Popper）に至っては、「新しい着想というもの一般を得るために最も役立つ助言は……同感的な直観や共感であろう。問題とされる状況に入り込んで、その一部となることだ」とさえ述べている。

　実際、どのような科学や芸術、人道的職業に取り組む人でも、基本的な手段として共感を活用していることは確かだ。共感によって他の手段では得られない理解が得られるからだ。その例をいくつか考えてみよう。

　歴史家にとって、共感とは他人の目で世界を見る能力のことだ。トール・ヘイエルダール（Thor Heyerdahl）の *Kon Tiki*（『コンティキ号漂流記』）や *Ra*（『葦船ラー号航海記』）を例に取ろう。古代のポリネシア人やエジプト人が世界を航海するとはどういうことだったのか、それを再現する実験であった。こうした再現行為には議論もあったが、実際にヘイエルダールを古代の海に連れて行った

10　共感的思考　**237**

という点で説得力がある。優れた俳優と同様、彼の航海記も読者を一緒に古代へと連れて行ってくれる。歴史家のアンソニー・マイケル・コーヘン（Anthony Michael Cohen）は、地下の奇術師フーディーニ（Houdini）として知られているが、彼も同じように読者の想像力を駆り立てた。地下鉄道に乗って、アメリカ北部やカナダの自由の地へと脱出した奴隷の体験を理解するため、コーヘンは奴隷と同じような生活をし、同じ靴で歩き、同じ食物を食べ、同じように眠った。例えば 1848 年にヘンリー・ボックス・ブラウン（Henry Box Brown）は、リッチモンドからフィラデルフィア行きの貨物列車にある 76 cm × 62 cm ほどの箱に忍び込み、奴隷状態から脱出した。コーヘンも同じ寸法の箱に入り、列車で輸送されることを体験してみた。7 時間の旅だったがその間に酷い鬱状態になり、閉所恐怖症や脱水症状、熱中症などを体験した。そのため、何度か意識を失った。逃走した奴隷は数々の不安や憂鬱を体験したが、それを追体験したコーヘンは、「奴隷の感情がかなり分かるようになったと思う」と述べている。そうした感情を彼は歴史の著作で中心に据えた。プリンストン大学で古典を教えているジョン・マ（John Ma）教授は一歩進んで、学生の協力を得て大学のキャンパスで古代ギリシャの戦闘を再現した。学生も彼自身も古代の戦闘の様子を理解できるようにするためだ。無鉄砲な熱情と歴史再現にも歴史学では役割があると、マ教授は述べている。

　これは単なる奇行などではなく、こうした演技行為によって歴史的な知識が大いに得られるのだ。歴史家のディクソン・ウェクター（Dixon Wechter）も、次のように述べている。

　　「専門家の中でも特に優れた人は、閉じ籠っていない。フィールドワーク（実地調査）を好み、そこから斬新で独創的で生命力のある著作が生まれる。その実例がフランシス・パークマン（Francis Parkman）によるアメリカ開拓時代の街道 Oregon Trail（「オレゴントレイル」）の旅であり、スー族（Sioux）の間での実地体験である。ダグラス・S・フリーマン（Douglas S. Freeman）は、バージニア北部にある戦場に残存する爆弾穴を、忍耐強くすべて調査した。サミュエル・エリオット・モリソン（Samuel Eliot Morison）は第 2 次世界大戦で海軍に同行し、*Admiral of the Ocean Sea*（『大洋の大将』）

を執筆する前に、コロンブスが航海したサンタマリア号に似た帆船で大西洋を航海した。実際モリソンは、アメリカ新大陸の発見を除けば、コロンブスのしたことをすべてやっていた。斧やライフルの銃床の感触、釣竿を手に持つこと、背中の荷物、顔に受ける風、鼻にかおる潮風、それらはみな歴史著作を執筆するに当たって優れた教訓となった」。

　過去とは一種の外国のようなもので、実際に住んでみる、つまり再現することでのみ体験できる。

　特に優れたな伝記作家も共感を活かして情緒的、そして知的な理解を進める。彼らは、「主題となる人物の心の中に入り込み、その思考や感情は身体感覚まで捉えようとする。そして、社会的事象と仕事場での現象をその人物の視点で把握しようとする」と、歴史研究者のトマス・ソダークビスト（Thomas Söderqvist）は述べている。20世紀を代表する科学史研究者のトマス・クーン（Thomas Kuhn）は学生たちに、ある1人の科学者の人生を一歩一歩再現することによって、その業績を見通すようにと教えていた。現存する文書を年代順に読んでいき、その科学者が次にどんな手紙や論文を書くのかを正確に予想できるようになれば、その科学者のことが本当に分かり始めると考え、そう教えていた。予想が外れたら、それはその科学者の生涯をまだ把握できていないために同じような思考と行動ができていないと考え、視点を変えて最初からやり直すべきなのだ。

　ここまでに取り上げた共感と演じることの例において、対象は人間であった。だが、禅も西洋哲学も説いているように、動物や樹木から非生物の物体に至るまで個人化した知見を得ることは可能だ。実際に、人間の動物に対する共感には長い歴史がある。フランスのトロワ・フレール（Trois Frères）にある洞窟には有名な旧石器時代の絵が残っており、魔術師（Sorcerer）と呼ばれている。その姿は肩から下は前かがみの人間のようで、何かに忍び寄っているように見える。だが、肩から上は雄の鹿かヘラジカのように見える。この像にはいくつもの解釈があり、何らかの儀式用の服装で男性が魔術師か角のある神を演じているという説もあれば、神話に登場する怪物で文字通り半人半獣だという説もある。旧石器時代の熱を帯びた想像の産物という訳だ。だが、そうした解釈は我々に

図10-1 「Sorcerer（魔術師）」、旧石器時代の壁画、フランスのレ・トロワ・フレール。

は空々しく聞こえる。この壁画を描いた人は単細胞で迷信深いと決めてかかっているからだ。この魔術師が何をしているのか、なぜ洞窟の壁にこれを描いたのか、それらの説ではそういったことに答えていない。現場にいる感触が得られないのだ。

　我々のこの洞窟壁画の解釈は異なる。これを描いた人は知性が高く思慮に富んだ教師で、見る人に重要な知識を得るための方法を示しているのだと考える。この魔術師は、実は狩猟をしている人物であろうと本書の著者は考えている。狩猟者が使う計略の中で、最も古くからあって現在も使われているものの1つに、捕獲した動物の皮をまとい獲物と融合するというものがある。これを上手くやるには、動物のように考え行動せねばならない。狩猟される側の立場になり、その動物がどう反応するかを想像する。これ以上の狩猟を学ぶ方法があるだろうか。こうした教育的演技は今でも世界の狩猟採集者らが実践している。対象となる動物の行動を真似ることから、子供の訓練は始まる。オーストラリアの森の様子を写した素晴らしい写真がある。先住民の子供が大人の後をついて行くところだ（図10-2参照）。大人も含めた全員が体に色を塗り、両手を伸ばし、現地の鳥であるゴウシュウヅル（brolga）が翼を広げて駆ける様子を真似

図10-2 オーストラリア先住民が、ゴウシュウヅルの真似をしているところ。

ている。こうした練習の成果で、いずれ子供もその鳥と同じように考え、それを狩るにはどうすれば最善かを理解するのである。

　動物が物事を考えるという概念は、事実、時代を問わずすべての狩猟文化の基本にあるものだ。アメリカ先住民の6部族によるイロコイ連合（Iroquois Confederacy）を形成しているオノンダガ部族（Onodaga nation）の長であるオレン・リヨンズ（Oren Lyons）によれば、動物と密接に同一化することは狩猟の成功と生き残るためには不可欠なことで、それによって動物への敬意も生まれるそうだ。リヨンズによれば、「我々部族の者は動物が思考できると考えている。狩猟とは知恵比べで、人間が負けることの方が多い。我々は動物も人であると感じている。動物を動物と見るのではなく、個々人として見なければいけない。個々人として見るだけでなく、動物の魂というものを考えてみる必要がある。動物の目を見つめるほど、それが動物の目ではなく他人の目であることに気づ

10　共感的思考　241

くはずだ。だから、私たちは動物のことも我々の仲間と呼んでいる」。

　動物も思考をするということを疑う読者諸氏もいるだろう。だが、どれだけ技術が進んでも、狩人や漁民は狩猟を成功させたければ狩猟対象のように考えることを身につけなければいけない。ノーマン・マクリーン（Norman MacLean）の小説 A River Runs through It（「マクリーンの川」）を読んだことのある人なら、狩人がいかに狩りの対象となる動物と同一化するものか理解できるはずだ。これは、フライフィッシングに打ち込んだ 2 人の兄弟の小説だ。小説中での語り手である兄は、断続的ながら魚の泳ぐ川や渦、流れ、魚が潜む岩の背後などの感覚をしっかりと掴んでいく。魚の環境を知っているので、優れた漁師である。だが、弟のポールはそれを凌ぐ達人である。魚の目には自分のフライ（疑似餌）がどう映っているのかを知っており、実物の昆虫のようにフライを水中で踊らせる技術を知っており、魚の行動や本能を知っているので引き付けることができる。ある所でポールは、「釣竿の扱いなら上手になったけど、魚と同じように考えるにはまだ 3 年ほどかかる」と言った。すると兄は、「完全に死んだフライのように考えることならお前はもうできるね」と答える。

　動物学者のテンプル・グランディン（Temple Grandin）も、牛や羊をそうした深い次元で熟知している。家畜を扱う施設、食肉処理場など、効率よく動物を拘束するシステムを設計した人物を 1 人挙げるとすれば、グランディンであろう。こうした動物は狩猟対象ではなく飼育されているものだが、拘束されたり不快な扱いを受けたりすると、狩りの対象となる動物と同じ反応を示す。すなわち、恐怖を感じるとパニックを起こし、1 頭がパニックを起こすとその群れ全体に混乱が広がり、動物の世話や加工処理ができなくなる。拘束するシステムは動物に恐怖を起こさず安心させるようにできていなければいけない。グランディンの 1995 年の著作 *Thinking in Pictures and Other Reports from My Life with Autism*（『絵による思考と、自閉症者としての私の生涯の報告』）によれば、彼女がこの設計に成功したのは自分が拘束される動物の立場になったからだという。「自分を牛の立場に置いてみれば、牛の皮を被った人間ではなく、本当にその牛になりきらなければならない。自分の視覚的思考能力を活かし、その状況で動物の見ること聞くことを真似る。動物の身体の中に入り、その経験を想像する。牛の感覚器官を利用して見る世界とはどのようなものかを想像しなければなら

ない」と彼女は記している。グランディンが動物になろうとする努力を強化した要因として、動物の感覚刺激に対する反応とグランディン自身の反応とが似ているからである。すなわち、彼女には自閉症があり、これは神経に関わる問題であり、時折生活に問題を起こす。知覚が正確過ぎるため、恐怖もすぐに感じて反応してしまう。多くの自閉症患者と同様、グランディンもある種の景色や音に対して過剰に反応してしまう。床に光が反射したり、気圧式ゲートが突然騒音を建てたり、床が滑りやすく歩きにくかったりすると牛が過剰に反応して吠えることを強調している。そこでグランディンは、驚かせたり恐れさせたりすることのない処理施設を考案した。家畜が通る通路は曲線で、輸送システムを通過する時にも恐怖や混乱を起こさない。だから家畜が効率よく通過でき、経済性もよく家畜に調和し適切なものである。

　バック・ブランナマン（Buck Brannaman）は動物の調教師で、The Horse Whisperer（「モンタナの風に吹かれて」）という小説、そして映画の源泉となった人物だ。その彼も、同じような共感による理解を活用している。ブランナマンは、馬と調和した思考ということを語り、人間と動物とが真に１つになることを語る。そのため、彼は想像を働かせて馬の視点で世界を眺め、馬を馴らすのではなく馬を駆り立てる。この見方でもやはり狩猟という概念が重要である。ブランナマンによれば、「人が馬の背に乗る姿勢は、まさにアメリカ・ライオン（Cougar）が獲物の背に乗る姿勢と同じなのだ。背中に乗って獲物を両足の間に挟む行為は、馬の身になれば、背中に乗る人間をよく思わないのは当然で、怖いのだ。その警戒心があるからこそ馬は野原で生きていけるし、馬には何千年もの間そうやって生きてきた自己保全の道があるのだ。それを人間が無視する。そして、背中に乗せてと言っている」。驚くことだがブランナマンは馬に乗る時、馬独自の微妙な体の動きや身振りの言語を使って乗っていいか尋ねるのだ。簡単に言えば、ブランナマンはその馬の群れを支配する種馬のように振る舞い、動き、反応し、他の馬の服従を求めるのである。「これには何の秘密もない。馬と同じ言葉を話すにはどうすればいいのか、同じように踊るにはどうすればいいのか、私は知っているのだ」とブランナマンは述べている。

　現代の狩猟行為の一種においても共感は重要である。もっとも、この狩猟行為では動物が対象になることはあまりない。技術の時代である現代でも、優れ

10　共感的思考　**243**

た思考をする人は新たな事実やアイデアや着想、理論を探求し追求するに当たって、狩猟者の使うような演技や共感を意図的に活用してきた。物理学者のエルンスト・マッハ（Ernst Mach、音速単位の名前になった）は、その科学的手法に関する著作の中ではっきりと、科学者は知識の狩猟者だと述べている。「科学の狩猟者は目に留まった獲物の生き方を想像し、それに合わせて自分の行動のあり方を決める」。クロード・ベルナールも自分の研究を狩猟に例えており、アルベルト・セント・ジェルジも「人は多かれ少なかれ目的もなくさまようが、所々飛んでいる獲物を見たり、その匂いを感じる」と記している。

　科学研究で、この狩猟の類推が持つ含蓄は驚くほど大きい。まずほとんどの人間は、科学者とは客観的な手法を取るものだと教えられているが、共感という手法はどう見ても客観的ではない。むしろ、捕まえる対象と同一化するというのは、想像し得る限り最も主観的な研究手法だ。だが後に述べるように高名な科学者の多くは、特に重要な洞察は単細胞生物、生物学的な過程、物理現象などの探す対象の役割を演じた時に得られたと語っている。原子の素粒子から、昆虫、星々に至るまで。

　岩であるとはどういうことか、クオーク（quark、素粒子の構成要素）であるとはどのようなものか、想像しようとしても難しい。そこでもっと真似しやすいもの、つまり動物の科学研究から始めよう。動物行動学者は動物の行動を研究する科学者であるが、研究の戦略として共感を活用するという点では最も進んでいる。オーストラリアの林の狩人やアメリカ先住民、テンプル・グランディン、馬にささやきかけるブランナマンなどと同じ基本的な手法を取るのだ。野生のチンパンジーを何十年も観察したジェーン・グドール（Jane Goodall）の場合、彼女とそのアシスタントの中に共感が自然に生じ、それを賢明に利用すれば、重要な科学の手段になるのである。「チンパンジーの示す行動の一部は人間の行動と驚くほど似ているので、何年もタンザニアのゴンベ（Gombe）で仕事をした人の多くは、研究対象になった個体との共感をある程度持つようになる。これはそれ自体悪いことではない。そうした共感を持つようになれば、チンパンジーの雰囲気の微妙な変化や他のチンパンジーに対する態度を示す繊細な意思疎通の兆候に気付きやすくなる。そうなれば、複雑な社会的過程を理解するために役立つ。対象との共感から直接生じる理解によって、直感的な解釈が生

図10-3　左：チンパンジーが木を叩いて音を出す様子を実演するフランキー・レイノルズ（Frankie Reynolds）。右：ゴリラの演技をするダイアン・フォッシ（Dian Fossey）。

じる場合があり、それを後にデータが示す事実で確かめることができる」とグドールは記している。

　シャーリー・G・ストルム（Shirley G. Strum）は野生のヒヒの研究で知られているが、1987年の著書 *Almost Human*（『人間まがい』）で、ヒヒの行動を学ぶ上で感情に基づく共感が重要な役割を果たしたと記している。ヒヒの自然状態での行動を理解しようとして苦労していたが、ある個体に特に関心を持つようになった。その個体をペギーと呼ぶことにしたが、そのペギーのお陰でついにヒヒの暮らしが分かるようになった。こうして共感から得られた洞察により、ストルムは共感も無感情な事実の集成に劣らず、科学の重要な要素だと確信した。「ペギーが私に、私が彼女に抱いた強い愛着のような強い感情を持っても、なお科学としてのよい仕事ができることを教えてくれた。私はそれまで強い感情と科学は両立しないと考えていたが、そうではなかった……感情が科学を駄目に

するとは限らない。感情があっても手法をしっかり定量的に適用することは可能だ。何よりもヒヒに対して強い感情を持つようになり、科学に携わるやりがいが強まった」と述べている。知識と感情は相反し合うものではなく、感情から知識が得られる場合もあるのだ。

　女性の動物行動学者が特に直感的な理解に身を委ねる傾向があるという誤解を避けるため、動物の思考に関する専門家ドナルド・グリフィン（Donald Griffin）について紹介しておこう。彼によれば、共感は科学の手段でありながら広く過小評価されてしまっている。象の行動に関する専門家で動物学者のイエイン・ダグラス・ハミルトン（Iain Douglas-Hamilton）も、同意見だ。著書 *Among the Elephants*（『象の間で』）で、「オックスフォード大学では動物の行動を人間流に解釈するなと教わったが、実際には擬人化をしない訳にはいかなかった」と、ハミルトンは記している。擬人化とは人間以外の何かを人間流に解釈することだが、これは科学でははっきりタブー視されている。実際、有名な著書 *The Naked Ape*（『裸のサル──動物学的人間像』）で、人間を動物の一種として理解したデズモンド・モリスは、本当の意味で動物と共感しても擬人化には全くならず、むしろ共感は人間の思い込みから解放される手法の1つだと主張している。10代のころのモリスはその動物への関心が高まり、動物が夢に登場してもディズニーの漫画のような擬人化されたものではなく、むしろ自分が動物になったような夢を見た。「奇妙な短い筋書きだった。私は動物に囲まれていた上に、自分も動物に変身していた。その後の研究生活では、私はまさに動物に変わるようになっていた。すなわち、動物の行動に関する学生となり、その変化を体験した。どの動物を研究する時も、私はその動物に変身した。その動物のように考え、感じようと努めた。人間の視点でその動物を見るのではなく、それによって擬人化という深刻な間違いを犯すのでなく、私は動物行動学の研究者として自分をその動物の立場に置くよう努めた。それにより、動物の体験する問題を自分の問題とし、馴染みのない生活様式には惑わされないようにした。その夢からすべてが分かった」。

　昆虫の化学的な防備手法や意思疎通方法における研究の開拓者、トーマス・アイズナー（Thomas Eisner）も、同じような演技の夢を体験している。ウルグア

図 10-4　デズモンド・モリス、The Entomologist（「昆虫学者」）、1951 年。

イ生まれのアイズナーはその地の虫たちに親しんでおり、スペイン語でアリに語りかけることを願っていた。「ある時、私は自分が昆虫になった夢を見た。そして虫に語りかけ、自分自身は人間になった夢を見ていたのだよ、と話していたのだ」とアイズナーは述べている。彼によれば、対象とのこうした親近性から研究上のいろいろな有意義な洞察が得られたそうだ。

　科学者が昆虫に共感することができるのなら、植物や細胞、染色体についても可能ではないか。そうした共感について最も明確に述べている科学者は、間違いなくバーバラ・マクリントックだ。彼女は、トウモロコシやその他多数の生物の遺伝子を研究した。植物とともに多くの時を過ごし、その遺伝子の構成物質の作成に尽力したので、それらに精通し、1つ1つを熟知していた。彼女は植物と友だちになること、そして植物や遺伝子をその立場で見ることに、花の絵画を描く時にジョージア・オキーフが行ったように（第3章）、文字通り時間を費やした。最終的にマクリントックは、「有機的な組織体への感触が深く

10　共感的思考　247

根付き、自分自身が遺伝子や染色体になったように感じた」と言っている。

　マクリントックと同様の経験をした同僚は数えきれない。リタ・レーヴィ・モンタルチーニ（Rita Levi-Montalcini）は内科医で、患者との強い共感を体験していた。そのため、精神的な苦しみを負うことになり、臨床の医療をあきらめ、細胞の成長とそれを制御する要因に関する研究に打ち込むこととなった。彼女は、「マウスにできた悪性腫瘍を鳥に移植した場合に、胚の感覚神経や交感神経の細胞にどのような影響が出るか、その研究の最初の段階でしたが面白い研究でした。私はその研究にのめり込み、昼も夜もその問題を考えていました。自分がその腫瘍を転移させる要因になって、予想外の作用を引き起こしているような感じでした」と語っている。神経生物学者のチャールズ・シェリントン（Charles Sherrington）によれば、神経解剖学者サンティアゴ・ラモン・イ・カハール（Santiago Ramón y Cajal）にもそうした熱意が見られ、彼は顕微鏡で観察する世界をそれが生きているかのように我々と同じように感じ、行動し、願い、努力する生命体が住む世界であるかのように眺めていた……新たな繊維細胞が現れている神経細胞は、他の細胞を求めて手探りしているのであった。カハールは、精子細胞がなんとか卵子細胞に入り込もうとする激情から競い合っている様子を想像していた。シェリントンは、こういう擬人化の能力は研究者としてのカハールの成功には役立たないのではないかと考えていた。それはそうだと言う人が多いだろう。分子生物学者のジャック・モノー（Jacques Monod）も、自分の研究で「タンパク質の分子と自身を同一化し、その機能を理解しようと努めた」と言っている。やはり分子生物学者のジョシュア・レーダーバーグ（Joshua Lederburg）も、生物的状況の内部に入っていく想像力を大切なものとしていた。「文字通り私は、最近の染色体の構成分子の１つに自分がなったとしたら何を体験するだろうかといったことを思考し、その場合の周囲を把握しようとした。どの位置にいればいいのか、そこで何をどうすればいいのか、そうしたことを想像していた」と述べている。

　多くの科学者も、演技や共感から洞察を得ている。有機化学者のピーター・デバイは、「自分の感情を利用しないといけないと考えて、炭素原子が何をしたがるのか」と述べている。第１章で述べたように、アインシュタインも光子の視点で宇宙を眺めた。物理学者のアーネスト・ラザフォード（Earnest Rutherford）

248

にとって、「原子もアルファ粒子も全く友人のようなもの」と言っており、それに対して同僚がそうした粒子を単なる理論上の構築物に過ぎないと言うと、ラザフォードは怒っていた。スブラマニアン・チャンドラセカール（Subrahmanyan Chandrasekhar）は、星の視点で宇宙を想像し、天体物理学における多くの発見をした。リチャード・ファインマンが量子力学に革命を起こしたのも、「自分が電子だとしたら、どうするだろうか」といった自問自答をしたお陰である。また、天体物理学者のハンス・アルヴェーン（Hannes Alfvén）も、自分の得た洞察の多くは自分が電荷を帯びた粒子になった場合を想像して得られたものだと記している。すなわち、磁気流体力学の方程式を解くよりも、１つ１つの電子やイオンにまたがり、その視点で世界がどう見えるか、またいかなる力によって左に曲がり、あるいは右に曲がるのかが想像できた結果である。マクリントックからアルヴェーンに至るまで、こうした人々は皆ノーベル賞を受賞した。ここからも共感による狩猟に潜む力が分かる。

　科学者に該当することが発明家にも適用できることは、驚くに値しない。ゼネラル・モーターズ社で何十年も研究部門の責任者を務めるチャールズ・F・ケタリング（Charles F. Kettering）は、複雑な計算やモデルにばかり取り組む技術者を叱り飛ばしたことがよくあった。「その計算はその通りだ、だが君はエンジンの中のピストンになった感触を得ているのか」といった具合に。アレクサンダー・グラハム・ベルも、そうした手法を活用した。彼は仕事に全面的にのめり込み、研究していたシステムそのものになったのだ。聴覚や発話、視覚に障害のある人たちの教育のための新しい方法を考案していた時（彼の母も妻も聴覚障害者であったので、ベルにとっては深刻な問題だった）、彼は研究に専念し過ぎるあまり、身体的にではなく心理的に存在しなくなっていたことから、彼の妻は自分にも子供にも関心を払ってくれないと穏やかながらも不満を漏らしていた。それに対しベルの弁解は、「発話や聴覚に障害がある人たちのための研究に没頭していて、家族のことをすっかり忘れていた。発話や聴覚障害のことばかり考えていて、心の中で孤立し、妻や子供たちの考えも感情も分からなくなっていた。この障害のことを考えていると家族から離れた所に行ってしまう」というものだった。ベルは発話や聴覚障害を理解するため、俳優のように自らその障害を負ったのだ。他の例では、ベルは設計した機械の一部になっていた。

ファインマンもまた、電子機器の作動を理解するために、それと一体化するような思考をしたと述べている。多くのコンピュータープログラマーや半導体の設計者が本書の共著者に語ったところでは、Tron（「トロン」）という映画の登場人物が電子回路の世界を歩き回るように、彼らはマイクロチップやプログラムの中を歩き回る感覚が生じるそうだ。こうした人たちは対象を客観的に知るだけでなく、主観的にも理解しているのである。

　芸術家も、有機的組織体への触感、知覚能力から多くのことを引き出す。ヴァージニア・ウルフは、「自作を手に持ったまま座っては眺め、座っては眺め、ついにはその見ている対象と同一化する」ことがよくあったという。画家のジョアン・ミッチェル（Joan Mitchell）は、「絵画は自分の一部ではない。絵画を描く時、自分の存在を自覚していないからだ。以前にも述べたように、私の手が描くのではなく、絵画が私に何をすべきか命じているのだ」と述べている。WOLS（アルフレッド・O・W・シュルツェ、Alfred O. W. Schulze）という名で通っている近代絵画の画家も同じことを別の言葉で述べ、「完全に集中できるのは集中していない時だけだ」と語っている。この禅問答のような言葉は、作品や対象と芸術家が一体化することで得られる悟りのような状態を表している。中国や日本の芸術家は、何千年もの伝統として共感による直感を意図的に育ててきた。例えば、もう900年ほど前にス・トゥン・ポ（Su Tung-Po、蘇軾）は、「竹を植える前に、竹を自分の中に育てよ。次に画筆を手に取り、目を集中させ、目前にその姿を見よ。それをできるだけ素早く捉えよ。さもないと、その像は狩人が迫った時の兎のようにすぐに逃げ去る」と述べている。また、マティスは、「樹木と同一化すると私は樹木に似た物を作る。樹木の象徴である」と述べている。ノグチもそうした思考をしていた。ある時彼は、2mほどの高さのオレンジ色と黒の玄武岩に穴をあけた。上部に人の頭ほどの穴を、もう1つを片側の中央に設けた（図10-5参照）。アトリエに来た人たちにノグチは、「どうぞその中に頭を入れてみてほしい。そうすれば、石の内部とはどういう感触なのか分かるはずだ」と勧めた。

　共感と演技とがあらゆる種類の創造的思考に共通して見られると、結論付けていいはずだ。しかし、共感を得るにはどうすればよいのか。その答えは実に単純だ。シェイクスピアの有名な言葉、「演劇こそ、それだ」を思い出してほし

図10-5 「穴（穴をあけた彫刻）」イサム・ノグチ、1978年。

い。多くの創造的な人たちは、演じる体験によって共感を生む想像力が向上すると主張している。天文物理学者のジェイコブ・シャハム（Jacob Shaham）は、劇場で演技を学ぶことで数式の持つ生きた意味を理解できるようになったと記している。彼は10代のころ、地域の劇団で施しを求める役を演じたのだが、何度かリハーサルをしてみると、施しを求めるとはどういうことか分かっていないことに気が付いた。そこで彼は、その後の何週間か、何時間もかけてエルサレム（Jerusalem）の通りにいるそうした人たち数人を追い、彼らが他人と交わすやり取りや身振り、表情、話し方、考えなどを学んだ。彼のセリフは短いものだったが、ようやく観衆に本当の施しを求めている人物がいるように感じさせる演技ができた。シャハムはこの時のことを、共感から得られる創造的洞察を学んだ体験として忘れなかった。後に彼は、舞台とはかけ離れた世界での仕事に就いたのだが、それでも彼は忘れなかった。物理学の等式とはまさに劇のシナリオのようなもので、それを生きたものにするには演じることを学ばなけれ

ばならないと彼は悟ったのだ。数式で記述されている行為の文脈の中にエネルギーや質量、明暗などの演技者を持ち込まなければならないのだ。シャハムは、「自分が研究している、あるいは得たどのような方程式や言述、アイデアも、必ずそれをさまざまな角度から見て、それが何を招くかを考え、関連するものは何か、何が足りないかなどを考える……そういう感触を得るよう科学の教師の何人かは全力を尽くして我々に教えてくれた。科学の仕事に携わって20年ほどになるが今になって、自分は初めからそういう姿勢だったのだと理解できた。それは、あの演劇での役のお陰だ」と記している。

　果たして、優れた共感を持つ人になるには演技の訓練を受けないといけないのだろうか。無論、そうではない。ただ、スタニスラフスキーを始めとする同一化演技者が考案した手法の多くは、さまざまなことに適用できる。スタニスラフスキーが勧めているのは、例えば以下のようなことだ。

◆　現実の状況でも架空の状況でも「見ているものや聞いているもの、触っているもの、感じているものに内的な注意を向けること」を練習する。つまり、外世界の事象に対する自分の反応を観察し、その反応の身体的、感情的な記憶を覚えておく。ドアを開ける時の感触と物理学的なドアの開放のシナリオとはどう対応するのか。どの分野の演技者もこの内的な注意を磨くことができる。そのためには、毎日の生活で体験する感触を覚えておき、再現するとよい。

◆　他者、つまり他人や物体などに対する外的な注意を向ける練習をする。俳優は他人や物事を密接に研究する。スタニスラフスキーは弟子に物体を1回だけ見せて、それをできる限り詳細に思い返す訓練をさせた。彼自身も、他人の身体的な癖で面白いと思うものを正確に真似る訓練をした。この手法は、模擬や描写の対象がチンパンジーの行動であろうと、時計であろうと、粒子であろうと、役に立つ。特定の状況や刺激に対して、対象がどのように反応するのか観察するとよい。

◆　外的な注意の対象が気付き感じていることを想像する。そばに寄って、その対象が見ている世界と自分の世界を重ね合わせる。その感覚器官や物理特性を自分のものにする。すると、一体どういう感触があり、どのような

行動をし、いかに反応するか。その想像の中で自分の中に生じる感覚経験や感情を探る。この手法によりスタニスラフスキーは劇中の人物に親しみを持ち、実際にその役柄と一体化できたように、読者も細胞やウイルス、炭素原子が何をしたいのかを感じることができよう。

　物理学者の体験によれば、文学からも共感や演技に至る別の道が得られる。そこからの洞察は人の心理に限定されたものではない。特に優れた文学の中には、人間の感情以外の何かと同一化することを探るものがある。プリーモ・レーヴィ（Primo Levi）の Periodic Table（「周期律」）では元素の欲望を読者に紹介しており、T・H・ホワイトは The Once and Future King（「永遠の王」）で、若き円卓の騎士伝説で有名なアーサー王を何度もアリやハヤブサ、フクロウ、魚、その他多数の生物に変身させている。

　無論、実際にモグラのように穴を掘ったり、魚のように泳ぐことができるならば、いろいろ学ぶことがあろう。どんな場合でも、模倣とは共感への有効な手法である。アメリカのテレビ局 PBS では、Kratt's Creatures（「クラットの生き物」）という番組を放映しているが、まさにそうした教育手法を利用している。優れたシリーズで、登場人物は例えばハエから身を守るために泥の中で転がったりするのだが、これはサイやカバがやっていることだ。チンパンジーの食べ物を食べてみたり、枝や棒でビーバーのダムを構築してみたりする。こうした行為を真似ることで動物の内的な世界を垣間見ることができ、他の方法では見ることができないものだ。Kratt's Creatures の登場人物は、動物の視覚ゴーグルというメガネを使い、ある動物にとって世界はどのように見えるのかを視聴者に紹介している。目のあり方が変われば世界は異なって見えるからだ。写真家が使う魚眼レンズは実は、物理学者ロバート・ウィリアム・ウッド（Robert W. Wood）の発明した物である。ウッドは、魚の目には世界がどう映っているのかを知ろうとしたが、その時点で存在していたカメラにはそれを写せるものはなかったのだ。多くの動物園は、さまざまな種類の動物の形や聞こえる音声さえ人々に体験させる機器を持っている。また、いくつかのウェブサイトではそうした画像を紹介しているし、今までにない斬新なカメラを開発し利用することもできる。本書の共著者の友人には娘がいて、彼女はそうしたカメラを発明し

10　共感的思考　253

図 10-6 魚眼レンズの発明者ロバート・W・ウッドが撮影した、世界初の魚が見る世界の写真の 1 枚。

た。安価なプラスチック製カメラのレンズを、やはり安価なプラスチック製の小眼レンズに代えたのだ。すると、ハエやハチが見るような世界を写すことができた。

　そうした取り組みを一歩進めることも可能だ。1960 年代終わりごろ、スタンフォード大学の生物学者は、細胞でタンパク質に刻まれた遺伝情報を解読する過程全体を大掛かりに再現した。生物学の学生に、DNA や RNA の配列にある塩基やアミノ酸、リボソーム、その他この解読に必要な分子を役として割振ったのだ。そして、フットボールのスタジアムにスピーカーでロックのビートを大きく流し、学生はそれぞれの役割を演じた。そして、この大掛かりな芝居の全容をヘリコプターから撮影し、遺伝情報の解読を行った。ミシガン州立大学の昆虫学部門のキャザリン・ブリストウ（Catherine Bristow）は、この古典となった大掛かりな芝居による解読方法を教室用に簡略化したものを考案した。シカゴのゼフラ・レーマン（Zafrah Lehrmann）やニューヨーク州アコードのスーザン・グリス（Susan Griss）も、似たような解読方法を考案している。生態系での各種生物種の相互作用や化学反応を躍動で表すというものだ。

　こうした例のいずれからも、自分が自分でなくなり理解しようとしている対象そのものになった場合に、最も全面的な理解が得られるということが分かる。体系の中の 1 つの役割を演じることで、実際に理解を高めることができる。事実、共感に関しては全世界が想像の舞台なのだ。

254

11

思考次元の転換

舞踏家のアグネス・デ・ミル（Agnes De Mille）は、空間の中を移動するということに魅了されていた。彼女にとって幼少期から、丘の頂上から見下ろす景色は、「走って、無我夢中で転げ回り、大地の上に自分の体をぶつける情熱だった。空間は舞踏家にとって……あるいは子供にとって……そういうものだった」と述べている。それは同時に、この3次元の世界では絶えず重力が作用しているので、実際にはデ・ミルの動きは2次元に制約されたということでもある。一流の舞踏家でも床から離れることができるのは、一度に数秒に過ぎない。また、舞踏家は平面から別の平面へと動くのではなく、1つの平面上で移動する。デ・ミルの言う、土台となる地面との抱擁と争いからは逃げられない。この制約は、オスカー・シュレンマー（Oskar Schlemmer）が体験したように、失望を引き起こす場合がある。シュレンマーは、「絵画と彫刻から舞踏へと発展し、1次元の平面幾何から半分造形できるもの、レリーフ（relief）へと移行し、そこから人体という全面的な造形芸術へと移った」と述べている。だが、重力によって課される制約という皮肉は、彼を見逃してはくれなかった。彼は自分の発言に注釈を入れ、「逆説的なのは、形態の造形性が高まるほど、より平面的になることだろう」と語っている。

　想像してみる。いずれ宇宙旅行の無重力空間で演じることができるなら、舞踏家は何ができるだろうか。重力で地表に拘束されることがなくなれば、3次元の中を本当に自由に動き回ることができるだろう。ただし、空間に存在する慣性に対処しなければならない。このことは、以前とは全く異なる物理的問題だ。この問題は宇宙飛行士がすでに体験済みだ。レンチを回すと跳ね返る。物体に力がかかる時は必ずその力と等しいが逆方向の力がかかるというニュートンの作用・反作用の法則が、無重力空間では圧倒的に当てはまるのである。地

上では我々の動きは存在する摩擦と重力によって緩和されているが、宇宙空間ではその緩和がないのだ。宇宙空間で片腕を動かすと、全身はその反対に動いて身体の重心の現在位置を保とうとする。この動きの反対に作用する床が存在しない。上下というものが存在していない。舞踏やスポーツ、芸術、ゲーム、科学に対して空間が持つ意味は想像できないものだ。ビリヤードのような単純なゲームでも、2次元から3次元に変換するとあまりにも複雑なものとなり、卓越した数学者しか遊ぶことができなくなるかもしれない。

　突拍子もない話に聞こえただろうか。では、これはどうだろう。地球上で行う2次元 (2-D) のビリヤードで、標準的なトリック・ショット（trick shot）の1つとして、突き玉を打ってボードのすべての側面の壁にぶつけ、元の位置に戻らせるというのがある。このショットのお膳立ては簡単だ。1つの側面壁の中央から隣接するいずれかの側面の中央を狙って玉を打てばいいのだ。正多角形の平坦な面であれば何でもその同じ戦略が機能する。正三角形でも、正十二角形でもよい。だが、3次元 (3-D) の宇宙空間では1つの平面上に制限されていない。例えば、立方体の部屋の中でこのトリック・ショットをやってみることは可能だ。1つの面の中心に突き玉を置いて隣接する面の中央へと飛ばせば、玉は確かに元の位置へと戻ってくるだろう。ただし、6面あるうちの4面にしか当たっていない。失敗である。この立方体内部のすべての側面に突き玉を衝突させる方法を発見するには、世界的に卓越した幾何学者のヒューゴ・シュタインハウス（Hugo Steinhaus）が必要だった。また、単純な四面体の場合で同じ問題を解くには、ここ数十年で世界最高の幾何学者である、ジョン・コンウェイ（John Conway）とロジャー・ヘイワード（Roger Hayward）の2人の頭脳が必要だった。最近、正八面体や正十二面体のような他のプラトン立体（正多面体）において、そうしたトリック・ショットが可能かどうか判断するため、マシュー・ハドルソン（Matthew Huddleson）はコンピューターの助けを必要とした。

　もちろん、次元のパズルを体験するのに地球を離れる必要はない。古典的な問題だが、「マッチ棒9本で、隣接し合う三角形を4つ作ってください」というものがある。難しいのは、3本減らして6本でもまだ4つの隣接する三角形を作れることである。似たような問題には、19本のマッチ棒で6つの隣接した正方形を作る、というものがある。7本減らしてもまだ6つの隣接した同じ大き

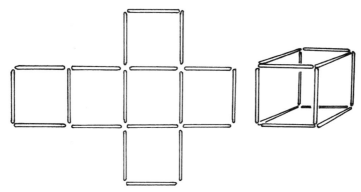

図 11-1　マッチ棒（matchstick）パズル。

さの正方形が作れる。問題が 2 次元で与えられるため、たいていの人は正解も 2 次元に違いないと想定してしまうが、正解は 3 次元にあるのだ。

　思考次元の転換においては、「2-D と 3-D の間を行き来する」ことが求められる。すなわち、ある次元での情報を他の次元へと変換する「マッピング（mapping）」、同じ次元の中で物体や過程の比率を変更する「スケーリング（scaling）」、そして今認識している時空を超えて、次元を概念化（Conceptualizing Dimensions）することである。平面である紙を折って紙飛行機を作って飛ばしたり、近所の地図を描いて自宅への道順を示したりする時は思考次元の転換を活用している。2 人前の調理法を 20 人前に変える時、あるいはリリプット王国（Lilliput）でのガリバー（Gulliver）を想像する時や、「ミクロキッズ」（Honey, I Shrunk the Kids）という映画で物質縮小装置によって小さくなってしまった子供たちを見る時、我々はスケーリング（scaling）を行っている。SF を読んでタイムワープ（time warps）やワームホール（worm holes、時空連続体の構造で宇宙の異領域を結ぶ仮説上の連絡路）、平行宇宙などを想像する時には、思考次元の転換を使って楽しむことも行っている。このように、思考次元の転換は我々の生活に浸透している。

　この点を証明するため、まずは完璧に平坦な 2-D 世界を訪れてみよう。例えば、エドウィン・アボット（Edwin A. Abbott）が幾何学的ファンタジーの古典 Flatland（「フラットランド」）で創作した世界だ。そこから、我々がこの 2-D の世界を自覚せずに頻繁に訪れていることについて考察してみよう。フラットラン

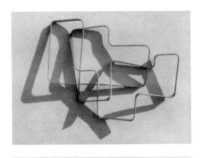

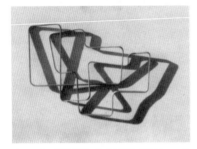

図11-2 投影される形の変化を示す、エルネスト・ムント(Ernest Mundt)による影の彫刻。サン・ミゲル学校(San Miguel School)のもの。1953年、ブロンズ製。上から:「朝の光」「正午の光」「午後の光」。アイラ・ラトゥール(Ira Latour)による写真。

ドの平面世界に暮らす住民は、我々の暮らす3-D世界を彼らの世界に落とす影と足跡でしか認識していない。彼らが我々の姿を感じ取ることは可能だろうか。それがあまりできないのだ。2-D世界の友人が我々のことを直接感じることができるのは、影あるいは断面としてだけなのだ。我々が彼らの平面世界の上に立てば、我々の影を認識するだろう。だが彼らが見る像は、太陽の角度や平面世界に対する我々の位置に応じて歪んだものである。同じ物体であっても、その落とす影にはいろいろな形があるためだ。それを示すのが、図11-2の壁面彫刻だ。動きも混乱を引き起こす。歩く時に足を上に上げると、影は水平方向に急に移動する。体を回すと、平面上では姿や手足が突然消えたり、現れたりすることになる。アボットがフラットランドで推測したように、平面世界の住民には、我々の姿は全く違って見えるはずだ。

ピーマンの連続断面を一通り見ればピーマンの実物を再構成できるかもしれないように、2-D世界の住民も連続的に断面で見ていくことが可能ならば、我々のことをもっと理解できるかもしれない。我々が平面世界を頭から足まで通過できれば、あるいは、そこに横たわってゆっくりと沈んで通り抜けていくことができれば(図11-3)、平面世界の人たちは我々の断面を見ることができる。ここで注意すべきこととして、2-D世界の住民は我々の外側だけでなく、内側

も見ることができるようになる。これは、3-D世界の我々がお互いに見ることができないものだ。だが、これだけの情報を得てもなお、2-D世界の人たちの精神は2-Dで考えて働く。果たして、2-D世界の精神が3-Dの物体を認識できるのか。それとも、フラットランドの人たちはあくまでばらばらな2-Dの断面として我々を認識するのだろうか。3-D世界のある個人の断面を見ているのに、彼らは何人かの似たような、しかし認識不可能な断面と思うのではないだろうか。断面像を統合化できないというこの話は、実は決して飛躍したものではない。オリバー・サックスは、自分の患者の1人が自分の飼い犬や友人を見る度にいつも違って見えてしまうため認識することができなかったという話をしている。著作家のホルヘ・ルイス・ボルヘスも、Funes the Memorious (「記憶の人、フネス」)という小説で同じテーマを探究している。3時14分に横から見た犬と3時15分に前から見る犬が同じ犬のはずだという演繹的な理由はないと、述べている。図11-4の磁気共鳴の写真を見るか、インターネットでアメリカの国立医学図書館 (National Library of Medicine) のVisible Human Project (「人体視覚化プロジェクト」)をご覧いただけば、この問題をある程度体感してもらえるだろう。

図 11-3 Prelude to 1,000 Temporary Objects of Our Time (「現代の一時的な物体1,000個への前奏曲」)、コリン・セルフ (Colin Self) によるエッチング、1971年。フラットランドに我々が寝転んだとしたら、フラットランドの住民が何を体験するかを示しているのかもしれない。

11 思考次元の転換 | 259

フラットランドは架空の世界だが、現実世界にも同様に各種の類似性が見られる。誰でも泥や雪、コンクリートに残った足跡を見て、どんな人物、あるいは動物の足跡かを推測したことがあるはずだ。自分の影が形の崩れた幽霊のように付いて回ることを皆知っている。こうした現象はいずれも投影や絵図であり、全身あるいは身体の一部を比較的平坦な平面に映したもので、3-D の物体を 2-D 上に表現したものである。こうした描写はいくつかの職業では大変重要である。考古学者や科学捜査の専門家は、身体が地面に残した足跡やその他の形跡からその身体の大きさや身長、体重を推定しなければならない。軍隊の情報解析担当者であれば、偵察機やスパイ衛星からの 2 次元画像から 3 次元の様子を推察しなければならない。内科医が X 線写真や CAT スキャン画像（コンピューター断層撮影）、MRI 画像（磁気共鳴映像）を調べる時、患者の体内の固定した断面だけを見ているのだが、そこから生命体の状態を読み取らなければならない。

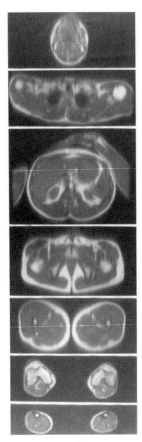

図 11-4　Sliced Man（「人間のスライス」）。ロバート・ルート・バーンスタインによる磁気共鳴写真。フラットランドの人たちは我々の断面をこのように見るのかもしれない。

現代の医学文献には、近視など視覚的な欠陥を適切に治すための予測方法から成形手術における顔の整形法まで、3 次元、4 次元、5 次元、6 次元の技術的解析に関する記事が溢れている。超音波診断やポジトロン断層法（PET）のスキャンを使えば、身体および器官機能を空間的にだけでなく時系列でも調べることができる。

260

その他の職業でも次元の変換を利用している。その中には化合物の周期表の発明といったかなり難解なものもある。これは元素の周期表と異なり、化合物形態を示すのに4つ以上の次元が必要となる。その他、あまりにもありふれているため、我々がしばしば見過ごしているものもある。地球を把握して地図という平面に変えるにはどうすればよいのか。オレンジの皮を剥いてそれを平面上に広げた経験があれば、これには多くの方法があることが分かる。オレンジか地球かを問わず、方法が1つだけではない。地図製作では多数の地図化手法が生まれており、これは良質な地図帳を見れば分かることだ。我々が見慣れているメルカトル図法や投影図法以外にも、ゴール図法（Gall）、モルワイデ図法（Mollweide）、ハンメル・アイトフ図法（Hammer-Aitoff）、直交図法（Orthographic）、立体図法（Stereographic）、方位図法（Azimuthal）、極投影図法（Polar Projection）、円筒図法（Cylindrical）、円錐図法（Conical）、平面図法（Planar）、バックミンスター・フラーの測地投影法（geodesic projection）であるダイマクション・ワールド・パズル（Dymaxion World Puzzle）という三角形のピースによる世界地図が入手可能であり、その他何十種類もある。これだけ多くの名称があり、それぞれ実現性が異なるので混乱してしまう。だが、いずれの図法でも投影ということに違いはない。投影や地図化の手法は、3次元の物体を2次元の表面に投影するものであり、ルネッサンスの偉大な業績の1つである。

　投影の過程は、遠近法の発明から直接に発展したものだ。遠近法の絵画を描くのは、3次元の中で見た風景や物体をカンバスや紙という平面に投影することに変わりはない。ルネッサンスの芸術家は格子の光学機器を用いていた。この器具にはいろいろな名称があり、それらはアルベルティのベール（Veil）［訳注：15世紀の芸術家レオン・バッティスタ・アルベルティ（Leon Baptista Alberti）にちなんだ名称。彼は幾何的遠近法の過程を史上初めて説明した］や、レオナルドの窓［訳注：レオナルド・ダ・ヴィンチの名を取ったもので、アルベルティの器具を改良して使っていた］などの名称である。これらの機器では画家と描く対象との間に窓のような格子が縦に配置される。そして、画家は、格子内の各四角に見える部位を絵の上にある四角へと移していく。こうすれば、球体でも女性でも風景でも、正確に描くことができる。こうした機器の手ごろな模型が*The Art Pack*（『アート・パック』）という書物にある。これは優れたポップアップ本（開

くと絵が飛び出す本）であり、芸術の歴史を紹介している。

　西洋の人間は遠近法の描画の習慣に慣れてしまっており、今では当然のこととしている。誰でも、背景の決まった1地点へと直線が収束している様子を想像できる。そして、我々はこうした画法による絵をリアルなものと捉える。だが実際には酷く歪んでいたり、短縮法で変形されていたりすることが多いのだ。影が平面上で歪んでいるのと同様だ。しかも、遠近法自体の中には本質的に自明なものはない。人類学者の説では、先住民の多くは、我々が2-Dで描いたものを3-D物体としてなかなか解釈できない。画家も遠近法の規則の本質を学ばねばならない。ブリジェット・ライリーは、「単にモデルを見えるままに描写するのではなく、重量や空間のようなものも収束していると納得できる方法を見つけないといけない。描写するだけでは不充分だ」と述べている。実際ライリーだけでなく、エルズワース・ケリー、ジーン・デービス（Gene Davis）、バーネット・ニューマン（Barnett Newman）、アグネス・マーティン（Agnes Martin）など多くの現代抽象芸術家は、明らかに平面的な世界の中（2-D）で創作をしており、質量や色彩、形態の関わりが3-Dの感覚世界とは異なることを強調している。立体派の芸術も、3-D物体の複数の補完し合う姿と2-Dでの描写の限界とを比較した。

　遠近法絵画は確かに素晴らしいものだが、それは地図作成（mapping）では単純な形式の1つに過ぎない。歪像、つまり歪んだ形状と呼ばれる遠近法描画を修正した手法を利用すれば、どのような形態や寸法の物体でも、他の物体上に地図化することができる。例として、アルベルティの窓やレオナルドの窓を対象物に対して鉛直に置くのではなく、非常に鋭い角度で配置してみよう。すると、絵画上の格子にできる画像は極端に引き延ばされたものになる。この過程は単純な実例を考えれば分かる。空白の紙の最上部に、通常の大きさでSHORTという単語を書いてみる。次にそのSHORTの下に、紙の残りの部分全体を使って、同じSHORTという単語を書いてみる。文字の幅は同じにして、縦に大きく引き伸ばす。誰かにこの下の引き延ばした文字を見せれば、何の単語か分からないだろう。これは紙に対して格子を極端に鋭い角度で配した場合と同じ効果だ。こうしてSHORTを投影したことになる。この引き伸ばされた文字を読み取るには、同じく極めて鋭い角度で見なければならない。運転中に

図 11-5　アルブレヒト・デューラー（Albrecht Dürer）が遠近法の使い方を実演しているところ。1525 年。

　道路標識を読む際、実は似たような読み取りをしている。STOP AHEAD（一時停止）や RIGHT TURN ONLY（右折のみ）といった標識は、車内の運転手には読みやすいが、その標識をすぐ上からあるいは横から見ると、奇妙に引き延ばされた文字になっている。

　デューラー（Dürer）やレオナルド（Leonardo）、その他の芸術家は、曲がったり歪んだりした格子も利用できることをすぐに認識した。こうした格子を使えば、ちょうどカーニバルの鏡に痩せた人が肥って映り太った人が痩せて映るように、極めて歪んだ物体を描くことができる。この描画作業では補完的な格子ないしは鏡が必要になる。それにより歪像の投影過程を逆転させるのだ。この特殊な遠近法で描く作業を始めるとすぐに、画家は何かの手助けがないと正しく見えない像を描いていることを実感する。球体や円錐、円柱、その他の幾何図形の鏡で補正する必要があったのだ。17 世紀のスウェーデン国王を描いた肖像画（図 11-6 参照）が、その優れた実例だ。1974 年 12 月の *Scientific American*（『サイエンティフィック・アメリカン』）にあるマーティン・ガードナーの記事にはそうした例が多数紹介され、作り方も記されている。こうした歪像の投影は、地球を平面に投影する地図化作業によく類似している。

　モーフィング（morphing、図の変形）は芸術上の実験として始まったものだが、後に多くの科学分野で重要な応用がなされていった。18 世紀終わりの製図者にして数学者のガスパール・モンジュ（Gaspard Monge）は、風景や建築物を調査し正確に図面に写す原理を考案した。その過程で、射影幾何学という新分野を

図11-6 スウェーデン国王の顔を円筒に写した歪像。作者不詳。グリプスホルムのスウェーデン国家肖像コレクション（Gripsholm, National Portrait Collection）。

考案した。これは現代の工学や建築の基盤の1つである。それから1世紀ほど後、生物学者ダーシー・トムソン（D'Arcy Thompson）は、有機体の構造形態が歪曲的な変化によって進化してきたことを実証した。彼の *On Growth and Form*（『成長と形態』）という著作は、この分野での古典となっている。魚はいずれの種も、歴史や遺伝の面だけではなく形状においても相互に関連し合っている。いずれの種も他の種の形態を歪ませたものになっているのだ。これは昆虫や哺乳類、樹木と葉、その他あらゆる生物にも言えることだ。

　神経学者も歪像分析の応用法を見出した。脳の研究で身体各部での触覚による刺激を脳の担当部位にマッピングしたところ、明らかに歪んだ像が得られた。身体の各部からの刺激に対応する脳の部位の大きさは、感覚神経支配の程度に

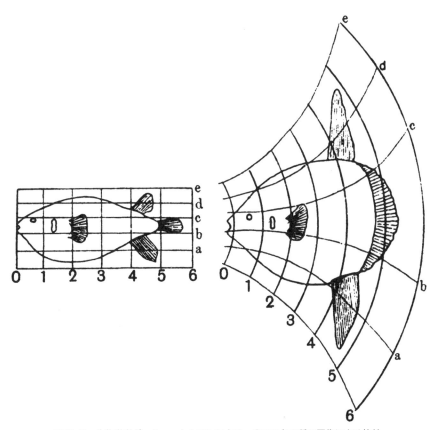

図11-7　生物学者ダーシー・トムソンによる、2つの魚の種の歪像による比較。

比例している。そのため、脳のかなりの部分が舌や唇、指に対応している。一方、胃や背中、お尻といった部位は大きいのだが、対応する脳の部位は小さい。そのため、心理的なホムンクルス（homunculus、人造小人）、つまり脳の担当部位に応じた人間像はかなり奇妙な形になる。目の見えない人々が描いた人体像が、それに近い。身体感触で描き、身体を目で見ることがないためだ。

　娯楽産業も歪像の技術を活用している。ワイドスクリーン用映画の形態がその例だ。ワイドスクリーン映画は通常サイズの映画と同じフィルムで撮影しているのだが、歪像レンズを使って幅の広い像を通常サイズに圧縮しているのだ。

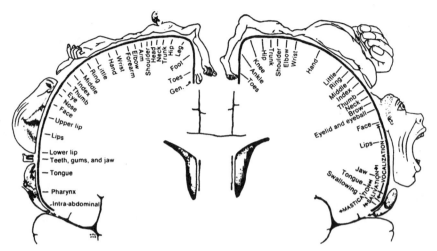

図11-8　ワイルダー・ペンフィールド（Wilder Penfield）による運動野の人体模型（ホムンクルス、homunculus）。身体各部の触覚を歪像的に大脳へと投影したもの。

こうして撮影した画像は、それを補正する歪像レンズを映写機に付けて映写しなければいけない。これで歪んだ像が補正され、正しくスクリーンに投影される。映画の背後に隠された秘密である。

　地図作成や遠近法、歪像にはよく発展した数学理論がある。だが、その他の次元変換については理解が始まったばかりだ。その1つが「フラクタル次元」(Fractional Dimension) というものだ。我々は次元というものを 1-D、2-D、3-D といった整数で考えたがる。だが、第7章のシェルピンスキーのカーペットやコッホの曲線のことを覚えているだろうか。こうした「フラクタル」(fractal) は、分数 (fractional) の次元を有しているのでそう呼ばれているのだ。周囲の長さが有限な四角形や円と異なり、フラクタル図形は周囲の長さが無限になり得る。だが、古代ギリシャのゼノン (Zenon) が説いた逆説のように、ある種の無限級数は有限の数に収束する。この逆説は、人がある地点から別の地点へと歩く場合、その歩幅を1つ前の歩幅の半分にしていくと、いつまで経っても目的地に到達しないというものだ。コッホ曲線 (Koch Curve) を考えてみよう。既存の三角形のセットに新たな三角形のセットを加えるたびに、その周囲の全長は大きくなり、前回の 4/3 の長さになる。この過程は無限回繰り返すことが可能

で、それによってできる周囲の長さの数列は無限で、フラクタル次元は1.2618……となる。これがコッホ曲線のフラクタル次元である。フラクタル図形はいずれも独自のフラクタル次元を有する。この次元は我々が通常考える整数の次元と次元の間にあり、実数である。樹木や肺や毛細血管の分岐の様子、その他生物学的な体系にもこうしたフラクタル構造が見られるが、その理由は未だ解明されていない。

その他、ありふれた物体の数学的特性にも驚くような次元が隠れている。彫刻家のノグチはかつて、「彫刻は書物では再現できないもの」と定義した。つまり、ページという平面には再現できないものなのだ。実際、彼の晩年の作品の一部はアルミのシートでできていて、それを折っただけで溶接していない。「日本で子供時代に折り紙で遊んだのだが、そこから応用した手法を用いた」そうだ。折り紙とは、複雑な多次元思考を活かした芸術である。科学者のブライアン・ヘイズ（Brian Hayes）は、「石を削ったり、粘土で造形する彫刻家はすでに3次元の素材で創作しているが、折り紙の作家はまだ形もできていない平坦な紙で何を作るか想像しないといけない。これには強力な幾何学的直感が必要だ」と述べている。実際、数学者は折り紙には精密な次元思考があり、一連のアルゴリズム、つまり規則の体系として記述できることを発見した。このアルゴリズムによって何を折ることができ、何を折ることができないかが決まる。望む形を折るためにはどの順序でどう折ればいいのかという手順も、それに応じて決まる。こうした規則は数学的な定式として書くことができ、また小包箱を組み立てる機械では、一連の機械的な操作となっている。今では折り紙は数学の新たな一分野となっており、「折り紙の数学」と呼ばれる。あらゆる種類の折り方を支配する規則を研究している。こうして、遠近法や歪像に数学的規則があることを発見してから500年ほど経って、折り紙のような古くからある芸術の規則を発見しているのだ。

折り紙の数学の応用も多数ある。ほとんどの平板からの製造工程では、2次元の物を曲げ、折り、圧縮して、3次元の形状を作る。鋼鉄の平坦な板に大きな圧力をかければ、自動車や飛行機、列車、ブリキ缶、道具などになる。小包箱の形状をよく観察すれば、平坦な素材を切り取り3-Dの容器にしたものだと分かるはずであり、形状を設計し製造するには、平坦な物体がどうすれば内容

物と一体化するのか認識していなければいけない。2-D の青写真や製図、地図などを 3-D の現実に対応させる能力は、こうした仕事には欠かせない。

　図を実物にするための作業のもう 1 つの側面として、スケーリング (scaling)、つまり拡大縮小がある。地図作成や 3-D の物体の制作と同様、1 つの次元体系の中である物体の大きさや比率を変える能力は、多くの分野で要求されている。どのようなスケール（尺度）を考えるかで、その人がどのような学術的な訓練を受けてきたかをある程度特定できる。フィリップ・モリソンとフィリス・モリソン (Philip and Phylis Morrison) およびチャールズ・アンド・レイ・イームズ (Charles and Ray Eames) による会社は、Powers of Ten（「10 の累乗」）という優れた映画と書物を出している。そこでは、原子下の波動素粒子として考えられている最も小さな粒子から宇宙最大の構造に至るまで当てはまる便利な尺度を紹介している。その目盛は 10^{-16}m から 10^{25}m までの範囲にわたる。100 万 m を超える物体を扱う人なら、おそらく天文学者だろう。その次に来るのが地質学者で、1000m から 100 万 m 規模の物体を扱うだろう。最大級の建築物や機械は 1000m 程度以下だ。ただし、鉄道の線路や道路は除く。人と一緒に仕事をする人々は、たいてい 1/3m から 10m 程度の尺度で生きている。生物学者の扱う対象は、10m から 1/1000m 程度だ。生化学者が扱う物体となると、1/100m から 1/10 億 m 程度になる。科学の諸分野となると、そのほとんどは 10^{-9}から 10^{-12}m 程度の世界を扱う。これより小さい世界は物理学者によって扱われる。面白いことに、こうした尺度の範囲を最も広く扱った人は、トム・バン・サント (Tom van Sant) という芸術家かもしれない。世界最大及び最小の芸術画像を創作したのだが、ともに 1 つの目を描いたものだ。ある画像は原子間力顕微鏡を使って原子を動かして作成したものだが、数秒で消えてしまった。熱の振動のために崩れたのだ。もう 1 つの目の画像は、砂漠の各地に鏡を計算の上で配置し、太陽の光を NASA のランドサット衛星に反射させて作ったものだ。これほどのことをしても、我々の多くは宇宙空間をほとんど体験することはできない。

　各種の分野で用いる時間の尺度を考えれば明らかなことだが、我々が生きる時間の枠組みも極めて限られたものだ。物事は天文学者や地質学者にとっては何十億年という変域で起こり、物理学者にとっては 1 秒の何兆分の 1 という変

域で起こる。ほとんどの人間が働く時間尺度は、数秒から何十年かの間だ。我々が聞く音楽はいずれも分単位で測定できる。この2つの例は、この宇宙では異なる尺度において異なる種類の物事が起きることを我々に教えてくれる。時間的あるいは距離的に物事の尺度を変えることは、非常に多様な種類の現象や問題の形式、物理的・生理的・認知的な原理に我々を導いてくれる。

　大きさと時間は我々の世界に明らかに影響を及ぼしている。彫刻や自動車、建築の大きさには、社会的・心理学的・政治的な意味合いがある。例えば、巨大な建築物は権力を示す。小さな部屋には親密さとプライバシーがある。エッフェル塔の高さ15cmの模型には、現物のようなインパクトはない。ヒトラーの国会議事堂 (Hitler Reichstag)、ベルサイユ宮殿 (the palace at Versailles)、中国の万里の長城 (the Great Wall) などには、これらの用途以外にもその巨大さによる意味がある。芸術を解釈する上でも、大きさの検討は同じく重要だ。シカゴにあるクレス・オルデンバーグ (Claes Oldenburg) とコーシャ・ヴァン・ブリュッゲン (Coosje van Bruggen) による「バットカラム (Batcolumn)」という作品は、野球のバットを模した10階建て程度の建造物であるが、これとケンタッキーにあるルイビル・スラッガー球場 (Slugger) を90cmに縮小した模型とは全く印象が異なる。ジョージア・オキーフの巨大な花の絵画は、実物の花とは異なる印象を残す。オキーフ自身もそのことを自覚していた。「見たままの花をそのまま描いていたら、私が持つその花の印象は誰にも伝わらないでしょう。だから私は、自分の目に映る花を描く。実物同様小さくではなく巨大に描き、鑑賞者は時間を割いてそれを見て、驚きを得る。多忙なニューヨーカーでさえ、私が見るような花を観賞するために時間を取ってくれる」。

　ただし、大きければよいとは限らない。イーゴリ・ストラビンスキーはバレエ作品 Apollo Musagetes (「ミューズをひきいるアポロ」1928) の楽譜を書いた。弦楽オーケストラのための6部からなる作品だ。この作品の初演時には、第1バイオリニストが16人、第2バイオリニストが14人、ビオラが10人、チェロは第1と第2を合わせて4人、ダブル・バス (double bass) が6人であった。これを聞いてストラビンスキーは憤慨した。「音の混乱と過剰な共鳴が酷かった。何もかもが区別のできない耳鳴りになってしまっていた」。彼はこのオーケストラを縮小し、第1と第2バイオリンをそれぞれ8人ずつ、ビオラを6人、チェ

11　思考次元の転換 | 269

ロは第1も第2も4人ずつ、ダブルバスは4人にした。すると、「すべてが
シャープで、明確になった」。ストラビンスキーが苦労して見出したように、音
楽の編成において大きさは重要な課題なのだ。モーリス・ラベル（Maurice Ravel）
は、モデスト・ムソルグスキー（Modest Mussorgsky）の Pictures at an Exhibition
（「展覧会の絵」）をピアノ・ソロからオーケストラ用に編曲して成功した。だが、
Twinkle, Twinkle Little Star（「きらきら星」）をマーチバンド用に、ベートーベン
の第五交響曲をソロのピッコロ用に編曲することを想像してみてほしい。音楽
の規模を変えることにはリスクが伴うのだ。

　科学技術者や発明家も、大きさを変更する時にはリスクに直面する。ある建
物の模型を実物大に拡大するとすれば、素材の強度や柔軟性の計算で一切の誤
りは許されない。そうした誤りがあると、スタジアムの屋根が崩壊したりホテ
ルのバルコニーが崩落するという悲劇からもそれが分かる。化学の技術者も、
実験室の試験管内では上手く進む化学反応が何万リットルもある桶の中では上
手く進まない場合のあることを知っている。質量作用が関与する可能性もある
し、反応容器の壁面では上手く反応が進むこともある。だが、混合法が不適切
で問題になったり、反応から生じる熱が制御不能になる場合もある。同じよう
な原因で、模型飛行機を単純に各種の大きさに変えることは困難か不可能であ
る。翼が胴体に固定されている地点に加わる圧力が、翼の面積に合わせ急激に
増大するためだ。浮上するために必要な浮力が、結局は妥当な限界を超えてし
まう。

　同じような原則が生命体にも当てはまる。生物学者のJ・B・S・ホールデン
は On Being the Right Size（「適切な大きさであること」）というエッセイで、一滴
の水滴がアリにとっては糊の中をもがいて進んでいるようなことだと記してい
る。それだけ強く、水の表面張力を感じるのだ。我々人間は、水の表面張力を
感じることはほとんどない。一方、アリは高層ビルから落ちても必ずしも怪我
をしない。人間はもっと低い場所から落ちても死亡してしまう。鳥をゾウの大
きさにすると空を飛べなくなってしまう。体長の3乗に比例して身体の体積が
増大するからだ。だが、翼の面積は体長の2乗にしか比例しない。つまり、浮
力は2乗に比例してしか増大しないのだ。1つの細胞を拡大すると、数分で死
んでしまう。細胞内には循環系がないので、細胞内の各部のエネルギー分配は

270

酸素と糖分の拡散によっている。ところがこうした拡散は速度が遅いため、ピンよりも大きなものを生かすことはできない。

　物を縮小する場合も同じように問題がある。1959年12月、リチャード・ファインマンは There's Plenty of Room at the Bottom（「底には充分な余地が」）という講演で、全米物理学会の会員に対して、これまで想像されたことがないほど超小型の機械を開発してほしいという課題を出した。彼の出した課題によって、顕微鏡でなければ見えないような超小型モーターが作られた。また、一度に1つの原子を移動させることにより科学者が水晶の中に像を描くことができる附属品のついた走査型トンネル顕微鏡や、非常に小さいため量子効果が機能に干渉する電子チップ（集積回路）も作られた。このように一部の技術者は、こうした次元に関連する問題に量子効果そのものをコンピューター計算に利用する方法を考えることによって、新たな可能性へと転換している。これもファインマンのもう1つの狙いであった。

　原子や素粒子の世界は、我々の世界とは全く異なる。素粒子物理学者のカルロ・ルビア（Carlo Rubbia）によれば、思考のあり方を変えなければならないのだ。「物質の中に飛び込んでいくのは、惑星間の長距離旅行と同様に刺激的だ。大きな尺度ではなく、どんどん小さい尺度で発生する物事を観察できる。続々と細部が現れ、新しい画像が頭に次々と浮かぶ。これらの事物は限りなく小さなものであり、いわゆる網膜上の像ではない。我々のイメージは非常に原初的なので、目に見える物に関する我々の考えの多くがもはや通用しない。その意味で本当の旅であり、自分自身も含めた物質内部を探るのだ」と彼は述べている。この旅には物事の思考方法を変える準備が求められる。

　尺度や視点によっては、時間というものについても見方を変えていく必要がある。アインシュタインは時間の経過、つまり第4次元と呼ぶこともある時間というものが絶対的なものではなく、観察者と観察対象の運動により影響される相対的なものであることを示した。人が光速に近い速度で運動している場合、ある星に行って数年で地球に戻ってきたとすれば、地球上ではその人の子供たちはとっくの昔に他界していることになる。だが、こうした時間の可変性を体験するには、宇宙の彼方にある場所までロケットで旅する必要はない。何かの計画に集中して取り組み、時計を見てみると時間感覚を失っていた、とい

う体験は誰にでもあるはずだ。逆に極めて退屈している場合には、1秒が1分のように、1分が1時間のように感じるはずだ。敵の動きを見張っていた兵士が、「あそこに伏して敵の動きを見張っていたが、4時間ほど過ぎたと思ったら実は15分しか経過していなかった」と述べていたことがある。寝ている間や瞑想中には、時間の存在そのものを忘れてしまう。時間の経過を測るには時計的な時間しか方法がないのだろうか。経験する時間というものもグリニッジ標準時のように有効な基準になれないのだろうか。1歳児にとって1か月とはその時点までの全生涯の1/12であるが、100歳の人にとっては1/1200に過ぎない。では、時間というものは単一の単位と見るべきなのか、それとも複数の単位の集合なのか。

　音楽家の中には、時間というものを粘土のように可塑的なものと捉える人もいる。作曲家にして建築家のヤニス・クセナキス（Iannis Xenakis）は、音楽とは本質的に多次元的なものだと述べている。またフィリップ・グラスによれば、音楽の目的の1つは時間の次元性と戯れることにある。

　　「私の感触は、作曲家は常に時間の感覚が他の人たちとは異なっていた。モンテヴェルディ（Monteverdi）にしても、パレストリーナ（Palestrina）にしても、ストラビンスキーにしてもそうだった。ベートーベンの交響曲を聞いていて、誰かがある楽章は何分くらいなのかと尋ねたとしても答えに窮するはずだ。音楽の時間と日常の時間とは明らかに異質なものである。私の音楽には独自の極端な性質があり（継続的な反復）、音楽の構成そのものが独自の時間軸を持っていて、そこで生じる時間には本当の時間体験というものがあり、通常の生活の時間とは違う」。

　物理的な時間、生理的な時間、精神的な時間は、それぞれ異なるもののようだ。このため考える必要が生じる。空間でのフラクタル次元と同じように、時間にも予想外の驚くような次元があるのかもしれない。

　確かなことが1つある。人間が時間という次元を利用し制御する方法は今も発展している。第5章で見たように、画家がカンバス上に運動というものを表現し始めたのは、1910年ごろのことだった。マイブリッジによる走り跳躍する

馬の連続写真の撮影を受けてのことだ。映画撮影術、つまり連続した画像の高速撮影、再生による動画技術は、マイブリッジの撮影から直接に発展したものだ。人間の目や精神では連続した画像を高速で見ると 1 枚 1 枚を識別できなくなるのだが、それを利用している。映画撮影技術では低速度撮影技術が生まれた。これは、非常にゆっくりとした現象を撮影するものだが、多くの映画のように毎秒 30 回というような速度ではなく、1 時間に 1 回、週に 1 回、年に 1 回といった撮影をして、毎秒 30 回で再生するものだ。その結果、長期間の現象を短い時間に圧縮できる。前述の SHORT という単語を極端な角度で引き延ばして書いた場合のような、時間の歪像である。逆に毎秒数千回という高速で撮影を行い、それをスローモーションで再生すれば、通常では人間の目では捉えられない現象を目で見ることが可能になる。

　こうした時間のマッピングは始まりにしか過ぎない。時間という次元におけるある種の側面は、未だに他の次元との関連付けが不完全である。20 世紀になって初めて、3-D の芸術作品を時空の中で自由に動かすことが可能になった。彫刻に運動をもたらすには、アレクサンダー・カルダー（Alexander Calder）という天才を必要とした。当初は手動で動かし、後にはモーターで動くオブジェを 1920 年代末までに創作し、ついに 1930 年代には自由に浮遊するモビール（動く彫刻）を制作した。彫刻作品の各部の位置が固定しておらず、相対的に絶えず変動する。ここから知覚の新しい次元が生まれた。同時代の人たちはカルダーをアインシュタインになぞらえたが、これは驚くに値しない。当時、アインシュタインは相対性理論と時空の次元性に関する物理学で有名になりつつあった。あるインタビュワーがある映画でこの 2 人を比較したのだが、カルダーは笑いながら、「アインシュタインが私の作品を見て、どう思うでしょうか」と話していた。実際、アインシュタインはカルダーの展覧会を訪れ、魅了され、ある動く彫刻に 40 分以上も見入っていたのだ。現代美術の大半を嫌っていた彼からの少なからぬ賞賛である。

　カルダーの発明した彫刻には、工学的な応用の道もあったことは明らかだ。絵画と写真における運動の描写技術から映画のような新しい産業が生まれたのだが、カルダーのモビールからは何が生じたのか。ホログラムの経験だろうか。ロボット技術による 3-D 体験だろうか。これから発見しうる新しい次元の世界

11　思考次元の転換 **273**

とは何か。ホールデンによれば、多次元での視覚化が可能であるように、多次元での運動感覚による思考は可能かもしれない。ノグチは、舞台や彫刻の周囲には情的空間と彼が呼ぶものが存在し得るが、テレビの画面にはないと考えていた。例えば、2人の登場人物が同じ部屋の反対側の隅と隅にいて、背を向けたまま「愛してるよ」と言った台詞と、ベッドの上での「愛してるよ」とは、全く意味が異なる。空間のあり方そのものが感情の伝達の一部を担っているのである。

　時空の思考次元において現実の物体や想像上の物体を別の次元に移動させることは、各種の分野で重要な役割を演じており、通常の製造業から現代美術、科学では天文学から生物学までその分野は多様だ。だが、現実にはこれだけ広く活用されているにもかかわらず、思考次元の転換の実践は教育の世界からは全く無視されてきた。19世紀後半に遺伝学者のフランシス・ゴルトン（Francis Galton）は、「空間にある物体を精神や頭の中で操作するという行為が怠慢のために行われておらず、枯渇しつつある。全体として最大の成果を導き出すように懸命に育成するということが行われていない」と嘆いていた。それから100年経っても、思考次元の転換に関する教育や練習が依然として無視され続けていることは、多くの人たちがある次元で提示された情報を他の次元でモデル化したり、想像することができないことを意味している。著作家にして編集者のジェームズ・R・ピーターセン（James R. Petersen）は、「青写真からでは作業ができないことに気付いた。グラフ用紙に薄い青の線で描いたスケッチでは、私には何の意味もないのだ」と述べた。それは彼だけに限ってのことではない。2次元の設計図や視覚的な指示では、プラスチック模型や組立て式の自転車、人形の家などを作ろうとすると、恐らく皆が悩む。旅行に出かける時に車のトランクに荷物を詰め込むことも一種の3-D問題であり、いろいろと悩むものだ。

　ヘンリー・ムーアは、ほとんどの人間は3次元の物体を充分に認知できないので、彫刻や建築を充分には鑑賞できないと考えていた。ましてや、そうした物の制作には関与できない。ムーアは、「彫刻とは、3次元の形態に反応する能力に依存しているものだ。そのため、彫刻は諸芸術の中でも最も困難なものと言われている。確かに、2次元の形態だけを鑑賞すればよい芸術に比べれば、彫刻は難しい。色覚異常の人よりも、形態知覚異常の人の方がずっと多い」と

記している。

　形態知覚異常にはそれなりの代価が伴う。画家のピエト・モンドリアン（Piet Mondrian）が昔指摘したように、平面の視覚画像は「１つの視点からだけ見るものであり、一度に見る人も１人を想定している。これに対し立体造形では、見る人がどこにいようが、充分な視覚効果がなければならない。したがって、一度に多くの人々が鑑賞できる」。だが、複数の次元を認知できることの重要性は芸術以外の分野にも当てはまるとモンドリアンは述べており、「たまたま今いる位置を離れ、あらゆる角度から物を見つめることを始めれば、すなわち、普遍的な見方で物を見るようにすれば、１つの視点からだけ物を眺めることはしなくなる」と言っている。その逆も、また真実である。静止像か動く像かに関わりなく２次元の像で物を捉え、3-D の物体を後回しにしていたのでは、複数の視点で物を見つめる能力は、文字通りの意味でも比喩的に損なわれる。その結果、彫刻家や建築家、デザイナー、発明家などに進める人は限られ、単一視点の芸術やメディアが我々の理解に偏見を持ち込む事実に気付かなくなる。

　この問題は何も、視覚的な職業に携わる人や一般市民に限定された問題ではない。ハーバード大学の天文物理学者マーガレット・ゲラーは、形態知覚異常は科学者の間でも極めて普通に見られると言っている。本書の執筆から 20 年ほど前にゲラーは、銀河系は全宇宙に均一に分散しているのではないと論証して、天文物理の世界を動転させた。従来の定説や物証からは、誰もが均一に分散していると信じていた。問題は、多くの科学者が望遠鏡で撮影した平坦な 2-D の宇宙写真を見て、誤った判断をしていたのだ。フラットランドの住民と同様、彼らは 3-D の現実を正しく再構成できなかったのだ。ゲラーは、「３次元的な思考が私の仕事に関連している。実際、銀河の配列が泡構造になっているというデータを私が読み取ることができたのは、3-D 視覚化思考の訓練を私が若いころに受けていたためだった」と述べている。ゲラーによると、「私は 3-D での視覚化ができる。科学界の多くの人と話してきたが、私はその能力があるのは科学の世界でもほんの少しだけだということが分かった」。

　地質学者のデイビッド・デイビーズ（David Davies）によると、この３次元視覚化能力の欠落という問題に対処するには、それなりの対策が必要だ。

「私は物理学の側面の話しかできないが、もっとしっかり教えてほしかった科目がある。それらは、独自の思考能力へと導いてくれる。それらのうち２つを具体的に挙げてみよう。１つは次元分析だ。物理学者にとって次元分析は、研究上の思考に大きな助けになる。この思考ができれば要点を速く把握できるからだ。もう１つは投影能力で、データを想像力に富んだ方法で表示できる能力だ。地球科学（私は以前、それを専攻していた）に携わる人々の創造性を見ていた経験から、その投影能力が特に威力を発揮するのは、新しい種類の図を作成できた場合であることが多いことを知っていた。新たな種類の投影であり、既存の地図とは全く異なる地図だ。これら次元分析も投影能力の両方とも大学で教えるべきなのに、現実には多くの場合、無視されている。役に立たず、重要性がないと見なされているからだ」。

科学だけでなく、芸術や工学、製造、日常生活での思考次元の転換の必要性は明らかであるとして、それをどう教えたらよいのか。まず、この種の想像力に長けた個々人の訓練のモデルを、自分自身のため、また教室での利用のために作成するとよいだろう。

１つの手法として、幾何図形で遊び、それを現実世界の物体と関連付けるとよい。ゲラーは 3-D の能力を父親から学んだ。彼はベル研究所（Bell Labs）で結晶学を研究しており、幾何学と関連する玩具なら何でも買ってもらったそうだ。

「父は私が組み立てた物と現実世界の物の間の関係を説明してくれた。例えば、私が立方体を作ると、父は立方体と食塩の結晶構造の間の関係を説明してくれた。二十面体を作ると、それが自然界ではどこにあるのかを教えてくれた。空間を埋め尽くすという作業とどの立体でそれができ、どの立体ではできないのかも説明してくれた。この構造はどうだ、こうだと話をし、水晶の構造を示す綺麗な模型を見せてくれた。私はすぐには理解できなかったが、父は何度でも説明してくれた。最後には、私もそうした空間の関係が分かるようになったのだった」。

ゲラーの経験から、どのような種類にもかかわらず 3-D パズルで遊べば有益であることが分かる。ただ、必ずしもパズルを買う必要がある訳ではない。世界を、あるいは自分自身を上下逆さまにして、天井が床であればどうなるかを想像してみる。すると、階段はどう見えるだろうか、2 階に行くにはどうすればいいのか。ポール・ギャリコ（Paul Gallico）の 1969 年の小説 The Poseidon Adventure（「ポセイドン・アドベンチャー」）は、転覆した遠洋定期船から脱出しようとする人たちの話である。この逆さまゲームのいいモデルになろう。

　ヘンリー・ムーアなら恐らく、彫刻や、やはり 3-D の芸術である折り紙を勧めたことだろう。描画では無理だが、粘土や蜜ろう、パイプ・クリーナー、バルサ材などで物を作ることによっても、思考次元の転換を体験できる。だから、木や石を削る作業をしてほしい。アレクサンダー・カルダーなら、恐らく、工学的な玩具を勧めただろう。彼自身がそうした玩具で思考次元の転換を学んだからだ。レゴ（Legos）、K'NEX、エレクター（Elector）のセット、リンカーン・ログ（Lincoln Logs）、テンスグリトイ（Tensegritoy）、ドームキット（Dome Kits）、その他建築模型のキットなどだ。こうした玩具でできる物の可能性は無限だ。カルダーへの敬意を込めて自分なりのモビールをデザインするのもよい。

　バウハウス（Bauhaus）の芸術家やデザイナーも、この学校で芸術を志す学生の大半が形態知覚異常であることを認めて、面白い演習をいくつか新たに考案した。そこでは、3 次元で基本的な幾何的図形を学生が体験できるように、ヨハネス・イッテンは自分の学生に石膏で幾何的形態の交錯したところを作成させた。異なる図形同士がどう関わり合うかを学ばせるためだ。図 11-9 に示すエルゼ・メゲリン（Else Mögelin）による立方体の構成が、その例を示している。同様に、M・C・エッシャーは、独自に他の素材による構成幾何を用いて思考転換方法を探求した。数学者のドリス・シャッツシュナイダー（Doris Schatts-chneider）と芸術家のワラス・ウォーカー（Wallace Walker）による M. C. Escher Kaleidocycles（「M・C・エッシャーのカレイドサイクル」）も、思考次元の訓練になる。カライドサイクル（図 6-10 参照）とは、エッシャーによるタイル模様の印刷物を多角形に変換したもので、2-D から 3-D へと移行しても模様の対称性が維持される様子を示し、それによって次元性の芸術と数学とを同時に教えるものである。

図11-9 左：エルゼ・メゲリンによる Cube Composition（「立方体の構成」）の再現。1921年。
右：M・C・エッシャーによる Compound of Five Tetrahedra（「四面体の合成」）。

　バウハウスでの風変わりな演習のもう1つの例として、ヨゼフ・アルバースが考案したものがある。平坦なボール紙に物体をデザインするよう学生に命じ、それを切り、折り曲げて 3-D の物体にするものだ。アリエ・シャロン（Arieh Sharon）による作品は、特に斬新なものだった。紙や薄くて柔軟なプラスチック板にデザインを切り抜き、空間を埋めるらせん形物体や星形物体、その他のもっと複雑な物体を作ることも可能だ。平らな紙やボール紙といった素材で自分独自の容器を作っても、同様の技術を訓練できる。ポップアップ式の書物も、こうしたバウハウス流の練習に関連しており、自分でポップアップ式図形の模倣を作り、自分独自のポップアップを創作するのも、思考次元の転換の訓練としては有効である。ただ、最初に何冊かポップアップ式の書物を分解しないといけないだろう。
　ブロックの組み合わせも活用できる。中国古来のパズルであるタングラム（tangram）のピース（piece、小片）などを用いれば、3-D の物体をいくらでも創作

図 11-10　アリエ・シャロンによる Three-Dimensional Exercise (「3次元創作の演習」 1926) を再現したもの。

できる。フランク・ロイド・ライト (Frank Lloyd Wright) は9歳の時にフレーベル (Froebel) のブロックのセットを貰ったが、それで自分は建築的思考ができるようになったと述べている。フリードリッヒ・フレーベル (Friedrich Froebel) は教育改革者で、教育に欠かせない要素としてモデル作成や3次元思考を提唱した。バックミンスター・フラーとワシリー・カンディンスキー (Wassily Kandinsky) も、フレーベルのブロックで遊ぶことを好んだと知られている。そうしたブロックは今も入手できるだけでなく、ライトの建築作品や中世の城、その他各種様式の建築物を作るためのブロックも作られて、入手できる。アルマ・シードホフ・ブッシャー (Alma Siedhoff-Buscher) などバウハウスの教師の一部は、自分で独自のブロックを開発した。ブロック形状を変えることで、組み立てた時に形態が変わることに着目したものだ。サイドホフ・ブッシャーによるブロックとツリーブロック (Tree Blocks) を比較してみれば、そうした違いは明らかだ。

　3-D から 2-D への地図化の演習としては、動物の足跡の読み方を学ぶ、壁に影絵を作る、感光紙を直接に光にさらして画像を作るなどがある。例えば、ありふれた家庭用品をインクに浸して紙などに印刷し、独自の追跡と影を作成す

図 11-11　左：アルマ・サイドホフ・ブッシャーが設計した構築ブロックの遊び（1923）。
　　　　　右：ツリーブロックで遊ぶ少年。

る。そこから地図化や形状作成で思考実験を行う。そして、それらの画像が元は何の物体であったか、他人に推測してもらう。この推測は予想以上に困難であろうが。

　最終的には、3次元を超えるほどの思考ができるようになるだろう。リチャード・ファインマンは、この能力を10代のころに身につけた。彼の姉妹のジョーン・ファインマン（Joan Feynman）の記憶によれば、「小さかったころ、私とリチャードはよく海辺を一緒に歩いた。3次元で物事を想像するやり方は分かるだろう。ドーナツを頭の中で想像するとか……。リチャードは4次元で物事を想像し、4次元の空間で操作したりすることを練習していた」。この第4の次元とは、多くの人が思う時間のことではなく、空間の第4次元だ。我々はこの第4次元を間接的にしか体験できない。だが、それを体験するのにファインマンである必要はない。20世紀を代表する数学の普及者コンスタンス・リード（Constance Reid）は、1963年の著書 *A Long Way from Euclid*（『ユークリッドを遠く離れて』）で、この手法の1つを概略的に紹介している。リードは、この本を高校の教師や教育専攻の学生とともに使用した。フィリップ・デービスとルーベン・ハーシュも、共著 *The Mathematical Experience*（『数学的経験』）でこの話題を取り上げている。ここではそうした手法を詳細に述べるには紙面がないが、短く紹介することはできる。

　ここでフラットランドに戻る。本章はそもそもフラットランドの話から始まった。まずゼロ次元、つまり1つの点を考えていただきたい。この点を動かすと線、つまり1次元ができる。その線を直角に回転させると、正方形の表面ができる。これが2次元だ。この平面を直角に回転させれば、立方体ができる。

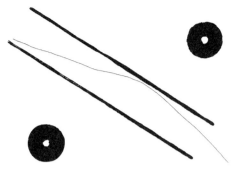

図11-12 ある物体をインクに漬け、紙に印刷したもの。この物体が転がると、しっぽのような跡が残る。一体何の物体かお分かりだろうか。（正解は、糸巻）

3次元である。この立方体を空間の中で1つの側面に対して直角になるように回転させると、超立方体ができる。これが4次元である。不幸にして、こうした図形を現実に作ることはできない。4-Dの物体の3-Dへの影を見ることしかできないのだ。3-Dの物体が多数の2-Dの影を落とすように、4-Dの超立方体も3-D世界にいろいろな影を落とす。そうした多様な影から、実際の超立方体がどのような姿なのかを心に想像することしかできないのだ。

それで我々は、逆向きに思考することになる。立方体が2次元に落とす影とはどのような形か。いびつな形をした多角形がいろいろできる。同様に、4次元の立方体を3次元に投影すると、さまざまな珍しい、しかし相互に関連し合った3次元物体ができる。超立方体が3次元に多様な影を落とすという事実を考えれば、幾何学や金属学、宇宙論の根底に関わる学問に貢献をした物理学者のロジャー・ペンローズ（Roger Penrose）が、「4次元の何かを視覚化する必要がある時……私はしばしばそうする必要に迫られるのだが……異なる描写を多数利用している。それらはどれも部分的な描写に過ぎない」と述べていることもうなずける。

リードは、我々には超立方体の投影しか見ることができないが、推定することによりその特性を知ることはできると示している。点には角度も辺も面もなく、1つの頂点（その点そのもの）があるだけだ。線分には角度も面もなく辺が1つだけある（1-Dの図形）が、頂点は2個ある（その線分の両端にある2点）。正方形には頂点が4個（点）、辺が4本（辺それ自体は1-Dの図形）、角度が4個、そして面が1つある（2-Dの図形）。立方体には頂点（点）が8個、角度が8個、辺

11 思考次元の転換 | 281

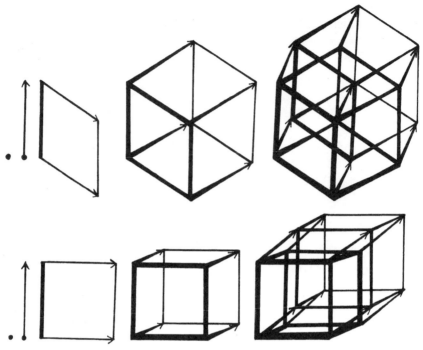

図 11-13　4-D の超立方体が 3-D に落とす影のうち、2 種類。

(1-D の図形) が 12 本、面 (2-D の図形) が 6 つあり、3-D での形態は 1 つである。ここには「パターン」がある。次元が増えるにつれて、頂点の個数は 1、2、4、8 と増大している。そうすると、超立方体には 16 個の頂点があるはずだ。次元が増加するにつれ、角度の個数は 0、0、4、8 と増大している。すると、超立方体にはやはり 16 の角度があるはずだ。点より次元の低い物体は存在しない。頂点は点であって 0 次元のものだが、2 個の頂点で線分を定義できる。線分は 1 次元の図形だが、それが 4 本あれば正方形を定義できる。面は 2 次元の図形だが、立方体は面が 6 つあれば定義できる。したがって超立方体は、3 次元の立方体が 8 個あるものだと定義されると推測される。こうした推測を進めたければ、視覚化はできないが 5-D や 6-D の立方体の特性を描写することもできる。次元の想像力とはこのようなものである。

12

モデル化

　第 1 次世界大戦に関するニュース映画を見ていて、ピエト・モンドリアンは生涯を左右する重要な体験をした。「世界地図の上にドイツの侵略軍が小さな立方体のブロックで表現され、対抗する連合軍は別の小さなブロックで表現されていた。このようにして、世界規模の激変は巨大な広がりの中に造形的に再現され、現状の詳細な描写はなされていなかった」と、彼は後に回想している。そのブロックは軍人たちを表現していただけでなく、参戦する諸国の政治的・経済的勢力も示していた。こうした勢力は描写するには途方もなく巨大な対象だったため、模型化する必要があったのだ。モデル化とは、抽象的で次元を変えたもので直ちに認知できるように表現することだ。モンドリアンは、このモデル化の力を決して忘れることはなかった。

　軍隊の動きのモデル化は、最近の歴史的な発展の 1 つである。ミニチュアの兵隊は世界中の墓地で見つかっているが、戦略を示したり作戦行動を指示したりするために模型が初めて使われたのは、フランス王ルイ 13 世とルイ 14 世（Louis XIII and Louis XIV）のころだったことが明らかになっている。この 2 人の王は、玩具の人形でできた大軍やミニチュアの要塞を所有しており、戦略を示したり作戦行動を指示したりするのに使っていた。現代の戦争の模型化では 2 つの軍隊が戦闘を繰り広げるのだが、その歴史はもっと浅く、1820 年ごろ始まった。フォン・ライスヴィッツ（von Reiswitz）という民間人が当時プロイセン（Prussia）の砲術将校だった息子と協力して、プロイセンの軍部に本格的なゲームを用いて戦いを教練したものだ。このゲームでは、戦闘を再現し各種の戦闘計画を検討することができた。

　このフォン・ライスヴィッツのゲームでは、ゲーム結果を左右する規則を提

283

示した上で、3つの部屋、審判は中央の部屋、両陣営はその左右の部屋に陣取り、それぞれ同一の地図上で戦闘に関わる連隊の動きや交戦状況を描いた。両陣営はそれぞれの軍事行動を進めていき、審判がその様子を中央の部屋で記録し交戦状況を各陣営に知らせる。現在「バトル・シップ」(Battleship) という人気のゲームがあるが、それを経験したことのある人ならこのゲームの性質も理解できるだろう。プロイセン、ドイツの軍部も、1871年の普仏戦争や1914年のフランスへの侵攻、1940年のフランスへの再度の侵攻でもこの kriegspiel (ドイツ語で戦争ゲーム) のようなものを利用し、戦略を立てた。モンドリアンが見たニュース映画が、そうしたゲームで使う地図や標識を単純化したものであった。

　有名な SF 作家の H・G・ウェルズ (H. G. Wells) がいなかったら、恐らく戦争ゲームは秘密の遊びではないにしても、あまり人に知られない存在であったろう。ばねで駆動する大砲の模型はウェルズの息子たちの自慢の玩具で、小型の木製のマッチ棒を 9 m ほど飛ばすことができた。ある日偶然、ウェルズは友人のジェローム・K・ジェローム (Jerome K. Jerome) を自宅に連れてきた。そのテーブルにはブリキ製の兵隊が散らかっていた。するとジェロームは、そのおもちゃの大砲に弾を入れ、狙いを定めてブリキの兵隊に命中させた。負けてなるものかと、ウェルズも兵隊撃ちの競争を始めた。最後には、ジェロームは諦め切れない様子でこう言った。「もし何とかしてこの兵隊を動かせられるなら……」。当然、それは誰でも考えることであろう。すぐにウェルズは、ブリキの兵隊を動かす可能性を熱心に語り出した。ウェルズは別の友人に、「大英百科事典でも何でもいいから床に障害物をいくつか置いて陣地を作り、兵隊や大砲を動かせられれば kriegspiel のような面白いゲームができるはずだ」と言った。

　暫くしてウェルズは、家庭で遊んで楽しめる専門的な戦争ゲームを独自に開発した。歩兵は 15cm ほど動き、騎兵は 30cm ほど移動できる。兵隊同士が間近に来ると戦闘になり、勝敗はコイン投げで決める。戦場に銃を持つ兵隊が 6 人以上いる限り、各軍の順番が来る度に大砲を移動あるいは発砲することができるが、移動と発砲を同時にすることはできない。大砲を発射した結果は、どれほど上手に発砲できるかによって決まる。すぐに障害物は百科事典ではなく、家屋や城、木の模型になっていった。また、ゲームは屋外でも行われるように

図12-1　おもちゃの兵隊で遊ぶH・G・ウェルズ。1912年ごろ。ウェルズの初期のゲームに参加していた政治家チャールズ・マスターマン（Charles Masterman）は、「それぞれの側で動かす時間に制限が設けられていたので、全戦況は動かす速さにかかっていた。そのため、悪意なくお茶を飲みに来たお客さんにも、黙って座っていて下さいといった酷い挨拶が飛ぶことがあったのを目撃した」と記している。

なり、より真に迫った地形で行われるようになった（図12-1参照）。そしてウェルズは発明したゲームについて、2冊の書物 *Floor Games*（『フロアゲーム』1912）と *Little Wars*（『小さな戦争』1913）を書き上げた。この2冊は戦争ゲームへの興味が喚起され、ウィンストン・チャーチルを含む何世代にもわたり競技者たちの想像力を掻き立ててきただけでなく、今日まで続く戦争ゲーム産業を作り出した。

　模型店に頻繁に行き、アバロンヒル（Avalon-Hill）というゲーム・メーカーの名前を知っている人ならば、ウェルズの時代から現代に至るまで、戦争ゲームがどれほど発展してきたかご存知だろう。素人の競技者でも、今日では机上のゲームでも、あるいはパソコンの画面上でも、過去の有名な戦いであれば陸戦、海戦、空戦を問わず、ほぼどれでも再現することができる。また、再現される戦闘には地形や天候、供給線など、さまざまな影響を与えることができる。ワー

テルロー（Waterloo）の戦いでのナポレオン（Napoleon）、（アメリカ南北戦争の）ゲティスバーグ（Gettysburg）でのリー（Lee）将軍、ノルマンディー（Normandy）でのアイゼンハワー（Eisenhower）陸軍大将などを手本にして、歴史書を読むだけでは分からない軍事や政治の戦略の理解や遂行に関する洞察力を得ることができる。さらに、想像による状況を設定することで、世界的な危機を考えることも可能だ。*Red Storm Rising*（『レッド・ストーム作戦発動』）や *Op-Center*（『オプ・センター』）シリーズのようなトム・クランシー（Tom Clancy）のベストセラー小説は、こうしたゲーム的な考えに基づくものだ。

　今日の世界中で専門的な戦略家や軍の部隊も、こうした戦争ゲームを利用している。防衛施設でのスーパーコンピューターの利用、そして無線誘導の小型戦車やレーザー兵器、そして光電子センサーを装備する可動模型を用いることもある。このようなゲームの目的は、実戦に先立ち、意思決定と戦略策定の能力育成、軍の編成、新戦略や兵器を試験することにある。そして、誰も死なず、国も崩壊しない条件下で誤りや弱点を見つけたり、その他、種々の可能性を探ったりするのである。そうした真剣な行為であるので、ゲームと呼ぶのは明らかに誤りである。プロイセン軍の幕僚長であったフォン・モイフリング（Von Meuffling）将軍は、1824年にフォン・ライスヴィッツが考案したゲームについて、「これは全くもってゲームではない。戦争のための訓練だ。我が軍の全員にこれを強烈に推奨したい」と述べた。また、最近の1970年、英軍のP・ヤング（P. Young）准将とJ・P・ローフォード（J. P. Lawford）中佐は、「これらの戦争ゲームは子供のものと、十代の若者はバカにする。親もうさんくさげに頷く。しかし、それは大間違いだ。これらの戦争ゲームは、今では戦争の科学的研究の手段になっている」と述べている。

　これらの戦争ゲームは実際に実用的な手段であり、シミュレーション（simulation、模擬試験）でもあり、アメリカの国防総省は2つかそれ以上の対立する軍隊による模擬作戦、実際の状況、あるいは想定される状況に合わせて設計された規則、データ、手順の運用が考慮されたものとしている。このことに少し修正を加えれば、あらゆる学問におけるモデル化の定義に利用することができるようになる。その定義によると、表象的あるいは物理的モデル化があり、現実の物体の物理的特性を表したモデルだ。また、機能的モデルもあり、機械

の根本的な有効性を捉えている。理論的モデル化は、何らかの過程の効力を支配する基礎的概念を具体化したものだ。さらに想像上のモデル化もあり、直接には観察できないものの特徴を示すものである。最も高度なモデル化は、この4種類を組み合わせたものである。すべてのモデル化において、構造や機能を決定するために不可欠なものと思われる要素を抽出している。モデル化には必ず抽象化と類推化が関わっており、多くの場合には次元の変換も関与する。

　モデル化による結果である模型、模擬物には、実物より小さなものもあれば、実寸のものや実物より大きなものもある。また物理的、数学的なもの、現実的、そして非現実なものなどがあり、これはモデル化の目的、用途による。ほとんどの場合、モデル化で肝心な点とは、容易には体験できないものに近付くことを可能にすることである。例えば、ハーバード大学の植物博物館には驚くほど本物に似た世界中の花々のモデルのコレクションがあるが、これはガラス製のモデルなので枯れることなく1年中いつでも調べることができる。シカゴ美術館には部屋の内部のモデルを集めたジェームズ・ワード・ソーン（Mrs. James Ward Thorne）コレクションがあり、西洋史のあらゆる時代から集めた200種類ほどの部屋と、その調度品を1/12に縮小したモデルを見ることができる。これほどの地域と時代を濃縮するのは、他の方法では不可能であろう。

　原子や細胞を何百万倍にも拡大したモデルを作成するには、数多くの実験で得られた情報を統合する必要があり、高度な理論的構築も描写することになる。また、人間の頭部や心臓を美術館の展示室いっぱいに拡大して、人が中に入れるようにしてあり、来館者は自分の口や口腔、耳の中などを歩いて探ったり、血液循環の経路を辿ることもできる。こうしたモデルは巨大なので、見る人は実際にはずっと小さな物、例えば赤血球や微生物で遊ぶことができる。

　建造物や飛行機、船舶、戦車、自動車といった大きな物のモデル化になると、ほとんどが縮小される。登山者は山のモデル化で登山計画を立て、兵隊はモデル化して襲撃方法を考える。ルーカス・フィルム（LucasFilms）がStar Wars（「スターウォーズ」）の映画のセットを設営する時には、全宇宙の想像上のモデルを製作している。もっと平凡なスケールで言えば、家を新築する前は建築家の設計がどのようなものかを見たくなるものだ。そこで、物理的なモデルまたはコンピューター画面の表象的モデルを見ることになる。その他の大きなもの、例

えばクジラや恐竜も縮小し、お風呂や砂場での遊びに使っている。博物館では実寸モデルを展示し、クジラの大きさを実感できるように展示していたりする。寸法スケールとモデルの大きさにも意味がある。息の詰まりそうな奴隷船の実寸モデルの中を這い廻ったり、恐ろしい収容所の再現モデルに入ったり、あるいは初期の有人宇宙飛行計画で使用した Mercury（マーキュリー）という宇宙カプセルの身動きもし難いような狭い空間に何とか入ったりすることもでき、それらを容易に理解できる。

　すでに明らかなことだが、モデル化には各種の想像力の技術が必要であり、それ故、同時に多くの創造的な技術も教えてくれる。モデル化するには実物の体系や状況をつぶさに観察し、重要な特徴を抽出して抽象化し、それらを物理的に具体化するか、言語や数学、芸術などの形で表現するか、事前に評価する必要がある。また、モデル化が物理的なものか知的なものかを問わず、実際にモデル化の構築には種々の媒体の取り扱い経験、それらの相対的な強弱に関する慎重な解析も欠かせない。物理化モデルであれば、いったんでき上がればそれで実験したり戯れて、モデル化した特性が実物の体系や状況を正確に再現しているか判断できる。人間の知覚では捉えられない現象を直接認識できるようにするモデル化の場合には、強力な想像力の技能が必要となる。実物の代わりになるモデル化の場合には、類推化と抽象化の技能が求められる。ほとんどすべてのモデル化では、思考次元の転換の技能も利用されている。明らかにモデル化は思考手段の中でも高い次元のものであり、本書で論じた多数の思考手段や技能の円滑な活用が求められる。

　最も重要なのは、モデル化を行う人がそれらの状況や着想、物体などを全面的に操作できるということかもしれない。あるいは逆に、操作や理解不足はどこなのかが正確に明らかにできることである。ピカソが述べたように、ある物体のモデルを作るとは、それを自分のものにすることなのだ。哲学者にして作家のヨハン・ヴォルフガング・フォン・ゲーテ（Johann Wolfgang von Goethe）が1780年代に各種の古代彫刻を学びにローマを訪れた時、彼はそうした彫刻を自分のものにするために模型を作った。オーギュスト・ロダンも過去の彫刻作品の模型を作成したが、そうすることにより作品の本質を短期間で自分自身のものにできた。心理学者のカール・グスタフ・ユング（Carl Gustav Jung）は、十代

のころ鬱症状に悩んだが、城の模型作成に取り組み、「別の時間、別の世界を造った。そこでは自分は大人で、望み通りに自分の人生を整えて過ごすようになった」と語っている。彫刻家のヘンリー・ムーアの場合には、モデル化によってあらゆる創造力を身につけた。「私は手の大きさ位のスケッチでモデルを作るのが好きだ。好きな角度に回転させ、操作できるからだ。自分が神になったような感覚になれる」。こうした人たちは、いずれもモデル化によって、その芸術に関する優れた理解や教練を得ることができた。自動車メーカーで自動車のデザインをモデル化する技術者や、製薬会社で医薬品のモデル化をする生化学者、人間の行動のあり方を研究する理論をモデル化する社会科学者、ゼロからミニチュアの家屋を創作する素人愛好家などは、いずれも長期間の研鑽と細部への関心から生じる深い知識を得ることになる。モデル化が機能すれば、新たな芸術の着想、新しい自動車デザイン、新薬、新たに人間の行動に関する予測、新たな優れた建築様式やデザインの発見などにつながれば、モデル化の技能を習熟したことになる。モデル化が円滑に機能しないのなら、何か未知の問題が浮かび上がっており、この問題は何をやり遂げようとしているのか、よりよく理解して対処すれば解決できる。

　こうした例から分かるように、いずれの分野でも各種のモデル化が行われている。著作家であれば、架空の登場人物や出来事を表す表象的モデルを、そして、そういった機能を果たすモデルさえ、自分の直接または間接に知っている人物や状況の中に見出す。また、既存の作品の中に自作の構成に役立つ理論的モデルを見つける。小説家のクリストファー・イシャーウッド（Christopher Isherwood）は、ある時イーゴリ・ストラビンスキーに向かって、物語の技術的な問題をなかなか解消できないと漏らした。するとストラビンスキーは、「モデルを見つけなさい」と助言した。この逸話を聞いて、今度は音楽評論家のロバート・クラフト（Robert Craft）はストラビンスキーに、「音楽ではモデルをどうやって見つけるのか」と尋ねた。質問されて困ったストラビンスキーは、「過去の面白いリズムや楽器を時折使い、それを真似て自分の作曲をしたことがある」と答えた。クラフトはそうしたところ、「秩序正しく構築することができた。そこでは18世紀の古典曲を基に、新しい音楽を構築しようと試みた。そうした古典主義の作曲原理を使って、時には古典主義の様式を思い起こしさえしなが

ら」。ストラビンスキーがイシャーウッドに、物語を書くことに関する問題を解決するためにモデルを見つけなさいと助言した時、自分が作曲でしたようなことをしてみなさいと言ったのだ。つまり、物語を書く時の似たような問題を克服した著作家の先例を見つけ、そして、その著作家の解決策に手を加えて自分の作品に活かしてみなさいという訳だ。

作曲家のロジャー・セッションズによると、作曲で理論的・機能的なモデルを利用するには、典型的な先例がある。「私は、ベートーヴェンによるハンマークラヴィーアソナタ（Hammerklavier Sonata、ピアノソナタ第29番）の最終楽章のための草案の写し数ページを持っている。その草案を見ると、フーガの主題を慎重にモデル化しながら、体系的に、しかも見たところ冷静沈着に、それを試しているのが分かる」と彼は記している。セッションズはさらに、どこから発想を得るのか述べている。その答えは、フーガのような古いモデルの新しい使い方を見つけるか、あるいはフィリップ・グラス（Philip Glass）がやったように、インド音楽と西洋音楽、古代の朗誦の形態を自分の必要に合わせて利用すればよいというものだ。実際、グラスの前衛的な曲の根底には、基礎低音（旋律や和声が変化していく中、変わらずに流れ続ける反復の低音部）、交唱のような効果、旋律の反復、緊密で重なり合う和声などがあり、いずれも何千年とは言わないまでも、何百年も昔から用いられている手法である。グラスの作曲の独自性のうち、かなりの部分は彼自身の内から新たに生じたものではなく、過去のモデルを無視した結果でもなく、そこから自分自身の音を発見したことに由来しているのだ。ハロルド・シャペロは、こう記している。「作曲家がモデルに倣って創作を進めるにつれて、そうしたモデルを作った先輩から多くの巧妙な技法を吸収するだけでなく、自分の芸術の独自の材料も発見するということに驚きを感じるだろう」。

ヤニス・クセナキスは、著作家と同様、音楽家も表象的なモデルを活用し得ることを明確に示している。クセナキスの音楽の多くでは、標準的なオーケストラの楽器では聞き慣れない音を出している。弦楽器の演奏者に対して指を目一杯広げるようなコードを弾くように求めたり、ある弦の端から端までの難しいグリッサンド（glissando）を奏でるよう要求したりしている。グリッサンドとは、ある音から次の音へと連続して音程を移動させることだ。また、ハープシ

コード奏者やオルガン奏者に対しては、片手で2段の鍵盤を同時に押さえることも求めている。どの種類の音楽家に対しても、音と音の間に、あるいは音と同時に打楽器のような音を出すよう求めている。彼の楽譜を初めて見た音楽家は演奏不能だと言うことがよくある。だがクセナキスはもっとよく分かっていて、自分で楽器のモデルをあらかじめ作成し、手の位置や運指を確かめているのだ。例えば、彼のハープシコードは長方形の段ボールで階段状に折ってあり、その各段にハープシコードの鍵盤の絵を描いたものだ。クセナキスは弦楽オーケストラも用意しており、これは測定棒より少し長くて太い棒であるが、その3つの側面にヴィオラ、チェロ、バイオリンの指板が描いてある。クセナキスによれば、「いずれも指の問題だ。指をどこに置くのか、特殊効果をどうやって出すか」であると。

　芸術家は、同じような程度で表象的モデルを利用している。視覚芸術の場合、最もよくあるモデル活用は予備的なスケッチを使うことだ。いきなりカンバスに描き始める画家はほとんどおらず、たいていの画家はスケッチの作成から始める。シカゴ美術館にはジョルジュ・スーラ（Georges Seurat）の Sunday Afternoon on La Grande Jatte（「グランド・ジャット島の日曜日の午後」）という傑作絵画が展示されているが、ほぼ 2 m × 3 m という壁ほどの大きさの作品だ。その作品の傍には、スーラがあらかじめ制作した、本作のための小さな習作も展示されている。この習作には、本作に比べて細部はほとんど描き込まれていない。また、スーラの The Circus（「サーカス」）という作品のスケッチは、パリのオルセー美術館に展示されている。こうしたスケッチの目的は明らかで、それらを使ってスーラは自分のアイデアを全体の構図を検討しやすい大きさに表し、描画上の問題を予想した。その上で初めて、彼は巨大な大きさのカンバスに何十万もの色の点を描いていくという大変な作業をする決意をしたのだ。

　彫刻家や建築家は、似たような目的でマケット（maquette）という模型を用いる。これはフランス語で、語源的にはイタリア語の macchia から来ているが、「スケッチ」という意味だ。だが、芸術家や建築家はこの言葉を3次元の模型という意味で使う。言うまでもなく、建築家はしばしば設計プランの小型の物理的モデルを作成する。そうすると、顧客に対して青写真や図面よりも建築物の完成した姿をよく理解できるように示すことができる。同時に建築家は、モデ

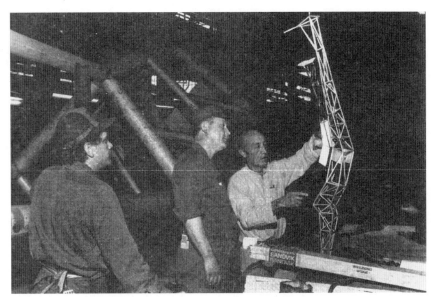

図12-2 「ライトニングボルト……ベンジャミン・フランクリン記念」の製造工場だったクレッセント・アイアンワークスでのイサム・ノグチ、1984年。

ルを作ることで発生し得る建築上の問題も予測できる。こうしたモデルは、段ボールと紙で作られたかなり簡単なものであることもあれば、木材と金属で作られた信じられないほど精巧なものもある。彫刻家の作るマケットも多様だ。ルイーズ・ブルジョワは彫刻を考案し実現していく時、「スケッチから段ボールのモデルへ、次に波形段ボールのモデル、その次に木材、そしてその次に石へと移っていく」と述べている。イサム・ノグチは、「図面、それからモデル、場合によっては紙のモデルを作って、それを基に、金属製その他のマケットを制作する」と述べた。ヘンリー・ムーアは、晩年アトリエを3か所所有し、モデル制作の各段階に応じて使用した。マケット用アトリエでは、手の平の大きさのモデルを作っていた。移行期用アトリエでは、大きさの決定や材料の問題に取り組んだ。そしてガーデンアトリエでは、大きな完成作品を作製した。彼の創作スタイルが、これらの場所の物理的レイアウトに対応していた。ムーアはかつてこう言ったことがある。「できれば小さなマケットを10個位作りたい。

そのうち大きな本格的彫刻作品になるのは、1個だけという場合もあるだろう。作業用モデルの大きさで試してみて、いろいろ手を加える。そして完成作品の制作時にはまた手を加える。大きさが違うと、小さなモデルの時とは視点も見え方も違うためだ。構築する、モデルを作る、彫るという行為が混じり合っている」。

　もちろん、実際の人物や無生物の物体をモデルとして使う芸術家も多い。人間のモデルに対しては、あるポーズを長時間保つよう求める。この静止したモデルを解釈し、絵画や彫刻を制作する。だが、ジョージ・シーガル（George Segal）とドュエイン・ハンソン（Duane Hanson）という彫刻家は、モデルの石膏像を作成する。医師が骨折した腕や脚を固定させるのと同じ要領だ。レオナルド・ダ・ヴィンチも、ルネッサンス期に似たような手法を採用していた。モデルの衣服に少量のジェッソ（gesso、調合した石膏）を塗り、しわや折れ目を固め、次回のポーズの時まで皺や折れ目を保存したのだ。レオナルドの同時代人であったルカ・カンビアーソ（Luca Cambiaso）は、モデルのモデルを作ることで解決した。つまり、木製の幾何的な形の人形で習作を描いておくのだ。これならば、元のポーズをいつまでも保持してくれる。美術用品店に行けば今でも、ポーズを作成できる人形が売れている。

　人体のモデルには長く多様な歴史がある。18世紀、フランスのファッション業界は各種の製品を全ヨーロッパに輸出していたが、それには優雅なドレスをまとった人形を使っていた。「マダムアレクサンダー」（Madame Alexander）の人形や「バービー・アンド・ケン」（Barbie and Ken）、「GIジョー」（GI Joe）、その他多数のアクション人形は、現代のファッションスタイルや社会の基準や価値観などを具現化している。もっと実寸大の世界に目を向ければ、ショーウィンドウや博物館のマネキンは、何週間、何か月あるいは何年も動かないままで、同じような役割を果たしている。仕立て屋のダミー人形は日々人体を模倣しており、ピンや針を刺されたままで人間には耐えられない退屈にも耐えている。さらに破壊用ダミー人形は、故意に人間に体験させるわけにはいかないような状況において、安全性に関する情報を示してくれる。ある意味、すべてのロボットは工場のものであれ、実験室のものであれ、外宇宙で使うものであれ、一種のモデル、模型でもある。こうした模型が非常に限定的な機能分野で発揮する

12　モデル化　293

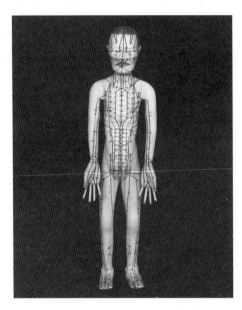

図12-3 鍼治療で使う日本のパピエマシェ（張子人形）。針を刺す適切な位置を示している。

機能性は、元の人体に勝る。それは、模型が人間ではないからこそである。

　表象的、機能的人体モデルを最も多様に使用しているのは、医療分野かもしれない。多くの場合、そうした模型は芸術作品でもある。何世紀も昔の中国で、上流階級の女性が医者に行く時に連れて行った象牙製の小さな裸体人形は、まさに芸術品であった。文化的なタブーと慎み深さのため、男性の医師の前で服を脱ぐことが禁じられていた。そこで女性は、症状の様子や部位を示すのに、こうした人形を使ったのである。アジアの内科医は、鍼治療の「つぼ」やその他の必要な情報を示す印を人体の小型人形に付けていた。西洋での解剖模型の使用はいくらか異質だ。ルネッサンス時代、またそれ以降も身体を解剖するという行為が宗教的、社会的理由で認められていなかったため、詳細な解剖情報が手に入りにくかったのだ。一部の内科医は、驚くほど詳細な等身大の蝋人形で人体を作り、しかも解剖の各段階に応じたものを作製した。それらはマダム・タッソー館（Madame Tussaud、ロンドンの高名な蝋人形館）にある蝋人形と比べても見劣りしないほど詳細だったが、後に解剖用の人間の死体によってもたらされた相互作用的な効果はモデルでは実現不可能だった。現代ではカエルの

解剖から人間の解剖に至るまで、あらゆるものが電子化された模型があり、生物学や医学の教室で利用されている。しかし、昔の蝋人形と同様、コンピューターを駆使して視覚化しても、外科用メスを正しく使えるようにはならないし、創傷部で突如として動脈が破れ出血が止まらない場合に、緊急措置として血管を縫合できるわけでもない。多くの芸術や科学でもそうだが医学においても、見えるだけで触って感じることができない模型では学べることに明らかな限界があるのだ。

　現代の医学模型の多くは、自分の手で直接触る経験の必要性によりよく応えようとしている。現在のカタログを見ると、表象的なモデルであるとともに、機能も備えた模型が驚くほど揃っている。その中には、小さな乳がんを含んだ乳房の感触を本物そっくりに模倣したものもある。医療関係者は、訓練のために実際の患者に恥ずかしい思いをさせなくても、乳がんの検査方法を習得できる。他にも、患者の腕や脚の大きさと感触を本物そっくりに表したものがある。それによって、医療関係者や糖尿病の患者は例えば注射をしなければならない場合に、注射の仕方を実際の人体で試す前にしっかり練習することができる。そして言うまでもないが、心肺蘇生（CPR）の課程を履修したことがある人であれば誰でも、幼児と成人の人形を使って救命措置を教わったはずだ。

　ただし、人間の医学的問題のモデル、模型が人体である必要はない。この事実から、先述のマネキンとロボットの問題に戻る。マネキンやロボットが役に立つものであるには、本物そっくりである必要はないということだ。あらゆるモデルは、ある程度、時には驚くほど抽象化されたものである。例えば、グレゴール・メンデル（Gregor Mendel）が人間の遺伝子の原理に光明を投じることができたのは、えんどう豆の研究によるものである。それはちょうど、現代の科学者が微生物や虫、ショウジョウバエなどの集中的な遺伝子研究から、人間の遺伝子について学ぶのと同様である。そうやって分かったことは、どの生命体においても遺伝子の原理は基本的には同じということである。そのため、少なくとも遺伝子の原理に関する限りは、動物のモデルで人間の機能をかなり模倣できる。同様に、試験管内での細胞の動きから、人間の体内で起きていることをモデル化できることも少なくない。第1次大戦中にアレクサンダー・フレミング（Alexander Fleming）は、突起部のある試験管を作成した。これは、複雑骨

12　モデル化 **295**

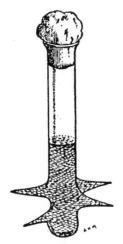

図12-4 アレクサンダー・フレミングの、突起部のある試験管。消毒剤溶液に対する微生物の抵抗性を検査するためのもの。

折や榴散弾による不規則な外傷の場合に、抗生物質による治療が効かない理由を探るためであった。その結果、突起の先端部に隔離された細菌は殺菌剤から隠れていられることが判明した。これをモデルにフレミングは、特に感染が酷い外傷の治療を効果的に行うには、体内から治療を施すしかないと確信した。この洞察をきっかけに、1928年にはペニシリンを発見した。それからフレミングはこの新薬の効果を体外で、つまりペトリ皿（petri dishes）や試験管で培養した細胞で実験し、体内でどのように作用するかを探ったのである。

現代の新薬もまさしく、そうした方法で効用と副作用の検査をしている。ところが、こうしたモデルはいずれも抽象的なものであるため、制約がある。培養細胞には存在しない腸や肝臓といった人間の内臓は、薬効を変化させる場合がある。一部の医薬は腸を通過しないため、経口服用ができない。肝臓は多くの化学物質を変質させることにより薬剤の効果を失わせたり、安全な薬剤を死に至らす化合物に変えたりする。モルモットはペニシリンに対してアレルギーを示すが、ネズミはそうではない。ではあらゆる特定の例において、人間のモデルとしてはどちらが適切だろうか。モデルの限界を把握しておくことは、その有効な使い方を知ることと同じ位重要なのだ。

医薬では理論的モデルも頼みにしている。例えば、ジャン・ギンペル（Jean Gimpel）が公衆衛生という概念を教えるために開発したモデルがある。科学技術史家のギンペルは、中世の機械類の発明と使用の様子を再現しようとしていて、モデル化に専門的な関心を抱くようになった。そして、実際に作動する小型のモデルを作成するようになった。やがて、村落社会向けの適正技術を開発するようになった。大型の産業インフラではなく、身近な素材や技術を利用する科学技術のことだ。あまり教育を受けていない、読み書きできない人もいる

集団に物事を教えるための最善の方法とは、小型の作動する模型を使って教えることだと、ギンペルは発見した。そこから、同じようにモデルを使って公衆衛生を教えるのは容易な道のりだ。井戸の傍で家畜に排泄させてはいけないと農民に教えるのは、その農民に地下水の動きや細菌の知識がない場合には困難である。しかし、糞尿で汚染された地下水が井戸へと入り込み、それをその農民が飲んでしまうモデルを見せれば分かりやすいだろう。井戸の周囲に柵を設けて、家畜が近付けないようにするという対処法も、モデルで有効に提示できる。農村部のコミュニティや大都市のホームレスの人々の治療に当たっている医師の間では、結核などの感染症の伝染を防止するために、ギンペルのモデルを採用することが次第に増えている。実際に作動するモデルを操作して、出来事の複雑な連鎖を能動的に体験してもらえば、単に話を聞くよりも学習方法として効果的なのは言うまでもない。簡単に言えば、モデルを使うことで分かりにくい概念やアイデアを具体化して示すことができるのだ。

　科学では、モデル化は新しいアイデアや着想の誕生、理論の展開、その実験による真偽の検証と不可分に結び付いている。近年の科学的モデルの形成者の中でも特に偉大な人物の 1 人、ライナス・ポーリング（Linus Pauling）は、モデル化を一種の独自な思考のあり方だと記している。「モデルが持つ最大の価値とは、新しいアイデアや着想を生み出す過程に貢献してくれる点にある。モデル化は一種の言語なのだと私は言いたい」と彼は記している。ポーリングは何十年もタンパク質の分子を研究し、モデルを活用してその構造としてあり得るものを探究し、遂にその努力が彼にノーベル賞をもたらした。精密なモデルは精密な思考を表す。

　ポーリングの大変有名な失敗の 1 つにも、失敗の決定付けにモデル化が一役買っていた。彼は DNA の間違った構造を考えていたのだ。DNA とは我々の遺伝子を収める分子のことだ。「モデル（模型）があると、その構造としてどんなものがあり得るのか分かる。モデルを使うことで、頭の中では可能だと思っていた多数の構造が、実は有り得ないことが分かる」。1951 年から 52 年にかけて、ポーリング、そしてジェームズ・ワトソン（James Watson）とフランシス・クリック（Francis Crick）らを含む数名の科学者が、モデルを作ることで DNA の構造を解明しようと努めていた。当時、DNA 構造に関するデータは僅かなも

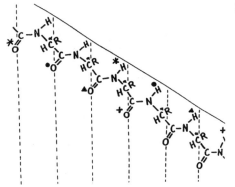

図12-5 ライナス・ポーリングがアルファらせんを再現した紙製のモデル。彼はこれを折ってチューブ状にした。「オックスフォードで風邪を引いて寝込んで退屈だった時、タンパク質の構造のことを考えようと私は思った。そこで紙を1枚取り出し、ポリペプチド鎖や結合の長さ、角度を正しく示す図を慎重に描いた」。

のしか分かっていなかったが、それをモデルと突き合わせた。各種のモデルによる予想と比較したところ、ポーリングのモデルには致命的な欠陥のあることがすぐに判明した。ワトソンとクリックも当初は、段ボールを丁寧に切り取ったものでモデルを作ったのだが、これも失敗に終わった。だが、間違いから学んだ彼らは、今ではDNAの二重らせんの教科書的標準モデルとして知られているものを作成した。彼らのモデルには、実験で判明したDNA構造の詳細だけでなく、それに劣らず重要な遺伝子情報が符号化され、世代間で伝達される方法も組み込まれていた。こうして二重らせんモデルは、表象的要素と機能的要素、理論的要素を見事に融合させたのだ。

だが、たいていの科学モデルとは異なり、この二重らせんは現物を表象的に表したものだと扱われることが多い。小さ過ぎて目には見えないものを物理的に表したものだと見なされてしまうのだ。科学におけるほとんどのモデルは、そのように実物通りのものと見なされることはない。モデルとは、彫刻家のマケット、将軍の戦争ゲームのようなものなのである。アイデアや着想を構築するために役立つ道具ではあるが、事実のままに実物を再現してはいない。シリル・スミスの冶金学での作品が、そのいい例である。合金の中の構造的欠損の性質とその影響を理解するため、彼は泡でいっぱいのトレーを作製し、丁寧に位置を選んで少数の泡を潰した。この作業により、彼は泡で表した原子がこうした干渉に反応してどのように再組織化するのか観察した。そこから、合金に関連する興味深い効果が明らかになった。スミスもその同僚も、こうした泡を

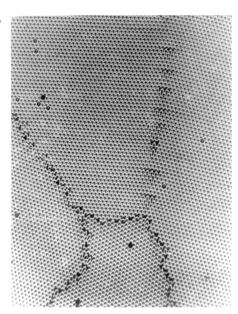

図12-6 シリル・スタンリー・スミスによる金属構造の泡モデル。

現実のものとは見ていなかった。だが、理論探究には大変役に立ったのだ。

　科学におけるモデル化の役割は、建設中の大型建築物を囲む足場や起重機に似ている。こうした装備がないと、その建築物を建てることはできない。だが建築物が完成すると、足場も起重機も取り除かないといけない。だからリチャード・ファインマンは、その古典的著作 *The Character of Physical Law*（『物理法則はいかにして発見されたか』）において、理論の構築において利用したモデルからその理論を引き離していく必要が常にあると主張しているのだ。「特に偉大な発見はそのモデルから離れていくもので、その時、モデルは何の役にも立たなくなる。マクスウェル（Maxwell）の電気力学の発見では、当初宙に浮く歯車や遊動輪を多数想像して理論を構築した。だが、遊動輪もその他各種の宙に浮いているものも、一掃した時に上手くいくのだ」と記している。さらにファインマンによれば、モデル化によって概念を習得することはできるが、モデルを概念そのものと混同してはいけないと言っている。

　概念という面で純粋なモデルを得るため、多くの科学者は数学に頼っている。

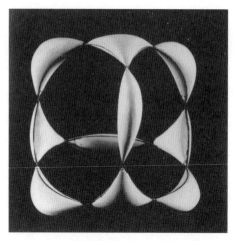

図12-7 クンマーの4次曲面モデル。二重点が12個あり、4次元の表面と次の等式で与えられる球体との交差部分に由来する。
$(x^2+y^2+z^2-\mu \kappa^2)^2 = \lambda [(z-\kappa)^2-2x^2] \cdot [(z+\kappa)^2-2y^2]$。

戦争ゲームと同様、モデルの数学化は比較的近年のことで、落下する物体をガリレオが数学的に記述したのが最初である。さらに、いかなる方程式や数学的概念も物理的、視覚的に表現することができ、逆にそうした物理的現象、視覚的表現はすべて方程式で表すことができるという認識は、ずっと後になってもたらされた。数学者にして歴史家、そして写真家のゲルト・フィッシャー (Gerd Fischer) によれば、当の数学者の間で概念構築の道具として数学的モデルへの関心が明確に見られるようになったのは、せいぜい1860年代のことだそうだ。その当時、ドイツの数学者エルンスト・クンマー (Ernst Kummer) が、複雑な代数関数に関する針金と石膏による一連のモデルを発表したのだ。フィッシャーは、「こうしたモデルの構築は、代数曲面の面積についての最も先鋭的な研究と密接に結び付いて、ともに進んでいた」と述べている。こうした代数曲面の中に、現在では「クンマー曲面」として知られているものもある。クンマーの手法の効果を他の数学者も高く評価した。1850年代にアウグスト・フェルディナント・メビウス (August Ferdinand Möbius) は、モデルを利用して有名なメビウスの帯と呼ばれる図形を考案した。2次元の帯をねじったもので、側面を2つしか持たず、無限性の象徴としてよく用いられている。フェリックス・クライン (Felix Klein) は、当時世界で卓越した数学者の1人だったが、段ボールや糸、針金、石膏、造形用粘土を利用して、多数のモデルを作成した。他にもさまざま

なものを発明したが、いわゆる「クラインの壺」というものも考案した。それはメビウスの帯の3次元版とでも呼ぶべきもので、内部と外部の区別がつかない2つの連続的な表面を持っているように見える。現代でも幾何学や位相幾何学、結び目理論（切断しないと解くことのできない物体を扱う数学）などにおいては、学生が概念を理解できるように、飾り気もない紙や針金、粘土、プラスティシン、あるいはスズ箔の模型を使う場合がある。

　最近まで、数学のモデルの主なコレクションとしては、ヨーロッパの機関にあるものと、レイ＆チャールズ・イームズ（Ray and Charles Eames）がアメリカの科学博物館の数か所のために作成した1970年ごろのマセマティカ展示（Mathematica Exhibit）のものがあるだけだった。コンピューター支援設計（CAD）システムが普及し、マセマティカのような汎用問題解決プログラムも今ではほとんど誰でも使用できるので、デスクトップ・コンピューターさえあればほとんどの人間は数学的モデル化をすることができる。だが、次のことは強調しておかねばならない。コンピューターのモデルと物理的なモデルは、それらが具体化する思考手段の観点から見ると、同等ではない。コンピューターグラフィックスは3次元化した像を表示できるとしても、あくまで2次元だ。頭の中で視覚的に3次元像を認識するだけでは、3次元の運動や触感を体験したことと同じにはならない。「この違いは重要である」と、サンディエゴ・スーパーコンピューター・センターのコンピューターグラフィックスの専門家マイケル・ベイリー（Michael Bailey）は言う。長年ベイリーは、コンピューターをモデル化の究極の目的として売り込んでいたが、新しい科学が彼の考えを変えた。コンピューターを作業機械に接続すれば、プラスチックや紙、樹脂、金属製の3-Dモデルを、光造形法や鋳造法によって作成できる。そうした手法の1つは、ウィリアム・スカウィンスキー（William Skawinski）という目の見えない化学者が自分で使用するために発明したものだ。その手法を活用して、視力障害のある学生とない学生のどちらを教えるためにも使える、「化学モデル・ライブラリー」ができた。今ではベイリーは、「情けないことに、グラフィックスは3-D模型を触ったり、手に取ったりすることができるものには敵わない」と認めている。

　グラフィックスのモデルが3-Dの物理的モデルに敵わない理由の1つとして、2-Dの地図は必ずしも現実の土地には対応しないということがある。M・

C・エッシャーやL・S・ペンローズとロジャー・ペンローズ（L. S. Penrose and Roger Penrose）、その他のデザイナーが存在しえない物体を描いてきたが、3次元では存在しえない物体を2次元で視覚像に描くことは可能である。自分で考えた物体を作成したことがある人であれば、建築家であれ、大工であれ、模型製作者であれ、建築業者であれ、想像して紙に描いたものが実際には構築不可能だった経験があるはずだ。時間と空間の中で作業をすることは、方程式やグラフィックス、紙の上で作業をすることとは違う。次元にまつわる問題が重要になるのだ。

　視覚的なモデルが正確な場合でも、決して実物通りとは言えない。スクリプス研究所の生物学者ジョン・ジョンソン（John Johnson）も、それを体験した1人だ。ジョンソンはウイルスの構造を研究している。何年も彼と同僚は、ウイルスの構造を見るために、あくまで不完全なものであるがCG画像に依存していた。1997年、ジョンソンはマイケル・ベイリー（Michael Bailey）に依頼して、研究中のウイルスを構成するタンパク質の構成単位のモデルを、高分子化合物を基礎に形成した。そのモデルを手にした瞬間、ジョンソンはタンパク質とタンパク質の界面に穴があることに気付いた。これは、グラフィックス画像では見えなかった、実に面白い発見であった。この穴にぴったりと入る薬剤を設計すれば、このウイルスは集合することができなくなり、その感染によって起こる病気を治すことができるからだ。「頭が可笑しくなったかのように、私は走り廻った。周りの人たちに、我々がどれだけ愚かだったかを示すために。このようなモデルで構成要素の集合を見る場合、こうした経験はよくあることだ」とジョンソンは回想している。

　ジョンソンを適正に評価するならば、彼は決して愚かだったのではない。彼は、自分自身の能力を見くびっていただけなのだ。多くの発明家や技術者から彼は学べることができても、実際に手で触れるモデルに代わるものはない。静止軌道衛星というアイデアを考案したアーサー・C・クラークは、「現代教育を受けた多くの人々はコンピューター画面上の画像を見ることだけに慣れてしまって実物に触っていないため、いずれ大きな間違いや失敗をもたらすのではないか」と憂慮している。クラークの言葉は、多くの技術者によって繰り返し伝えられている。例えば、ユージン・ファーガソン（Eugene Ferguson）、サミュ

エル・フロールマン（Samuel Florman）、ヘンリー・ペトロスキー（Henry Petroski）といった人々だ。彼らは、ここ20年間の工学での大きな失敗、橋や建物、ロケット、飛行機における失敗の原因として、実際に機能するモデルを作る代わりにコンピューターグラフィックスに頼る度合いが増加していることを憂慮している。

　自分の周囲にある世界を理解したければ、役に立つモデルを作成することが必要で、しかも複数作成する必要のある場合も多い。この教訓は明らかであり、これを実践するのは励ましを受け訓練を積めば、遊びのように自然で容易なはずだ。本書の第8章と第11章で述べたように、ある種の玩具で遊ぶ時、子供たちはすぐに模型を作り出す。単純なブロックや何にでも使える人形、あらゆる種類の工芸品や建築用の素材などで他の何かを表すのだ。ここで重要なのは、子供が裏庭に作る要塞、地下室に作った動物園や部屋にある人形の家の質ではない。それらがどれほど本物らしいか、実用的か、どの程度の性能であるかの問題ではない。模型を作るという行為そのものが重要なのである。モデル化することによって、理解と操作、制御が可能になるからだ。

　創造力がある人の多くは、子供時代にモデル化に没頭していたことや、それが大人になってからの関心にも影響していることについて身に覚えがあるだろう。ジョージア・オキーフは、薄い2枚の板を使って自分で作った人形の家で遊んでいたことを回想した。それぞれの板にのこぎりで薄い切れ目をつけ、そうした板を組み合わせて、それで家の中に4つの部屋を作って、仕切り壁以外に部屋には何もなかったが満足した。ひょっとすると、オキーフが抽象化ということを理解し始めたのは、この人形の家がきっかけだったのかもしれない。彫刻家のクレス・オルデンバーグも、自分だけの世界を創造していた。自家製の書物や新聞、地図、グラフなどを作っていた。思春期には、飛行機模型に取り組んだ。「時々設計を変更することで、自分の望む姿に近付いた」そうだ。この2人の芸術家にとって、モデル化が自分流の世界を構築するという生涯続く習慣のきっかけになったのだ。

　多くの科学者や技術者によれば、彼らもモデル化で何かを形成した経験があるという。ユングは、十代のころの模型作成という趣味が科学的な物事全般への興味を持つようになったきっかけだったと記している。「私は小さな石で城

12　モデル化 303

郭を作り、見事なまでに防御を固めた砲座を設けた。モルタルの代わりに泥を使った」と話している。「フランスのヴォーバン（Vauban）という場所にある要塞の図面を入手できる限り調べ、すぐにあらゆる技術的問題にも詳しくなった。ヴォーバンから近代の要塞構築の手法へと転じた。使える材料などは限られていたが、それで何とかあらゆる種類の模型を作ろうとした。2年以上にわたり、私は空き時間があれば、いつもそれに取り組んでいた。その間に科学研究や具体的な物事への知識が着実に増えていった」。また、米国科学アカデミーのある会員は匿名でのインタビューに応じて、自分が科学に関心を持ち成功を収めた要因として、同じような経験を挙げていた。「私は物作りが好きで、模型飛行機などをよく作っていた。図書館に通える年齢になると、子供にも作れるものを紹介している本を借りてきたものだ。これは、私の教育において極めて重要な要素だった。その経験があったので、大学の課程で体験した内容は全く目新しいものではなかった」。同様に別の調査において高名なある数学者は、「これは数学の能力開発と何の関係もないように思えるかもしれないが、私の認識では関係している。幼かったころバルサ材で模型飛行機を作り出し、5歳になるまでにはもう自分で作れるようになっていた。でき上がりの姿を頭で想像でき、支柱がどこにあって、その角度をどうすればよいか想像できた」と述べている。模型を作ることでこうした創作性に溢れた人々は、幼いころに、大人になってから創作活動をする上で必要なイメージ化や抽象化、類推化、次元的思考の技術などを身につけたのだ。

　きっかけは簡単に見出すことができる。図書館でも書店でも、模型の作り方に関する書物は見つかる。その材料も、段ボール紙からバルサ材、針金、プラスチック、布、紙など多様にある。そうしたありふれた素材を馬鹿にしてはいけない。ウェルズの最初の戦争ゲームは丘や建物を表すのに、書物を置いていた。クセナキス（ギリシャの作曲家）のオーケストラは、段ボールや棒で作ったものだった。ポーリングのタンパク質の構造は、紙製のチューブと鉛筆の印によるものだった。オーギュスト・オドーネ（Augusto Odone）は自分の息子の病気の原因を探ろうと努め、その様子は映画 Lorenzo's Oil（「ロレンツォのオイル／命の詩」）に紹介されている。彼は紙クリップで脂肪分子のモデルを作った。何もないところから始めるのは余りにも大変だと思うかもしれないが、成形済みの

プラスチックや木製の部品が入った模型キットが出回っていて、恐竜から人形の家、駅馬車からスター・ウォーズの宇宙船まで、考えられる限り何でも揃っている。紙製の模型も多様にあり、古典的な紙製人形から飛行機、城、時計とさまざまある。多くの模型店や科学関連商品のカタログを見れば、蒸気機関や列車、レーシングカー、飛行機、ロケットなどの動く模型を扱っている。模型で重要な問題は素材ではなく、それが表している概念や機能、そして実物の細部まで理解して再現しようとした作成者の努力である。そうした想像力によって「生命」を吹き込まれない限り、模型とは無意味なものだ。

　学校でもモデル化を活用して、各種の科目を習得することができる。例えば数学の授業でモデルを作れば、概念を具体化できる。どのような方程式も物理的な表現があり、どのような物理現象にも数学モデルがあることを学生が早く学べば学ぶほど、その学生は新しいものを考案しやすくなる。モデル化によって視覚的思考も向上する。運動感覚と視覚の間には直接の関連があるからだ。第4章では、形態という単純な視覚像を形成してみようと読者諸氏に求めたが、これはあらゆる年齢層の学生にとって貴重な試行であるはずだ。

　自分の学校や家屋、近所の様子などをモデルで表すことで、空間に関する技術を発達させよう。バックミンスター・フラーの四面体を基礎にしたドーム状構造物やスネルソンのテンセグリティ（tensegrity、張力による統合）彫刻、その他の建築形態を作成し、工学や設計の技術を試みることもいいだろう。ブレンダ・ジャクソン（Brenda Jackson）という教師は、多くの分野が関与する作業として特に橋のモデル化を勧めている。「橋の設計プロジェクトでは、各種の専門分野が関与する。提唱されている設計の図面を描くこと、張力という現実の問題に対応すること、計算や手作業の技術を活用して模型を作ること、これらすべてが関連する。橋の破壊検査は騒音を出すが、そこには実地による検証が必要である。それらの結果はしばしば目を見張るものであり、すぐに忘れ去られることはない」と述べている。

　小学校、中等教育、大学においてすら、美術やデザイン、彫刻、工芸、工学、数学、科学の教師が互いに協調して作業すれば、学生は総合的な学習体験ができるだろう。多数の作業現場における多様な相互作用をモデル化した学習体験である。政治学や歴史学、人類学も、物理的なモデルを活用すれば独自の方法

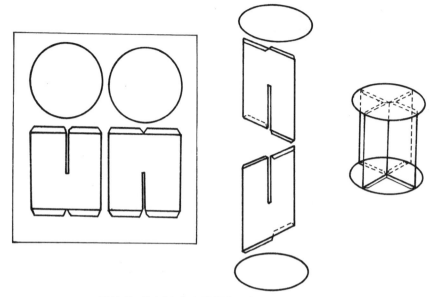

図12-8　第4章にある図形想像パズルのモデルの作り方。

で学習できる。例えば、戦闘の過程を機能的または理論的に表すモデル、建築様式の発展を表すモデル、伝統医療の効用を表すモデル、経済競争の結果を示すモデル、宗教儀式の意図を示すモデルなどだ。モデル化をするに当たっては物事がどう機能するのか探ることにもつながり、モデル化は学習者の年齢には関係なく優れた学習法であり、モデル化を生涯の習慣とすれば、楽しみと学びのある人生を送る鍵を握ることになるだろう。

13

遊　び

　1936年、当時有名でなかった医学研究者の
アレクサンダー・フレミングが、ロンドンの
第2回国際微生物会議で2つの発表を行っ
た。まず、ペニシリンという奇妙なカビの発
見を発表した。これは、ある化合物が各種の
感染性細菌の成長を阻害するというものだっ
た。次の発表では、フレミングは微生物の絵
という奇妙な発明を提示した。これは白金耳
（訳注：白金のような反応性の少ない材質でできた針金に、持ちやすい柄を付けた物。
主に微生物の移植に用いる）を筆代わりに使って、さまざまな色素を含んだ細菌
を丁寧に寒天の培地に塗り付け、絵を描き出したものだ。科学界ではいずれの
発表も無視された。フレミングによるペニシリンの発表は充分に説得力のある
ものではなく、それを使って奇跡的な治療を行った訳でもなかった。この会議
の少し前にフレミングは勤務する病院をメアリー女王（Queen Mary）が訪問し
た際、カビで描いたユニオンジャックの絵を準備していた。微生物の絵を見た
女王の反応は、「何の役に立つのか」と彼に尋ねただけだった。それは、遊びに
は何の意味があるのかと尋ねるようなものだった。
　フレミングのことをよく知る人であれば誰でも、彼が遊び好きであることを
知っていた。フレミングは優れた研究者であり、熱心な科学者であり、パウル・
エールリヒ（Paul Ehrlich）の特効薬［訳注：直訳すると「魔法の弾丸」、サルバルサ
ン（Salvarsan）］を世界で初めて採用した1人だった。これは世界初の完全に人
工的に合成された薬で、梅毒の治療に用いられた。だがフレミングは絶えず、
あらゆるゲームやスポーツにも時間を割いていた。ライフル射撃、ゴルフ、ビ
リヤード、クロケット、ペニー硬貨投げ、チェッカー、ブリッジ、ポーカー、
クイズ、卓球、水球などである。しかもフレミングは、必ずしも通常のルール
通りにプレイしなかった。彼の友人の1人によれば、フレミングは克服するの

図13-1　アレクサンダー・フレミングによる細菌の絵画。右に、「これはインクで書いたものではなく、成長につれて色素を作る次の細菌で書いたものである。(1) B. violaceus、(2) B. prodigiosus、(3) Staphylococcus、(4) A. bacillus、(5) Sarcina」とある。

が楽しいというだけの理由で、わざと難しいルールを作ることに喜びを見出していたという。フレミングは、1本のクラブだけでゴルフの1ラウンドをプレイしたり、グリーン上のパットでは地面の上に転がってビリヤードのようにクラブを使ったりした。各種の屋内用ゴルフゲームを考案し、子供たちが遊べるようにした。ある伝記作家の記述によると、著名な細菌学者と語り合っている夜でも、平気で中座して「シャブ・ハィペニー」(shove-ha'penny) というテーブルゲームを始めたという。しかも、フレミングの遊び心は仕事後に留まらなかった。仕事時間中でも遊びを好んだ。もっと正確に言えば、仕事も遊びだったのだ。フレミングの上司であったアルムロス・ライト卿 (Sir Almroth Wright) はかつて彼に、「君は仕事が楽しくて仕方がないようだね」と話していた。

　ライトはその発言でフレミングを批判したのかもしれないし、あるいは妬んでいたのかもしれない。いずれにせよ、フレミングはこの発言に心から同意した。遊びこそ彼の生き方だったのだ。科学というゲームの中でも、彼は新たなゲームを創作した。仕事は何かと尋ねられると、フレミングは必ず「微生物で遊ぶこと」と答えていた。「もちろん、この遊びには多くの規則がある。しかし知識と経験を積めば、規則を破り、今まで誰も考えなかったことを発見するこ

とができて楽しい」とも語っていた。この点でフレミングは、動物行動学者の
コンラート・ローレンツや分子生物学の創設者の１人、マックス・デルブリュッ
ク（Max Delbrück）とよく似ている。ローレンツは以前、動物学者のデズモンド・
モリスに、「君のシェイクスピアとは大違いで、私のやり方には狂気がある」と
言ったことがある。彼の著作 *King Solomon's Ring*（『ソロモンの指輪──動物行動
学入門』1952）に詳しく描かれているのは、全く常識外れの状況、例えばガチョ
ウやカラスに自分の家の中で自由に行動させるなどして、慎重な科学者であれ
ばしないような観察記録をもたらしたのだ。デルブリュックは適度な、いい加
減さの原理という主張で知られていた。それは、何か予測外の出来事が発生す
る程度に加減するのがよいのであるが、それが何であったか分からないほどの
加減にはしないというものだ。フレミングにとって細菌で遊ぶことは、セレン
ディピティ（serendipity）、すなわち本来探していない貴重なものを見つける意
外なコツを得るための方法だった。

　たいていの科学者は、この手の遊び心に満ちた方法を理解しない。例えばフ
レミングの実験の相棒だったＶ・Ｄ・アリソン（V. D. Allison）は、フレミングが
過剰に整理整頓する私をからかった時、少しショックを受けたという。「毎晩、
私は自分の実験台を整頓し、不要になったものは何でも廃棄していた。フレミ
ングは私が随分と几帳面過ぎると言った。彼はと言えば、時々培養物を２〜３
週間も放っておくことさえあって、処分する前、培養物に偶然何か予想外の面
白い現象が起きていないか丹念に観察していた。その結果は、彼が正しかった
ことが証明されたのだ」。

　この結果とはむろん、ペニシリンのことである。先に述べたフレミングの微
生物の絵画は、その発見に至る原動力となっていたものとみられる。いずれの
絵も傑作であり、酸性度や栄養分、温度、湿度、タイミングなどを絶妙に調節
しなければ絵にはならない。通常の環境下では、決して一緒にいないはずの微
生物と微生物を組み合わせる必要もあった。こうした微生物の絵は実験であ
り、他に何が発生するかを探る口実であった。色の付いた細菌が絵に必要だっ
たことから、あらゆる種類の培養物を手あたり次第に集める必要もあった。ど
んな奇妙で面白いことが生じるかをただ探るためであった。フレミングは新し
い興味深い色を見つけて、微生物の色素のパレットに加えることができたかも

13　遊　　び　309

しれなかった。実際に新しい色の発見が、青みがかった緑のカビ「Penicillium notatum」である。そこからフレミングは、史上初の抗生物質を抽出した。

　当初は誰も、フレミング自身でさえも、このカビにどのような意味があるのか分からなかった。なぜなら、遊びにはそれ以外の直接の目的や目指す目的がないからだ。遊びは単にそれ自体を楽しむために、何の責任もなくそれをすることや作ることの喜びのためにある。遊びには成功も失敗もない。説明する責任もなければ、達成すべきノルマもない。遊ぶことによって真剣な行為の規則が打ち破られ、独自の新たな規則が生じる。遊びとは気ままなものであり、好奇心や興味の導くままにさ迷う。遊びには、人類学者のスティーブン・ミラー（Stephen Miller）が galumphing（ドタバタと音を立てて歩き回ること）と呼んだものを含んでいる。遊びとは、時には奇妙で誇張され倒錯的ですらある行為であり、自分自身のための意図的に複雑または精緻な行動である。それは身体の運動を伴うものもあれば、手に持つことができる物体のこともあり、象徴的に表現したアイデアやゴルフ、微生物の場合もある。だが、遊びそのものに目的がないからといっても、その結果を後に立派な目的に用いることもある。

　心理学者のジャン・ピアジェ（Jean Piaget）が示したように、遊びが実用的にも役立つのは、次の３種類のいずれか１つ以上によって、各種の知的能力を強化してくれるからだ。第１に「練習の遊び」では、いずれの思考手段も訓練でき、発展させることができる。十代だったころのリチャード・ファインマンは、４次元図形の視覚化を遊びによって練習していた。単に、そうした問題に習熟するのが楽しかったためだ。フレミングも彼の専門的な技術や知識を、細菌の絵を描きながら伸ばした。Ｍ・Ｃ・エッシャーは、壁紙にイメージを見付けることによってパターン認識とパターン化の技術を磨いた。第２に「象徴的な遊び」では、１つの物が別の物を表すという「ごっこの世界」（make-believe world）を想起することで、類推化やモデル化、共感といった手段の発展を促す。ジョージア・オキーフは子供時代、２枚の板を組み合わせて人形の家に見立てて遊んでいた。フレミングは細菌を顔料の代わりとして扱った。第３に「ゲーム遊び」によって、外部から干渉されない状況に置いて、自分の行動や思考を規定する規則を破ることの他、新しい規則を作ることも学ぶことになる。Ｈ・Ｇ・ウェルズはミニチュアで戦争の模型を作成した時、ゲーム遊びをしたのである。フレ

ミングもゲーム遊びをして、細菌学というゲームの新しい規則を発見し、考案した。したがって、遊びとは単に他の思考手段の訓練になるだけではなく、遊びそのものが1つの思考手段なのである。いろいろな手法やルールで歩き廻る（galumphing）ことは、どのような活動であれ、新たな行動や観察、着想を生み出す。フレミングのケースでは、上述の遊びの3要素すべてが遊びの中に入っていた。

　遊び回る純粋な喜びについて考えると、その見返りはさて置き、多くの科学者が実験対象でgalumphingしてきたことも頷ける。リチャード・ファインマンの文体は遊び心に溢れており、広く知られた。多くの場合、科学の門外漢にとって物理学とは無味乾燥なものであるが、彼の記す科学的な、そして同時に個人的な探究の物語は誰が読んでも魅力的である。彼の著作の中には *Surely You're Joking, Mr. Feynman!*（『ご冗談でしょう、ファインマンさん』）というものがあるが、これがすべてを物語っている。ファインマンは冗談を言うのが好きで、他人によく悪戯をした。自分の趣味の時間でも、仕事中でも遊んだのだ。大学院を出てすぐ、ロスアラモス研究所で史上初の原子爆弾を開発するチームで働いていたが、そのころのファインマンはよく同僚に悪戯をしたり金庫を開けたりしていた。何かを盗むためではなく、面白がるためである。後年彼はカルテック（Caltech、カリフォルニア工科大学）の教授になったが、よくダンスバーに行っては若い女性を眺め、方程式を書いていた。彼の視線と思考が混じり合うこともあり、書いていた数式の間に人の顔や姿を落書きした。彼は遊びで画家になったり、絵を描くレッスンを受けたり、Ofey（オフェイ）という偽名で地域の展覧会に優れたスケッチを出品したりした。この偽名は彼の名をもじったもので、feyという単語にかけてある。これは、夢中な、あるいは異常なほど精神的に高ぶった人物という意味の単語である。ファインマンは音楽にも手を出し、ボンゴの演奏ではほとんどプロ級の腕前だった。

　フレミングの場合と同様に、ファインマンの遊びには真面目な仕事が混ざっており、意図的な戦略があった。彼はキャリアの非常に早い時期に大きな高名を得たので、周囲の期待が彼に重くのしかかった。他の人なら博士号を取得するかしないかという年齢で、ファインマンは物理学をやめようか考えていた。だがそんな土壇場で光が差し込んだ。「その時、別の考えが浮かんだ。当時物

13　遊　び　311

理学には少々嫌気がさしていたのだが、それ以前は物理学が楽しかった。かつて、私は物理学で遊んでいたのだ。やりたいことを何でもしていた。核物理学の発展にとって重要かどうかはどうでもいいことで、自分が遊んでみて楽しく、面白いかどうかが重要だった。そこで私はこの新しい考え方を身につけた。自分が物理学で遊びたい時には遊ぶことにしよう。それがどう重要であるかは全く気にしないで」。

ファインマンの予想を超えて、この遊びに徹する決意はすぐにある面白い結果を引き出した。後の彼の回想によれば、「それから1週間もしないある日、カフェテリアにいたら他の誰かがふざけて空中に皿を放り投げた。皿が昇っていく時、揺れているのが見えた。その回っている皿にコーネル研究所の赤い円形模様があることに気付いた。私は手持ち無沙汰だったので、その回転する皿の運動を理解しようとし始めた」。面白半分でファインマンはこの揺れの方程式を考案し、それを相対論や電気力学、量子電磁気学などに応用して、電子の軌道がどのように動くのか考えた。

「それと気付かぬうちに、私は好んでいた昔からの問題で遊んでいた。ロスアラモス以来、この問題に取り組めていなかった。何の努力もいらなかった。この種のことで遊ぶのは、ビンのコルク栓を抜くように簡単なものだった。努力しなくてもあらゆる考えが流れるように出てきた。私がしていたことには何の重要性も感じなかった。しかし、最後にはそれが重要なものになった。私がノーベル賞を受賞した図式やすべての研究成果は、この揺れ動く皿を見ながら当てもなく過ごしていたところから発展したものだ」。

フレミングのものと同様、ファインマンの経験も発明家の間では広く見られる特徴的なものだ。スミソニアン協会のレメルソン発明革新研究センターの理事だったアーサー・モレラ（Arthur Molella）は、次のことを述べている。「遊び感覚が発明活動の本質である。発明の始まりは、心の中の楽しい自由な連想にある」。技術者というのは、一般にポケットにペンなどを並べて入れた生真面目なオタクと思われているが、彼らも遊ぶ。エルマー・スペリー（Elmer Sperry）

がそのいい実例だ。自動操縦の飛行機や揺れ止め安定装置のある船に乗ったことのある人、ロケットで宇宙に行った人は、皆スペリーの発明を楽しむという感覚の恩恵を受けている。スペリーはジャイロコンパスやジャイロ安定機の発明者であり、これらは姿勢制御の維持に利用されている。彼がこれらを発明したのは、子供向けの玩具で遊ぶのが楽しくて、教科書に記載されていることを無視したことに起因する。

　　「ジャイロスコープに関する書物がすでに多数揃っていたが、ほぼ例外なくそうした書物には高等数学が多く使用されていて、恐るべきものだった。そういう書籍は大した役には立たなかったが、私には3人の息子がいて、彼らにジャイロスコープを利用した各種の玩具を与えようとしていた。これらの玩具から、私は息子たち以上に多くを学んだ。自分のジャイロスコープの知識がどの程度のものだったかを理解していたという意味で、大変有益な玩具だった。ジャイロスコープに関する知識を多少なりとも持ち合わせていたが、実際はそれ自体をよく理解していなかったことを、玩具で遊ぶことにより痛感した。実際にジャイロの効果を目で見ることができなかったら、その可能性を知ることもなかったはずだ」。

　玩具は、ジェローム・レメルソン（Jerome Lemelson）が発明家として成長する上でも幼いころ、重要な役割を果たしていた。レメルソンは、エジソン以降の発明家としては最も多くの発明品を残した人物で、最終的にはロボット工学やコンピューター画像、VCR、携帯用ビデオカメラ、ファックス機、コードレス電話などで、500件以上の特許を取得した。だが、彼のノートにはそうした発明だけでなく、玩具への愛着が絶えず溢れている。彼が得た最初の2件の特許は、玩具に関するものだった。1つは、つばなしの子供向けプロペラ付きビーニー帽（beanie cap、頭にぴったりした丸い帽子）で、チューブに息を吹き込むとプロペラが回るもの。もう1つは、ジェット推進式の玩具で、推進力として風船を使用するものである。この2つの楽しい発明は今では当たり前の物に見えるが、1950年代には斬新で、特許の価値がある物だった。そこからの利益でレメルソンは財政的にも安定し、その他のもっと真面目な発明に取り組んで遊ぶことが

できた。ノーベル医学賞受賞者で、世界史上でも特に医療機器の発明家として多くの発明を生み出した人物の1人、ヴァルター・ルドルフ・ヘス（Walter Rudolf Hess）は、練習の遊びで自分の能力を磨いていた。「自由な時間があると、私は家の中や周囲にあるあり合わせの材料で弓矢や帆船、飛行機などの玩具を作っていた。そのお陰で私は手作業の技術だけでなく、ある種の実用的な感覚や発明能力も身につけることができた」。

　むろん、玩具その物が遊びの発明である。ここ数年、最も人気のある玩具の1つは、スーパーソーカー（Super Soaker）だろう。これは大型で高圧の水鉄砲だ。この場合、玩具が発明を招いたのではなく、発明がこの玩具を生んだ。技術者のロニー・ジョンソン（Lonnie Johnson）は、サーモスタット（温度自動調整器）や髪を乾かすローラー、おしめの濡れを検出する装置、流れに応じて作動するパルセーター（pulsator）など、全部で49件の特許を取得している。高校時代からロボットの設計をしており、アメリカ航空宇宙局（NASA）で長年、宇宙探索機の専門家として推進力実験室の仕事もしていた。フロンガスの代わりに水を使うヒートポンプの発明に取り組んでいた時、ジョンソンはある試作品を作ってそれでバスルームの洗面台で遊んでいた。このポンプで噴き出す水は、「あまりにも強烈な勢いでカーテンに当たり、回転し出した。それを見て、すごい水鉄砲ができそうだ」と思った。実際に実現し、現在推定で子供1人当たり4個のスーパーソーカーが全米で購入されているそうだ。ヒートポンプ（Heat Pump）の発明も上手くいった。

　技術者の遊び心に満ちた取り組みは、奇妙な形を取る場合もある。ジョージ・リッキー（George Rickey）やジャン・ティンゲリー（Jean Tinguely）といった動く彫刻の作者や、MIT（マサチューセッツ工科大学）の自動車の専門家であるチャールズ・ファイエット（ファイ）・テイラー（Charles Fayette (Fay) Taylor）は、技術者としての経歴がある。これはアレクサンダー・カルダーも同様で、技術者の仕事を辞めて動く彫刻の創作に転じた。フレミングやファインマンと同様にカルダーも、まるで子供のようなユーモアのセンスを持ち、人生と芸術の両方に対して遊び心に溢れた姿勢を示すことで有名だった。いかにもアメリカ人らしいウィットを誰にでも向け、ダンスをする時はカルダーが熱狂的な動きをしていた。友人の話によると、彼の手はじっとしていることがなかった。絶え

ず何かを描いたり、木を彫ったり、コルクや古いブリキ缶、その他何でもいじれる物で何かを作っていた。針金は彼が好んだ材料で、いつもポケットに針金のロールとペンチを入れていた。というのは、針金は最も物を考えやすい材料だからだ。

　カルダーが発明したのは発明が楽しいからであって、誰かを驚かせるためではなかった。自作の動く彫刻も含めて、自分の作った物を芸術という名で呼ぶことを拒否していた。一連の子供向けの動く玩具を設計することを恥ずかしいとは思わなかったし、自分の針金による構築物を大人向けにもかかわらず玩具と呼んだ。フレミングの場合と同様、カルダーも自分の玩具で遊んだだけでなく、遊びながら玩具を作っていた。実際、彼の芸術家としての名声はただ楽しくてやっていた活動から始まった。若き日に彼はパリにいてサーカスに魅了され、木材と針金を材料にして動く模型を作った。この玩具のサーカスは結局、何百もの作品ができるまで拡大していった。動くパーツとして、動物や芸人、小道具、空中ブランコ、それにテントもあった。カルダーは幾度か、パリの芸術界の真に高名な人を自分の小さなアパートに招きサーカスを見せた。そうしたイベントを録画したフィルムには、ミニチュアの大テントでまるで子供のように遊んでいるカルダーが映っている。観衆は間に合わせの観客席に座っていたが、それはシャンパン用の木箱でできたものであった。カルダーは床の上にひざまずき、自作のアクロバットや動物を動かしながら司会者として話をし、観衆と言葉を交わした。また、警笛を鳴らし、ピエロを送り込んでいた。空中ブランコの曲芸師が誤って落ちた時には救急隊を送り込み、ナイフ投げが誤ってパートナーを傷つけた時にも救急隊が駆け付けた。演じる側も見る側も、ともに楽しめた。また、カルダー自身はこれに楽しさ以上の意味を主張しなかった。

　だが、ちょうどフレミングの細菌絵画もそうであったように、それは楽しさ以上のものであった。カルダーのミニチュアサーカスは、彼の次作のための実験室と呼ばれていた。彼はかつて、「私はサーカスの空間、空間的関係、そして空間の広がりを愛していた」と述べていた。空間を探り、そこで遊びながら物体を直接動かしているうちに、動くものに関するアイデアが生まれ、後に彫刻芸術の革命を引き起こしたのである。彼のアトリエには制作中の作品や放棄し

図13-2　アレクサンダー・カルダーと彼のサーカス。1929年。

た作品などが散乱しており、フレミングの散らかった実験台を思わせるような感じであった。物を置いたまま放っておいても充分に時間が経つと、何か驚くようなことが起こった。だから、カルダーは決して何も捨てたり壊したりしなかった。「充分な期間置いておき、あれこれ変更を加え気に入った作品になるということが分かった」と彼は述べていた。

　カルダーの動く彫刻という概念に斬新な変革をもたらした若い芸術家がいる。彼は現場の技術者になろうと、短い期間であるが勤めていた。ケネス・スネルソンである。彼は2度にわたって夏、ノースカロライナ州にあるブラック・マウンテン大学で、バウハウスの教師ヨゼフ・アルバースとバックミンスター・フラーとともに学んだ。フラーの助手となったスネルソンは、テンセグリティ（tensegrity、第8章参照）というアイデアを発達させた。これは生物学、建築学、工学に、また宇宙にさえも応用されたアイデアである。だが当のスネ

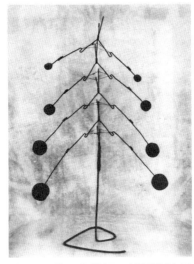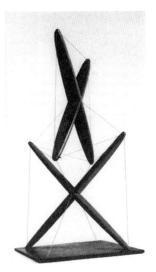

図 13-3　ケネス・スネルソンがテンセグリティを編み出すに至った過程。
　　　　左：カルダーの動く彫刻の原理とフラーの四面体構造物の原理を組み合わせた彫刻の細部。
　　　　中央：彫刻の全体。
　　　　右：最初の「X」彫刻。2個の曲げられないXをお互いに、ぴんと張ったケーブルで固定させている。

　ルソンは、そうした応用を全く念頭に置いていなかった。「多くのアイデアがそうであるが、テンセグリティの発見も遊びから生まれた。テンセグリティの場合、動く彫刻を作ろうという遊びだった」。カルダーの動く彫刻各種をフラーの四面体による安定性原理と組み合わせたらどうなるのだろうかと、スネルソンは考えていた。最初の試みでは、不思議な揺れ方をする四面体の部分で構成された彫刻ができた。ほとんど目に見えない針金で各部分を組み合わせていた。「次につながる一歩として、完全に結んで動きを止めることで、この構築物を不思議なものにできることが分かった。粘土の重りに代えて針金張力線で構成部品を互いに固定させた。動きをなくすことで構成部品同士を空中に固定した。張力だけでくっついているのだ。できた物を見て実に驚いた」。
　発明の芸術と芸術の発明の間には、遊びにおける共通点が確かに存在する。そのことはジャン・ティンゲリーやルーブ・ゴールドバーグ（Rube Goldberg）の無益な機械の魅力を知る者であれば、あるいは「Mousetrap」（ネズミ取り）とい

13　遊　び　｜　317

う子供向けボードゲームでネズミ取りを作った者であれば、あるいは Chaos（カオス）構築システムを組み立てたことがある人であれば、理解できるはずだ。実際、カオスシステムを発明した技術者ジム・ロスバート（Jim Rothbart）は、芸術家のジョージ・ローズ（George Rhoads）から影響を受けて、動く彫刻としてこの玩具を作成したのだと言っている。ただし、ロスバートはさらにこうも言っている。「カオスシステムを操ることを学べば、子供は物理学を学ぶことができる」。カルダーの発明も、スネルソン、ロスバートもそうであるが、遊びにおいては専門分野間の境界というものがない。遊びにおいては我々が望み通りのものだ。

　遊びに真理、有用性を加えることは、すべての分野で革新的な人たちがやっていることなのだ。いろいろな規則を破る時、あるいは論理を覆す時、認知を混乱させる時、ゲームが進行中で何か面白いことが起きるということを我々は知っている。その最高の例が、遊びの達人エドワード・リア、ルイス・キャロル（Lewis Carroll）、M・C・エッシャーによる混乱の世界である。

　リアについて考えてみよう。風景画家としての彼の作品にはひらめきは感じられないが、言葉では見事な遊びをしている。彼の友人の1人は、「リアは一緒にいると楽しい人で、洒落、なぞなぞ、その他面白いことなら何でもやった」と述べている。彼の遊びは留まるところを知らなかった。パズルめいたことでよく遊んでおり、自分の Lear という名前を書くのに、L を書いてその右に耳の絵を書いたり、Fortitude（精神の頑強さ）という単語を 42de と記したり、Fortescue（フォーテスキュー）という友人の名前を 40scue と記したりしていた。リアは、absquatulate（ずらかる）や fuliginous（すすけた）、granulosely（微粉的に）、squamulose（進む、見上げる）といった面白くおかしい発音の単語を収集していた。そして「spoonerism」（頭音転換）という新しい方法を発明した。それは、いくつか並んだ単語の最初の音節を入れ替えてしまうものだ。オックスフォード大学の教員（don と呼ぶ）であったスプーナー（Spooner）という人物はこうした間違えをする癖があったので、その名にちなんで spoonerism となり、それを学生が大いに誇張したものだ。例えばスプーナーが学生を退学させる時なら、「Sir, you have hissed my mystery lectures; you have tasted a whole worm」（君、私の謎の講義でシーッと言っていたね。さなだ虫をくまなく検査していたね。）といった

具合だ（訳注：元の文は、「Sir, you have missed my history lectures; you have wasted a whole term.」で、「君、私の歴史学講座に来なかったね。この学期は無駄になった」という意味）。そして、スプーナーはその学生をロンドンへの town drain（都市排水）［訳注：本来は down train［下り列車］］で帰したという訳だ。リアは、Mary Squeen of Cotts といった表記をしていた。Mary Queen of Scotts（スコットランドの女王メアリー）のことだ。リアは単語の中で音節を入れ替え、ozbervations（observations）や buplishers（publishers）などといった混乱した単語を作り出した。目上の人たちがいる場所でも、際限なく洒落を連発した。An artist が a nartist になり、artist は vorx of hart、つまり works of art（芸術作品）を創作する。vorx of hart は vortex of heart（心臓の渦巻き）と聞こえる。確かに、いい作品は見る人にとって dear（親しめる）ものなのだ［訳注：Dear は deer（牡鹿）と同じ音であり、牡鹿のことを hart とも言う。英国人の一部は、話す時に h を無音にすることに注意］。ある公式のパーティーでリアは、sequax というラテン語の関連する古典引用は、カモの類を連想すれば、つまり Sequax を sea-quacks（海でクワ、クワと鳴くもの）と思えばよいというわけだ。それを聞いていたある威厳の高い貴族は、精神を思考から反らせるため、無理やり突っ込まれた馬鹿馬鹿しいイメージに酷い嫌悪を感じ、冷ややかな反応をしたそうだ。叱責されて喜んで、リアは内心微笑み、この卿を glumy（不機嫌な）人物というカテゴリーに入れた。

　言葉遊びや発明は、リアにとって自然に思い付くことだった。彼の bosh-blobber-bosh（とりわけ馬鹿げている愚行を意味する）は、彼の著作 *Book of Nonsense*（『ナンセンスの絵本』）、そして *Laughable Lyrics*（『笑える抒情詩』）が未だにベストセラーになっていることからも分かるように、多くの人々の評価を得ている。この 2 つの著作が何世代にもわたって子供と大人に等しく愛読されている理由として、言葉の用法の境界をすべて打ち破っていること、言外の意味や組み合わせ、発音などを以前にもそれ以降にも見られないほど探っている点がある。リアが「epopsimate the fangropunxious feelings of my buzzim」（私のはらわたの情動を察する）必要があると書いていると、読む我々は何となく分かったような気になる。melloobius mumbians（渦巻く川の音を真似た、一種のメロディー）や ombliferous scribbledbibble（暗く、読みづらい書簡）といった言葉なら、リアは単に自分の言いたいことを伝えるために skriggle して（ただそれだけに徹する）

13　遊　び　319

おり、それによって英語で何ができるのか、その可能性を広げているのだ。こうした言葉遊びから、辞書とは可能な単語の限界を示すものではなく、既存の単語によって思考の性質を限定させる必要はないということが分かる。このことは、かつてイマヌエル・カント（Immanuel Kant）が指摘した。言葉にできないことを人間は思考できるし、それまで言葉で言い表せなかったことを言葉にする新たな方法を、もし私たちがそれをゲームとしてするならば、発明できる。

　リアが言葉でやったことを、ほぼ同時代人のチャールズ・ドジソン（Charles Dodgson）、別名ルイス・キャロルは論理的概念について行った。ドジソンはオックスフォード大学であまり目立たない数学の大学教員（don）をしていたが、仕事においては杓子定規で型にはまっていた。ちょうど、リアが画家としては退屈な作品を描き、レズリー・スティーヴンが著作家としては凡庸であったように。なぜかは分からないが、ファインマンやフレミングとは違って、仕事に遊びを持ち込むことはドジソンにはできなかったのだ。学者としてのドジソンは真面目過ぎて、当時の数学界に広がりつつあった非ユークリッド幾何学を容認できなかった。だが、仕事をひとたび離れると彼は別人になり、ナンセンスな詩や子供向けの風変わりな物語の世界で遊び、写真や論理ゲームやパズルを楽しんでいた。それが、*Alice in Wonderland*（『不思議の国のアリス』）で頂点に達した。

　だが、キャロルという別名の状態であっても、ドジソンは精神的な一貫性という原理を厳密に守っていた。これは、生産的な遊び全般によく見られることだ。規則を破った場合には、代わりに新しい規則を考案する。ドジソンの創造力においては、言説や物語の規則を独自に考案し、それをしっかり自覚することが欠かせなかった。ある学者の発言によれば、「規則は行動に制約を課すが、もっと重要なこととして、即興作品や新しい考えのための指針となる」。ハンプティー・ダンプティー（Humpty-Dumpty）はアリスに、slithy というナンセンスな単語の意味を大変論理的に説明している。１つの単語に同時に lithe（柔軟な）と slimy（ぬるぬるした）という２つの意味があるが、その意味と音から、音が脱落したという考え方である。また、マッド・ハッター（Mad Hatter、気狂い帽子屋）は時計を持っているのに、時刻ではなく日付を告げるのも馬鹿げて見えるかもしれない。だがアリスは、地球の中心に落ち込んでしまい、そこでは太陽

は空の一点でじっとしているように見えるので時刻はいつも同じなのだ。時間の経過を示すのは月の満ち欠けだけで、問題になるのは今が何日かということだけなのだ。マッド・ハッターの時計は驚くほど論理に適っているだけでなく、論理的に斬新でもある。同じように、アリスの冒険はいずれもゲームなのだが、不思議の国のアリスのマーティン・ガードナーによる注釈版を読めば分かるように、このゲームの中に無意味なものや恣意的なものはない。例えば、アリスを巨大にしたり極小にしたりする。それは人間の言葉でいえば、ジョナサン・スイフト (Jonathan Swift) が *Gulliver's Travels*（『ガリバー旅行記』）で探究したのと同様に、ガリレオ以降の科学者が科学的に記述してきた拡大、縮小の問題を探求しているのである。ドジソン、つまりキャロルの子供向けの楽しい話は、実は言葉の論理や数学と物理学の法則を使った非常に洗練した遊びに基づくのである。

　キャロルと同様、M・C・エッシャーも現実味のあるゲームで遊んでいた。

　　「私の題材によくあるのは……遊びのようなものだ。否定しようのないような確かなものを、あれこれといじり廻さずにはいられないのだ。例えば、知ったかぶりで2次元のものと3次元のもの、平坦なものと空間的なものをわざとごちゃまぜにしたり、重力を冗談にしてふざけたりするのが面白いのだ。
　　床とは天井ではないと思っているが、本当にそう思うか。
　　階段を上ると今より高い所に行くというのを、絶対的に信じているか。
　　卵の半分は抜け殻の半分でもあるという訳がないと、あなたは言い切れるのか」。

　エッシャーは現実を捻じ曲げるゲームをしていたのだが、それを一緒にプレイした人の中に、L・S・ペンローズとその息子ロジャーがいた。ペンローズ父は生物学者で、各種のパズルやゲームを考案するのを大きな楽しみにしていた。息子は数学者で、やはりパズルやゲームの創作を楽しんでいた。ある日、彼はアムステルダムである数学者の会議に出席していたのだが、そこでエッシャーの展覧会に誘われた。ロジャー・ペンローズは後に、「初めて見たエッシャーの

作品に、私はすっかり魅せられてしまったのを覚えている」と回想している。

　「イングランドへの帰路、私も何かあり得ないものを作ろうと決めた。棒をあれこれ前後に組み合わせて各種の設計を試した。そしてついに、あり得ない三角形（後にトリバー（tri-bar）ペンローズの三角形として有名になった）を思い付いた。私が求めていた不可能性を純粋に表す図形だと、私は思った。その後、機会があって父にこの三角形を見せた。父はすぐに、その三角形を少し変形したものをいくつもスケッチしていった。そして最後に、永遠に同じ所を下り続ける、あるいは上り続けるあり得ない階段の図を描いた」。

　ペンローズ親子はその作品を、1958 年に *British Journal of Psychology*（『英国心理学報』）に発表し、それを 1 部エッシャーにも送った。エッシャーから受けた刺激、激励への感謝の印であった。それを受けてエッシャーは、あり得ない物のアイデアで遊ぶための新しい方法を見つけた。自分の版画の回顧展の 1 つで彼は、「何よりも私は、数学者の皆さんからの感謝と友情に喜びを感じており、そのお蔭で私の作品も可能になり、新しいアイデアが生まれ、そうした数学者の方々と私の間に、時には相互作用さえ生まれている。学識高い男女の皆様が、いかに遊び好きであることか」と述べている。

　まもなくロジャー・ペンローズは、エッシャーふうのモザイク細工を自分で設計することを習得し、不規則な図面を考案して遊ぶようにもなった。規則的な形のタイルを限られた枚数だけ使って、繰り返しの全くないパターンを構築することは可能だろうかと、エッシャーは考えた。これは可能であり、ペンローズが考案したパターンは、今では非周期的タイル貼りとして知られる分類に入っている（図 13- 5 参照）。ペンローズは数学者であったので、この新しいタイル貼りの規則を記述した。それをマーティン・ガードナーが *Scientific American*（『サイエンティフィック・アメリカン』）の有名な Mathematical Recreations（「数学のリクレーション」）というコラムで紹介したので広く知られるようになり、多くの人々の遊び心を刺激した。

　リアの言葉のナンセンスやキャロルの論理的難問、エッシャーの認知のパズ

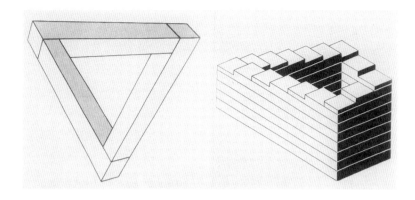

図13-4　上、左側：ロジャー・ペンローズの有り得ないトリバー（ペンローズの三角形）。
　　　　上、右側：L・S・ペンローズのあり得ない階段（ペンローズの階段）。
　　　　下：M・C・エッシャーの「相対性」。ペンローズの視覚的ゲームをエッシャーが芸術的な形態に発展させた様子を示す。

図13-5 左：ロジャー・ペンローズの非周期的なニワトリのタイル模様。
　　　　右：ロジャー・ペンローズのひし形による非周期的なタイル模様。

ル、ペンローズの非周期的なタイル貼りは、自然と現実に関する我々の理解に挑むものだ。だが、これらは卓越して創造性に溢れた遊びなので、それ以上の働きがある。彼らの考案したゲームには実用的な用途もあるのだ。リアのナンセンスな韻や言葉、それとよく似たものは、心理学者や言語学者が研究に利用して、人間がどのように言語を習得するのか、高齢の学習者でも新しい言葉を若い人たちと同様の期間で学ぶことができるのかを探っている。言語学者は、人間がどうやって無意味な文でも、例えば ou priffed xe nork stimmulously といった理解できる単語が1つもない文にもかかわらず、構文を認識し、名詞、動詞、形容詞などを正確に識別できるのかを探る。ドジソンのゲームも同様に、理性の限界を探る上で役立つ。例えば、物理学者はキャロル・グループを使って想像上の宇宙を探索する。この宇宙はキャロルの赤の女王をモデルにしたもので、この女王はただ現在の位置にいるだけのために、絶えず走り続けていなければならない。エッシャーの床でもある天井や上り・下り続ける階段は、もは

や絵空事ではない。外宇宙の無重量空間ではこうした建築が可能なのだ。エッシャーのその他の有り得ない図形も、認知心理学者の間では普通に使うものになっている。これは、こうした図形が頭の中には存在しても自然界には存在しないので、理解しようと努めるようになるためだ。また、ペンローズの非周期的なタイル貼りには、意外にも疑似5回対称性を含んでいるということが分かったため、思いがけず、それまで特徴が明らかではなかった多くの合金の構造が説明できるようになった。

　遊びの力とは、ありうる世界の性質や時に実際にある世界の性質を明らかにして、従来のやり方に代わるものを作り出すことで、従来のやり方の限界を試すことである。他の分野でも同様であり、これは音楽でも該当する。チャールズ・アイヴズ（Charles Ives）とその父ジョージ（George）による遊び心に溢れた探究が、その実例だ。アイヴズ父は職業として作曲を行い、バンドのリーダーでもあり、音楽の教師でもあった。彼は自分の子供の遊びを極めて尊重し、音楽界の慣習を全く無視していた。チャールズの記憶によれば、「父は私たち兄弟が遊んでいる時に、私たちの精神の働きを妨害するようなことを決してしなかった。父は必ず我々の精神の働きを真剣に尊重してくれた」。この兄弟が玩具の列車で遊んでいたところ、父ジョージがよくやって来て、線路で速度を上げる時の車輪の音をバイオリンで奏でてくれた。恐らく、弓の毛の方ではなく堅い部分で音を出したか、いわゆる楽音を出すのではなく、指で木の部分を引っ掻いたのだろう。ジョージ・アイヴズは、音楽に非ざる音を作るのが好きだった。チャールズの回想によれば、ある日雷雨があって近所の教会の鐘が警鐘を鳴らしていた。その時、彼の父は庭に飛び出してその警鐘の音を聞き、それから家の中に飛び戻ってピアノで同じ音を出そうとしていた。この鐘の音は再現ができなかったようで、父は何度も出たり入ったりしていた。それを見た彼の妻は、馬鹿なことはやめてと叫んだ。何とも酷い騒ぎだったことだろう。

　だが、この馬鹿げて見える行為には、ある方法論があったのだ。ピアノで自然界の音を再現することに取り組んでいた父は、ピアノのキーとキーの間の隙間に強烈な関心を持つようになった。近代西洋音楽の標準的な音程の間にある微分音である（この標準音程と音程の間にある隙間についての詳細は、本章末尾にある付記を参照）。そして、父の微分音に対する強烈な関心と従来の音階に対す

る不満を、彼の息子が引き継いだ。チャールズは5歳くらいの時にドラムとピアノを学び始め、後にはいくつもの他の楽器も始めた。そして父親は、息子が練習の時に男の子のやりそうないたずらをすることを、その背後に意味がある限り、許可した。息子は若い時標準的な和音を学び、ドラムの音をピアノで模倣しようとして新しい和音を作った。そして父親と同様に、鐘の音も真似ようとした。やはり父親の例に倣い、自家製の楽器や偶然見つけた楽器も演奏した。それらは、牛の鈴や警笛、棒、やすり、箱、アシ笛などであった。和音の代わりに微分音やトーン・クラスター（tone cluster）を使って遊び、ついには調性のあるハーモニーではなく、パーカッション（percussion）のハーモニーに基づいた音楽を作曲した。少年時代に雷鳴や雨音、近所の警笛、クリケットの試合でのざわめき、警告の鐘、サイレン、その他各種の音を一種の音楽として聞くように訓練された男が、成熟した極めて特異な音楽を作曲し、その後の現代音楽家に何世代にもわたり影響を及ぼしているのだ。彼が作曲家として認められる過程は容易なものではなかったが、和声の発見や音楽的自然主義は、今では20世紀現代音楽の重要な要素になっている。

　ここには、楽器の練習を楽曲の音符の演奏に限定してしまう両親や教師に対する教訓がある。ピアノやバイオリンを学ぶとは、単に音を再生することではない。また、音楽を作るとは、音楽の規則に従うことやその時代の好みに追随するだけのことではない。同様に、音で遊ぶということには音楽を演奏する以上の何かがあるかもしれない。あらゆる種類のパターンで遊ぶことで、作曲や即興の技術が向上する。アレクサンドル・ボロディン（Aleksandr Borodin）、ニコライ・リムスキー＝コルサコフ（Nikolay Rimsky-Korsakov）、アナトーリ・リャードフ（Anatoly Liyadov）、ツェーザリ・キュイ（César Cui）、フランツ・リスト（Franz Liszt）の共作による有名なピアノ曲があるが、これはまさしく、こうした遊びがきっかけになっている。この曲 Paraphrases（「パラフレーズ」）を聞いたことがある人なら、似たような単純な主題を2本の箸のように使って基盤としていることが分かるはずだ。これは、音楽を聞き慣れない人でも分かることだろう。ボロディンが1886年に友人に書き送ったところによれば、「この曲の起こりは大変面白いものだ。ある日、養子にした娘のガニアが、一緒に二重奏をしようと私に言った。そこで私は、でも弾き方を知らないだろう、お嬢さんと言った

図 13-6　ガニア・ボロディン (Gania Borodin) が弾いた「箸」のパターン。それを父親が「パラフレーズ」に編曲した。

ら、分かるよ、これなら弾けると答えた」。両手の人差し指を交互に使って、ガニアは図 13-6 の音を弾きだした。

　ガニアが弾いた音符は実は、数値的なパターンを構成している。つまり、4.5；4.5；3.6；3.6；2.7；2.7；1.8；1.8 といったパターンだ。各ペアの音程（2 つの音の高さの隔たり）は奇数で、1, 1, 3, 3, 5, 5, 7, 7 というように大きくなる。これは想像しうる限り最も単純なパターンの 1 つで、これを面白い曲に作り替えるのは難題である。ボロディンは好奇心を喚起され、単純なポルカの曲を即興で作り、音楽仲間の前で演奏すると、仲間も我こそはと腕試しを始めて、「パラフレーズ」の共同作曲家になった。「これをピアノが弾けない人たちと一緒に演奏して、楽しく過ごした。最後には、この曲を出版してほしいと頼まれた」とボロディンは回想している。一種のジョークとして作曲者の仲間には歓迎されたが、音楽批評家はぞっとした。どうやら、真面目な音楽家が音楽で楽しく遊んでいることは、彼らが音楽家でない人も音楽で楽しく遊べるように手助けをしているということが批評家の理解を超えていたようだった。あるいは、すべての作曲家は単純なパターンで遊ぶものだという事実を知らなかったのだろう。この事実は、タイトルに「変奏曲」(Variations) という言葉が入っている曲なら何でも聞いてみれば、すぐに確認できる。モーツァルトはピアノ用にハ長調の変奏曲を書いているが、これは Twinkle, Twinkle, Little Star (「きらきら星」) を主題にしたものだ。ヨハン・ハルヴォルセン (Johan Halvorsen) のパッサカリア (Passacaglia) は、ヘンデル (Händel) の主題を借りたものだ。この 2 つは優れた実例である。

　他のあらゆる種類の遊びと同様に、こうしたパターン遊びも専門分野というものを超えている。モーツァルトとバッハはともに、言葉のパターン遊びを模した音楽のゲームで遊んでいる。*Oxford Guide to Word Games*（『英語ことば遊び

事典』）を見ると、そうした楽しみにはいくつもの種類があることが分かる。一番人気があるのは、アナグラム（語句転綴　anagrams）かもしれない。1つの単語を選び、同じ文字でどれだけの他の単語を作れるかという遊びである。OWN, NOW, WON あるいは ADOBE, ABODE や READ, DEAR, DARE といったものだ。フレーズや文をアナグラムにすることもできる。例えば、The Morse Code（モールス信号）は Here Come the Dots（ドットがやってくる）にすることができる。Question（本題に戻りなさい）という命令なら、I quest on（私は追及を続ける）を思い付く。ルイス・キャロルはある時、ウィリアム・ユワート・グラッドストン（William Ewart Gladstone）という政治家の名前を3つのアナグラムの文に変えた。「Wilt thou tear down all images?（汝、あらゆる画像を滅ぼすや）」、「A wild man will go at trees（野生の人、木々に向かう）」、「Wild agitator! Means well（乱暴な扇動者。意図はいい）」である。アナグラムの別の一種として、単語を逆に読むと別の単語になる。TROT/TORT（小走り／不法行為）、LIVE/EVIL（生きる／邪悪）、NOW/WON（今／勝った）、REED/DEER（アシ／シカ）などである〔訳註：こうした逆にしても意味のある単語について、特に言い方があるのかどうか確認できていない。二重の単語という意味を込めてデュオグラム（duogram）、あるいは逆の単語という意味を込めてアンティグラム（antigram）としてもいいだろう〕。少数の単語は特に適切なフォントで印刷すると、上下を逆さまにして読むと別の単語さえ作り出せる。mom と wow（母とワオ）などだ。そうした単語は反転の特殊な場合であり、アンビグラム（ambigram）と呼ばれる。単語の上下反転という遊びを初めて世に広めたのは、スコット・キム（Scott Kim）の1981年の著作 Inversions（『反転』）や、ジョン・ラングドン（John Langdon）の1992年の著作 Wordplay（『言葉遊び』）である。左から右に読んでも、180度回転させても同じように読める単語である。MOW（草を刈る）がそのいい例だ。図13-7にデザインした単語もその例である。

　上下の逆転はせずに鏡に映した像のように、前から読んでも後ろから読んでも同じ単語もある。パリンドローム（palindrome）というもので、NOON（正午）、DAD（父さん）、TOT（少し）、BOB（ボブ）などがある。パリンドロームは単語だけでなくアナグラムのように文でも作れる。Madam, I'm Adam（マダム、私はアダムです）や Tis Ivan, on a visit（こちらはイヴァン、会いに来ました）といったも

図13-7 Thought（考え）という単語。上下逆さまにして何が起きるか見てみよう。

だ。

　こうした言葉遊びのほとんどは、音楽にも類似するものがある。アナグラムはしばしば音楽の土台になっている。例えば、バッハのThe Art of the Fugue（「フーガの技法」）のアレンジの1つでは、BACHという自分の名前のアナグラムを利用している（音名のドイツ式表記のBは、英・米式表記のB♭に相当し、ドイツ式表記のHは英・米式表記のBである）。この曲は、1つの主題で遊ぶことの傑作である。もう1つの例が、モーツァルトのK.V.590、ヘ長調の弦楽四重奏曲である。そこではモーツァルトは、A、G、F#という3つの音を主題としている。モーツァルトのゲームは非常に巧妙である。これら3つの音が全く同じ順序で幾度も繰り返されるのだが、2/4拍子で、しかも1小節に4つの音を並べているので、実際には同じ3連符の繰り返しのようには聞こえず、4つの音が各種の順序で聞こえてくる。要するにモーツァルトは、A、G、F#、Aのあらゆるアナグラムを基本の3連続音の順序を変えずに作り出したのだ。

　モーツァルトは逆行カノンも頻繁に作っている。逆行カノンは、楽譜上の音の並びを逆向きに演奏することを示す音楽用語だ。鏡に映した楽譜（左右逆の音の並び）を演奏するようなもので、言葉のデュオグラムやアンティグラムに似ている。実際、モーツァルトが言葉遊びから曲の着想を得た可能性は大いにある。音楽学者のエマーヌエル・ヴィンターニッツ（Emanuel Winternitz）の指摘によれば、モーツァルトは自由奔放に、洒落やアナグラム（anagram）でも、無意味な音韻、逆転、その他人が思いつく限りの並び替えに夢中になっていたそ

13　遊　び　329

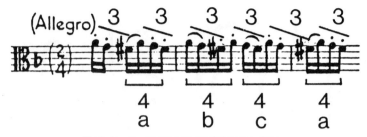

図13-8 モーツァルトによる音楽のアナグラム。

うだ。彼は書簡に Mozart と署名するのではなく、Trazom や Romatz とすることもしばしばだった。下品な音韻やよからぬジョークを好んだ。実際、彼の3声のカノン（K.V.559）には、意味のないラテン語のテキストが書き込まれており、それを歌うと下品なドイツ語に聞こえる。実に気の利いた多言語によるゲームなのだ。ヴィンターニッツ、そして本書の著者は、こうした言葉遊びからモーツァルトがパターンで遊びを表現していただけではなく、それにより作曲能力を磨いていたと信じている。

　単語や音符が使えるパターン遊びの多くは、画像や構築物を使って行うことも可能である。ゲームには一般的な原理があって、やはり創造的現象や自然現象に幅広く適用できるのだ。単語の遊びをもう2つ、MOW と bid という簡単な単語で遊べるものを考えよう。MOW（草を刈る）を180度回転させると、元と同じ単語が現れる。つまり回転対称になっているのだ。もう一方の bid（入札）という言葉は鏡に映しても元と同じ単語であり、鏡像対称の一例である。エッシャーが考案したようなタイル貼りは、いずれも回転対称性または鏡像対称性を有しており、結晶学という科学のかなりの部分はそれを基盤に成立している。実際、結晶学の授業では、ムーアタイルやエッシャー考案のタイル模様をよく利用している。自然か人工かを問わず、そうした特性を備えている物体は多数ある。たいていの花やヒトデ、ボルトの付いたナットは、一定の回転角度まで回転させても、回転の前後で見かけは変わらない。MOW という単語と同じように回転対称性を持つのだ。鏡像対称性を持つ物体も多い。自分の右手と左手、右足と左足、スプーン、人体や自動車の基本的な構造もそうである。

　自然界の物体で、2つの形態が互いに重ね合わせることができない鏡像関係

図13-9　鏡像体（enantiomorph）。鏡像は自然の中にも芸術の中にも存在している。

をなしているものを、鏡像体（enantiomorph）と呼ぶ。鏡像体には、人体を構成している重要な分子のほとんども含まれる。実験室でそうした分子を合成すると、右手側の形態の分子と左手側のものが半分ずつできる。だが面白いことに、人体の細胞ではいずれか一方だけが作られる。体内の糖分は、すべて右手側の形態だ。人体のタンパク質を構成するアミノ酸はいずれも左手側の形態である。進化の大きな謎の１つは、ルイ・パスツールが論じたものが最初である。生命体が通常、鏡像体のいずれか一方しか使っていないのはなぜかというものだ。これは未だ説明できていない。恐らく人類はもっとパターン遊びが必要なのだろう。

　疑いなく、言葉遊びやボードゲーム、音楽の遊び、視覚ゲーム、パズル、玩具、その他知的な娯楽であればほとんど何でも、何らかの技術や知識、概念の育成に役立つことになり、それをよりよいことに活かせる。それも複数の専門分野にまたがることが多い。言葉のゲームで学んだことは音楽や結晶学に応用できる。カードゲームから学んだことは統計学や進化理論に、視覚的ゲームから学んだことは建築や心理学、生化学に活かすことができる。楽しみのためにすることを実世界の問題に応用してみたり、何か謎の現象に似たものとして利用すると、予想外の方法で何倍もの実益につながる。遊びに関する唯一大きな難題は、大人になるまで子供の心を持ち続けることである。フレミングやファインマンやカルダーやモーツァルトに魅力を感じるのは、ある意味で決して彼らが大人にならないという事実なのだ。T・H・ハクスリー（T. H. Huxley）の言葉

を借りるなら、彼らは子供のように自然と向き合うことを続けた。ありふれた物事が、彼らにとってはわくわくさせる、みずみずしいものとしてあり続け、初めて目にしたばかりの物のようであった。彼らは、態度や思考、行動の慣習をそれほど酷く深刻には受け止めなかった。彼らはファインマンの言葉を借りるなら、一種の創造的な無責任さを養っていたのだ。我々もそこから学ぶことができる。

　我々の最近の社会では遊ぶことがあまりにも珍しくなっていることを危惧し、技術者のヘンリー・ペトロスキー（Henry Petroski）や神経生物学者のアーサー・ユーフィラー（Arthur Yuwiler）などは、遊ぶという技術を人間が忘れてしまうのではないかと憂慮している。両者とも、時計や腕時計を分解し、古い自転車やラジオを修理し、一般的に子供時代にただ楽しむために何かを作った経験から、職業上の技術を身につけたと語っている。今の子供はそういったことをしていない。何かが故障すると新しい物と交換する。物が古くなると修理することもなく、初めから古くなる物と考えている。現代の電気製品は分解しても内部の機構が分からない。その結果、多くの大学では、技術者や科学者向けにペトロスキーのいう遊びの補習授業を導入しなければならない。そこで学生は人生で初めて、自転車やレーザー・プリンター、釣竿、その他のよくある物体を分解して組み立て直し、その作動の仕方を学ぶのである。こうした授業が必要なのは、基本的な好奇心を育てることに家庭環境も学校も失敗しているという悲しい事実の表れなのだ。

　だから、遊ぼう。電化製品や機械が壊れたら分解してみよう。元に戻せなくても構わない。どうやって動いているのか、それが分かればいいのだ。分解して出てきた部品で何か他の物ができないだろうか。もっと徹底するならば、してはいけないと訓練されていることを、たまには敢えてやることを自分に許してみよう。例えば食べ物で遊んだり、泥の中を歩き回ったりすることだ。この助言は文字通りに受け取ってもよいし、比喩的に解釈してもよい。どちらでも構わない。どちらにしても行動や思考、認識の通常のパターンを破ることができる。

　著者が何を言いたいのか理解したければ、ユースト・エルファーズ（Joost Elffers）の *Play with Your Food*（『食べ物で遊ぼう』）をご覧になるといい。この巧

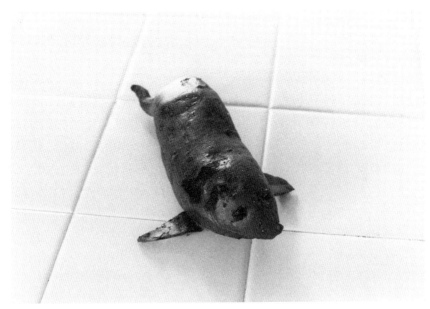

図 13-10　食べ物遊びでヤムイモがアシカになった。

みな写真家は読者に向かって、サツマイモやカブ、コショウ、洋ナシ、オレンジ、アーティチョーク、その他各種の野菜や果物を新たな目で観察するように呼びかける。カボチャだったものが、ある瞬間から太陽めがけて首を伸ばすアヒルに変身する。ネギの束だったものが、豆の目と着色料の唇を付ければ、みだれ髪の女たちになる。何か特定の野菜と、もっと広い世界の動物や昆虫、架空の存在との間に類似性を見つければよいのだ。それから実際の行動に移す。これをやると、食べ物が今までとは全く別物に見えるはずだ。

　アウトドアが好きなら、雨の中を走り、泥で遊び、幼少のころの衝動や感覚に浸ってみよう。1981年のある蒸し暑い日に、「ピロボルス」(Pilobolus) という若き舞踏団がまさしくそれを実行し、驚くべき結果を得た。むんむんしたリハーサル室で新しい舞踏の創作に何時間も取り組んだが、何も達成できなかった。だが、その時いくつかのことが起こり、雰囲気が突然変わった。まず雨が降り、それから太陽が顔を出した。そのため、瞬時にして心も身体も解放された。ダンサーは突如、練習を止めて遊びだした。外に出て、ダンサーの1人に

よれば、泥を踏みしめ、屋根の上で飛び跳ねだした。いつの間にか彼らは、太陽や泥、雨、雷のイメージで遊び始めていた。そういう遊びを子供じみているといって軽視するのではなく、この偶然の機会を活かし、それから 15 時間にわたって休みなく即興舞踏を演じ、新しい振付を創作した。こうしてできた Day Two（「2 日目」）という舞踏は、この舞踏団を代表する作品となった。

　遊びによって我々は、内臓感覚や感情、直感、楽しさなど、表象化する以前の衝動を取り戻すことができる。そこから創造的な洞察が生じ、新しいものを生み出せるのである。規則通りの作業では希望する洞察や成果が得られない場合、型にはまった思考や行動、専門的知識が目標達成の妨害となっている場合には、遊ぶことによって楽しみと同時に危険なしに新しい視点を見つけ、制約なしに学び、不安なしに物事を探ることができる。遊びにおいては、自分独自の世界や登場人物、ゲーム、規則、玩具、パズルなどを構築するので、知識を変質させ、理解を形成することができる。そこから新しい科学や芸術が生まれる。

【付記】　ピアノのキーとキーの間の隙間

　ジョージ・アイヴズは、ピアノの音よりも遥かに多くの音が存在していることを認識していた。ピアノが音を出す仕組みは、物理の法則に従っている。振動する弦を取り出しその長さを半分にすると、その振動の周波数が倍になり、正確に1オクターブ上の音程になる。弦を1/3に切れば、1オクターブと1/5だけ高い音が出る。1/5に切れば、1オクターブと1/3高い音になる。西洋音楽の標準的な長3和音（C、G、E）は、そうした分割に基づいている。弦を整数で分割していけば、倍音ができる。だが、ピアノにはそれらすべてが出せる訳ではない。例えば、B♭とAの間にある音は、ピアノでは機能上の必要性のため再現できない。標準の調（ハ長調、ハ短調、その他）は12あるが、そのそれぞれで弦の分割は異なる。あるキーの倍音をすべて出すというなら簡単だが、1つの曲の中で全体の転調をする場合や、全体的に異なる曲を数曲、楽器の調律をし直さないで演奏する場合には、標準の12音によるオクターブではなく、各オクターブの中で77の音を扱う必要がある。こうした場合、ピアノという楽器はあまりにも演奏しにくいものとなる。楽器を演奏するなら、倍音の一部しか取り入れられないことは明らかだ。そのため、一部の倍音は無視され、他の倍音は調整されることになる。それによって、いくつかのキーでは正確とは言えなくとも、まずまずの調整で演奏ができる。

　面白いことに、バイオリニストやチェリスト、その他の楽器奏者は耳によって弦や指の動かし方を調整するよう訓練されている。だが理論上は、彼らはどんな微分音も出せるはずだ。指は弦のどの位置にも置けるし、どの位置へも指をスライドできるからだ。だが奇妙なことに、こうした楽器の連続音程を出せるという利点を活用した現代音楽家は、ヤニス・クセナキスなどごくわずかしかいない。彼は、作曲の過程で新しい楽譜の書き方を発明した。そして、演奏者に耳と手を訓練し直すことを強いている。

13　遊　び　335

14

変換思考

1978 年、タンザニアのラエトリ（Laetoli）という砂漠の地で、メアリー・リーキー（Mary Leakey）とその同僚らは、近代の古生物学でも最大級の有名な発見をした。それは 24m ほど続くヒト科動物の足跡で、350 万年前の火山灰の中に保存されていたものだった。この足跡の発見と研究から、我々の祖先であったヒト科動物は直立して歩行し、想像力を生かした数々の道具を組み合わせ複雑な創作行為を営んでいたことが判明した。リーキーらの発見は、多種多様な道具や技能を統合して活用することが、創造的な仕事をする上でいかに特有なものであるか、また、なぜ特有であるかを示している。

リーキーは自伝の *Disclosing the Past*（『過去を明らかにする』）において、この彼女のチームによる発見では、科学ではよくあることだが、セレンディピティ（serendipity、探しているものではないものを予想外に発見すること）が 1 つの役割を果たしたと記している。そもそも彼女がこのチームを結集したのは、ヒト科動物の遺跡を探すためではなく、有史以前の植物と動物の特徴を探るためであった。さらに、何らかの動物の足跡を初めて発見した時、発見者である 3 人のチームメンバーは仕事すらしておらず、むしろ遊んでいた。1976 年のある日、ジョナ・ウェスタン（Jonah Western）、ケイ・ベーレンスマイヤー（Kaye Behrensmayer）、アンドリュー・ヒル（Andrew Hill）はキャンプに戻る途中、乾いたゾウの糞を投げ合って遊び始めた。開けた平地のあちこちに、ゾウの糞の乾燥したものがいくらでもあった。遊んでいたアンドリューが転ぶと、そこの地面が固く、サイの足跡を含め古代の動物の足跡らしいものがあることに気付いた。ヒルが偶然見つけ、リーキーのチームが注目するようになったものは、全世界で最も広範にわたり最高の保存状態で残っている動物の足跡の地層の一部

337

だったのだ。

翌1977年、このチームは動物の痕跡のある地面を発掘し始めた。すると彼らは、人間の足跡に似た珍しい足跡を4つ発見した。リーキーが率いていた専門家たちも、その特別な足跡が人間の足特有のパターンと一致しているかどうかとなると、意見が一致しなかった。それでも、数百万年前にヒト科動物がラエトリにいたかもしれないという可能性を感じ、チームの期待が高まっていった。1978年、その期待が現実のものとなった。地球化学者のポール・I・アベル（Paul I. Abell）が、ヒト科動物の足跡で踵の部分と思われるものを偶然発見した。前の部分は浸食されて消えており、専門家たちはこの足跡がヒト科のものかどうか論争を続けた。リーキーは、チームでも最も技術に長けた働き手であるケニア人のンディボ・ムブイカ（Ndibo Mbuika）に対し、現場をさらに発掘するよう指示した。ムブイカは実に丹念な仕事をし、そのお陰ですぐに極めて保存状態のよいヒト科動物の足跡が見つかった。こうしてリーキーとそのチームは、世紀の大発見を成し遂げたのである。

だが実際、チームの作業は始まったばかりだった。発見されたものすべては、3次元の身体が運動していたことを示す2次元で描かれたに過ぎず、静的で抽象的なものだった。ジャクソン・ポロック（Jackson Pollock）の絵画と全く同様に難解、あるいは桐箱の中の素粒子の痕跡と同じくらい理解が難しい代物であった。一体、どのような運動の過程を表しているのか。350万年前に何があったのか。歩幅や足跡の大きさ、その深さから2体のヒト科の動物らしく、一方は小柄で恐らく子供、もう一方は大きく、その2人が雨に打たれた泥の地面を歩いていたのだろう。その直後に大規模な火山の噴火があり、火山灰が足跡を覆ってしまったようだ。だが、この推測には問題もあった。ムブイカは観察を始めてすぐに、大きな方の個体の足跡が30cmを超えていることを発見した。その足跡は標準的な現代人と比べても巨大で、原初のヒト科動物には有り得ない大きさだった。彼らの骨格から推定するに、彼らの身体は小型だったはずなのだ。しかも、小さい足跡はくっきりと残っているのに比べ、大きな足跡は遥かにぼやけていた。なぜなのか当初は説明不能で、リーキーと同僚たちは途方に暮れた。1978年にかなりの時間を割き、彼らは自分たちの身体感覚を活かして、平均的な大きさの人間が巨大な足跡を残すにはどうすればよいか、探

図14-1　ラエトリのヒト科動物の足跡。

図14-2 ラエトリの足跡ができた事情を再現した図の1つ。アメリカ自然史博物館所蔵。現代では、ほとんどの科学者がこの再現は不正確だと考えている。

求した。足を滑らせれば巨大な足跡ができるのか。足を滑らせながら歩けばいいのか。彼らの実験的演技では解答は得られなかった。足をどのように動かしてもこの足跡と同じ特徴の足跡はできず、意味のない足跡しか再現できなかった。

　この問題が解明されたのは自然写真家で映画製作者のアラン・ルート（Alan Root）が1979年にラエトリを訪れた時で、リーキーの言葉によると、我々チームの誰にも全く思いつかなかった素晴らしい洞察をもたらした瞬間だった。ルートは、若いチンパンジーたちが真似ごっこ遊びをしていた様子を覚えていた。それは、リーダーのチンパンジーの足跡に、他のチンパンジーたちが直接足を入れてついていくのだ。リーキーが発見した謎の足跡の答えが、チンパンジーとヒト科動物の行動の類似性にあったのだろうか。同様に真似ごっこ遊びをやってみると、このチームを悩ませた超巨大で輪郭のぼやけた足跡ができた

のだ。これでリーキーは、2つではなく3つの個体がラエトリの泥の上を何百万年か前に歩いていたのだと推察した。リーキーの想像では2体の大人、ことによると父親と母親が縦に並んで歩いており、後ろの個体は前を歩いている個体の足跡に自分の足を入れて歩いたのかもしれない。それで足跡が大きくなったのだ。大人のうちの1人は、子供と手をつないでいた可能性もある。子供はそうして親の横をついて歩いていたのかもしれない。もうすぐ噴火する火山の震動に恐れて逃げていたのだろうか。雨宿りする場所を探していたのだろうか。それとも何か他の理由、例えば空腹に駆られて移動していたのだろうか。そうしたことはこの足跡という不明瞭な記録からは分からない。とは言え、後に博物館での展示用に作成された想像図にはそのことも示されている。

　ラエトリの足跡の発見と解釈から、創造的想像力の特に重要な側面の1つが浮かび上がる。リーキーとそのチームは遊び、観察し、パターンとその変則的な部分を認識し、思考次元の転換を行い、身体の動きを想像し実際にやってみて、パターン化し類推しモデル化した。最終的には化石化した不明瞭な足跡から、ラエトリに足跡を残したヒト科動物の運動感覚的で視覚的な姿を浮かび上がらせたのだ。この問題に取り組んでいた間にもそうした想像的な洞察は、着想を検証したり、他の人々と意思疎通を図るための写真や絵画、模型、言葉、そして再現案を考え出した。明らかに思考手段の中のいずれか1つだけでは、これほどの成果は得られない。現実世界で創造的な仕事をするには、各種の手段を活かして問題を明確にし、他の手段でそれを探索し、その上第3の手段の集合で解決法を表現する能力が求められるのだ。

　そうした複数の想像的手段を連続して、または同時に活用して、一式の手段が他の手段に働きかけることを、「変換」または「変換による思考」と本書では呼ぶことにする。多くの人が共通する1つの問題について、多様なやり方で一緒に取り組む場合がある。ラエトリの足跡の場合もそうだった。あるいは、1人の人物がある問題を、各種の想像的手段を使って感じたり考えたりすることもある。少なくとも人が物事を考えるやり方には、自分の洞察を他人に伝わる方法で表すために何らかの変換が必要になる。第1章で、バーバラ・マクリントックやアルバート・アインシュタイン、リチャード・ファインマンといった科学者たちを取り上げたが、彼らの場合には、視覚的あるいは運動感覚的なイ

14　変換思考　341

メージと共感を招く感情を言葉や方程式に変換しなければならなかった。著作家のイサベル・アジェンデとスティーブン・スペンダーは、着想というものを言葉にはできない身体感覚や感情、視覚的イメージで得ていたが、苦しみ抜いてそれを生きた言葉に育てた。さらに、芸術家のパブロ・ピカソやブリジェット・ライリーは、感情から数学的パターンに至るまで、彼らの表現方法に付随する運動感覚的で視覚的なもので実現していた。

　創造的な行為なら何でもよく、観察してみると多くの思考手段によってアイデアや洞察が変換されており、新たに表現されているものが必ず1つは見つかるはずだ。リーキーとその同僚らが示した変換の思考は、いずれの分野でも創造的過程に特有なものだ。例えば、MIT（マサチューセッツ工科大学）の教授であるハロルド・エジャートンが発明した超高速フラッシュ写真のためのストロボを考えてみよう。エジャートンが試みたことは、目に見えないほど高速な過程や現象の写真を撮影することだった。通常のカメラでは運動は、ぼやけた写真にしかならなかった。だが、極端に強い光を極端に短い時間内に何度も点滅させられれば、運動する被写体のぼやけた像が別々の観察可能な段階に分解できることにエジャートンは気付いた。自分よりも前の時代のマレーやマイブリッジなどと同様に、エジャートンは人間の観察する能力を拡張したかったのだ。この観察能力の問題が、適切な手段の開発という問題になっていたのだ。

　その解決策は電子工学にあった。エジャートンは新しい電子機器を想像した。これは彼が求めていた機能を果たすもので、エジャートンはその想像したものを大ざっぱな図面にし、詳細な部品やそれらの接続なども考えた。そしてエジャートンは、その図面からフラッシュ光を繰り返し出せる機器に変換した。こうしてストロボ撮影機器ができた。こうしてできた機器を、1つ1つの要素に関してさまざまな遊び方で試してみて、いくつものバージョンを作り出した。それらは、発光の設定や各種の被写体の高速運動に対応するための条件を満たすものの探索だった。いずれの場合にも、関連する構成要素のすべて、つまりフィルムやカメラ、ストロボ、被写体などが、どのように関与し合うのか検証しなければならなかった。最終的に美術的にも満足できる結果を何週間も追求した結果、エジャートンは記念碑的な1枚の写真を撮影したのだった。

　エジャートンの発明の過程は、芸術家たちの創作のものと区別することがで

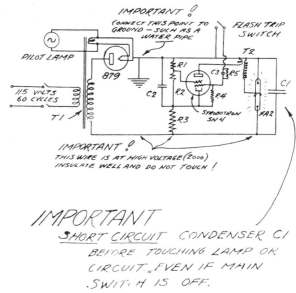

図14-3 ハロルド・エジャートンによるストロボフラッシュユニットの概略図。1940年ごろ。

図14-4 エジャートンとストロボユニットの一部。1944年。

きない。クレス・オルデンバーグ(Claes Oldenburg)とコーシャ・ヴァン・ブリュッゲン (Coosje van Bruggen) は Torn Notebook (「引き裂かれたノート」) という作品で協働した。この作品は大型の屋外彫刻でネブラスカ大学に設置してあり、芸術家と著作家の共同作業の実例である。この彫刻の着想は、芸術家のオルデン

14 変換思考 | 343

図 14-5 エジャートンとボビー・ジョーンズ (Bobby Jones) がストロボスコープによるゴルフショットの写真を撮影するために準備しているところ。MIT にて。1948 年。

図 14-6 ボビー・ジョーンズを写したストロボスコープ写真。MIT にて。1948 年。

バーグと著作家のヴァン・ブリュッゲンがともに、らせん閉じの小さなノートに着想を書き留めるのを好んだことに由来する。もはやノートを必要としなくなり、ページを半分に引き裂いていた。引き裂いても、金属製のらせんはねじれているものの、まだ紙をまとめている。オルデンバーグとヴァン・ブリュッゲンにとっては、この引き裂かれたページが 2 人の共働の半分ずつを視覚的に

表しているように見えた。金属のらせんは2人の作品を結び合わせる結合と芸術性の表現に思われた。その暗示が示すのは、ネブラスカの大平原を吹き抜ける渦巻く竜巻とそのイメージや表現法、それらを一体化する創造的活動の渦であった。

　2人はまず図面を描き、水彩のスケッチへと進んだ。そして紙と布による模型を作り、最後に金属製の模型で概念を表現した。この彫刻のバージョンを多数作って遊んだ後、最終的に長年の協働者だった技術者のボブ・ジェニングズ（Bob Jennings）に引き渡した。ジェニングズはその模型を抽象化して図面に戻したのだが、その際、工学的な製造の詳細な設計図を描いた。そして、設計図から抽象化を進めて、数学的計算をして応力負荷や建築の詳細、素材の要件などを決めた。ジェニングズの設計図をニューヨーク州北部のタリックス鋳物工場に送り、そこで製造の専門家たちがその設計図から小型の模型を作成した。それは彫刻の完成品と同じ素材の模型であった。これによって製造チームは、いずれの部分も設計通りに製造することが可能であり、予想外の問題が発生せずに全体が組み立てられることを確認できたのだ。コンピューターを用いて設計図の規模を拡大し、工場の機械で各部分を圧延し、ひねり、曲げ、溶接し、完成した彫刻にした。ヴァン・ブリュッゲンは、使用する塗料やその他の仕上げ材を監督して、各部分の色付けや保護、美的品質を確保した。

　この彫刻は完成した後もなお、多数の段取りが残っていた。それを設置する最善の地盤を決めるには土壌の専門家を雇う必要があった。設置の仕方を設計するには景観設計家を必要とした。夜間の照明で適切な雰囲気を出せるように、照明の専門家も招いた。さらに、準備作業や設置作業には多数の建設作業員のチームが当たった。曖昧な着想で始まったものが、類推や視覚化、モデル化、遊び、抽象化（図面や工学上の計算という形で）、思考次元の転換といった各種の変換の段階を経て最終的に彫刻が完成したのである。オルデンバーグもヴァン・ブリュッゲンも、独力では各段階すべてを実施することはできなかったはずだが、変換の行われる過程を制御するには各段階を理解している必要があったことは明らかである。リーキーのチームやハロルド・エジャートンの場合と同様、2人のこの経験は、あらゆる分野のあらゆる物体または製品、あるいは着想を生み出す場合でも、1つの雛形となるだろう。その仕事が、科学で

14　変換思考　**345**

あろうと、技術であろうと、芸術であろうと、想像的な技術だけでは不充分なのだ。実にリーキーの成果もエジャートンのものも、オルデンバーグとヴァン・ブリュッゲンの作品も、これら3種類の分野の要素を含んでいる。この点については後でまた論じる。

　創造的な人たちの多くは、複雑な変換の思考を容易にこなす。この変換という思考手段は、実は本書でここまで取り上げてきたいずれの思考手段と比べても特に高度という訳ではない。たいていの人間は、日常的に小さな変換を行っている。もし、あなたが何かを忘れないように記憶を助ける方法を使ったことがあれば、変換を行ったことになる。例えば、月毎の日数を覚える歌で、Thirty days hath September / April, June, and November / All the rest have thirty-one / Save February……（9月、4月、6月、11月には30日ある。他の月は31日。ただし2月は除いて……）というものがある。ここでは数字の情報を覚えやすい言葉のパターンにしている。同様に、音楽を習う人のための記憶法として、Every Good Boy Deserves a Fudge（よい子は皆、ファッジをどうぞ）というものがある。これは、ト音記号にある5つの線の音程を下から上へと覚えるためのものだ。化学の学生なら、頭字語でOIL RIGというのを知っているはずだ。これはOxidation Is Loss (of electrons)；Reduction Is Gain（酸化とは電子を失うこと、還元とは電子を得ること）を表している。19世紀のフランスの学生たちは円周率πの値3.14159……を覚えるために、さらに複雑な暗記法を考案した。近似値の各桁の数値と同じ文字数の単語を使い、Que（3）j（1）'aime（4）à（1）faire（5）apprendre（9）un（2）nombre（6）utile（5）aux（3）sages（5）という暗記法を考えたのだ（賢者に役立つ数を教えるのを私は何と好むことか、という意味）。また、高度な試行がハロルド・バウム（Harold Baum）の *The Biochemists' Songbook*（『生化学者の歌本』1982）である。これは、厳密な生化学と面白い歌詞を混ぜてよく知られた曲を付けるという、昔ながらのものである。この歌を一度聞けば、アメリカのThe Battle Hymn of the Republic（「リパブリック讃歌」）に合わせて呼吸経路のことを紹介している歌を忘れられなくなるだろう。Mine eyes have seen the glory of respiratory chains / In every mitochondrion, intrinsic to membranes（わが眼は呼吸系の栄光を見たり、被膜に固有のミトコンドリアにも）というものだ。こうした例はいずれも、詳細な情報を遊び心に満ちた変換によって、覚えやす

い既知のパターンに変換したものである。

　記憶を助ける工夫の中には、身体的な特徴に重ね合わせることで抽象的な概念を具体化しているものもある。例えば、各月の日数を覚えるのに、身体的特徴を利用する人もいる。両手をそれぞれ握って目の前に配置する。親指と親指をくっつけると、両手の人差し指が隣り合わせになるはずだ。ここで、どちらかの小指の付け根を見て 1 月と言う。1 月には 31 日あるので、小指の付け根の突き出た部分が相当する。次に、その隣のへこんだ個所に進み 2 月と言う。短い月である 2 月には、このへこみが対応する。その隣にある薬指の根元の突き出たところは 3 月である。これは 31 日ある。その隣のへこんだところが 4 月になる。そういった覚え方だ。ここで、片手の拳からもう一方の手の拳に移る際に、突き出た個所が 2 つ連続することに注意しよう。7 月と 8 月は、31 日ある月が続くのだ。これで、自分の身体的特徴が各月の長さを示す記録となる。同様に便利な記憶法をグイード・ダレッツォ（Guido d'Arezzo）も考案した。この 11 世紀の修道士は、聖歌隊の隊員たちが曲を覚えられるように、使いやすい暗記法を考案した。指の各関節と指先が、それぞれ 1 つの音を表すものだ。ニューギニア先住民の中には、手や足の指だけではなく、肘、肩、耳、目、鼻、その他の各部位を使って数字を覚える人もいる。フランシス・ゴルトン卿は近代心理学の創設者の 1 人だが、彼は古典的著作 Inquiries into Human Faculty and Its Development（『人間の能力とその発展の探求』1883）において、こうした記憶術は極めて広く見られると述べている。「想像力豊かな人物であれば、必然的に数値というものを何らかの視覚的なイメージでとらえるものだ」。

　時には、多くの専門分野の概念を統合する暗記のための変換において、人と人が協働する場合がある。何世紀もの間、インドの音楽や詩作を志す人たちは、音のリズムの基本パターンのすべてを学び覚えるために、ある無意味な言葉を覚えていた。それは yamatarajabhanasalagam というもので、それを話す時のリズムに合わせて書くと、yaMATARAjaBHAnasalaGAM となる。作曲家のジョージ・パール（George Perle）はこれを説明して、「この 10 音節にはいろいろな意味がある。この単語を発音してみると、短・長の拍子による 3 連リズムのすべてが含まれている。最初の 3 音節、つまり ya MA TA には、短・長・長のリズムがある。2 番目から 4 番目の 3 音節は MA TA RA で、長・長・長だ。次は TA RA

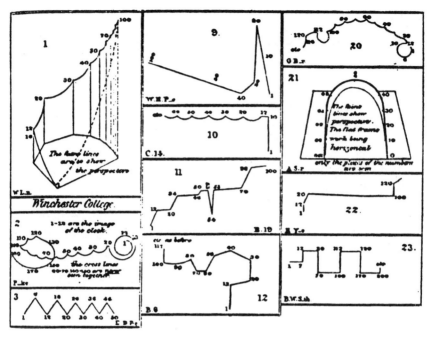

図14-7　フランシス・ゴルトンが記録した数字の形態の数例。

jaで長・長・短になる。その次はRA ja BHAで、これは長・短・長になる。以下同様」と述べている。このように単純な単語であっても、適切に発音するとパターンに関する情報が凝縮されており、このような変換は各種の芸術に応用できる。

　パールの友人であった数学者のシャーマン・スタイン（Sherman Stein）は、変換をさらに一歩進めた。彼の指摘によれば、このインドの単語の基本パターンはデジタルなものだという。つまり、各音節は長い（強勢がある）か、短い（強勢がない）かのいずれかだ。だが、3連音の情報を保つには、この単語を構成するすべての音素が必要になる訳ではない。そのリズムさえ分かればよいのだ。実際、記号は2つあればいい。1つが長い拍子、もう1つが短い拍子だ。したがって元の発音された音節を抽象化して、短い各拍子に0という値を、長い各拍子に1という値を、それぞれ割り当てればよい。そうすると、先の単語はya^{0}MA^{1}TA^{1}RA^{1}ja^{0}BHA^{1}na^{0}sa^{0}la^{0}GAM^{1}なので、0111010001と書き直せる。これ

図 14-8　0111010001 という数字パターンを、自分のしっぽに咬みついた蛇で想像してみよう。その結果がメモリーホイール（記憶の輪）だ。

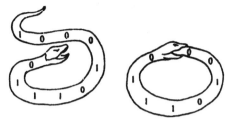

で、011 なら短・長・長、111 なら長・長・長、といった具合になる。この数列は 2 進法の数であるが、覚えやすくするために 10 進法に変換することもできる。0111010001 ＝（256 ＋ 128 ＋ 64 ＋ 16 ＋ 1）＝ 465 である（記数法を忘れてしまった場合は、本章の付録 1 を参照）。この数は 10 桁なので、左手の親指と小指を曲げ、右手の中央の 3 本の指を曲げれば、覚えることができる。指を折った桁が 0、伸びたままの指が 1 である。こうした記憶術はいずれも元のヒンドゥー語の単語と論理的に等価である。

　しかしながら、重要なことであるが、デジタル数列には元のヒンドゥー語の単語にはない可能性がある。スタインが言っているが、次の運動的な類推を考えてみるとよい。この数列を 1 匹のヘビで表し、そのヘビが自分のしっぽに咬みつく。このヘビを視覚化してみると、最初の 01（口に相当する）が最後の 01（しっぽ）と重なり、数列の円ができる。これで、この数列から 2 つの桁が消えたが、この円にはなお、3 つの要素の組み合わせとして考えられるものがすべて含まれている。その要素は、音楽の拍子でも、単語の音節のアクセントでも、数字でも、3 枚の硬貨の裏表でも、3 人の人の性別の組み合わせでも、その他何でもよい。したがって、この数字のヘビはそうした可能な情報を極めて簡潔に表記したものである。数学者たちの間では、1880 年代から「メモリーホイール」（memory wheels、記憶の輪）というものが知られており、それと同様なパターンなのだ。このメモリーホイールには 2 要素の組、3 要素の組、4 要素の組など、最も凝縮された形態で保管することができる。これにより、電報のメッセージから自動制御装置の命令まで各種の情報を符号化し、また、暗号から遺伝子配列まですべての情報を解読することができる。変換の思考の力は、音楽や遺伝子、電信、詩、数学、その他各種分野を結び付けるより高度なパターンを見

 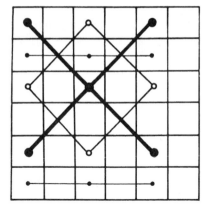

図14-9　左：マックス・ビルの「1-8」(1955年)の構造の図解。
右：同じような絵画要素は必ず対称的に配置されることに注意。これ以外にどのような対称性をあなたは発見できるだろうか。

出せる点にある。

　実際、変換の思考によって異分野間の境界はあいまいとなる。例えば数学と美術の間の境界がそうだ。芸術家のマックス・ビルは、「これは絶えず強調しておくことであるが、合理的思考とは人間の主要で本質的な特徴の1つだ。それによって、我々は感覚的な価値観を整理して、芸術作品を制作することができる。したがって数学でさえ、本質的に物体と物体、グループとグループ、運動と運動の間の関係を表現する科学なのだ。そうした関係を把握し、形にするのは当然の行為である」と記している。ビルが作成した変換の中でも特に分かりやすいものの1つとして、次の算数の事実を使ったものがある。つまり、1 + 2 + 3 + 4 + 5 + 6 + 7 + 8 = 36であり、同時に6 × 6 = 36であるというものだ。ビルはこの数字のパターンを、36個の正方形がある格子模様に変換した。1辺には6つの正方形が並び、赤い正方形が1つ、濃いピンクのものが2つ、明るい紫がかったピンクが3つ、青が4つ、水色が5つ、淡い緑が6つ、パステルグリーンが7つ、淡い黄緑が8つである。この色別グループの個数は元の等式を表している。ビルはこの色を配置するに当たり、事前に慎重な検討をした。4つの青い正方形を組み合わせ、正方形を形成する。水色の5つを合わせれば十字架ができる。淡い緑の6つでは平行線のペアができる。いずれの色の

グループも対称性を持つ。楽しいパズルのようでもある。

　彫刻家のナウム・ガボ（Naum Gabo）は技術者としての教育を受けた人物であるが、彼も芸術と数学の間の専門分野の境界をあいまいにさせるという点では重要な存在だった。「芸術は、数学的手法が根底にあるところで発展する可能性があると、私は確信している」と記している。彼は数学を基盤とした彫刻を多数制作したが、その1つに、1937年の Construction in Space（「空間における構成」）という作品群がある。これは、楕円形の立体を振動させて展開するモデルに基づいたものだ。ガボの先導の下、数学者にして芸術家のヘラマン・ファーガソン（Hellaman Ferguson）は等式を石材と青銅で表現し、ブレント・コリンズ（Brent Collins）とカーロ・セクイン（Carlo Sequin）という2人の芸術家は位相幾何的な直観を木材と金属で作品にしている。さらに、数学者のナット・フリードマン（Nat Friedman）も、多数の表現方法で創作している。フリードマンは一連の大理石による版画作品を創作しているが、そこでは滑らかなエッジ（端）の有限の長さとぎざぎざになるように壊したフラクタル線（fractal、多角形の分割された、どんなに小さな部分でも全体に相似しているような図形）の無限の大きさを対比している。

　フリードマンの Mother and Child Relationship（「母と子の関係」）を見て、本書の共著者の1人（ミシェル）はそれを言語化した。

(*to enter within*)	（この世界に入るため）
he cracked a solid	彼は大理石の
block of marble	硬いブロックを
into pieces	粉々に割った
and loving the math	彼が好むのは
of smooth plane	滑らかな平面と
and fractal edge	フラクタルなエッジの数学で
he arranged each	ばらばらの面を

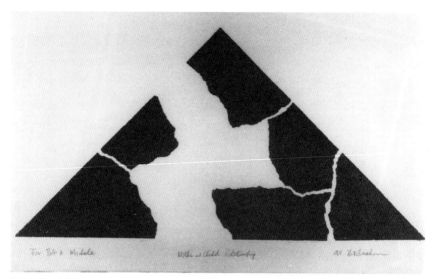

図 14-10　ナタニエル・A・フリードマン（Nathaniel A. Friedman）による Mother and Child Relationship（「母と子の関係」1993）。壊れた大理石のブロックによる版画。切断したエッジ（端）の幾何的な完璧さと壊れたエッジのフラクタルな特性を対照させている。

separate face	それぞれ並べて
as part of the whole	全体を作る
removing the core	中央は消えた
(to render the way)	（この世界を造るため）
he laid paper	インクを塗った石の上
on the inked rock	紙を置いた
and ironed it	そしてアイロンをかけた
drawing a sign	１つの図形から
from one geometry	他の図形へと
to another	印を描いた

and he found unknown	石のプリズムに
in the prism of stone	未知の何かが現れた
a mother and child	母と子
shaping infinite place	無限の空間の形成

　リーキーのチームはヒト科動物の祖先を図で視覚化して論文を著したが、それと同様に、フリードマンの作品について分析的、視覚的、言語的な変換をすると、補完的な視点が現れて相乗効果を生み出す。

　こうした変換は相互に交換可能である場合も多い。つまり、AをBに変換できるなら、BをAに戻す変換も可能なのだ。「ジョンは1軒の家を4日で塗装でき、ジムは5日で塗装できる。それでは、ジョンとジムが協力したら何日で塗装できるか」といった言葉で表される問題は、方程式に変換できる。そして、方程式の意味を言葉で表すこともできる。例えば、「$dx/dt = k \ (d^2x/dy^2)$」であれば、色彩豊かに変換して「にじみ出る」という言葉にすることも可能だろう。第12章で論じたように、数式には必ず対応する視覚的または物理的な現象がある。リチャード・ファインマンは、視覚的モデル化により数学の問題を解くために自分が開発した方策を、次のように説明している。「私は絶えず例を考え出している。例えば、数学者たちがやって来て、素晴らしい定理を興奮して紹介する。その定理の条件を彼らが私に説明している時に、私はその条件すべてに適うものは何かを考えている。そうだな、1つの集合（1個のボール）がある。それから分離する（ボールが2個）。さらに、彼らが条件を加えていくにつれ、私の頭の中では2個のボールは色を変えたり、毛が生えたり、変化をしていく。最後にその定理が示されると、私の考えている毛の生えた緑のボールには合わない。何か間抜けなものである。それで私は、間違っていると言う」。

　NASAのゴダード宇宙飛行センターで以前、宇宙データとコンピューター利用の主任を務めていたミルトン・ハレム（Milton Halem）は、そういった変換をさらに一歩進め、コーコラン美術学校（Corcoran School of Art）のサラ・トゥィーディ（Sara Tweedie）のようなプロの芸術家を採用して、衛星で測定したデータ

を地図や画像に変換する芸術的な手法を開発した。米国立スーパーコンピューター応用研究所の数学者ジョージ・フランシス（George Francis）も似たような手法を使っており、数学者やプログラマー、芸術家のグループを指揮して協力させ、複雑な方程式の視覚化とその研究に取り組んでいる。エール大学の政治学の教授エドワード・タフト（Edward Tufte）は、*The Visual Display of Quantitative Information*（『定量的情報の視覚的提示』1983）や *Envisioning Information*（『情報を見る』1990）などの魅力的な一連の著作において、どの分野でもデータは何らかのグラフや視覚イメージに変換可能であると指摘している。新聞や雑誌を開く時、あるいはニュースを見る時、変換したデータを目にしないことはない。タフトの書籍は、そうした変換を行うための最善の原則に焦点を当て、記述している。

　こうした変換は数学や言葉、画像に限定される訳でもない。ファインマンは多くの方程式を音に変換した。等差数列（1, 2, 3, 4, 5……）は、安定して上がり続ける音階になった。等比数列（1, 2, 4, 8, 16……）なら、加速していく叫びになった。ファインマンは、鼻歌を歌ったり、足を鳴らしたり、動き回ったりしながら、物理的世界に関するアイデアや着想を自分が認識し操作できる身体的感覚に変換し、関係付けていたのだ。

　ファインマンは、自分の物理学理解を深めるために各種の変換を行い、それらを各種の専門家との協働作業にも活かした。データを音声に変換する非常に興味深い研究の1つに、生化学者と音楽家とコンピュータープログラマーで構成されるチームが、ミシガン州立大学で尿検査を改善する試みがある。標準的な手順では尿を通過する光の波長ごとの量を機械が測定する。その光量から各化学物質がどれだけ存在しているかが判明する。しかし、ここに問題がある。このチームは、各種の検尿サンプルの視覚的な形跡は非常に似ているため、人間の目では区別が困難であることに気付いた。聴覚を使えばこれを改善できるかもしれないと考え、このチームはクロマトグラフの出力をチャート式記録計に送るのではなく、コンピューターに送った。信号の強度や時間、その他のパラメーターに関する各種の規則をこのコンピューターに設定し、それに従ってデータをシンセサイザーが読み取れる形態の音声信号に変換した。さらに、このコンピューターは音声信号を音符に変換した。そうすれば楽譜に記録でき

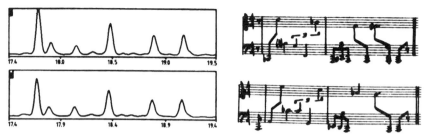

図14-11　2つの尿検査クロマトグラム（左）は、ほとんど同じに見える。だが、それらをコンピューターで音楽に変換すると（右）。その違いは直ちに明らかになる。

る。結果は目を見張るものであった。目では区別できない尿サンプル間の違いが耳でなら容易に識別できた。数値データを聴覚情報に変換することでパターンの区別が大幅に向上し、使いやすくなったのだ。

　音楽的尿検査というと笑われるかもしれないが、次の2つの利点を知れば感心するだろう。第1に、この種の技術によって、視覚障害がある個人でも、従来は参加できなかった研究に参加できるようになった。それと同じく重要なこととして、聴覚による観察は目で見るよりも幅広い現象で、より鋭いものであることが分かった。イリノイ大学のベックマン研究所の大野乾（Susumu Ohno）やスキッドモア大学（Skidmore College）のフィル・オーティズ（Phil Ortiz）などの研究者たちは、遺伝子配列を音楽に変換すれば、スキャンして視覚的に見るよりもより速く、同様の配列を聞くことができることを発見した。目では観察でできない複雑な現象も、耳でなら観察できる場合がある。目では1度に1つの線、1つのパターンしか追いかけられない。だが、音楽の合奏曲を聞くときには個別の楽器を聞きながら、同時にそれらの相互作用で生じる和音も聞いている。このように音響と聴覚によるDNA解析は、遺伝子の配列だけではなく、そこから生じるタンパク質構造の特徴も表しており、それらすべてを同時に聞き取れるのだ。この意味の多重性という点では、両耳の間にあるコンピューターの方が目の背後にあるコンピューターよりもずっと優れているのだ。そのため、ゼロックス（Xerox）やルーセント・テクノロジーズ（Lucent Technologies、元ベル研究所）のような大企業や多くの大学では、経済指標のような複雑なデータベースを音楽に変換する実験を進めている。それにより分析者たちは、各指

標が合成されて生成されるパターンとともに、個別の傾向を聞き取ることもできる。さらに、ヤニス・クセナキスやスーザン・アレキサンダー（Susan Alexjander）といった音楽家は、データと音楽の間の変換を探っており、その人数も増えていることにも注目すべきだろう。クセナキスは統計のデータベースを活用し、アレキサンダーは「Sequenzia」という CD（音楽アルバム）で DNA の解釈を行っている。

　ここで重要なのは、1つのアイデアやデータの集合を異なる方法で変換することには、異なる特徴や用途があるということだ。予想外の変換であるほど、予想外の洞察が得られる可能性は高い。それにより、例えば神経学と物理学といった全く異なる分野にいる人たちが、データをダンスや舞踊譜に変換して、美しくも実用的な結果を生み出しているのだ。

　ダンスのステップを図で例示したものは有史以前にまで遡るが、運動する身体の複雑な動きを示すための舞踊譜が発明されたのは、最近のことだ。現在、最も広く採用されている記譜法は3つある。1つ目はラバン式身体運動記譜法（Labanotation）で、1928 年にルドルフ・ラバン（Rudolf Laban）が考案した。2つ目はベネシュ運動表記法（Benesh Movement Notation）で、数学者にして発明家、芸術家でもあるルドルフ・ベネシュ（Rudolf Benesh）とその妻でバレエダンサーでもあったジョーン（Joan）が、1955 年に開発した。3つ目はエシュコル・ワハマン記譜法（Eshkol-Wachman Notation、1958）である。1979 年、イスラエルのワイツマン科学研究所（Weizmann Institute）のイラン・ゴラニ（Ilan Golani）とそのアメリカ人の同僚フィリップ・タイテルバウム（Philip Teitelbaum）という2人の神経学者が、神経障害による運動の欠陥を分析し記録する上で、大きな進歩を生み出した。これは、エシュコル・ワハマン記譜法を動物と人間の患者の研究に応用した成果であった。2人による分析から、神経の損傷の後で運動を取り戻すための、彼らが自然の幾何学と呼ぶものが発見された。それを受けて理学療法士や運動生理学者たちは、ベネシュ運動表記法とラバン式身体運動記譜法を利用して、患者の治療の新たな進歩を理解し、特徴付けて表記した。

　カリフォルニア大学バークレー校の物理学者マービン・コーエン（Marvin Cohen）も、科学の研究にダンスを活用した開拓者の1人だ。コーエンは超電導理論の専門家でもあり、超低温の合金の中を電流が無抵抗で流れることを扱う

物理学だ。1980 年代の終わりごろ、コーエンは振付師のデビッド・ウッド（David Wood）に、ある洞察を相談した。舞踏家たちに動く電子を表現してもらい、ウッドとコーエンは各種の状態を探った。電子対を成している状態とそうでない状態、対称と非対称などだ。電子が原子内部で動く時には、そうした各種の状態を取り得る。コーエンはそうして生まれた舞踏を Currents（電流、流れ）と呼び、数学的理論を身体運動のモデルに変換した好例だと考えた。これなら、多くの人たちが理解できる。すなわちコーエンは、舞踏を物理研究の一種の形態であるとも見ていた。ウッドに、「彼なり舞踏家たちなりが何か新しい状態や新しい動きを見つけたら、是非それを知らせてくれ」と頼んでいた。さらに、これにより、何か新しいアイデアや着想が得られるといいと願っていたとも述べている。要するに、物理学者が自分を電子であると想像できるのなら、電子の動く様子を学んでもよいではないかと考えていた。実際、コーエンはそういう考えを持っていた唯一の物理学者という訳ではなかった。フランスのある物理学者グループは彼ら自身、舞踏家でもあった。彼らも 1990 年ごろ、超電導に関する研究の一環として、舞踏を生み出した。方程式をグラフにしたり、彫刻にしたりするように方程式をダンスにすることも、ごく自然のように思われる。そして、それは科学者たちの物理学的直感を向上させるのだ。

　概念をある形態から他の形態に変換することで、どの分野であろうと発見が生まれる可能性がある。音楽と美術の間の相互変換性に取り組んだ人は多い。例えばパウル・クレーは、音楽と画像の間の変換の作品でそれを行った。クレーとヨーゼフ・シリンガーを別にすれば、共感現象について第 15 章で論じるように、そうした人々の大半は音楽と色彩を結び付けている。だが、人間の脳が色彩と音声を認識する方法は大きく異なる。前述のように、両耳の間に存在する脳というコンピューターは、同時に演奏している複数の楽器があってもそれぞれの音を聞き分けられるし、音の合成も全体として聞き取る。部分と全体を同時に認識するというこの能力は、たいていの視覚芸術では見られない。特に色彩を基盤とする視覚芸術では、色と色は混色を起こしてしまう。絵画で黄色と青の点を一緒に並べると見る人には緑に見える。たとえはっきり分かる点や画素として置いても同様である。これは、カラー印刷やカラーテレビ、スーラが描いたような点描美術の基本である。こうした混色を避けたければ、色を大き

14　変換思考　357

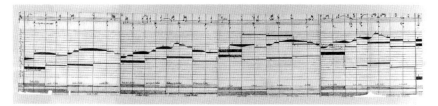

図14-12 パウル・クレーは、バッハの音楽の一部を斬新な視覚的形態に変換し、バウハウスでの講義に用いた。

な区別しやすい領域に置かねばならない。だが、そうやって個別の領域に注視すると、全体が見えなくなってしまう。クレーは、音楽を聴く場合と同様に、鑑賞者が各部分と全体を同時に見られる視覚形態を創作しようとした。

　クレーの実験は、バウハウス（Bauhaus）での学生向け講義に使っていたノートに記録されている。まず、音符を単純なグラフ上に表現し、各音の持続時間と強度を示した。さらにこれを抽象化して、音符を線で表した画像を作り出している。ここでは音記号などが想定されていて歌ったり演奏したりすることができ、画像としてはっきりと音として記録されている。最後の段階でクレーは、この線による楽譜を音符とは全く無関係な純粋な線へと抽象化した。色彩ではなく線を用いることで、自分の作品の視覚要素を混合し、多声音楽の作曲によく似た方法で複雑なパターンを創作できることをクレーは発見した。例えば、Five-Part Polyphony（「五声の多声音楽」）では5種類の線を使い、それぞれ角度を変えた。これらは5つの「声」を表す（図14-14参照）。そうした各種の線が交差するのであるが、それぞれの特徴を失ってはいない。全体のパターンをまとめて見るとともに、各部分も見ることができる。この画像と音楽の変換においてクレーによる解決策の特に面白い点として、画像では音楽には見られない新しい特性が生まれることがある。音楽は時とともに一定方向にしか聞くことができないが、視覚的な多声音楽なら、いずれの方向にも、あるいは方向を組み合わせてどのような速さででも鑑賞できる。そのため、音楽にはない関係が生まれるのだ。

　感情やアイデア、データの変換は絶対的に等価というわけではないので、クレーの場合のように、変換の過程から予想外の発見が生じる場合がある。その

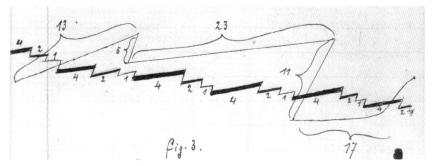

図14-13　クレーによる音楽の抽象的変換。

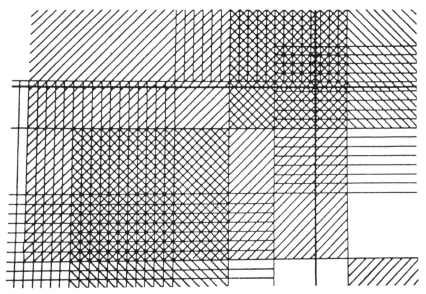

図14-14　クレーのFive-Part Polyphony（「五声の多声音楽」）は音楽を純粋な線に変換している。

結果、多くの創造的な人々は変換の思考を意識的に戦略として利用している。リチャード・ファインマンの *Character of Physical Law*（『物理法則はいかにして発見されたか』）の書評で、物理学者で小説家のアラン・ライトマン（Alan Lightman）が記しているが、ファインマンは同じ物理法則に関して各種の形態（バージョン）を見出すことに大きな価値を認めている。数学的にはそれらが全く等価であったとしても、である。なぜなら、バージョンが異なればそれぞれ違う映像

14　変換思考　359

が頭に浮かぶので、新たな発見に役立つためだ。ファインマンが言っているように、心理的にはこうしたバージョンはそれぞれ異なる。それは、新しい法則を推察している場合には各バージョンは全く非等価だからだ。ノーベル化学賞の受賞者ロバート・バーンズ・ウッドワード（Robert Burns Woodward）も、自分のノートに似たような点を記していた。「公式はできるだけ多様な方法で書け。それぞれがさまざまな可能性を示すだろう」。ライナス・ポーリングも、The Genesis of Ideas（「アイデアの起源」）という講演で同じ手法を提唱している。ポーリングが言うにはたいていの人が、「この実験と観察の結果から、どういう結論を受け入れざるを得ないのでしょうか」と尋ねる。こうした問いの代わりに、ポーリングはこの質問に対してこう自問するという。「可能な限り、一般的で審美的に満足でき、そしてこの実験と観察の結果によって排除されない考え、複数の解答があり得るだろうか」。優れた科学者は唯一の答えを求めず、クレーと同様に、不特定多数の解答を求める（本章の付録2では、複数の解答を作り出す数学の簡単な例を紹介する）。

　変換の思考にはその他の利点もある。1世紀にわたる研究の結果、多様な手法で習得した技術や概念は、ある限定された経験から身につけた考えよりも広く活用しやすいことが実証されている。そのため変換の思考は、ある領域において固有の思考をするよりも、貴重な洞察につながりやすい。さらに、人にはそれぞれの才能や能力があるので、1つのアイデアや着想でも多様な変換によって、単一の定式化をする場合よりも多くの人たちとの意味のあるつながりが生まれやすい。ロバート・ウィリアム・ウッドは数学に熟練した物理学者であったが、絵を用いて作業をすることを好んだ。彼の伝記を書いた作者によれば、彼や多くの人々は、絵は数学の方程式を使うよりもよく理解できると感じたということだ。ジェームズ・クラーク・マクスウェル（James Clerk Maxwell）は、電磁気学の法則で19世紀の物理学に革命を起こした人物だが、遊び好きなスコットランド人でもあった。その彼も同様に、「異なるタイプの人々のために、科学的真実も異なる形で提示されるべきである。しっかりとした形と鮮やかな色彩で飾られた物理的な説明の形であろうと、記号で表現されたおぼろげな形であろうと、いずれも同様に科学的と見なされるべきである」と述べている。

こうした優れた思考者たちの言動を、我々の教育活動において真剣に受け止めることはよいことであろう。現在ではいずれの分野においても１つの方法だけを推奨し、質問には１つの正解だけを期待することが余りにも多い。最初の方法と最初の解答というのは理解の始まりに過ぎず、目的ではない。この教訓を、第１章で言及した友人のジョンには誰も教えなかった。彼にとってはトルクの方程式はトルクの方程式に過ぎず、ドアは単なるドアであった。アインシュタインの息子ハンスも、ギムナジウムで全くそれを教わらなかった。そのため、物理学と船を帆走させることは別々の経験であった。また、ヴァージニア・ウルフの父親レズリー・スティーヴンは、感情や経験、言葉についてこの教訓を学ぶことがなかった。可能な限り多数の知識を多くの情報形態に結び付ける変換の思考を活用しない限り、真の理解は得られないのだ。

　変換においては想像的な手段や専門的表現のあらゆる組み合わせが必要となるので、その相互作用を推進する練習であれば、何でも有益である。これに関連したプログラムの１つが、Odyssey of the Mind（「知性の探求の旅」）である。これは、学生たちに問題を解かせ、その解答をできるだけ多くの方法で表現させる国際的なコンテストである。例えば、ミュージカルの作品を見て橋の模型を設計する、あるいは機械工学の問題の解決策を芸術作品で提示する。変換の利点を生かした別の教育プログラムに、River of Words（「言葉の川」）がある。これは毎年行われている詩と芸術のコンテストであり、アメリカの著名な詩人であるロバート・ハス（Robert Hass）と環境保護団体やその他の団体が、自然への理解を推進するために考案した。幼稚園から高校生までの生徒たちが、各々の地域に特有のウォーターシェッド（watershed）をテーマに、著作や芸術作品を提出する。ウォーターシェッドという言葉は１本の河川の流域を意味するが、あるプロセスの段階と段階を区分する地点、すなわち分水地点という意味もある。このようにして River of Words では生徒たちに、自分の周囲の自然だけではなく、環境に関する科学技術的な知識と直接的、体験的な理解を個人的、文学的、芸術的、経済的、社会的な言葉に焦点を当てることによって探るように求めているのだ。

　公立学校の通常のカリキュラムでも、多くの変換に関する活動を取り入れることができる。演劇や映像の制作では、多くの想像的な技能や変換の思考が要

求される。紙に書いた一連の言葉を、情緒や運動感覚、共感といった感覚で解釈しなければならない。衣装も、視覚化しデザインし縫わなければならない。登場人物を抽象化された次元を有する舞台に配置しなければならない。それは、現実の世界または想像の世界で機能するモデルである。舞台上の経験を充実させるために照明や効果音は自然に見られるものであり、劇的に想像されるものであり、技術的に操作されるものではない。さらに、これらの人、小道具、セット、照明、音響、録画機材すべてを、機能的かつ美的なやり方で組み合わせて統合しなければならない。すべてを１つの台本に描き円滑に実行することは、実に魔術のような変換の作業だ。学校のカリキュラムのもう一方の端にあるものとして、コンピューターのプログラミングも変換の技術を伸ばすための優れた手段となる。プログラマーが新たなコンピューターゲームを作成しようが、画像や音声を作ろうが、何か科学的なプロジェクトに関する結果の記録や計算であれば、その作業過程は抽象的な言語への変換、または抽象的な言語からの変換である。

　各種の建築の計画も、変換の思考を強調して設計できる。エルサレムのイスラエル芸術科学アカデミーでは、学生たちは凧のデザイン、制作をして、実際に凧を飛ばす。凧が飛ぶ原理となる空気動力学を学ぶとともに、工学上の基本的な要件も学ぶ。実際の凧のデザインはあらゆる分野との協働作業と芸術的な可能性へと開かれている。着想を描き、デザインのスケッチを作り、そのデザインを組み立てられる各部品に変換し、凧を飛ばすことに関係がある固有受容の技術や感触を習得し、そうした知識を頭の製図板に描き戻すのである。これらのすべては、一連の技術使用の実践である。さらに、次の課題もある。デザイン可能な最大の凧とは、飛ばすことができる最小の凧とは、揚げられる重量の限界とは、といった課題である。空飛ぶ円盤型の凧やアレクサンダー・グラハム・ベルが作ったような四面体構造の凧はデザインできるのか。彫刻家のトム・バン・サント（Tom van Sant）はいくつかの凧を連結させて凧の階段を作り、それぞれが他の凧の揚力を向上させるようにした。それは理論上、空高く何マイルも舞い上がることができる物だった。凧の制作と凧揚げには現代の学生が習得しなければならない多くの分野の知識が関係しており、それらを変換しないといけないのだ。

変換の作業の多くはその性質上協働によるものだが、極めて個人的な場合もある。これは、人が総合的な経験にどのように注意を払うかによって決まる。例えば、カリフォルニアの芸術家ルース・アーマー（Ruth Armer）は、以前は直接的で極めて写実的な自然の絵画を描いていたが、ある事故が発生して以来家に籠るようになった。音楽を聴いて暇を潰していたが、突然、音が視覚的着想を引き起こすことに気付き、聞こえたものを描き始めた。そうやって、ワグナーやモーツァルト、シェーンベルクなどを変換して、「自分の表現法である線と色彩にした。後に、これには私も驚いたのだが、ある音楽家が絵画の土台になっている作品の作曲家が誰であるのか言い当てた」。同様な手法はジョージア・オキーフも魅了し、オキーフも 1919 年の Music, Pink and Blue I（「音楽、ピンクとブルー」）などの一連の絵画作品で、音楽を視覚的にあるものへ変換した。1998 年、スミソニアン博物館で Seeing Jazz（「ジャズを見る」）という展覧会が開催され、そこでも他の多数の芸術家たちによる同様の実験が展示されていた。こうした先導者たちに倣い、学校や家庭でも単純な変換の練習を行うこと、または次のような課題を取り上げることが可能だ。何か音を聞く時、視覚的には何が見えるのか。何か物を見ると何が聞こえるか。オプ・アート（op art）からはどのような音が聞こえるのか。キュビズムの芸術家（cubist）や点描画家による音楽とはどんなものか。幼い子供なら、モートン・サボットニック（Morton Subotnick）の Making Music（「メイキング・ミュージック」）という CD-ROM を試すとよい。そこでは、子供たちやクレーが描いた絵のような画像を描いたり着色したりでき、それをコンピューターが音楽に変換する。

　視覚と聴覚に留まる必要はない。本書の著者たちは若かりしころ、スパイス（spice、調味料）で絵を描いたことを、とても懐かしく思い出す。紙の各部に慎重に糊を施し、そこにスパイスをまいたり押しつけたりした。スパイスによっていろいろな色彩と素材感があるので、多様な視覚的パレットが得られる。だが、最大の楽しみは嗅覚的なものであった。スパイスの絵画はいずれも香りの実験なのだ。特定の文化に典型的な芸術様式を再現できるだけではなく、そのスパイスを選ぶことで料理の伝統の感覚も同時に表現できる。あるいは、乾燥させた植物や花々でコラージュ（collage、切り絵）を試しに作れば、それぞれ何という植物か、分布域はどこか、どういう香りかなどに関して、美的な可能性

を覚えられる。

　最後に、例えば言葉を画像にするなど１つのコミュニケーション手段から別の手段に思考を変換することも考えてみよう。例えばコンクリート・ポエトリー（具体詩）では、単語や音符をページ上に配列し、視覚的イメージを形成する。

```
      H   H  L              S        E
       E      A            N  S  K
   H   X   N   H           S  O     A  S
        A O                   W L
   H E X A G O N A L       S N O W F L A K E
        A O                   W L
   H   X   N   H           S  O     A  S
       E      A            N  S   K
      H   H  L            S        E
```

Hexagonal（六角形の）　　　Snowflake（雪の結晶）

　他にも、1920 年代に流行した難しい変換のゲームがあり、ノマグラム（nomagram）と呼ばれていた。本書の著者たちは、同じ意味のピクトニム（pictonym）というゲームを考案した。２つとも言葉の画像という意味の単語である。ピクトニムの目標は、１つの単語の文字を使ってその意味する対象を描くことにある。文字の数と形による制約が、あなたの単語に対する認識や表現を変えるような、デザイン上の興味深いことをもたらすことだろう。

　最後に単語を絵やシンボルなどで表す絵紋は、単語と数値や画像を変換する技能を構築する物として最も発達した物かもしれない。例えば中世の騎士コッククロフト（Cockcroft）であれば、自分の紋章に鳴く雄鶏を使っていたかもしれない。Cock とは雄鶏という意味だからだ。本書の共著者たちの近所に住むある方は、郵便受けに大文字の D を書き、それに続けて赤いハートを描いている。その方のお名前は、D'Valentine というのだ。絵紋で遊ぶというのは、I8AP やO!G!ICAB!といった暗号を解き、バニティ・プレート（vanity license plate、自動車の所有者が割増料金でナンバープレートを好きな文字や数字の組み合わせにして付けたもの）を解読するくらい、単純な場合もある。だが、図 14-16 にあるサム・ロイド（Sam Loyd）のパズルのような古典的な絵紋のように、難しいこともあ

364

図 14-15　ピクトニムの例。各単語（love, pen, gorilla）の文字を変形して絵を構成しているのが分かるだろうか。

る。
　もちろん、このようなパズルの本質は遊びを通して想像的な思考そのものの類推を見つけることだ。我々のアイデアの変換を操作することにより、より一層の創造的想像を認識することにあると言えるだろう。

図 14-16　サム・ロイドの古典的なパズル本にあるパズル。（正解は bear と dog（クマとイヌ））

14　変換思考　365

【付録1】 基数法

　計算の大半は10進法［訳注：このとき10を底（てい）という］で行われている。つまり、0から9まで10個の数字があって、それで計算している。そして数は、桁の列に並べて書かれる。1の桁、10の桁、100の桁といった具合だ。各桁の値は、そのすぐ右にある桁の値の10倍である。したがって、10進法での111という数は、1が1つ、10が1つ、100が1つでできていることになる。だが、計算はいかなる底に基づいても可能だ。ほとんどのコンピューターは2進数を用いており、0と1の2つの数字のみを使う。数字を並べる書き方は10進法の場合と同じだが、各桁の持つ意味が違う。桁が上がるごとに、数字の値は2倍ずつになる。2進法での111であれば、最初の桁はやはり1である。だが、数字として0と1しかないので、この桁の数値には0か1しかない。2桁目の1は10進法の2を表す。第3の桁は、2の2乗に相当するので、10進法の4に当たる。第4の桁があれば、2の3乗で8に相当する。したがって2進法の111は、1が1つ、2が1つ、4が1つでできている。だから、10進法の7に相当する。何進法で表記された数字であっても、別の何進法にも変換することが可能である。前述の「メモリーホイール」（memory wheel、記憶の輪）の例が示していたように、ある特定の用途には最も適した底が存在する場合がある。こうして、底を変換することで洞察が生まれるのだ。

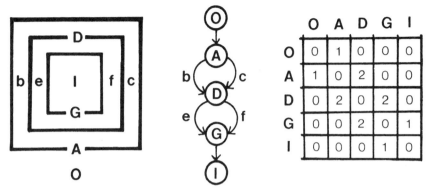

図14-17 本文で描写している迷路を、3つの等価の表現法で表したもの。左から右へ：a 略図、b 有向グラフ、c ポアンカレの表または行列。

【付録2】 ある問題に対する複数の変換

　数学者のフィリップ・デービスとルーベン・ハーシュは、1981年の共著 *The Mathematical Experience*（『数学的経験』）において、複数の変換の具体例とその重要性を説明している。本書ではその問題に手を加え、簡略化して紹介する。
　次のような言葉による命令を受けたとしよう。「ある家に外側（O）からAというドアを通って入りなさい。ドアAから入ると、2つの廊下BとCに至る。BとCは別の入り口Dに至り、Dからはさらに別の2つの廊下EとFに入れる。廊下EとFは入り口Gにつながり、Gからは一番奥の部屋Iに入れる。まず、この家の内部はどうなっているのか。また、いったんこの家の中に入ると、一番奥の部屋Iに行く最短経路とはどのようなものか」。
　上記の言葉による描写を視覚的イメージに変換すると、単純な迷路になる（図14-17a）。この迷路は単純なもので、一番奥の部屋に最短で行くためには、ドアAを入って右に曲がっても左に曲がってもよい。より複雑な迷路では、こうはいかない。複雑な迷路では、目で見て試行錯誤を重ねないと、最適の解決策は分からない。多くの可能性がある場合には、コンピューターを使ってそれぞれを検討するのが便利である場合も多い。だが、コンピューターでは視覚的な迷路や言葉による描写は処理できない。別の変換が必要になる。この場合なら、

各入り口は決定を下す点と見なすことができる。各廊下は、1つの決定を次の決定へと導く線と見なせる。したがって、有向グラフ（directed graph）と呼ばれている形態に描き直すことが可能である（図14-17b）。有向グラフは、視覚的にも論理的にも、コンピューターのプログラムの設計に用いるフローチャートに関係している。そのため、こうした「決定木」（decision tree）のグラフは、産業や軍隊におけるモデル化のクリティカルパス法（critical-path method、プロジェクトを期日通りに最小のコストで完成させるための管理方法）であり、しばしば利用されている。もう1つの手法として、別の種類の数学である行列代数（matrix algebra）を用いて一連の選択を描写することも可能だ。ポアンカレの表（Poincaré table）と呼んでいるものを作成する。これは、グラフの各地点での選択の個数を示す行列である（図14-17c）。こうした表を用いて考えられるすべての経路の本数を調べ、最短経路を見つけることができる。言葉、視覚、図表、行列といういずれの表現法も論理的には等価であるが、各変換がさまざまな手段や頭脳に適した問題解決法を可能としている。

15

融　合

　　変換の思考の必然的な結果として、「融合」による理解が生まれる。これは、感覚的な印象や感情、知識、記憶などが、複合的、統一的な方法で１つになることである。ウラジミール・ナボコフは、他に類を見ない回想録 *Speak, Memory*（『記憶よ、語れ――自伝再訪』1947）で、こうした相互作用について愛着を込めて記している。「私は最初の印象にこだわり過ぎるのかもしれない。とは言うものの、最初の印象が視覚と触感の真の楽園に導いてくれたのだから、感謝すべきである」。その例として彼は、少年時代の出来事を回想している。「林の小道で村の学校の校長先生と出会い、挨拶を交わし、その時にはっきりと校長先生が持っていた花や、ネクタイ、汗ばんだ顔、鳥のさえずりや道を飛び回るチョウ、頭の中に浮かぶ村の学校にある絵画、失くした歩数計、自分が嚙んでいた草の茎の味を同時に感じた。その間中ずっと私は、自分のさまざまな感覚に気付き、じっくりと、そして穏やかにそれを堪能していた」と彼は締めくくっている。

　　ナボコフはさまざまな自覚についても、宇宙的な同期であると述べている。彼の感覚と感受性が突然嚙み合う時、彼は自己と宇宙との一体感を満喫した。そうした時には、「科学者としての自分が宇宙空間の中の１点で起こるすべてを観察し、詩人としての自分が時間の中の１点で生じることをすべて感じ取った」と、彼は考えた。すべての感覚や知覚は万物の理解へとつながり、感覚や感情、知識の融合がナボコフの想像力に富んだ作品の源となった。ナボコフは科学と芸術と詩作で正規の教育を受けた人物なので、「いくつかのことを同時に考える能力」を持っていないはずはなかった。彼の記憶や思考は常に複数の感覚を伴うもので、感情的で知的なものであった。こうした融合的な体験への取り組みが彼の著作のスタイルとなった。

科学者たちも、そうした感覚と知性を融合させた方法で世界を体験する。その優れた例を、ジェームズ・ライトヒル卿 (Sir James Lighthill) が示している。応用数学者にしてユニヴァーシティ・カレッジ・ロンドンの総長でもあったライトヒルは、物理学や工学（彼の本来の専攻）から歴史、心理学、多数の語学に至るまで、本人が数えたところ 60 ほどの分野に関わっていたそうだ。だが彼自身は、流体に特別な愛着があったと認めている。「流体全般が私に心地よさを感じさせてくれる。私は飛ぶことに大いに関心があるが、趣味は水泳だ。海には波や海流、潮汐があり、非常に大きな興味があり、泳ぐ時はすべてを観察することが楽しみだ。私は毎週末 5 km 近く泳いで体調を維持する」。また、ライトヒルは水泳の冒険をすることもあるという。これは、荒天の中で外海に出て、島と島の間や周辺を長時間泳ぐことだ。彼がそうした冒険に出たのは、自然を直に体験し、その途上でアシカや魚たちと交流したいという願望によるものだけでなく、液体の数学と物理学を自分が理解していることを確認したいということにもよる。若いころ彼は、パイロット向けの空気動力学的な状態をモデル化していたが、その時に、搭乗員たちの命がこの科学の正しさにかかっていることに気付いた。アインシュタインもかつて、船を操ることを応用物理の一種だと考えていたが、ライトヒルも水泳が空気動力学や流体力学に関する自分の知識を試す手段になり得ると気付いた。そうやってライトヒルは、パイロットの体験する危険を言わば自分自身の体で実験できるのだ。「私は大洋の波や潮、海流について数々の研究をしてきた。そして、それらの中で泳ぐための準備は、しっかりできているつもりだ。なぜなら、自分の理論的知識をもってこうした条件の下で泳ぐ経験を数多く積めば、安全に泳ぐことができるし、その過程で面白い冒険をすることができるからだ。そのために、波や潮流に関する自分の知識を実際に使う。自分の泳ぐ速度と潮の速度、そして強烈な波に流される時の力のベクトルを計算する処理を絶えずしなければならない」と述べている。ライトヒルにとっては、自分が書く方程式や流体のモデル、物理的な観察、大洋で他の生物たちと共有する感覚体験などがすべて融合し、ナボコフのいう宇宙的同期になっていった。

　ナボコフとライトヒルによる融合の思考は明らかに、通常の経験の境界、すなわち、理解していることを感じること、感じていることを理解することとの

間の境界を超越している。この種の理解は、各種の思考手段を統合化して活用できるかにかかっている。まずは、感覚的な印象や感触を融合する。次に、感覚の融合をパターンやモデル、類推、その他高いレベルの精神の形成物である記憶、抽象的な知識と溶け合わせる。才能ある多くの人々は、そうした作業をして意図的に複数の感覚を発達させて世界を捉え、融合による理解を目指して努力するのである。

　ライトヒルのように積極的に経験に身を投じ、その多くの側面を教育によって獲得された情報に結び付けていく人々がいる。また、ナボコフのように複数の感覚の傾向を生まれながらに持っていたり、幼いころに習得する人もいる。先ほどのナボコフが林の中で校長先生と偶然出会った出来事では、実際の感覚と想像上の感覚が豊かに呼び起こされた。ナボコフは自伝で、個々の認識を検討した上で意図的に回想し、その場の感覚の融合を描写している。検討した上でと言うのは、文章を書くことにはいつでも検討が伴うからだ。だが、ナボコフの場合は１つの感覚が生じると、次々と他の感覚も行き当たりばったりに発生していくことが多い。彼は音を耳にすると、同時にそれが見えるという。アルファベットの文字を口にしたり思い浮かべたりすると、彼は色彩が浮かぶ感覚を経験した。「英語のアルファベットの長い『a』の音は、私にとっては風雨にさらされた木材の色合いがある。だが、フランス語の『a』なら、磨き上げられたエボニー（黒檀）だ。黄色には、さまざまな『e』や『i』、クリーム色のような『d』、金色の輝きの『y』、それから『u』がある。『u』というアルファベットの価値は、『オリーブのような光沢を持つ真鍮』という言葉によってしか表現できない」。

　こうした文字と色彩が融合した認識という点でナボコフは珍しい人物だったかもしれないが、彼が唯一という訳でもない。彼の母親も、アルファベットを口に出すと色彩が見えた。ナボコフの妻や息子もそうだった。またこの点では、詩人のアルチュール・ランボー（Arthur Rimbaud）も同様で、Vowels（「母音」）という詩で、色と文字の対応を描写している。「黒はA、白はE、赤はI、緑はU、青はO、つまり母音だ／その起源は、またいつか話そう」。その他の創造的な人たちも、感覚が制御できず交錯する体験をしている。リチャード・ファインマンも、数学の記号として使用する文字が各種の色で見えた体験をしている。

15　融　合 ｜ 371

彼は、「方程式を見ると文字に色が付いて見える。なぜかは分からない。人と話している時にヤンケ（Jahnke）とエムデ（Emde）の書物にあったベッセル関数がおぼろげに目に浮かび、『j』は明るい褐色、『n』はかすかに青紫、『x』は暗い茶色で、それらが飛び回っているのだ。学生たちには一体どのように見られているのだろうか」と述べていた。分子生物学の研究でノーベル賞を受賞したフランソワ・ジャコブは、単語全体に対して視覚・聴覚・運動の複雑な反応を体験している。「（フランス語の）『porc』（ブタ）と『port』（港）の間には深い溝があって、『porc』の最後の c が伸びて曲がり、丸い形状を成す。『port』の t は直立し、埠頭に設置されたクレーンのように見える。人が『perroquet』（オウム）というのを聞いたり、その単語を思い浮かべたりすると、直ちに私には文字のパレードが見えてくる。p は pop（ポップ）、r は roll（ロール）、q は click（クリック）となる。オウムそのものが浮かんでくるのは、その後だ」。

　敏感な人々の中では、視覚や聴覚、その他あらゆる感覚が混在する。ワシリー・カンディンスキーの場合、色彩が音声や運動感覚、そして多数の共感的感情を想起させた。

　　「私が 13 歳か 14 歳のころだった。少しずつ貯めたお金で油彩の箱を買った。その時にチューブから色が出てくるという体験は、今でも私の中に残っている。指でチューブを押す力、喜び、楽しさ、じっくり考えたこと、夢見たこと、自己陶酔といった気持ち……私たちが色と呼ぶ、この独特な存在が次から次へと現れた……いずれの色もそれ自体であり、それ自体のために生きている……絵筆は不断の意志を持ち、この生きている色という創造物から一部を引きちぎってくるように私には思われることがあり、その引きちぎる過程で音楽が聞こえた。色と色を混ぜていると、色がシューと音を立てるのが聞こえることもあった」。

　また、他のところでカンディンスキーは、それぞれの色に対応して聞こえてくる楽器を述べていた。空色ならフルート、青ならチェロ、黒ならコントラバスという具合だ。

　ドイツの芸術家エルンスト・バルラハ（Ernst Barlach）も、同様の一連の興味

深い感覚を体験した。「通りを歩きながら私は絵を描く。私は色彩を味わい、見て、感じる」。ジョージア・オキーフも、色彩に味や感触を感じていた。オキーフは自伝で少女時代の回想として、「自宅に向かう道で大きな喜びを体験したことを覚えている。埃が日の光を浴びて輝いていた。とても柔らかそうで、すぐにもその中に飛び込みたくなった。暖かな日で、馬車が通り過ぎた後、その車輪でできる滑らかで小さなＶ字型の跡が沢山あった。私はその中に座り込み、実に楽しかった。埃を口に入れていたかもしれない……それと同じ感触を味わったのは、チューブから絞り出したばかりの綺麗な絵の具を食べたくなった時のことだった」と述べている。バイオリン奏者でもあったオキーフには、見るものに対応して音楽も聞こえていた。彼女はある友人に、「自分のバイオリンの音さえ聞いてもらえれば、今夜の夜空の様子をお知らせできるのだけれど……今夜の様子を別の方法でお話ししましょう……その音楽について、あなたにお話ししようと思います……木炭を使って……粗末な画材ですが……生きているように見えて……そして歌うのです」と書き送っている。面白いことに、メイ・サートン（May Sarton）は自分の書いた小説や詩のそれぞれに、曲のキー（調性）を見出していた。脚本家のハロルド・ピンター（Harold Pinter）も、「執筆中は音楽の感触を絶えず感じている」と述べている。数学者のロルフ・ネヴァンリンナ（Rolf Nevanlinna）は、「私の人生を通じて、音楽は常にともにあった。分析することはできないが、私の研究には絶えず音楽が伴っている」と記している。フィリップ・デイビス（Philip Davis）とルーベン・ハーシュ（Reuben Hersh）に至っては、特定の方程式から音楽の主題が聞こえてくると述べている。

　もっと普通に見られる現象として、音楽は色に結び付いて色を喚起させる。芸術家のデイヴィッド・ホックニー（David Hockney）も、音楽を耳にすると色彩を感じる。音楽の演奏のためのセットをデザインする時は、これが役に立った。彼によれば、「ラヴェルの音楽なら、ある種のフレーズはすべて青と緑に見える」。また、ホックニーがストラビンスキーの曲を聴くと、透明な色彩が思い浮かぶ。「それは青さであり、その透明感は高度に洗練された17世紀の美しい陶器を思い起こさせる」と述べていた。また、フランツ・リストも音の中に色彩を見ていた。オーケストラに向かって、「皆さん、お願いだからもう少し青く。このキーにはそれが必要だ」と指示していたのは有名な話だ。作曲家のアレク

サンドル・スクリャービン（Aleksandr Scriabin）も、音からの色彩の喚起を自分の音楽で表現している。オリヴィエ・メシアン（Olivier Messiaen）も同様だ。どんな種類の音楽であれ、メシアンは音楽を聴くか楽譜を読むと、「音が向きを変え、動き、混じり合うように、そしてそれと同時に対応する色彩が向きを変え、動き、混じり合う」のが心の目に見えた。そうした色は非常に鮮明で一貫して現れるので、メシアンは自分の音楽的言語の一環として、彼が耳にした調和的な音の共鳴とそれらに結び付いた色合いを詳細に対応させた。

　視覚や聴覚が引き起こす連想以外にも、知覚の融合は触覚や味覚から発生する場合がある。芸術家のキャロル・J・スティーン（Carol J. Steen）は、「ある特定の方法で触られると、私には色が見える。必ず見える。よく見えるのは、明るく輝く色だ。空色、緑、青が、絹のベルベットのような豊かで暗い黒の背景の上にあるような」と述べていた。近年、スティーンは Seen Shapes（「目に見えた形」）というタイトルの展覧会に絵画を出品したが、これは鍼治療を受けた時の自分の視覚反応を基にしたものだ。鍼治療では、「色や形が現れ、浮かび、動き回っていた」と語っている。また、リチャード・シトーウィック（Richard Cytowic）は、*The Man Who Tasted Shapes*（『共感覚者の驚くべき日常——形を味わう人、色を聴く人』1993）で、ある友人について語っている。その友人は鶏肉を料理してその肉汁をスプーンで食べた時、失望して叫んだ。「この鶏肉には突起がない」。この友人にとって味覚とは自分の体や顔のどこかに触感を必ず伴うものだったのだ。一番よく起きた触感とは、彼の両腕がある空間の中に入っていき、その重さや質感、温度、形状などを感じ取るというものだ。「どう説明すればいいのだろうか……味には形がある。この鶏肉には尖った形であってほしかったのに、できてみたら丸かった……つまり、ほとんど球体になっていた。尖りのない鶏肉など、人に出すわけにはいかない」。シトーウィックはこの人物以外にも、感覚の珍しい融合の例を多数研究し、記録した。例えばある幼い少年の場合には、聴覚性運動共感覚を持ち、言葉の音声が身体のさまざまな姿勢や運動を引き起こした。また、別のある人物の場合には、味覚が色彩を発生させた。別の人物では、視覚が嗅覚を発生させた。

　感覚融合のこうした多様な特異体質的兆候は、「共感覚（synesthesia）」の現れである。その語源は、ギリシャ語の「syn」（統合、一緒）と「aisthesis」（感覚経

験）であり、「一緒に感じること」つまり感覚の統合という意味だ。意識的な感覚の融合のあり方やその強度は、言うまでもなく個人によって異なる。感覚の融合のあり方や程度を制御できない人は稀だ。シトーウィックやその他の神経学者たちは、そうした無意識的な変えられない融合を真性共感覚と呼び、神経学的疾患であるとしている。これは遺伝性のもので、これを有する人は10万人に1人未満とされる。連想性または学習性の共感覚というのもあり、感覚印象の同時発生やそれらの調和、そして最終的にはそれらの融合に対して、意識的に敏感になる。こちらはずっと多くの人に見られるものだ。

　マルセル・プルースト（Marcel Proust）が、マドレーヌを紅茶に浸けてから最初に一口かじった時に突然呼び起こされた強烈な記憶について描写しているのは有名であるが、それを連想性の共感覚の原型と見る人もいるかもしれない。*Remembrance of Things Past*（『失われた時を求めて』）の主人公の場合、紅茶に浸したケーキの香りと味によって、長年忘れていた時代と体験のあらゆる側面が詳細に鮮明に蘇った。ナボコフの場合、チョコレートと一緒に午後の紅茶を味わうと必ず記憶が蘇った。子供時代のある日、紅茶が置かれた長いテーブルを思い起こすのだ。「そして突如、色や輪郭が定まろうとしていると……スイッチが入り、生き生きとした音の流れが始まる」。ヴァージニア・ウルフの場合、幼かったころのある美しかった日の思い出が、「今でも私を温かい気持ちにさせる。あたかもすべてが素晴らしく、鼻歌を歌い、日の光は降り注ぎ、一度に多くの香りがしてきて、それらすべてが今でも蘇り、私の時間が止まる……立ち止まり、香りを嗅ぎ、見た、あの楽しく完璧な喜びと言ったら……」。どんな人でも、固有の音声や香り、味、行動など似たような記憶があって、それらが具体的な快い、あるいは不快な共感覚の体験をもたらす。ここまで各章で述べたように、人間は記憶やアイデア、着想を運動感覚的、視覚的、聴覚的、その他の感覚的な形態あるいはパターンとして保管しているので、これは自然なことなのだ。それらを思い起こしたり考えたりすると、多様な形でその経験が再生されるのである。

　連想性の共感覚は、幼い子供たちのほぼ半数、また成人の5％から15％に見られる。このように、共感覚を体験する比率が子供と大人で大きく異なることから分かるのは、単一感覚の経験と表現が教育の典型的な主眼になっているた

め、子供時代には自然に融合していた共感覚が、大人になって抑制されていることである。フランスの哲学者モーリス・メルロー=ポンティ（Maurice Merleau-Ponty）は、共感的認知こそが標準なのだと記している。「我々は物事の見方、聞き方、そして一般的に言えば感じ方を忘れてしまう」と、現実を嘆きながら述べた。心理学者のローレンス・マークス（Lawrence Marks）とその同僚らはもっと前向きに考え、これだけ多数の子供が共感覚を有しているのだから、「共感覚を体験する潜在能力は誰の中にも眠っているのかもしれない」と述べている。神経生物学者のシトーウィックも同意見だ。「共感覚とは、どのような人にも脳の正常な機能の1つだと私は考える。だが、共感覚の働きが自覚されるのはごく少数の人たちだけだ……実は、我々は自分が自覚している以上に知っているものなのだ」。

　思考が元来共感覚的なものであるなら、連想性の共感覚を練習で維持して発展させることが可能なはずだ。西洋以外の芸術や儀礼を見れば分かる。哲学者のスティーブ・オーディン（Steve Odin）は、日本の例を引いている。そこでは、芸術家たちや哲学者たちが共感覚を最高の美的経験と考え、共感覚を発達させようと明確に努めていた。「茶の湯」のような伝統的儀式では、お茶をたてるという茶道の芸術と、陶器や室内デザイン、造景、身のこなしといった諸芸術が融合している。茶道では意図的に、味覚・触覚・嗅覚・視覚・聴覚、また固有受容を刺激することで、オーディンの言葉によれば、「感覚と感覚の間の境界がなくなっていく。そして、多くの要素による感覚的性質、つまり色彩や音声、風味、匂い、触覚的感触、温度感覚といった諸要素がすべて、1つの一体化した感覚の連続体へと融合するようだ」。茶道を行う茶室は自然の中にいるかのように設計されており、造景も自然を抽象化したもので、物の大きさを図る手掛かりをなくすことで、物事を深く考えられるようにできている。「釜は心地よい音を立てる。その底の部分では特有のメロディーが鳴るように鉄製の釜を細工してある。その音は雲に隠された大滝の響きのようにも聞こえ、彼方の海で波が砕けているようにも聞こえ、あるいは竹林を洗う嵐の雨のようにも、どこか遠い丘の上にある松の木のざわめきのようにも聞こえる」と、オーディンは言う。緑茶は自然界の生物を表し、それを飲む人は茶の芳香や味わい、色彩、自然の感覚を取り入れることになる。ある日本の茶道の師匠によれば、「真の

茶道の実践により、すべての感覚が同時に、そして調和して働く状況がもたらされる」。

　人類学者のマーガレット・ミード（Margaret Mead）も、過去そして現在の諸文化における芸術は、同様に共感覚的であると指摘している。インドネシアやアフリカの儀礼は、「すべての感覚に訴えかける。ちょうどヨーロッパ中世の大ミサですべての感覚を活かしたように、目と耳だけではなく、お香の香りや、列をなして跪いたり揺れ動いたりしながら移動する運動感覚、あるいは聖水を額につける冷たい感覚などだ。芸術を現実化するには、すべての感覚を経験と結び付けなければならない」と述べている。ミードは、現在の西側世界で支配的な単一感覚だけに訴える芸術のあり方と、上記のような儀礼や儀式などを対比していたのだ。

　だがミードは、現代美術の共感覚的な基盤を過小評価していた。西側社会では確かに共感覚的な体験をあまり明確には育成していないので、それを想像するには努力がいる。だが時代や場所が違っても、共感覚の重要性が減ることはない。ストラヴィンスキーは音楽を作り出す時の身体的な感覚経験は、それを聞く時の体験の一部だと考えていた。彼がバッハの作品を称賛していたのは、「バイオリンの部品の樹脂の匂いが分かり、オーボエのリードの味を体験できるから」であった。メルロー＝ポンティ（Merleau-Ponty）は、「セザンヌが示したのは、絵画の中には風景の香りすら含まれるということだ」と記している。形態や色彩だけでなく「物体の滑らかさや硬さ、柔らかさ、匂いすら見える」ということだ。メルロー＝ポンティによれば、「だから、私の知覚は生まれつきの視覚と触覚、聴覚などの合計ではない。私は、全感覚に同時に訴えかけてくる存在全体を総合的に知覚している」と言う。

　こうした感覚の融合を実現するため、多くの芸術家は意図的に表現形態を融合させてきた。詩人にして芸術家のカミングズは、諸芸術の間の類推関係について多くを述べていた。「１つのあるイメージ（心像）を、もう１つの感覚の観点から解釈するということを多く行った」が、somewhere i have never travelled（「未知の地で」）の最後の箇所でもそれを行っている。the voice of your eyes is deeper than all roses / nobody, not even the rain, has such small hands（「君の眼の声はどんなバラよりも深い／誰一人として、雨でさえも、これほど小さな働きをしては

いない」)。また、写真家のアンセル・アダムス（Ansel Adams）と著作家のナン
シー・ニューホール（Nancy Newhall）は、画像と言葉をミックスさせて、1955 年
に This Is the American Earth（「これが、アメリカの大地だ」）という展覧会と書物
をシエラクラブのために展開した。このプロジェクトでは、「写真と文章が相
乗効果の関係を維持する。写真は文章の挿絵ではない」と、アダムスは自伝で
述べている。「文章が写真を説明している訳でもない。文章と写真という 2 種
類の創造的要素が結び付いて、第 3 のコミュニケーション形態を生み出すので、
私としては共感覚的という言葉を使いたい」と記している。マーサ・グレアム
（Martha Graham）は、カルダーの動く彫刻を 1935 年の舞踏 Horizons（「地平線」）
で利用したが、これも似たような理由からだった。「舞踏が『動く彫刻』を解釈
するのでも『動く彫刻』が舞踏を解釈するのでもなく、地平線という感覚を拡
大するために両者を利用した……空間という新たな意図的な使い方なのだ」と
グレアムは説明している。

　音楽と色彩の間の共感覚はよく知られているが、それも融合表現につながっ
た。17 世紀の画家マッテオ・ザッコリーニ（Matteo Zaccolini）は、一種の色彩音
楽を創作した。これは医療に利用され、患者たちの回復を早めた。1890 年代、
A・ウォレス・レミントン（A. Wallace Remington）はある鍵盤式装置を開発した
が、これは演奏中の音楽のタイミングに合わせてスクリーンに色彩を投影する
というものであった。スクリャービンは 1922 年の作品 Prometheus, the Poem
of Fire（「プロメテウス──火の詩」）で、共感覚の経験を表現しようと努めた。こ
れはオーケストラと合唱隊とオルガンのための交響曲で、オルガンはさまざま
な色の光を制御するようになっていた。また、1925 年ごろ、モホリ＝ナジ・ラー
スロー（Laszló Moholy-Nagy）は、機械式舞台を発明した。これは色彩と音声だけ
でなく、俳優や動き、匂いまでを Score for a Mechanical Eccentric（「奇妙な機械の
ための楽譜」）で融合させたものである。こうした多様な感覚を動員する作品
は、1983 年のフィリップ・グラス（Philip Glass）とゴドフリー・レギン（Godfrey
Reggio）による Kayaanisqatsi（「コヤニスカッツィ／平衡を失った世界」）や、1998
年のドキュメンタリーのシリーズ Inspired by Bach（「インスパイアド・バイ・バッ
ハ」）などの純芸術ビデオの直接的な先駆けとなった。Inspired by Bach では、
チェリストのヨーヨー・マ（Yo-Yo Ma）が音楽以外の諸芸術と作用し合うこと

で、バッハのチェロ組曲を再解釈した。それらには、振付師マーク・モリス(Mark Morris)の舞踏やジェーン・トービル(Jayne Torvill)とクリストファー・ディーン(Christopher Dean)のアイススケート、坂東玉三郎(Tamasaburo Bando)の歌舞伎演技なども含まれた。

　恐らく、融合芸術で最も知られている先駆者は、前衛映画監督のセルゲイ・アイゼンシュテイン(Sergey Eisenstein)だろう。彼は集中的に日本の伝統美学理論を学んだ。特に歌舞伎という演劇からひらめきを得た。彼は極めて有名な歌舞伎の1つをタイトルとしたChushingura(「忠臣蔵」)というエッセイで、こう言っている。「歌舞伎を体験していると、自ずとあるアメリカの小説を思い出す。聴覚神経と視覚神経が入れ替わった男性の話で、彼は光の振動を音と認識し、空気の振動を色として認知する。彼は『光』を聞き、音を『見る』のだ。まさしくそうしたことが、歌舞伎でも起きる……ここにある音─動き─空間─声が、お互いに伴い合うのではなく、等しい重要性の要素として機能する。合奏曲の一元論なのだ」。アイゼンシュテインによる描写は、あらゆる文化の偉大な演劇や映画にも同様に当てはまる。共感覚を体験している時でなければ、我々は自分を忘れて作品と同一化することはできない。この事実があるからこそ、演劇やオペラ、現代の芸術映画などが価値を失わないだけでなく、全世界でロックコンサートや映画などが人気なのだ。

　だが融合には単なる感覚的・美学的な要因を遥かに超えるものがある。ナボコフとライトヒルのどちらも、共感覚が単に物事を体験するだけではなく、より深いレベルで物事を理解するための鍵でもあると述べている。1種類の認識だけでは到達できない深いレベルである。ここでは「理解する」という言葉を、オルダス・ハクスリー(Aldous Huxley)の定義で使っている。ハクスリーは何かを知るとは受け身の行為だが、理解するとは自分の知識に応じて行動できることだと記している。著者らの友人ジョンとアインシュタインの息子ハンスは、物理学を知ってはいたが理解してはいなかった。ヴァージニア・ウルフの父レズリー・スティーブンは、文学を知ってはいたが理解してはいなかった。理解を得るためには、頭で知っていることと感覚体験を積極的に統合する必要があるのだ。

　ソロの打楽器奏者エヴェリン・グレニー(Evelyn Glennie)も、そうした点を明

15　融　合 379

確に指摘している。グレニーが共感覚を活用していることは明らかで、音声を固有受容と触覚体験で描写している。「高い音、チクチクする音がある。硬くて鋭く、短い音声がある。また、低く力強く図太い音があれば、柔らかでクッションの上に座っているような音もある」。グレニーは、音楽ホールの音響特性さえ、「空気の濃さをどれぐらいに感じるかという観点から」描写している。グレニーにとって、共感覚とは単なる美的な装飾ではなく、共感覚こそ彼女が世界を文字通り把握する方法なのだ。グレニーは幼くして、完全に失聴したわけではないものの、聴覚のほとんどを失ってしまった。しかし、他の感覚によって音楽を聴き、理解することを学んだ。グレニーとその夫グレッグ・マルカンギ（Greg Malcangi）は、次のように記している。「完全に耳が聞こえない人でも、なお音を聞き、感じることはできる」。グレニーの場合、音がもたらす固有受容に対して極めて敏感になった。「グレニーは、低音を主に足と脚で感じ取り、高音を顔や首、胸の特定の部位で感じる」。ロックコンサートに行ったことがあったり、超低音再生用スピーカーのあるステレオを持っている人なら、そうした感触を体験したことがあるだろう。グレニー自身は、音を感じることと聞くことの間に違いを感じていない。唇の動きを目で見ることと音声言語を聞くことの間に違いはない。グレニーは、聞くという言葉が適切だと主張する。「何かを見ると、私にはそれが聞こえます。誰かが鉛筆でもなんでも床に落とすと、それが当然音を立てたと思います。いつでも想像力を働かせて音を聞いているのです。基本的に、そのように私の音世界はできています。それはすべて私の想像です。すべての触覚を使い、すべての感覚を使い、そして見るのです。使える感覚をすべて活用するのです」。打楽器奏者のグレニーはその精神を使って、自分の認識世界を積極的に創作しているのだ。

　グレニーの感覚と思考の融合は、少なくとも連想性共感覚のある創造的な人々の間ではよく見られるものだ。イメージ化の章で生物学者のヒーラット・ヴァーメイを取り上げたが、彼が聴覚や嗅覚、触覚、運動感覚で「見る」と言っていたことを思い起こしてほしい。同様に、マシュー・ボトゥヴィニックによる触覚の腹話術の心理学実験（第9章）からは、義肢を使っている人で誰かが義足に触るところを見ると、触られていると感じる場合がある。ヘレン・ケラーも、主として触覚と嗅覚で「見たり聞いたり」していると主張していた。ある

詩でケラーはこう記している。「私の両手は、感触から景色や音を呼び起こし／終わりなく感覚を変貌させる／動きを景色と、臭いを音と結び付ける」。ケラーは、彼女のそうした話を信じない人々に対して、一歩も引かない。「もし、目が見えなくて耳が聞こえない人の心の認識が周囲の人々と全く似ていないなら、その人は周りの人々の考えを知る術がないだろう……だが精神には、欠落した身体感覚に匹敵するものがある。外的なものと内的なものの類似性を、見える物と見えない物の間のやり取りを理解するはずなのだ」。

　ケラーやグレニー、ヴァーメイ、そして手足を失ってから義肢の感触を得た人たちは、我々に思考とはどういうものかを教えてくれる。すべての思考には、感覚と抽象的な知識との相乗的相互作用が絡む、あるいは少なくとも絡むはずということだ。この点で、グレニーは明確だ。「多くの人はまだ感覚を分離させています。これは間違いです」と、彼女は明らかに不満そうな声で言う。「そうした分離は誤りです。確かに物事に名前を付けて分類することは必要ですが、結局のところ、例えばもし私の目が見えないとしたら、私には何かが聞こえるので、それが見えるのです。私に何かが見えて、それが聞こえなくても、私にはそれが見えるので、それが何であるかを私の目が教えてくれるのです。したがって、私には聞こえるのです。大多数の人は感覚を別々に捉えているのでしょうが、私はそうではありません。感覚を1つ失ったからといって、何も聞こえなくなる訳ではないのです。そんなことは全くありません」。

　本書の著者たちも同意見だ。感覚の融合を自覚的に発展させるかさせないかは別として、思考とは感覚と知識の間の連想やつながりによるものだ。我々は、我々の感覚の各々が世界をそれぞれ、かつ分離して知覚していると信じることに慣れているが、実際は我々が合理的に考えたり行動したりできるように、各感覚が調整されているはずだ。アリストテレスは *De Anima*（『魂について』）を記した時、その事実を知っていた。確かに甘さと塩辛さ、白と赤を区別する能力は、はっきり区別された感覚内の出来事に違いないが、甘さを白と、塩辛さを赤と区別できる能力は、諸感覚を統合した場合にのみ可能となる。同様に赤という色とリンゴの甘さを結び付ける能力も、感覚の統合によるものであるはずだ。リンゴという言葉を耳にすると、共感覚による想像によって我々の大半は、ほぼ同時に心の目でリンゴを見て、心の手にリンゴを持ち、その滑らかな

表面を感じ、果汁を含む重さを感じ取り、心の口でリンゴの甘酸っぱさを味わい、心の鼻で独特の香りを嗅ぐ。また心の耳は、リンゴをかじる時のバリバリという音を聞く。社会で広く信じられている神話に反し、実際には我々はみな脳全体で思考している。リンゴの味を正確に理解するには、舌だけではなく、目や鼻、手も必要なのだ。教室での味覚検査でリンゴのスライスとジャガイモのスライスを見えないまま、匂いも分からないままで、触ることもできない状態で特定しようとした経験がある人なら、たいていの人がリンゴとジャガイモの区別が簡単につかなくなるということを保証するだろう。日常の暮らしでは、頭の中ですべての感覚がつながって機能している。身体と精神が協調して、我々の動きを調整しバランスを保たせている。リンゴとジャガイモの味覚検査の例のように、あるいは脳卒中や内耳炎の場合で時に見られるように、感覚体験を分離すると知性も混乱をきたす。逆に、ピザの視覚的画像とチョコレートの香りを結び付けることで精神的な判断を誤らせると、感覚は麻痺する。精神と身体は離れてはなく、一体なのだ。感覚と感受性は分離できない。

　我々がこの世界を感じ取り、その意味を見出す時、同時に複数の感覚を活かす形式横断的な方法を用いている。だが、我々は実はそれ以上のことを行っている。apple という単語を書くことも、それを発音することも、絵に描くこともできる。植物学者や農業者であれば、ラテン語の学名をすらすら言ってのけたり、その進化上の親類である野ばらなどを挙げたり、その病気を特定したり、栽培に必要となる栄養素や生育環境を説明したり、１ポンドあたりの値段を推定したり、その他無数のことができる。それだけのことを apple という１つの単語またはその味わいから連想できるのだ。これは単なる感覚の融合ではなく、融合の知識なのだ。感覚経験や感情、記憶、合理的思考の混ぜ合わせなのだ。あらゆる創造的行為はこれを基盤としている。生物学者のアグネス・アーバー（Agnes Arber）は、「新しい仮説が一番自由に心に浮かぶのは、取り留めもない推論を集中的な努力によって高め、感情や感覚と不可分に結び付けた時だ。理性と直感がこうした協力を実現すると、その融合にはどちらか単独では得られない創造力があるようだ」と記している。もっと単純に、イマヌエル・カントは *Critique of Pure Reason*（『純粋理性批判』）で、「知性は何も直感で把握できない。感覚は何も思考できない。両者が融合して初めて知識が生じる」と記して

いる。

　創造的理解が持つ融合的性質はほとんど認識されていないので、それを表す言葉もない。そこで本書では、「synosia」（サイノシア）という言葉を提唱したい。アイデアや着想の融合を意味する synthesis にも使われているギリシャ語の「syn」（統合）と、「gnosis」（知識）あるいは「noesis」（理性や認識の働き）から成る造語である。そうしてできた造語、「synosis」または「synosia」は、英語では異なる形の知識の統合、あるいは融合的な知識（「syn」thetic「know」ing）という意味のように聞こえる。だが、それ以上の意味もある。前章までで、感じるとは考えることであり、考えるとは感じることであると述べた。いみじくもナボコフとライトヒルもそう述べていた。いくつかの記憶や想いが、同時に湧き上がるものだ。流体とは、単に飲んだり泳いだりするための物体ではなく、数式でもあり、工学上の問題でもある。聞くことや見ることは受け身の行為ではなく、積極的な知性を必要とする。そこでは、目が見えるかどうか、耳が聞こえるかどうかは問題にならない。リンゴを食べるとは単なる感覚体験ではなく、農業や植物学、化学、物理、経済的な理解があってリンゴを我々は手にすることができ、それが物理的に具体化した現象なのだ。したがって synosia とは、共感覚を知的に拡張したものである。共感覚を美的感受性の最高の形態と見ることができるように、synosia では多くの形式的な感覚と多様な形態の知を最高度に統合化し、理解の究極の形態を生み出す。それゆえ、「synosia」という言葉は、「synesthesia」（共感覚）と「gnosis」、あるいは「noesis」とによる造語とも見ることができる。

　Synosia はイメージ化や類推化、モデル化、遊び、変換の、当然で必然的な成果である。何か新しい物を見定め、創造するには、個人であれ集団であれ、一連の変換を１つずつ進めていかなければならないが、創造の過程が完了すると、その個人または集団はその創造を「全体として」理解できる。そうした創作者たちは、自分の中にその創作の過程と、その創作で体験した興奮や不満、最終的な成功に伴う固有受容的感覚と感情的感覚も有している。メアリー・リーキーが、ラエトリの足跡がどうやってできたのか推察する前に、彼女は主観的、客観的に、分析的、統合的に、科学的な証拠、考古学的な宝としてその足跡を理解していた。ファインマンがその方程式を緑と紫の曖昧なボールに変換して

15　融　　合　│　383

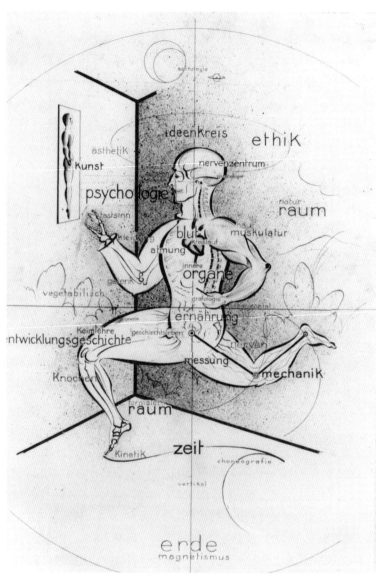

図 15-1 オスカー・シュレンマーの Man in the Sphere of Ideas(「アイデアの世界にいる人間」)、1928 年。空間と時間、星々、地球、科学、芸術、振付、アイデアの交差点に人間を配している。それらすべてが、人体の筋肉や機構、内臓、感覚、心理によって融合されている。シュレンマーによれば、創造的であるためには、こうしたすべての要素がどのように一緒に作用するのか知らなければならない。

視覚化し、また音のパターンとしてドラムで叩けるように変換するまでに、彼はそのパターンを歌として歌い、ある種の数学的形式で自分の推測を証明していた。彼は類似した場合を見つけられる限り探し、可能な限り仮説を体験で試した。オスカー・シュレンマーは、「体内の解剖学や生理学、特に心理学、そして哲学全般も忘れずに」結び付け、宇宙空間における人体という着想を舞踏や彫刻、絵画、文章で表現できるようになったが、それまでに彼はそうした事項をはっきりと感覚で把握し、想像できるあらゆる方法で知っていたのだ。イサベル・アジェンデは、自分のお腹の中から心を経由して彼女の小説を世にもたらした。スティーブン・スペンダーは、自分の感情やイメージの論理を考え抜いたが、それらは紙に書いた言葉より遥かに多くのものだった。すなわち、著者と読者の両者の間で共鳴する感情やアイデア、着想の高鳴りであったのだ。

　Synosia という言葉自体は目新しいものだが、その概念には何ら新しいものがないことは明らかである。創造的な人たちは、常に感覚と理解とを同時に結び付けている。しばしば、感覚的な関心と知的な関心を融合したものと同等のものとして、彼らの「茶の湯」が詳細に述べることができる。史上初めて光速を測定したアルバート・マイケルソンは、物理学者であるだけでなく、かなりの訓練を積んだ画家でもあり、昆虫の収集家でもあった。特に鮮明な色の甲虫類を好んだ。彼の試みのすべてに共通する特徴は、光と色彩に魅せられているということだ。「詩人が同時に物理学者でもあることができるのなら、ある主題がもたらす喜びや満足、畏敬の念のようなものなどを他人に伝えられるかもしれない。主題の美的な側面にも、私は少なからず魅了されていると正直に言っておこう。特に光に関連する分野に私は魅了されている」と記している。有機化学者のロバート・ウッドワード（Robert Woodward）も、示唆に富む実例を示した。彼が設計して作り出した分子構造を見て、彼の娘は父を「化学の芸術家」と表現した。そのウッドワードはこう記している。「私が化学に惹かれるのは、感覚的な要素が果たす役割が極めて大きいからだ。私は結晶が好きで、その形態の美しさに魅了されている。さらには、その変態体である液体はパシャパシャと跳ねる。渦巻いて、噴出する。匂いがする、いいものも悪いものもある。さまざまな色彩。あらゆる大きさ、形状、用途のきらきらと輝く容器。私が化学のことをあれこれ思考するのと同じ位、物理的で、目に見え、手で触

れることができ、感覚で捉えずして化学は私の中に存在していないだろう」。

　デズモンド・モリスは、理解を得るためのこの synosia による手法について、最も完全で個人的な説明をしている。まず第 10 章で述べたように、彼は研究対象の動物と同一化する。「それが何であれ、研究している種と同じように考える。トカゲを観察している場合なら、自分もそのトカゲになる。水の中を泳ぐカマスを見ている場合なら、自分もカマスになる」。モリスは対象となっている動物を視覚的に分析し、反応する。その特徴を、科学者であると同時に芸術家としても調べる。

　　「鳥のくちばしに赤い点を見つけたら、それが重要な視覚的な印だと分かる。科学者としての私は、その表示刺激としての効能について学んでいる。それを研究し、その機能を分析する。それと同時に、その赤さや点であることの特質についても、主観的な感覚を抱く。無意識に、赤、火、危険、血、劇的、固定、目立つ、注目点、目、太陽、穴、開口部、点といったような曖昧な印象が沸き起こる。視覚的な響きや同じ意味の記号、入れ替えなどがすべて動き始める。だがそうした出来事を、私は絵画を完成させるまで決して意識しないのだ。私は夢の中にいるかのように、幻覚を見ているかのように、絵画を描くのだ。実際の創造の瞬間は、あたかも夢が明らかになるのを見ているようなものだ」。

　モリスは、シュールレアリズムの画家として頭の中にある内的イメージを無意識に描いたが、彼の芸術的探究は生物学の理解と切り離されてはいなかった。「確かに私の絵画には、外部世界の特定の種に属すると思える生き物はほとんどいない。だが、自然界の形態に作用している根底にある原理はすべて、絵画の中にもある。例えば、頭化（cephalization）という現象は、生命体の端が分化して頭部になっていく過程のことだ。あるいは、体節形成（segmentation）とは、1 つの身体が単位の繰り返しになっていく過程のことだ。相対生長、細胞分裂、分岐、多形性など。こうした生物の過程すべてを私は意識している」と彼は述べている。モリスは、自分の想像的芸術世界でもこうした生物学的過程の結果を観て、より全面的で多様な理解を形成することができたのだ。「想像上の生

図15-2　デズモンド・モリスの The Blind Watchmaker（「盲目の時計職人」）、1986年。リチャード・ドーキンス（Richard Dawkins）による同じタイトルの進化に関する著作の表紙に使われた。モリスが同時に科学者であり、同時に芸術家として自然を探究していることが窺える。

命体の姿を描く際、私は一部の要素を誇張し他の要素を抑えることによって強調点の操作を行うことができる。自然界にも似たような過程が実在している。アリクイの鼻やヤマアラシの針は、進化の過程で誇張されて形成されたものだ。一方、ヘビの脚や類人猿の尻尾は退化した。画家としての私は同じ傾向を再現する。もっとも、各場合に応じて自分だけの特殊な規則も設ける。そうして私は、自分の動物相を進化させることができる」。

　言い方を換えれば、モリスが有機的形態（biomorphs）と呼ぶ想像上の生命体で、モリスは思考実験（thought experiment）を進めているのだ。こうした幻想が、とりわけ科学者の彼にとって、何の役に立つのかといぶかる人も多い。だが、フランソワ・ジャコブの言葉を覚えておいて損はない。科学とは、「一種のゲームであり……あり得る世界やあり得る世界の一部を絶えず考案していく。そしてそれを、現実の世界と比較していく」という言葉である。モリスの夢の芸術は「あり得る」宇宙を描写しており、それからそれをモリスは「現実の」宇宙と比較できるのである。その結果として得られる知識の形は、いかなる特定の分野も超越している。「想像的なものと分析的なもの、芸術家と科学者が……同時に存在している」とモリスは言う。これこそまさに、synosia による思考の最良の形態である。

　こうした融合の知の手法とは、すべての創造的な人々がその行為において実現しようと努め、また、他人の作品などに求めるものなのだ。イーゴリ・ストラビンスキーも、「人の全体から生じるものでなければ、音楽という現象に興味が持てない。自分の感覚や心理的機能、知的能力が融合された人間から生み出された音でなければ」と、synosia の概念を明確に理解している。ストラビンスキーは、録音を聴くことを嫌がった。音楽の演奏に伴う運動を見ることが、聞くのと同じくらい重要だというのだ。芸術家のオットー・ピエネ（Otto Piene）も、「精神は実は身体であり身体は実は精神の中に存在している。両者は別々に扱われることを望まない……人は身体で精神を囲い、精神で身体を高揚させる。人は宇宙を自由に渡り歩くために、この時間のない瞬間、この天上の現実を生きる。人は自らの内に楽園を持つ」と強く感じていた。アメリカの画家ジョージ・ベロウズ（George Bellows）も、同意見だ。「理想的な芸術家とは、すべてを知り、すべてを感じ、すべてを体験し、そうした体験を探求心という精

神の中に保持して、創造の熱情に活かす人のことだ……そうした芸術家は目的を遂げるために、あらゆる能力や精神、感情、意識と無意識を駆使する」。

創造的な人、それぞれが科学や芸術の最高形態の特徴をどう捉えているかを探っていくと、上述のような考えを発展させていることに気付くことがよくある。舞踏家のロイ・フラー（Loie Fuller）は、舞踏とは「光であり、色彩であり、動きであり、音楽だ。観察であり、直感であり、最終的には理解なのだ」と記している。アーロン・コープランドは、1つの曲を作り、あるいは1つの曲を充分に理解するには、人は次の3つの平面を同時に意識せねばならないと感じていた。「（1）感覚的な平面、（2）表現的（感情的）な平面、（3）純粋に音楽的（知的な）平面」である。ケンブリッジ大学の詩人のT・R・ヘン（T. R. Henn）も、文学を理解したり作り出したりするには、同じ3種類の平面が必要だと考えていた。あらゆる文学や詩は「何らかのアイデア、着想や感情の奇妙な融合を表そうとしている。そうしたアイデア、着想や感情は、普段は意識の端にあるか、それどころか意識の向こう側にあるものだ」と彼は述べていた。リチャード・ファインマンは、物理学に関して詩的な感情を抱いており、物理の世界を完全でないものとして経験する人々をたしなめている。

「詩人たちは、科学が星々の美しさを奪ってしまうと言っている。単なる気体原子の固まりにしてしまった、というのだ。私も砂漠の夜の星を見ることができるし、感じることもできる。だが私の見るものは、それより少ないだろうか、多いだろうか。空の広大さが私の想像力を刺激する。天空の回転木馬に乗って、私の小さな目は100万光年の彼方からの光を捉えることができる。広大なパターンがあって、私もその一部なのだ……そのパターンが何であり、何を意味し、なぜあるのか。そのことについて少しばかり知識を得ても、この神秘が損なわれることはない。これまでのどの芸術家が想像したよりも、真実とは驚きに満ちたものであるからだ。現代の詩人たちは、なぜそれを語らないのか。詩人なら、木星を擬人化して語ることはできるが、木星というメタンとアンモニアの巨大な球体が自転していることについて沈黙しなければならないということはないだろう」。

ファインマンにとって、宇宙の謎に入り込み理解しようという欲求を満足させるには、我々の知るすべてと感じ取ることのできるすべてを融合させるしかなかった。建築家にして技術者、教育家という多彩な顔を持つヴァルター・グロピウス（Walter Gropius）は、バウハウス（Bauhaus）を設立した時、そうした融合を念頭に置いていた。「芸術作品には、物理世界の法則と知的世界の法則、そして精神（spirit）世界の法則がすべて同時に機能し、表現される」と記している。真の学校教育と呼べるのは、この融合を求めて心（mind）と身体（body）と精神（spirit）を訓練するものだけだと彼は考えていた。詩と物理学、芸術と化学、音楽と生物学、舞踏と社会学、その他各種の美的知識と分析的知識を統一させることや、人々が知りたいことを感じ取り、感じ取りたいことを知ることができるように助力することへの課題は、現代の生活や教育にも残っており、存在している。ファインマンは、自分が理解する世界についてしか考えない科学者は尊敬に値しないことをわきまえていた。グロピウスは、世界を感じ取るだけで知的に知らない芸術家は芸術家と呼べないことを理解していた。両者とも求めていたのは、創造性の中核にある積極的な理解である。したがって、科学と芸術を理解し、教授することを望む者は、その両方全体を再体験する必要がある。

　共感覚的、そして synosia 的な教育の必要性を最も上手く要約するものとして、単純な画像を紹介して本章を終わろう。現代社会の「宇宙との同期」として最も顕著なものの1つであるその画像は、芸術作品のように見えるが、芸術作品ではない。言い方を換えれば、1個の芸術作品ではあるのだが、芸術として意図したものではない。1つのパターンであって、論理関係や数学的計算を視覚的に表した一連のデザインである。コンピューター用電子チップの設計図である。それが芸術作品のように見えるのは偶然ではない。本書を通じて頻繁に述べてきたように、論理的関係には必ず視覚的な等価表現がある。そして位相的な物体やパズルは必ず電子的・論理的な等価物に変換できる。だが、チップとなると話は意外なものに関連する。電子チップの製造過程はエッチングとスクリーンの印刷技術を活かしたもので、それによりシリコン製の部品の表面に銅と金で被膜を作る。チップは大きな紙にパターンとして文字通り印刷される。写真技術によってそれを縮小し、シリコン製のウェーハ［訳注：集積回路の

図15-3 芸術か論理か、それともその両方か。コンピューターチップの設計。

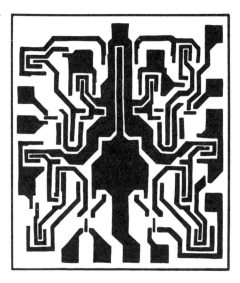

基板となる、半導体単結晶の薄い基板］にエッチングまたは回路を印刷する。

　これが、文明化によって我々が辿り着いた地点である。論理は、ちょうど版画のように印刷されなくてはならない画像である。確かに用途と素材は異なるが、芸術と科学技術の間の結び付きは今ではルネッサンスのころのように強くなっているのだ。20世紀の進展を理解するには、数学的計算と論理的構築、パターン、視覚的イメージ、そして芸術メディアを操作して電子的発明を生み出す技術的過程のつながりを理解できなければならない。同様に思考手段の間の予想外の連結を生み出せなければならない。そうした着想に心を躍らせる人だけが、次の融合を生み出す欲求を持つことであろう。

　我々は、融合の精神を絶対的に必要としている。今日の世界が直面している主要な問題に、1つの分野や手法、分析や感情、伝統だけできちんと囲い込みできるようなものはない。革新は常に複数分野に跨り、複数の方式を活用するものだ。だから人類の未来は、知をあらゆる方法で統合化することによって、融合の理解を創造できる能力に掛かっている。それを認識して、ピエト・モンドリアンは知覚と分析の外部世界と、情緒と感情の内部世界を融合できる人間、新しい人間を求めた。「新しい人間は、外世界にあるすべての事項に細心の注

意を払いながら、その外部世界が『外側』と『内側』が完全に融合した世界となるまで、努力を惜しまない」と述べている。オリバー・サックス (Oliver Sacks) は、内側と外側、「私」と「それ」を同様に、synosia 的に融合させる新しい薬を追い求めた。

> 「医薬または手術、あるいは適切な生理学的手順の機能によって、患者……の中の乱れている機構を修正する。また『それ』を修正するのは、科学的医療の役目である。一方、媒介となる潜在的な意志、『私』に働きかけ、その指揮・調整能力を引き出し、その覇権を回復してもう一度支配を得させるのは、芸術や生きることのつながり、実存的医療の役目である。この最終的な支配においては、支配者は測定棒でも時計でもなく、『私』という個人の持つ規則や尺度である。この 2 種類の医療を、ちょうど身体と魂のように融合させ、内在させなければならない」。

　芸術と医療に当てはまることは、あらゆる分野のあらゆる人々に当てはまる。そう主張するのは、生物学者にして哲学者、芸術家、美術史家の C・H・ウォディントンである。1972 年、彼は遠い未来を見据えた著作 Biology and the History of the Future（『生物学と未来の歴史』）で、「世界の差し迫った問題を解決できるのは、すべてを備えた男性及び女性だけである。技術者や純然たる科学者、芸術家以外の者になることをはっきり拒む人たちでは解決できない。現在の世界ではあらゆるものになれなければ、何にもなれない」と記している。バックミンスター・フラーも、同意見だ。彼のエッセイ Emergent Humanity（『新興人類』）には、進化には「特殊化の行き過ぎは滅亡を招く。哲学者であり科学者であり芸術家であるような人材、すなわち包括的な人材が必要なのだ。単なる高度な技術者や機械工ではなく」とある。

　数え切れないほど多くのさまざまな分野で、高名な多くの人が同じ必要性を訴えている。我々はそれに耳を傾ける必要がある。Synosia とは理想でも夢でもなく、現実に必要なことなのだ。

16

統合・融合化された教育

　ここまで創造的思考を構成する糸を解きほぐし、それから革新的なこと、そして創造的なことを生み出す特徴的な方法、技能や能力を理解し、それらを思考体系に編み直してきた。そのためには、新しい学際的な統合・融合化教育が必要になる。

　新しいものを生み出す人々の心と知性を探ることで、思考手段の訓練と Synosia（サイノシア、融合、統合）的な思考を求める欲求が、さらなる想像力の訓練と発達につながることを実証した。言うまでもなく、現在の教育課程の大半でこれらの要素が欠落している。だが、このような思考手段や Synosia 的な訓練を学校に取り入れるには、教育課程を大幅に変更する必要がある。と言っても、教える内容を変える必要はない。統合・融合化教育を導入するためには、次の 8 つの基本的な目標を念頭に置いて、教え方を変えればいいのだ。

　第 1 に、知識の学問的事項の教育に加え、新しいものを生み出す時に必要な普遍的な過程を教えることに力点を置かなければならない。教育の目的とは単に知ることではなく、理解することであるべきだ。教育の力点を、受け身に事実を覚えるのではなく、積極的に学び想像することに置くべきである。第 2 章で指摘したように、文学や物理学の原理を使えなくても知ることはできる。だが、そうした原理が自然界や人間の出来事にどう作用するのか理解していなければ、それを活用することはできない。積極的な理解とは、受け身の知識を包含し、その上に構築することだ。学生たちは、小説や詩、実験、理論、絵画、舞踏、歌といった創造的な産物を分析するだけではなく、それらを模倣しなければならない。そうすることによって、創造の感覚的、Synosia 的な過程を習得するのである。

　第 2 に、創造的過程に必要な、直感的で想像的な技術や技能を教える必要が

ある。すでに見たように、いずれの分野においても創造的思考は非論理的で非言語的な形態で始まる。思考するとは感じることであり、感じるとは思考することである。すべての人は幼い時期から継続的に、視覚、聴覚、その他の身体感覚の刺激を受け、感覚のイメージを想像力で再現する方法を学ぶべきである。共感覚のイメージと創造を混合させ融合させる訓練を、すべての人に学校ですべきであり、身体の感覚や情動を探求すべきである。そこから、抽象化や類推化、共感を学び、他のものに変換し、直感で認識した知見を言葉や数字、造形的な物に変えることを学ぶべきである。場合によっては、感覚や感情を最も自然に伝達できるのは、視覚や文学、音楽などの表現である。実際のところ、一般教養教育に芸術は重要である。なぜなら、想像及び表現の両方の点について、芸術は多くの思考手段を使う最高の、そして場合によっては唯一の練習機会を与えるものだからだ。このことは、この後に述べる第3の目標につながる。

　第3に、同等の重要性をもって、芸術と科学にわたる学際的な教育を導入しなければならない。しばしば見逃されがちであるが、科学と芸術は絶えず相互に作用し合って多くの成果を生み出してきている。幼稚園から始まり大学に至るまで、すべての学生は科学や人文科学、数学と同様に、芸術も徹底して学ぶべきである。これは、アメリカ全土で大学でも中等教育でも芸術が隅に追いやられているという現状から、その流れを逆行させることを意味する。芸術は単なる自己表現でも娯楽でもない。すでに見てきたように、芸術とは医学や数学と同じくらい厳密な学問分野であり、知識、技術、手段、技能、哲学、感情、感性、思考の専門体系なのだ。さらに、芸術で用いる想像的手段は人文科学や自然科学でも不可欠なものであるため、芸術を支えることは芸術のためだけではなく、教育全体のためにも価値がある。過去の歴史において数学や科学、技術が栄えた時代と場所は、同時に芸術が栄えたタイミングと重なる。ここからも、芸術と科学、技術はともに栄え、ともに衰退すると言えるだろう。

　第4に、革新性、創造性のための共通な記述言語を用いることにより、教育課程を統合する必要がある。今後も知識を細分化して教え続けていく過程で、異分野間でのやり取りができない専門家を育成してしまう教育課程で人文諸学や自然科学を教えるなら、教育の意義や意味はない。教育の重点は知識の大樹の幹におくべきであり、教育が示す道においては枝や小枝、葉などがすべて共

通の根幹から現れる。思考のための手段もこの根幹から生じており、そこから得られる共通言語によって、各分野の専門家が革新の過程における経験を共有し、創造的思考や成果の間のつながりを発見できる。教育課程全体で同じ言葉が使われていれば、学生も各種の教科や授業同士を結び付け始める。作文の授業で抽象化を練習しているにせよ、あるいは絵画の授業で抽象化に取り組んでいるにせよ、また、歴史の教科書や生物学の実験から必要な情報を抽象化するにせよ、どんな場合でも、そうした作業を抽象化と呼んでいる限り、学生たちは分野の境界を超えて思考する方法を理解し始める。思考と表現の1つのあり方から他のあり方へ、自分の考えを変換する方法を覚えることになる。普遍的な想像の一環として共通な用語や手段が提示される時、異分野間の連結は自然に生じる。

　第5に、各分野の学習には学際的な内容を強調することが必要である。創造的な共通言語があるだけでは不充分である。この1世紀ほどの教育に関する研究から、特定の問題に対する個別の解決策としてではなく、広く一般的に役に立つものとして情報や技術を学んだ方が、学生はそれらをずっと記憶し応用しやすくなることが判明している。教師は、美術、音楽、科学といった知識を別々の箱に入れてしまうようなレッテル貼りを控える代わりに、どうすれば同じ内容を多数の分野で柔軟に利用できるかに焦点を移すべきだ。その目的はすべての人が、芸術家かつ科学者、音楽家かつ数学者、舞踏家かつ技術者として、同時に思考できるようになるのを支援することにある。すなわち、1つの分野において創造的思考を訓練する教育は、他のあらゆる分野における創造的応用の思考につながる。これらの思考手段は、柔軟な知識と同様、変換可能なものだからだ。

　第6に、異分野間の橋渡しに成功した人たちの経験を、教育課程における創造的活動の模範として活用することが求められる。最善の学習法とは、他人のすることを観察し、その手法や洞察、過程などをモデル化することだ。本書では、新しい方法で知識を統合化した人たちの実例を多数紹介してきた。彼らがどうやって想像的な技術や技能を身につけ、どのように創造を行ったのかを説明してきた。そうした実例をすべての課程の段階において、すべての科目、すべての授業で活用し、創造のための模倣や革新を促すものとすべきだ。学生た

ちは、目に見えない世界の背後にある創造の過程にある確かなビジョンを目に
するまでは、未来における自分自身の世界を自分たちで築いていけることを実
感できない。そして、いずれの分野でも多くの革新者が革新に成功したのは、
おびただしい数の分野の手段や概念を融合したからに他ならないという事実を
発見すれば、学生は統合・融合化教育を理解し、求めるようになるだろう。

　第7に、精神の幅を可能な限り広げるために、いずれの分野の知識も多数の
形態で提示すべきである。すべての思考に必要なものに対して、1つの想像的
手段や創造の手法では対応できない。直感的な手法には論理的な手法に劣らな
い価値がある。分析的で代数的な知性は、幾何的、視覚的な知性、あるいは運
動感覚的、共感的な知性と変わらない。すべてのアイデアや着想は、いくつか
の同等の形態に変換されるべきである。その形態のいずれも異なる表現を持
ち、また異なる一式の思考手段を強調できる。アイデアや着想を想像できる方
法が多いほど、学生が洞察を得られる機会も増える。自分の洞察を表現できる
方法が多いほど、他人がそうしたアイデアを理解し評価してくれる機会も増え
る。

　最後に、創造的なゼネラリスト（万能型の人材）を育成することを目的とした
開拓的教育を作り上げなければならない。創造的なゼネラリストとは、未知の
未来へと人類を導く人材だ。斬新なアイデアや着想は必ず人類を新たな地へと
導く。創造的な人材とは、その性質上開拓者である。開拓者たちが未開の地に
携えていく道具は、特殊な物でもなければ用途の限られた物でもない。基本的
かつ多目的な道具であり、必要な事態にすぐに対応できる物だ。創造的な想像
力を持つ開拓者たちは、適応力に富んだ思考力を持たなければならないし、ま
た、新たな知識を生み出すことを可能とする創造的技術の道具箱を持たなけれ
ばならない。

　この新しい知識がどのようなものかは推測しかできないが、多くはまだ分
かっていないし、生み出されてもいない。他界する直前にオルダス・ハクスリー
（Aldous Huxley）が指摘したように、「今人類が知っていることは、我々にできる
ことや我々がこれから知ることのごく一部に過ぎない。純粋な科学的言語、あ
るいはもっと豊かな純粋な文学的言語でさえ、この世界で仮説として仮定
（givenness）されるものとして決して十分であるはずではない」と、ハクスリー

は断言した。この仮説としての仮定に合わせて我々の概念を拡張するには、創造的想像を幾重にも重ねていくことが必要になるだろう。これについては、生物学者のジョン・レイダー・プラット（John Rader Platt）が、次のように説得力のある推測をしている。「我々の言語や音楽の記号では、ありうる音声全部を表すことはほぼ不可能だ。絵画や彫刻、建築は視覚空間の組織の表面を辛うじてかすっているに過ぎない。数学的記号が生物学の論理の形態すべてを表すのか、私には確信が持てない。色の出るオルガンやバレエのラバン式ダンス表記法、その他多数の物事を扱うため、人類はどのような新しい記号を考案しているのだろうか。そうしたものは、いずれも新たな創造的な人材を必要とし、新型の若き天才を求めている」。確かに、どのような記号になるのか。1つ確実なことがある。この新たな記号とは、思いもよらない驚くようなものとなるはずだ。ハクスリーは、人文学と自然科学、芸術と技術がともに発展する時に、初めて登場するだろうと見ている。

　ともに発展するとは、C・H・ウォディントンの言葉によれば、通常考えられているよりも遥かに深遠な総合化なのだ。ウォディントンの *Tools for Thought*（『思考のためのツール』）という著作は、本書の発想の1つになったものだ。ウォディントンの同僚であった生物学者のチャンドラー・M・ブルックス（Chandler M. Brooks）がその真意を記したところによれば、「我々の教育活動には、細部の専門化ではなく、幅広さの専門化を検討せざるを得ないのかもしれない。学習する人にも多様なタイプがあるが、それを教育学的に追跡調査する」という行為は控えるべきだ。近年、学生の関心や活動を早期に狭い範囲の専門に特化させる傾向があるが、それを逆転させる必要がある。創造的な芸術家や科学者や発明家の人格形成期をよく見てみると、若さの強い熱意が彼らの将来の創作を形作ったにもかかわらず、そうした熱意が何か直接的に研究や創作に結び付いた例はない。次に挙げる4人の人物について考えてみたい。彼らは若くして強い専門興味を示してはいたが、もし若いうちに専門を絞り、関心や活動が制約されていたら、彼らが後に成し遂げた功績はなかったはずだ。

　1894年、ある若い男性がスコットランド最高峰のベン・ネビス山に登頂した。それは霧の深い見通しの悪い日であり、太陽の周囲を虹の完全な円が囲み、影ができていた。若者は、これこそ自分が体験した中で最も美しい光景だと考え

た。後に彼はこう書いている。「頂上の周囲の雲に太陽が照りつけた時の素晴らしい光学的現象、特に太陽の周囲のコロナ、山頂が霧や雲に投げかける影の周囲にできた後光は大いに私の関心を惹いた。そして私は、これを真似したいと思った」。後年、実際に彼はそれを実行した。

1895年、もう1人の感受性の鋭い人物が自分の創造的意欲を説明していた。彼女の回想によれば、幼いころから彼女は「詩が大好きだった。その形そのもの、リズムそのものに喜びを感じた。目にとまったロシアの詩人の作品からあらん限り読み漁った。正直言って、荒唐無稽なものほど気に入っていた……詩の、韻があまりにも魅力的で、私は5歳で詩作を始めた。12歳になるころには、自分は偉大な詩人になると信じていた」。詩的な想像により新しい世界を構築することほど神に近いことはないと、この女性は考えていた。

同じころ、もう1人の若い男性が幾何学について次の発見をした。幾何学とは、「真理を我々の前に提示してくれる過程である。眩しいほど光の当たっている場所から始めて、暗闇の中へと徐々に深く進んでいく。そこに今度は新たな光を灯すことでその闇が輝き始め、より高い所へと道が開ける……それは間違いなく偉大なことであり、宇宙を公式という型に入れて、現実すべてを理性の基準に従わせたいという人間の大いなる野望に相応しい。そして、それは素晴らしい。世界の創造に立ち会っているかのように感じる」というものだ。この理性の途方もない美しさに魅了されて、彼もまた新しい世界に光を当てたいと熱望した。

最後に、これら若者たちと同時代に生きた、ある人物の言葉を聞いてもらいたい。この人物は社会科学を愛し、次のように書いている。「根底にある問題を見抜くことを学ぶ時、各種の研究が抽象的な思考の訓練になった。自分の選んだ経済学専攻に加えて、その他の分野にも私は強く魅了された。さまざまな分野に次から次へと惹かれていったこともあれば、同時に魅了されたこともあった。ローマ法……刑法……ロシア法の歴史、そして小作農関連法……民族学……そうした諸分野すべてが私の関心を捉え、抽象的な方法で思考するのを助けてくれた」。この若者の目標は人類の現状を根本的に変革することであった。

一体、この4人とは誰だったのか。読者諸兄は、ベン・ネビス山のコロナや

光を捉えたいと思った若者は画家に、詩を愛した少女は詩人に、幾何学が大好きだった男子生徒は数学者に、社会科学が好きだった若者は経済学者か政治家になっていると思うかもしれない。現代の学校ならそれぞれこうした方向に進むように強いられていることだろう。だが、これらは1つも当たっていない。この4人はいずれも、各自の才能や訓練、熱意を意外なやり方で使ったのだ。

　コンラート・ローレンツはかつて語った。「自然の美をつぶさに見たことがある者は……詩人か動植物研究家のいずれかになるに違いない。視力がよく観察力も鋭ければ、その両方になるだろう」。スコットランドの高地でコロナと太陽の後光に魅了された若い男性、C・T・R・ウィルソンは、ケンブリッジの実験室に戻り、物理の詩を考えながら霧箱を発明した。第5章で紹介した霧箱により、科学者は史上初めて原子より小さい粒子を視覚化することに成功した。だが、それから何年も経ってノーベル賞の受賞講演でウィルソンは、彼の最初の関心は純粋に直感的で美的なものであったと述べている。彼の霧箱は芸術と科学を融合したもので、しかも彼自身にとってだけでなく、将来の世代にとってもそうであった。「若いころ、太陽の後光の効果を見てウィルソン霧箱を作った。どちらの効果も実に美しかった」と、ウィリアム・リプスコムは80年ほど後に記している。

　詩人になることを確信していた女性は、実際に詩人になった。そして、国際的に認められた戯曲作家にもなった……が、それは余暇の時間だけの活動であった。ソフィア・コワレフスカヤは今では、主に数学における傑出した功績で知られている。彼女は自伝で、「文学と数学の両方に取り組んでいることに驚かれます。数学とは何かを学ぶ機会がなかった多くの人は、算術と区別できず、無味乾燥な科学だと思っています。実際には、数学は最高度の想像力が求められる科学です。今世紀で最も傑出した数学者の1人はいみじくも、数学者は精神において詩人でもなければならないと述べています。詩人は他人には見えない物を見て、他の人々よりも深く物を見なければいけません。数学者も同じです」と述べている。コワレフスカヤの教師の1人であったカール・ワイエルシュトラスは、「詩人としての要素を少しでも持たない数学者は、決して完璧な数学者にはなれないだろう」と公言していた。コワレフスカヤはその言葉をしっかりと受け止め、数についての詩を書いたのであった。

16　統合・融合化された教育 | 399

幾何学を愛した少年は数学者にも、物理学者にも、技術者にさえもならなかった。アンリ・ファーブル（Henri Fabre）は、「昆虫世界の詩人にして預言者」「ハチやクモの世界の、散文のホメロス」という異名を得ることになった。ファーブルの著作は20世紀前半に何千もの若者を刺激して昆虫学者になりたいと思わせ、そして何百万もの読者を魅了した。だが、ファーブルの創造的想像力から幾何学が離れたことはなかった。「私の著作を1、2頁ざっと読んで、読者があまり疲れなかったとすれば、その理由の大部分は幾何学にある。これは、人の思考を導く技法の素晴らしい教師だ……混乱しているものを整頓し、こんがらがったものを解きほどき、波を鎮め、泥を濾し取り、透き通らせる。分かりやすさ、即ち巧みな比喩表現すべてに優れたものをもたらす」と記している。エドナ・セント・ヴィンセント・ミレイ（Edna St. Vincent Millay）という詩人の当時未発表だった詩をファーブルが知っていれば、間違いなく同意したはずだ。「美そのものを見たのはユークリッドだけだ」という詩である。ファーブルにとって幾何学は美しかった。言葉やリズム、構造が光へと導いてくれる詩や物語と同じように。

　最後の若き社会科学者は、ワシリー・カンディンスキーである。非具象的な絵画を史上初めて描いた人物だと見なされている。彼は抽象的概念を好み、人類の状態を変革することを望んでいたが、経済学ではなく絵画の世界に進んだ。その絵画に彼は、知覚と表現そのものを新たに作り上げた。だが、カンディンスキーは絵画の世界を変えたと言うだけでは、彼の想像力の統合性を見逃すことになる。カンディンスキーは「絵画とは、異なる世界同士が雷鳴を響かせて衝突することであり、新しい世界を生み出すことを目的とする。そうした互いの衝突の中から生まれる新しい世界が、芸術作品である。新しい枝が伸びてもその樹木の幹が不要になる訳ではなく、幹があるから枝が生えることが可能になる」と記している。チャールズ・アイヴズのような人物もそれを理解していた。彼は生涯を通じて保険業界で働いていたが、そうしたビジネスにおける経歴に誇りを感じていただけでなく、それが自分の音楽にも根本的な点で寄与していると感じていた。「芸術を隅に追いやりながら、生命力や現実性、実質を得ることは期待できない。布地は全体で織りなされているものだ。私の音楽は保険の仕事でも役立ち、逆に保険の仕事も音楽に役立った」。若き日の熱情と成

400

熟してからの関心とを活かしたアイヴズという創造的人物は、仕事と余技を交互に営み、その両者が作用し合って想像力と革新を刺激した。

　こうした各例の要点を端的に述べるなら、彼らは皆総合的な人物で、専門家ではなかったということである。彼らはその関心の広さにもかかわらず、と言うよりもその関心の広さ故に、それぞれの分野に貢献できたのである。彼らは開拓者にして総合的人物であり、複数の専門分野間の橋渡しとなり、ばらばらな知の諸分野を引き寄せた。彼らは、「Polymath」（博学者）であることでその時代や場所で課題に取り組み、人類の想像力を拡大した。彼らのような博識な人たち（Polymath）であればこそ、人類は今後の融合による新時代の到来を迎えることも可能となるのだ。

　Polymath という言葉は、多くのことを知っているとか知識が多いという意味のギリシャ語を語源とする。それが今では、よく使われる用語として百科全書的な学のある人物のことを指すようになった。Polymath（博学者）と Dilettante（好事家）を混同してはいけない。後者はあくまで、楽しみや趣味として何か新しいことを学ぶ人物である。Polymath の方は、かなりの程度までその活動に習熟し、それら活動の間の基本的なつながりを認識する。ルネッサンス人のレオナルド・ダ・ヴィンチ、ヴェサリウス（Vesalius）、ミケランジェロ（Michelangelo）のような特に偉大な博学者は、すべての知を取り込むことができるように思われる。むろん、これまで誰一人として文字通り百科全書的な知識を身につけてはいないし、ここで求めているのはそういうことではない。だが、昔から心理学者が観察してきたところでは、革新的な人は他の人よりも広範な活動に参加し、そうした諸活動で高度な技術を獲得する傾向がある。本書で紹介したほぼすべての芸術家、科学者、発明家、人文主義者に事実上それが当てはまり、ほぼ全員 Polymath と呼べるだろう。

　Polymath（博識者）であるには天才である必要はない。誰でも、趣味、芸術、工芸、知的関心、そして身体を使った娯楽への挑戦を向上させることができる。素人の趣味的な活動とプロとしての仕事の間につながりがあることは、誰にでも分かる。そして、誰もがそうした活動をすべきである。現実的な見返りが極めて大きいからだ。最近の研究によれば、どのような分野であれ、ある人の経歴が成功に至るかどうか予想する上で最良の判断材料は、IQ でも学校の成績

でも標準テストの点数でもなく、知性を集中的に活用する余暇活動や趣味に1つ以上興じているかどうかなのである。例としては、絵画や作曲、詩作、コンピューターのプログラミング、ビデオ制作、数学で遊ぶなど、何でもいい。これは、ビジネスの起業家や最高経営者（CEO）、芸術家、学者、芸能人など、あらゆる種類の専門家に当てはまる。

　博学者の中には、複数の関心や活動を徹底して発展させ、二重のキャリアを発展させる人もいる。数学者にして詩人のコワレフスカヤ、作曲家にして化学者のアレクサンドル・ボロディン、詩人にして医師のウィリアム・カーロス・ウィリアムズ、画家にして生物学者のデズモンド・モリスなどだ。また、趣味的な関心領域における手段や知識を、ひたすら自分の職業領域に応用している人もいる。それらの各種の方法については、本書でこれまで論じた通りだ。彼らは多数の関心を概念的に統合化して、活動としてまとめ上げ、それらを1つ1つの興味を超えた共通の技術やアイデアに集約している。そのことによって労力を集中させるとともに、想像力を養っている。作曲家のロベルト・シューマンは、「訓練を積んだ音楽家がラファエロ（Raphael）の描いた聖母像を研究することもあれば、画家がモーツァルトの交響曲を学ぶ場合もある。どちらも同じように利点がある。だが、それ以上のものがある。彫刻を例に取ると、役者が作った彫刻の作品は固定した物である。しかし、役者は彫刻家による作品を生きた形に変換できる。画家は詩を絵画に変換できる。音楽家は絵画を音楽に変換できる」と述べている。

　E・E・カミングズも、別の手本を示している。彼は、自分は基本的には画家であると考え、絵画で名を残したいと願っていた。だが、実際には彼の最大の貢献は視覚芸術ではなく、詩にあった。それは、彼が絵画を愛したにもかかわらずではなく、愛したが故であった。カミングズは実に文字通り、絵画から詩への変換に取り組んだ。画家として彼は、キアロスクーロ（chiaroscuro）、明暗を対比させて画像に奥行きをもたらし、キュビズム（cubism）を研究した。そのことが、「周囲を見る」（seeing around）と彼が呼んだ技法に役立った。直接的なその模倣により、詩作でもカミングズは周囲を知るアイデアという概念を考案した。具体的には単語とその反意語を対にすることで実現した。Big little（大きくて小さい）、Glad sorry（嬉しくて悲しい）、Foolishwise（愚かで賢明）、

Proudhumble（誇り高く卑下して）といった対である。こうした思考・表現は、文学の課程における訓練では得られない。明らかに、文学の外にある源からしか得られないものだった。

　ノーベル賞受賞者のゲオルク・フォン・ベーケーシ（Georg von Békésy）も、知識や技術の交流、融合を信じていた。生物学研究の最高のあり方について考えていた時、彼は芸術に目を向けた。芸術をつぶさに研究し、ベーケーシは偉大な芸術の特徴となる想像力や驚き、整合性、技術・技能というものが、偉大な科学研究の特徴と同様であることを発見した。画家であるとともにピューリッツァー賞受賞の小説家でもあるポール・ホーガンは、「１つの芸術を深く理解することによって、すべての芸術に当てはまる原理……必ずしも技法に限らず……明らかにすることができる。１つの芸術での形式を、そのまま他の芸術にもっともらしく模倣することは決してできないが、類似点はあり得る。それも芸術から芸術だけでなく、科学から芸術でも、逆もまた有り」と記していた。

　創造的な人たちの一部は、こうした異分野間における技術・技能の変換を極限まで進めた。例えば詩人のゲイリー・スナイダーは、優れた機械工やシェフは、大詩人に劣らず詩作について多くのことを教えられると主張している。「部品を扱い作業をするという行為の中で、精神をどう使うかを学ぶのである。物と物がどう組み合わさるのか知る……真の類似だ。達人は達人なのだ……例えば詩人になりたければ、優れた機械工や偉大な料理人を知っているのであれば、そうした人々に師事した方が、凡庸な詩人に師事するよりも自力で詩人として向上するだろう」と述べている。アメリカの著作家カート・ヴォネガット（Kurt Vonnegut）も、特定の素材の扱いに習熟することよりも、創造的過程の習熟に価値を置いた。彼の主張によれば、英語や創作作文の授業で次世代の革新的作家を探すのは的外れだという。彼の考えでは科学や医学の勉学で見つかるはずだという。科学や医学を習得することで、優れた小説を書く基本だけでなく、それを豊かにするための普通ならばできないような経験も得られるためだ。

　博学者、そして想像力は手に手を取って発展していく。訓練された個人が経験を変換し、知識を統合・融合し、そして我々を Synosia へ導かせることがどんどん増えるだろう。Synosia とは、生理学者のクロード・ベルナールの言葉によれば、自然界のすべてのものが他のすべてのものとつながっているという理解

である。こうした Synosia 的な理解の一部は、すべての人の理解の範囲の中に存在する。最良の芸術、最良の文学、最良の科学を突き動かすのと同じ衝動を捕捉すれば、最良の学校教育ができる。これはすでに、革新者やその指導者たちが何世紀も実践してきたことだ。日本では茶道を実践する人たちは、常に融合的な訓練を施されてきた。これは禅仏教の教えに基づく訓練法で、小堀遠州（Enshu Kobori）が 17 世紀に「忘筌」（最終的達成）という茶室を設けた時に頂点に達した。遠州は画家であり、詩人であり、建築家であり、庭師であり、茶の師匠でもあった。その設計した茶室では彼の知識すべてが調和され、1 つにまとめられていた。現在の茶の師匠も、同じように才能と経験を融合させることを求められている。鈴木鎮一も、その才能教育の課程で同じような理念を取り入れている。これは、アインシュタインをはじめ、音楽の才能ある科学界の友人たちを個人的に観察したものに基づいている。「政治家であれ、科学者であれ、ビジネスマンであれ、労働者であれ、すべての人々にとって、音楽と芸術への感性と愛は極めて重要なものだと私は信じている。我々はプロの音楽家にしようとして子供たちを……教えているのではない……才能教育とは命の教育なのだ」と、鈴木は記している。教育とは、多くのドアを開き、多くの部屋に導くためのものである。

　欧米の教師の多くも、感覚と理性、情緒と分析、可能な限りの幅広い知識と理解の統合化に努めてきた。ペスタロッチやモンテッソーリ（Montessori）、その他の教育者は、分析的な内容を教える時に視覚的で固有受容的な思考形式を利用することにこだわってきた。1930 年代のバウハウス（Bauhaus）では、教師は多数の分野を網羅することにより、日常生活と芸術、そして科学技術を統合化することに努めた。人体の形態に関する 1 つの絵画課程で、オスカー・シュレンマーは、生物学、倫理学、人類学、演劇、そして裸体と人物の描画を網羅していた。彼の同僚の教師であったパウル・クレーは、講義で絵画に関連する諸分野の図表を見せていた。そこには自然史、文献学、文学、哲学、数学も挙げられていた。他にもマース・カニンガムの舞踏と振付の先生であり、シアトルにあるコーニッシュ芸術大学のネリー・コーニッシュ（Nellie Cornish）も、学生たちにすべての分野の芸術を学ばせていた。同じように詩人のエイミー・ローウェルは、詩人にとって無関係な話題などない、そして「いずれの方向で

も自分の知識を深めるほど、その書く詩も深まっていく」と記している。作曲家で建築家、さらに技術者でもあるヤニス・クセナキスは、「芸術家・発案者は、数学や論理学、物理学、化学、生物学、遺伝学、古生物学、人文科学、歴史など各種の領域の知識に富み、新たな考えを拓くことができなければならない。要するに、一種の普遍的なことであるが、形態や建築を基盤とし、それに導かれ、それを志向するものなのだ」と述べている。チャールズ・スタインメッツは、ニューヨーク州スケネクタディ（Schenectady, New York）にあるユニオン大学（Union College）の工学専攻の学生たちに、ギリシャ語、ラテン語、歴史、哲学、その他の人文系大学の教科をも学ぶようにと勧めている。「古典を学ぶことで、芸術と文学の世界が学生たちに開かれる。こういった教科を無視すると、最も深刻な誤りの１つを犯すことになる。技術の訓練だけでは、人が面白く役に立つ人生を送るには不充分なのだ」。

この助言が、スタインメッツの時代と同様に現在も有効であることは間違いない。想像力が高揚するのは、感覚経験と理性が手を携える時、幻覚が現実と結び付く時、直感と知性がつながる時、心の熱情が知性と１つになる時、１つの分野で得た知識をきっかけに他のあらゆる分野へのドアを開く時である。このことを知っている博学者や創造的な人々、開拓者を我々は必要としている。

「人生のすべては、自分の行動に現れる」
(Everything in your life ends up in your act)

芸術と科学、創造力に関する会合で演説したコメディアンのアーロン・フリーマン（Aaron Freeman）は、最近それらすべてを前述の１つの決め台詞にまとめ上げた。全くその通りだと思う。本書で紹介しているすべての実例は、フリーマンの結論を実証している。人間とはそのなし得る行動の総体である。そして、なし得る行動すべては、その人が創造するものに反映される。知識や感情の幅が広いほど想像の可能性も大きく、より統合・融合的で重要な仕事になるだろう。

教育の要点とは、全人格的な人間を育成することでなければいけない。そうした人間は全人格的であるが故に、蓄積された人間の経験の英知を活かし輝か

16　統合・融合化された教育 **405**

しい光明とすることができる。

I live to buy in every mart;
To try the hand at every art;
In every science take a part;
With every passion prove the heart……

（私が生きるのは、あらゆる市場で買い物をし、
　あらゆる芸術に手を染め、
　あらゆる科学に関わり、
　あらゆる情熱で心を確かめるためだ）

　そう記したのは、医師にして科学者、音楽家、作曲家、詩人であった若きロナルド・ロス卿（Sir Ronald Ross）であった。彼がこの詩を書いたのは、マラリアの感染経路の発見でノーベル賞を受賞した時より何年も昔のことである。現在の断片化された世界では、ロスの熱意よりも重要なものはない。ロバート・フロストが *Two Tramps in Mud Time*（『春泥の時の2人の浮浪者』）でいみじくも述べたように、感情と知性と目的とを融合させて1つの普遍的な想像を生み出すことは、その個人にとっても人類にとっても最大の喜びであり、最大の資源なのだ。

But yield who will to their separation;
My object in living is to unite
My avocation and my vocation
As my two eyes make one in sight.
Only where love and need are one,
And the work is play for mortal stakes,
Is the deed ever really done
For Heaven and the future's sakes.

（だが、それを引き離す者たちが、邪魔をする

　私の生きる目的は、余技と仕事を１つにすること

　私の２つの目が１つの視覚を生み出すように

　愛情と求める心が溶け合って初めて、

　その仕事が命を賭けた駆け引きである時、

　神のためと未来のために

　その行為が真に行われる）

統合・融合化教育が目指すものは、このようなことに他ならない。

Notes
(注釈)

1 思考とは何だろうか

On feeling in creative process: McClintock in E. F. Keller 1983, 103-4; Gauss in Arber 1964, 47; Bernard in Bernard 1927, 43; Picasso in Ashton 1972, 28; Stravinsky in Stravinsky 1970, 67; Allende in Epel 1993, 8.

Einstein on thinking in Hadamard 1945, 142-143; and Wertheimer 1959, 228, n.7. McClintock in E. F. Keller 1983, 117. Emotional thinking: Bernard in Bernard 1927, 43; Pauli in Chandrasekhar 1987, 146. Emotion/logic connection: Einstein in Hadamard 1945, 142-43; Ulam in Ulam 1976, 183; Lipscomb in Curtin 1982, 1-4.

Clarke on creative process in Clarke and Lee 1989, 320. Einstein on secondary step in Hadamard 1945, 142-143; Infeld, 1941, 312; and Wertheimer 1959, 228, n.7; McClintock in E. F. Keller 1983, 203; Smith in C. S. Smith 1981, 353-54; Heisenberg in Heisenberg 1974, 146; and Feynman in Gleick 1992, 244-45.

Rothenberg, Truitt, and Riley in Stiles and Selz 1996, 102, 112, 264. Picasso in Ashton 1972, 131-32. Translation in art: Albers, Bourgeois, and Bill in Stiles and Selz 1996, 107, 40, and 74; O' Keeffe in O'Keeffe 1976, n.p.

Feeling in writing: cummings in M. A. Cohen 1987, 73; Snyder in Snyder 1980, 32; Spender in Ghiselin 1952, 120-21; Frost in *Writers at Work*, ser. 2, 31-33; Fisher in Ghiselin 1952, 175; Allende in Epel 1993, 8; Translation in writing: Fisher 1952, 175; Eliot in *Writers at Work*, ser. 2, 104; Snyder in Snyder 1980, 32; Goyen in *Writers at Work* ser. 6, 203; LeGuin in LeGuin 1976, introduction; Spender in Ghiselin 1952, 119.

Intuition in creative process: Einstein in E. F. Keller 1983, 201; Poincaré in Poincaré 1913, 129; Planck in Planck 1947. Universality of creative process: Curtin 1982, 139, and passim on Nobel Conference; Gell-Mann in Judson 1980, 20-21. "Absolute similarities" in Curtin 1982, 142; confirmed by Nicolle and Trousseau in L'Echevin 1981, 192 and 9; Gabo in Herbert 1964, 112; Stravinsky in Stravinsky and Craft 1959, 17; Koestler 1976, passim. See also R. Root-Bernstein 1984a, b, 1985, 1987a, b, 1989b.

Imagination in education: Lipscomb in Curtin 1984, 19; Berg and Burnside in Berg 1983, 51, 65.

2 着想力・創造力

Illusions and Reality in Juster 1961, 115-17. Einstein and sailing in Sayen 1985, 132; concern for son in Highfield and Carter 1994, 204. Disconnection between mathematical and physical knowledge: Thomson 1937, 127-30; Poincaré 1946, 138; Eisenberg in Krebs and Shelley 1975,

16-17; Feynman in Feynman 1985b, 36-37.

Woolf on Stephen: Woolf 1976, 125-26; Annan 1984, 133. Stephen as student and tutor: Annan 1984, 39, and passim; Grosskurth 1968, 7. Stephen as philistine: Grosskurth 1968, 16-17, 20-30, and passim; Annan 1984, 37; Stephen 1977, 30, and 1968, 192. Woolf's education: Lee 1996, 57, 145, and passim. Dewey on art training in Dewey 1934, 3.

Fragility of knowledge in Feynman 1985b, 37. Bamberger in Bamberger 1991, 38, 44; F. R. Wilson 1998, 284; Escher in M. C. Escher 1989, 21.

Union of Illusions and Reality: Juster 1961, 118-19; for scientists, Root-Bernstein 1996a, 53; for writers, Chaplin 1964, 291; Horgan 1964, 98; LeGuin in LeGuin 1976, introduction; Gregory in Gregory and Gombrich 1980, 93-94. Generative role of invented fiction: Pasteur 1939, vol. VII, 584, under "Idées préconçus" (see also Ramón y Cajal 1893, 139); Einstein in Clark 1971, 87.

Art as a lie: Picasso in Ashton 1972, 3; photograph anecdote in Nachmanovitch 1990, 117.

Collins on using thinking tools in Collins 1991. Galton on imaginative skills in Galton 1874; 1892; and 1883. Smith on integrating thinking tools in C. S. Smith 1981, ix-x.

3 観 察 力

Camouflage: Thayer 1909; Stephenson and Stewart-Evison 1955, vii.

Artists observing: Johns in Rosen 1978, 135; O'Keeffe 1976, n.p; Read 1957, 209. Picasso in Salmon 1961, 133. Matisse in J. D. Flam 1978, 54. Delacroix ibid., 163, n.12; van Gogh in Van der Wolk, Pickvance, and Pey 1990, 16.

Writers observing: cummings in Gettings 1976; Dos Passos in Dos Passos 1966, 83; Maugham described in Watkins and Knight 1966, 66, 67; and Morgan 1931, 54. Du Maurier 1977, 80, and passim.

Scientists observing: von Frisch 1967, 20; Lorenz 1952, ix; Simons in Wolpert and Richards 1997, 152; Diamond ibid., 33.

Aural observing: Diamond in Wolpert and Richards 1997, 33; Messiaen 1986, 93; Hughes 1987, 26.

Tactile observing: Fischer and Vermeij in Vermeij 1997, x, 14, 151.

Musical observing: Schumann in Morgenstern 1956; Telemann et al. ibid., 40, and passim; Stravinsky in Stravinsky and Craft 1959, 149.

Performing arts observing: Humphrey 1959, 20; Graham 1991, 253; Nikolais in Brown 1979, 116; Boleslavsky 1939, 97, 99; Stanislavsky quoted in Gardner 1983, 227.

Olfactory observing: Cairns in Wolpert and Richards 1998, 93-94; French microbiologist in Jacob 1988, 246; chemistry: Levi and Regge 1989, 62; Eisner 1988, 451; and J. Horgan 1991, 60; physicians in Cox 1999, 2A, and Service, 1998, 1431.

Taste: Root-Bernstein and Root-Bernstein 1997, 112, 123; Beveridge 1950, 96; archeology in Wechter 1985, 43.

Sublimity of mundane: Root-Bernstein 1989a, b; Szent-Györgyi 1966, 116-17; Stravinsky 1970, 71; Cunningham in Cunningham 1968, n.p.; and Klosty 1975, 14; Halprin in Brown 1979, 128;

Duchamp in Rosen 1978, 129; Oldenburg, quoted ibid., 120.

Mind controls observing: visual in Arnheim 1969, 13; olfactory in Cassidy, Do-herty, and Murphy 1997, 3; Steinbeck and Ricketts 1941, introduction; Pepper in Greenburg and Jordan 1993, 96; Szent-Györgyi 1957, introduction.

Art trains observing: Read 1943; Brown and Korzenik 1993; Johns in Rosen 1978, 138; Lewis and Morgan in Morgan 1931, 46; Nabokov 1947, 90-92; Lowell in *Writers at Work*, ser. 2, 340; general source for artistic writers: Hjerter 1986; Szladits and Simmonds 1969; see also Kelly 1996 for Du Maurier; Dale 1985 for Chesterton; Hammond and Scull 1995 for Tolkein; Thackeray's illustrations in Thackeray 1901.

Arts train scientific observing: Ramón y Cajal 1937, 134-35; Haden in Zigrosser 1976, 14-15; general sources for artistic scientists: Ritterbush 1968 passim; Root-Bernstein 1989b, 312-40. Arts train observing in medicine: Pellegrino in Berg 1983, ix; Stone 1988, 108; Coulehan 1993, 57-59. See also Pasztor 1993.

Medicine as observational training for arts: Maugham in Morgan 1931, 54; Moore in *Writers at Work*, ser. 2, 66; see also Kandinsky in Herbert 1964, 37.

Exercises: Stanislavsky 1936, 87; Schlemmer in Lehmann and Richardson 1986, 80.

4 イメージ化

Engineers imaging: Steinmetz anecdote from Seymour 1966, 97; Tesla in Tesla 1977, 13, 18; Sperry in E. S. Ferguson 1992, 51; Lovelock in Wolpert and Richards 1997, 73; Morse and Fulton in Hindle 1981; general sources: Petroski 1996; Stewart 1985.

Role of visual thinking generally: Koestler 1976, 168; Feynman 1988, 54; Arber 1964, 122; Wertheimer 1959.

Scientific imaging: Roe 1953; Root-Bernstein et al. 1995; A. I. Miller 1984; Gilbert and Mulkay 1984, 141-71. Black in Wolpert and Richards 1997, 126; Jacob 1988, passim; Debye in Anon. 1966, 81; Feynman in Gleick 1992, 245; Geller in Lightman and Brawer 1990, 372.

Artists imaging: O'Keeffe in Robinson 1989, 184; Adams 1985, 76-79; Sokolow in John-Steiner 1985, 164; Hodes in Horosko 1991, 116; see also Graham in Horosko 1991, 49, 51, 105.

Writers imaging: Spender in *Writers at Work*, ser. 6, 70; Dryden in Prescott, 1922, 44; Coleridge in Harding 1967, 29; Sassoon ibid., 28; Murray in Duke and Jacobsen 1983, 52; Dickens in Harding 1967, 28; Williams in *Writers at Work*, ser. 6, 84; Nabokov 1947, 39, 187; Thackeray in Harding 1967, 28; Miller in *Writers at Work*, ser. 2, 166; Moore ibid., 66. Writers as artists in Hjerter 1986; and Szladits and Simmonds 1969.

Polysensory imaging: Barlow, Blakemore, and Weston-Smith 1990, ix, *passim*. Taste imagery: Herme in Critchell 1998; Trotter in Critchell 1999; Nabokov in Nabokov 1980, 379. Smell imagery: Vroon 1997.

Aural imaging in musicians: Copland in Ghiselin 1952, 52; Mozart ibid., 45; Beethoven in Morgenstern 1956, 87; Cowell in Jourdain 1997, 161; de Larrocha in Dubal 1984, 140; Bar-Illan ibid., 60; Graham in Graham 1991, 231.

Visual imaging in musicians: Antheil 1945, 124 and passim; Stravinsky 1936, 31–32, 56; Pavarotti 1999; Honegger in Morgenstern 1956, 468; Copland in Ghiselin 1952, 52; Cowell in Jourdain 1997, 161.

Aural imaging in writers: Lowell in Ghiselin 1952, 110; Williams in *Writers at Work*, ser. 6, 89–90.

Aural imaging in scientists: Einstein in Clark 1971, 106; Sayen 1985, 26; Highfield and Carter 1993, 13. Einstein on musical intuition and physics: Curtin 1982, 84; Suzuki 1969, 90. Feynman in Gleick 1992, 244–45; and Root-Bernstein et al. 1995 passim; Geller in Lightman and Brawer 1990, 372; Carruthers in Broad 1984, 58; Dyson 1979, 64–88.

Visual versus nonvisual imagers: Poincaré 1946, 212; Feynman 1985, 23; Hoyle in Lightman and Brawer 1990, 60; Poincaré 1913, 212; Einstein in Holton 1972; Pestallozi in *Encyclopaedia Britannica* 1959; Geller in Lightman and Brawer 1990, 372; Mitchell in Wolpert and Richards 1997, 84.

Efficacy of imaging training: engineers: Schaer et al., 1985; Stewart 1985; scientists: Bonner in Root-Bernstein et al. 1995, 127; writers: Nabokov 1980, 3–4; Lowell 1930, 1112; composers: Sessions in Ghiselin 1952, 48; Shapero ibid., 52; mathematics: Wiener 1953, 75–76.

Difficulty in translating images: Einstein in Holton 1972, 26–27nn.; Bill in Stiles and Selz 1996, 76; Ives in Burkholder 1985, 51; Ives 1962, 84; Swafford 1996, 446, n5; Drabble in Barlow, Blakemore, and Weston-Smith 1990, 332; Tesla in Cheney 1981, 11.

5 抽 象 化

Abstracting: Heisenberg in Heisenberg 1974, 71; Picasso in Ashton 1972, 10, 131 (ideograms). Abstracting/mathematics/intelligence link: Dirac in Davis and Hersh 1981, 113; Davis and Hersh ibid. Abstracting in writing: Johnson 1899; Cather 1920, 40–41, 102. Abstracting in dance, painting, sculpture: Graham 1991, 231; Schlemmer 1972, 49; Moore in Sylvester 1968, 54.

Effort of abstracting: Robinson in Goodman 1994, 36; Wald in Szent-Györgyi 1971, 2. As scientist's most important talent: M. Wilson 1949, 103; Picasso in Ashton 1972, 68; as "greater generality," Heisenberg 1974, 144; Feynman in Gleick 1992, 217.

Robertson's Stein anecdote in Riley 1995, 81. Origins in reality: Picasso in Ashton 1972, 64, 68. Lichtenstein's bulls in Rosen 1978; Kelly in Greenberg and Jordan 1991, 50. Matisse's snails in Munthe 1983.

Muybridge, Marey, Richer, and Duchamp abstractions: Marey 1895; Richer 1895; Braun 1992; Vitz and Glimcher 1984, 127–31. Cunningham in Kisselgoff 1999, 7.

Abstracting in scientific writing: Szent-Györgyi in Szent-Györgyi 1971, 2; Hinshel-wood in Digby and Brier 1977, 210; Hoffman 1987, 1988; Davy 1840, 306–8.

Ramón y Cajal 1937, passim; Matisse's ideal studio in J. D. Flam 1973, 56. Feigenbaum on arts/sciences abstracting in Gleick 1984, 71.

General sources on abstracting: Root-Bernstein 1991; Hale 1972; Kepes 1965.

6 パターン認識

Biological and psychological pattern recognition in Dodwell 1970, 1–2. Pattern recognition as prediction in Judson 1980, 28. Lehrer on expectancy in jokes in Tauber 1997.

Pattern recognition in random scenes and sounds: George Escher quoted in M. C. Escher exhibit wall label, Kresge Art Museum, Michigan State University, 31 Jan.–15 Mar. 1998; Gallé in Silverman 1989, 238; Max Ernst in Evans 1937, 74; Leonardo in Winternitz 1982, 134.

Rhythm recognition in Padgett 1987, 166. Adams in Adams 1985, 24; commenting on synthesis ibid., 28. Dichter memorizing patterns in Elyse Mach 1980, 65. Bernstein conceptualizing patterns in Bernstein 1976, 7. Schoenberg on musical relationships in Morgenstern 1956, 383. Pattern recognition among dyslexics in Parkinson and Edwards 1977, passim.

Mathematicians extracting structure: Gauss in Salem et al. 1992, 78; Goldbach's conjecture in Davis and Hersh 1981, 172. Nüsslein-Volhard on scientific puzzle solving in Fenzl 1997, 45; Yang in Curtin 1982, 141–42.

Ignorance in science: Weller in Witte et al., 1988; Rabi in M. Wilson 1972, 17; Szent-Györgyi in Root-Bernstein 1989b, 407. Curriculum on medical ignorance: Witte et al. 1989; see also Edwards 1990. Learning from absence: Hearst 1991.

Feynman playing with patterns in Sykes 1994, 20. Nabokov in Nabokov 1947, 85.

7 パターン化

Artistic pattern forming: Gene Davis in Wall 1975, 30–31; Riley in Riley 1995, 2324; Stuart Davis, San Francisco Museum of Modern Art exhibit, wall label.

Musical pattern forming: African tribal music in Arom 1991, esp. 210–15, 287–90; Schillinger in F. Schillinger 1949; J. Schillinger 1948, 109*ff*; Glass and Reich in Kostalanetz and Flemming 1997, passim; quote, 107; Stomp in performance and on video; Bach in Schillinger 1948; Mr. Bach, audiocassette; Milhaud in Morgenstern 1956, 473–74.

Art-science pattern forming: moiré patterns: Oster and Nishishima 1963; Parola 1969; *Encyclopaedia Brittannica* 1959 under "Moiré." Fourier transforms: Davis and Hersh 198, 255–63; and *Encyclopaedia Britannica* 1959 under "Fourier." Fractals in Gleick 1987, 98–103.

Pattern forming with words: Woolf 1976, 72; Nabokov 1980, 379; de Jong in Quennel 1980, 59–72; Gould in E. Mach 1980, 94; and Girard 1995 (Gould video); Fleischman 1988.

Combinatorial patterns in dance: Cunningham 1968, n.p.

Multiple patterns: art-science similarities: Root-Bernstein 1984a, b, 1996; human evolution in Wood and Collard 1999; periodic tables in Mazurs 1974. Other examples from biology and chemistry in Root-Bernstein 1989b, 77–79, 118–19, 199–202, 213, 273–75, 288–90, 293–98, 356.

Learning pattern forming: words: Hoberman in Hall 1985, 275; visual patterns: Parola 1969; building toys: Resnick in Wallach 1998; Greyand Glickman in Jana 1998.

8 類推思考

Atom—musical instrument analogy: Gamow 1966, 6-80; Kuhn 1979. Einstein in Schilpp 1969, vol. 1, 45; de Broglie in Gamow 1966, 81-97; MRI in Kleinfeld 1985, passim.

Resonant ideas: Diderot 1966, 156.

Keller on analogizing in H. Keller 1920, 14, 105-6, 128-30.

Analogy as measure of intelligence: Heath 1947, 51; *Encyclopaedia Britannica* 1959 under "Analogy."

Analogies as imperfect correspondences: Laènnec in Moulton and Schifferes 1960, 300; Arber 1964, 44; Heath 1947, 54.

Universality of analogizing: Holyoak and Thagard 1995, introduction.

Biomimicry: leeches, etc., in Root-Bernstein and Root-Bernstein, 1997a, 181-83 and 198-211; Velcro, etc., in Benyus 1997; Pearce 1978; bridge in Petroski 1997.

Literary analogies: Bronowski 1956, 30-31; Wordsworth 1800, xxxii; Frost in Watkins and Knight 1966, 157; Spender in Ghiselin 1952, 119-24; Valéry ibid., 105; Snyder discussed by Haas 1997 (video).

Artistic analogies: *akari* in Noguchi 1994, 103; Moore in Sylvester 1968, 530; Chillida in Schwartz 1969, 69.

Sciences/arts analogies: tensegrity—cell structure in Heidemann 1993 and Ingber 1998. Tosney on chick-origami analogy, personal communication; Gilbert on music-embryology analogy, personal communication.

Music/arts analogies: Escher 1989, 20-21; J. Schillinger 1948, passim; see also Klee in Kagan 1983, passim.

Learning to analogize: Brooks 1998, 108; Ruef 1992; Leonardo da Vinci in Winternitz 1982, see index under "analogies"; Siler 1990, 1997; Khayyam 1941, 98.

9 体感覚的思考

Kohler/chimp anecdote in M. Gardner 1978, vi.

Proprioception: Sacks 1987, 43, 72; Critchley 1953 passim; Shreeve 1993, 42. Mozart's body thinking in Harding 1967, 37. Keller feeling music in H. Keller 1902, 288. Keller and dancers in Graham 1991, 148. Cocteau on Nijinsky in *Writers at Work*, ser. 3, 63. Graham on logic in H. Gardner 1983, 224. Feld composing with body in John-Steiner 1985, 20. Keller on pump in H. Keller 1902, 23, 316; on ice cream in H. Keller 1920, 115; on wordless thoughts in H. Keller 1902, 23. Hutchinson on body imaging in Hutchinson 1959, 142.

Artists on body thinking: Cannon 1945, passim. Mandelbrojt in Mandelbrojt 1994, 186; Itten in Droste 1993, 31; Noguchi in Noguchi 1994, 37; Ghiberti in H. Keller 1920, 84; Oldenburg in Greenburg and Jordan 1993, 99; Simonds ibid., 73; Rodin in Pinet 1992, 89; on how *Thinker* thinks in Silverman 1989, 261; Moore on feeling bones in Sylvester 1968, 128; on feeling positions in

Packer and Levine, 1985, 116; Matisse in J. D. Flam 1978, 43; Graham in Horosko 1991, 39, 111; Menuhin 1972, 87; Ozawa in Weisgall 1997-98, 14-15; Antheil in Antheil 1945, 67-68; Laredo in Dubal 1984, 242; Gould ibid., 182-83.

Scientists using body thinking: Root-Bernstein 1989b, passim; Waddington 1969, 158; C. S. Smith 1981, 353; M. Wilson 1949, 71; E. S. Ferguson 1992, 58; Jansons in Weiskrantz 1988, 503; blind feeling space in J. F. Wilson 1948, 221; Ulam 1976, 17, 147; Wiener 1956, 85-86; Nabokov on body thinking in illness in Nabokov 1947, 24, 36-37.

To think is to feel: Nabokov 1947, 291; Russell in Hutchinson 1959, 19; Bensley in *Encyclopaedia Britannica* 1959, 884D. Sympathetic body imaging: Martin 1939, 53, also 47-52; Stanislavsky 1961, 220.

Phantom limb: Sacks 1987, 66-67; Shreeve 1993, 36 and passim. Limb phantoms: Botvinick in Anon. 1998, 21; "Pole Dance" in Lehmann and Richardson 1986, 155; Nikolais in Brown 1979, 114; Menuhin 1997, 311, 315, 320-21; F. Wilson 1998, 63, 92; TeSS in Ritter 1998; machine operators in F. Wilson 1998, 63.

Training body thinking: Humphrey in Brown 1979, 61; creative movement in Griss 1994, 78. Haldane in Haldane 1976, 69; "everything registers" in Boleslavsky 1939, 101.

10 共感的思考

Empathic writers: Cather in Jefferson 1995, 7; Cendrars in *Writers at Work*, ser. 3, 45; Daudet in Harding 1967, 45; Dickens ibid.; Eliot 1885, vol. 3, 421-24.

Empathic performers: Bach in Morgenstern 1956, 60; Arrau in Dubal 1984, 20; Duncan in Highwater 1978, 101; Kirkland 1987, 92 and passim; Humphrey 1959, 21; Stanislavsky 1936, 1925, 292; Hanks, media interviews, 1998.

Empathic physicians: general sources: Berg 1983; Morrison 1993. Williams in *Writers at Work*, ser. 6, 84-90; Sacks 1967; Vastyan in Berg 1983, 128; Margulies 1989; IAMA Newsletter 1985; Coles in Stone 1988, 108-9; Stone in Stone, ibid.

Empathy as understanding: general sources: E. F. Keller 1983. Zen in Arber 1964, 68; Suzuki in'S. Suzuki 1969, passim; and Hermann 1981, passim. Buber 1920, 34; Bergson in E. F. Keller 1983; Polanyi 1958; Popper in Krebs and Shelley 1975, 18.

Empathic historians: Cohen in Suhr 1998; Wu in Anon. 1999, 11; Wechter 1985, 43; Soderqvist in Soderqvist 1996, 1681; Kuhn: personal experience as his student.

Empathic hunting: "sorcerer" in Pfeiffer 1982, 108; bushmen ibid., 165; Lyons in Gucwa and Ehmann 1985, 207-8; fly fishing MacLean 1992, 110; thinking like cow: Grandin 1995, 142; Brannaman in Trachtman 1998, 60.

Scientific hunting: Mach 1926, 1; Bernard 1927; Szent-Györgyi 1971, 2.

Scientific empathizing: Goodall 1986, 58; Strum 1987, vii, 203; Griffin 1984; Douglas-Hamilton in Gucwa and Ehmann 1985, 197; Morris 1980, 58; Eisner in Wol-komir and Wolkomir 1990, 44; McClintock in E. F. Keller 1983, 117; Levi-Montalcini 1988, 172; Sherrington on Ramón y Cajal in Knudtson 1986; Monod 1970, 170; Lederberg in Judson 1980, 6; Debye in Anon., 1966, 81;

Notes（注釈） **415**

Rutherford in G. P. Thomson 1961, 69-70; Chandrasekhar 1987, 67; Feynman in Gleick 1992, 142, 394; Alfvén 1988, 250.

Inventors empathizing: Kettering in Levine 1960, 114; Bell in Eber 1982, 67; Feynman 1985b, passim.

Artists empathizing: Woolf 1927, 100-101; Mitchell in Stiles and Selz 1996, 34; WOLS ibid., 45; Tung-P'o in Mandelbrojt 1994, 186; Matisse in J. D. Flam 1973, 171; Noguchi in Greenburg and Jordan 1993, 84.

Learning to empathize: Shaham, personal communication, partly published in Root-Bernstein 1990, 13; Stanislavsky 1936, 75-83, and 1961, 223; Wood in Seabrook 1941, 128, 98-99 (photos).

11 思考次元の転換

Dancers on dimensionality: De Mille 1951, 18; T. Schlemmer 1972, 82.

3-D billiards: Cipra 1997, 1070.

Flatland: Abbott 1952; Visible Human Project Web site. Maps: *Times Atlas of the World*, 8th ed., 1990.

Multidimensional periodic tables: Thomsen 1987; F. Flam 1991; Rouvray 1994.

Dimensional seeing: Sacks and Borges in Sacks 1995, 129 and note.

Perspective and anamorphosis: Frayling, Frayling, and van der Meer 1992; Lee-man, Elffers, and Shuyte 1976; Kemp 1990; M. Gardner 1974. Riley in Riley 1995, 64; other abstract artists in Auping 1989.

Scientific anamorphosis: mathematics of in Gardner 1974; Monge in *Encyclopaedia Britannica* 1959 under "Monge." In evolution, D. Thompson 1942; Huxley 1932. In neurology, A. Miller 1982, 14-22; Blakemore 1977, 77-81; Woolsey 1978. In cinematography, Gardner 1974.

Mathematical dimensions: fractals in Gleick 1987; origami in Noguchi 1994, 39, 151; math and origami in Cipra 1998; plication in Hayes 1995, 504.

Scaling: Morrison, Morrison, and Eames 1982; O'Keeffe 1976, n.p.; Stravinsky 1970, 142, 173-74; Haldane 1928, 20-28; Feynman in Sykes 1994, 167-68; Rubbia in Wolpert and Richards 1997, 198-99.

Musical time: Xenakis in Bois 1967, 13; Glass in Kostalanetz and Flemming 1997, 164.

Calder on spatial relativity: Calder video, PBS, 1998. Haldane on multidimensional kinesthetic thinking: Haldane 1976, 101. Noguchi on "emotional space" in Noguchi 1994, 80.

Dimensional "blindness": general: Galton 1883, 113-14; architectural plans: Peterson 1998, 132; sculptural: Moore in Ghiselin 1952, 73; perceptual: Mondrian 1995, 56, 108-9. Geller in Lightman and Brawer 1990, 361; Davies in Krebs and Shelley 1975, 16.

Learning dimensional thinking: Geller's 3-D puzzles in Lightman and Brawer 1990, 361. Bauhaus 3-D exercises in Droste 1990, 28, 93; Whitford 1993, 226; Moholy-Nagy 1947, passim. Kaleidocycles in Schattschneider and Walker 1987. Wright, Fuller, Kandinsky, and Froebel blocks: Brosterman 1997. Pop-up books: e.g., Miller and Pelham 1983; reconstructing animal tracks: Ennion and Tinbergen 1967.

4-D thinking: Feynman in Sykes 1994, 25; Penrose in Lightman and Brawer 1990, 426. Methods for: Reid, 1963, 401ff; Davis and Hersh 1981, 400–405.

12 モデル化

Modeling war: Mondrian 1995, 54; Featherstone 1962; Brewer and Shubik 1979; Wells in Wells 1913, 12; MacKenzie and MacKenzie 1973, 231; Von Meuffling, Young, and Lawford in Brewer and Shubik 1979, 45; U.S. Dept. of Defense ibid., 8.

Modeling for control: Goethe in King 1996, 193–94; Rodin ibid., 193; Jung in Jung 1963, 80–81; Moore in Sylvester 1968, 55.

Musical modeling: Isherwood and Stravinsky in Stravinsky and Craft 1959, 18; Sessions in Ghiselin 1952, 47; Glass discussed in Kostalanetz and Flemming 1997, 88; Shapero in Ghiselin 1952, 52; Xenakis in Varga 1996, 65.

Artistic modeling: Seurat's *The Can-Can* in Anfam et al. 1985, 266–69; Bourgeois in Stiles and Selz 1996, 38–39; Noguchi 1994, 133; Moore in Schwartz 1969, 205–15; Packer and Levine 1985, passim; Segal and Hanson in Greenburg and Jordan 1993, 28, 43; Leonardo da Vinci in Vasari 1978, 180; Cambiaso: Michigan State University exhibit material.

Medical modeling: Chinese dolls: Lyons and Petrucelli 1978, 129; acupuncture: ibid., 148; wax dissections: ibid., 470; Welcome Medical Rooms, Science Museum, London.

Modern medical models: Health Education Company catalogue, Anatomical Products catalogue; Fleming's spiky test tube in Colebrook 1954; and Root-Bernstein 1989, 152; Gimpel's models in P. Brown 1993, 47–48.

Scientific modeling: Pauling in Judson 1980, 121–24; DNA model in Watson 1968; Smith's bubbles in C. S. Smith 1981, frontispiece; Feynman on Maxwell in Feynman 1985a, 57. See also Freudenthal 1961 (general science); Macmillan 1989 (geography).

Mathematical models: Kummer in Fischer 1986, v and passim; Freudenthal 1961.

Computer versus 3-D models: Skawinski in Holden 1998, 37; Johnson and Bailey in Svitil 1998, 81–83; Davis and Hersh 1981, 375–79; Clarke in Anon. 1997, 78; Florman 1982; Petroski 1985; E. Ferguson 1992.

Learning modeling: O'Keeffe 1976, n.p.; Oldenburg in Greenburg and Jordan 1993, 99; Jung 1963, 82; anonymous scientist in Root-Bernstein et al. 1995, 127; anonymous mathematician no. 7 in Gustin 1985. Bridge design and testing in Jackson 1972, 102.

13 遊　び

Fleming sources: Maurois 1959, 32–33, 74, 82, 95, 109, 124, 152; Macfarlane 1984, 252–53, 286; Root-Bernstein, 1989a passim, 1989b, 129–91.

Lorenz in Morris 1980, 60; Delbruck in Judson 1979, 41.

Functions of play: S. Miller 1973, 89–93; Piaget 1951, 110–13.

Feynman sources: Feynman 1985b, 173–74; Feynman 1988; Gleick 1992; Sykes 1994.

Engineering play: Molella 1998; Sperry in Ferguson 1992, 50; Lemelson in Molella 1998, 1; Hess in Hess 1963, 43; Johnson in Mays 1999.

Sculptors' play: Rickey in Anon. 1956; Tinguely in Schwarz 1969; Taylor in MIT Archives. Calder sources: Calder video 1998; Mancewicz 1969, 7-11, 37; Evans 1939, 63; Marter 1991, 62-64, 231. Snelson: personal communication; also Snelson Web site. Rothbart in Jana 1998, 50.

Lear sources: Lear 1975; Byrom 1977, 9; Alderson 1975, 208; Strachey 1907, vol. 1, xxv, 253; Hark 1982, 20.

Carroll sources: Blake 1972, 187; Weaver 1956, 118; Nyman 1974, 16; Lehmann 1972, 17-18. Applications to physics: Levi and Regge 1989, 59.

Escher and Penrose sources: Escher 1989, 21-22; R. Penrose in Ernst 1992, 71-72; Gardner 1977. Applications to alloys: Peterson 1985; Nelson and Halperin 1985; Peterson 1999.

Musical play: Ives in Swafford 1996, 46 and passim; Nyman 1974, 34-36. Borodin in Morgenstern 1956, 218-19. Bach in *Mr. Bach* CD; Mozart in Winternitz 1958.

Word play: Augarde 1984, 75; Kim 1981; Langdon 1992.

Music play: Bach in Schillinger 1948; Mozart in Winternitz 1958.

Learning to play: mechanical play: Petroski 1999; Yuwiler, personal communication. University courses: Petroski 1999; Stewart 1985. Engineering of play: Gordon 1961, 119-44; visual play: Stewart 1985; food play: Elffers 1998. Dance play: Pilobolus from Belans's Web site.

Appendix: Bernstein 1976, 25.

14 変換思考

On Leakey's discovery: Leakey 1984, 170-80; Agnew and Demas 1998, 44-57. Edgerton: MIT Archives. Oldenburg and van Bruggen process described in "Torn Notebook," video documentary.

French mnemonic device for pi: Rothstein 1995, 147; Baum: *Biochemists' Songbook* 1982; Guido's system in Rowley 1978, 58, 174; counting in New Guinea in Ifrah 1985, 10-14; number images in Galton 1928, 79, plates 2, 3. Hindu mnemonic device and memory wheels in S. Stein 1963, n*off*.

Bill images and quote in Waddington 1969, 208. Gabo ibid., 206. Gabo's math-art transformations are illustrated in Nash and Merkert 1985. Ferguson's work in C. Ferguson 1994; Cipra 1992. Collins's and Sequin's work is illustrated in Peterson 1998. A general source for art-math transformations is Cipra 1992 and the newsletter *Art & Mathematics*, edited by Nat Friedman.

Scientists performing math-image transformations: Feynman in Feynman 1985a, 85; and Gleick 1992, passim; Halem, personal communication; NCSA in Peterson 1987; Tufte 1983, 1990.

Musical urinalysis transformation: Sweeley et al. 1987. Musical DNA: Ohno and Ohno 1986; Ohno 1993; Hayashi and Munakata 1984; Ortiz Web site. General music-data transformations: Levarie 1980; Peterson 1985b, 1994. Musicians transforming data: Xenakis transformations in Bois 1967; Varga 1996; Alexjander and Deamer, *Sequencia* CD.

Science-dance transformations are illustrated in Golani, Wolgin, and Teitelbaum 1979; Cohen in "Race for the Superconductor," *Nova*, 1988.

Music-art transformations by Klee: Kagan 1983, 44, 81; similar experiments in J. Schillinger

1948, passim.

Transformational thinking as creative strategy: Lightman 1992, 34; Woodward 1989, 250; Pauling 1963, 46; Wood in Truesdell 1984, 409; Maxwell in Rukeyser 1942, 439.

Bell's kite designing: Eber 1982, passim.

Music-art transformation exercises: Armer in Anon., 1956, 1-2; O'Keeffe in O'Keeffe 1976; Subotnik, *Making Music*, CD-ROM (Voyager Co.).

Good sources of concrete poetry are: Augarde 1984, 151-59; Padgett 1987, 52-56; Kennedy 1978, 187-96. No compendium of pictonyms seems to exist, but we have designed hundreds. Rebuses: Loyd 1912 and other Loyd books; and Augarde 1984, 84-91.

Multiple transformations adapted from Davis and Hersh 1981, 130-33.

15 融 合

Nabokov in Nabokov 1947, 24, 218, 219. Lighthill interviewed in Wolpert and Richards 1997, 60-64.

Sensory mixing: Nabokov 1947, 34-35; Rimbaud in Koch and Farrell 1985, 98; Feynman 1988, 59; Jacob 1988, 38; Kandinsky in Herbert 1964, 34; and Cole 1993, 52. Barlach in Anon., 1956, 11; O'Keeffe 1976, n.p.; Robinson 1989, 122; Sarton in Sarton 1968, 58; Pinter in *Writers at Work*, ser. 3, 354. Nevanlinna in Lehto 1980; Davis and Hersh 1981, 310-11. Hockney in Anon. 1989, 70-71; Liszt in Jourdain 1997, 326. Messiaen 1986, 39, 65-66. Steen at International Synaesthesia Association Web site.

Sensory fusion: general: Wolpin et al. 1986, 34; Harrison and Baron-Cohen 1995. Cytowic 1993, 5, 53-54.

Associational synesthesia examples: Nabokov 1947, 171; Woolf 1976, 66.

Commonness of synesthesia: Wolpin et al. 1986, 33-36; Marks et al. 1987, 2-4. Merleau-Ponty in Odin 1986, 271. Cytowic 1993, 166-67.

Synesthesia in culture: tea ceremony: Odin 1986, 256-58. Mead 1974, pt. 2, 386; Stravinsky in Stravinsky and Craft 1959, 3; Merleau-Ponty on Cezanne in Odin 1986, 273; cummings in Cohen 1987, 225; Adams and Newhall in Adams 1985, 215; Graham and Calder in Graham 1991, 166; Zaccolini, Remington et al. in Cole 1993, 52; Moholy-Nagy in Poling 1975, 41; Eisenstein 1949, 21-22.

Knowing versus understanding: Huxley 1963.

Glennie: Glennie video and Web site. H. Keller 1920, 125, 194.

Synosia: Arber 1964, 21; Kant quoted ibid., 124. Schlemmer 1972, 233. Michelson 1903, introduction; Woodward 1989, 137. Morris material: Morris 1987, 12; in Remy 1991, 12; Morris 1971, 22; and R. Root-Bernstein, 1997a. Other: Stravinsky 1970, 35; Piene in Stiles and Selz 1996, 408-9; Bellows in Herbert 1964, 461; Gropius in Harrison and Wood 1992, 340; Fuller in Brown 1979, 17; Humphrey ibid., 62-63; Copland 1957, 18-22; Henn 1966, ix, 5. Feynman in Gleick 1992, 373.

Need for synthetic thinkers: Mondrian 1995, 110; Sacks 1967, introduction; Waddington 1972,

360; Fuller 1979, 104.

16 統合・融合化された教育

Previous statements of our educational position: R. Root-Bernstein 1984a, 1987a, 1989b, 1991, 1997a, b, c; R. Root-Bernstein et al. 1995; M. Root-Bernstein 1997.

Inadequacy of present knowledge: Huxley 1963, 118; Platt 1962, 108.

Need for generalists: Huxley 1963, passim; Waddington 1972, 52; Brooks 1966, 13.

Transdisciplinary innovators: Wilson in Rayleigh 1942, 99; Kovalevskaya 1978, 102-3; Fabre in Simons 1939, 4, 12-13; Kandinsky in Herbert 1964, 24-25; Lorenz 1952, 12; Lipscomb in Curtin 1982, 20-21; Weierstrass in D. Smith 1934, 1; Xenakis in Bois 1967, 15; Ives in Moore in *Writers at Work*, ser. 2, 68, 86.

On polymaths and success: Harding 1967, 3; Galton 1874; van't Hoff 1878; Ramón y Cajal 1893, 170*ff*; White 1931, 482; Simonton 1984, 47; Hadamard 1945; Roe 1953; Root-Bernstein 1987a, b, 1989a, b, esp. 312*ff*; Root-Bernstein 1991; Root-Bernstein et al. 1995.

Avocations as predictors of career success: Hong et al. 1993; Milgram and Hong 1993; Root-Bernstein et al. 1995; Branscomb 1986; Simonton 1984, passim. See also Ramón y Cajal 1937; E. Ferguson 1992, 23-26; Hjerter 1986; Papert in Wechsler 1978, 104; Root-Bernstein 1996a; golfing and business in Bryant 1998, 1.

Integrative activity sets and networks of enterprise: Dewey 1934, passim; King 1996, 6-8, 52, 228-29, 259; Gruber 1984, 1988, 1989; Root-Bernstein et al. 1995, 131-32.

Learning from other disciplines: Schumann in Morgenstern 1956, 149; Békésy in Ratliff 1974, 15-16; Horgan 1973, 157; Snyder 1980, 60*ff*; Vonnegut in *Writers at Work*, ser. 6, 226; Bernard 1927, 223.

Polymathic teaching programs: Zen: Odin 1986; Suzuki 1969, 96-97; and Hermann 1981, 73. Bauhaus: Schlemmer 1972, 229; Klee in Kagan 1983, 163 n.28; Cunningham in Kisselgoff 1999, 7; Lowell in Ghiselin 1952, 112; Xenakis 1985, 3; Steinmetz in Seymour 1966, 119.

Freeman at Art, Science and Creativity conference, Chicago Academy of Sciences, 1994; Ross 1928, 23; Frost 1969.

Bibliography
(参考文献)

In the writing of this book we delved into archives, museums, and libraries; we interviewed people, read interviews of them, and watched them on video and film; we read autobiographies, biographies, and academic studies; we looked at, listened to, touched, moved around, and otherwise sensed their works; and, most important, we tried to recreate their insights ourselves. The bibliography that follows is therefore only one source for the information used in this book. See, too, Minds-On Resources.

Abbott, Edwin A. 1952. *Flatland: A Romance of Many Dimensions.* New York: Dover.

Adams, Ansel, with Mary Street Alinder. 1985. *Ansel Adams: An Autobiography.* Boston: Little, Brown.

Agnew, Neville, and Martha Demas. 1998. "Preserving the Laetoli Footprints." *Scientific American* 279 (Sept.): 44–57.

Alfvèn, Hannes. 1988. "Memoirs of a Dissident Scientist." *American Scientist* 76: 250.

American Heritage. 1985. *A Sense of History: The Best Writing from the Pages of American Heritage.* New York: American Heritage.

Anfam, David A., et al. 1986. *Techniques of the Great Masters of Art.* London: QED.

Annan, Noel. 1984. *Leslie Stephen: The Godless Victorian.* New York: Random House.

Anonymous, eds. 1956. *Art and Artist.* Berkeley: University of California Press.

——. 1966. *The Way of the Scientist.* New York: Simon and Schuster.

——. 1989. "David Hockney's Melodic Palette." *U.S. News and World Report*, 13 Nov.: 70–71.

——. 1997. "Scientists at Play." *Discover*, Dec.: 78–81.

——. 1998. "There's the Rub." *Discover*, June: 21.

——. 1999. "Greek Warfare Comes to Campus." *Princeton Alumni Weekly*, 19 May: 11.

Antheil, George. 1945. *Bad Boy of Music.* Garden City, N.Y.: Doubleday, Doran.

Arias, Enrique Alberto. 1989. "Music as Projection of the Kinetic Sense." *Music Review* 50: 1–33.

Arber, Agnes. 1964. *The Mind and the Eye.* Cambridge: Cambridge University Press.

Arnheim, Rudolf. 1969. *Visual Thinking.* Berkeley: University of California Press.

Arom, Simha. 1991. *African Polyphony and Polyrhythm.* Trans. Martin Thom, Barbara Tuckett, and Raymond Boyd. Cambridge: Cambridge University Press.

Ashton, Dore, ed. 1972. *Picasso on Art: A Selection of Views.* New York: DaCapo.

Augarde, Tony. 1984. *The Oxford Guide to Word Games.* New York: Oxford University Press.

Auping, Michael, ed. 1989. *Abstraction Geometry Painting: Selected Geometric Abstract Painting in America Since 1945.* New York: Harry N. Abrams.

Bamberger, Jeanne. 1991. "The Laboratory for Making Things." In D. Schon, ed., *The Reflective Turn: Case Studies in and on Educational Practice.* New York: Teachers College Press.

Barlow, Horace, C. Blakemore, and M. Weston-Smith, eds. 1990. *Images and Understanding: Thoughts about Images, Ideas and Understanding.* Cambridge: Cambridge University Press.

Baum, Harold. 1982. *The Biochemists' Songbook.* Oxford: Pergamon Press.

Benyus, Janine M. 1997. *Biomimicry: Innovation Inspired by Nature.* New York: William Morrow.

Berg, Geri, ed. 1983. *The Visual Arts and Medical Education.* Carbondale, Ill.: Southern Illinois University Press.

Bernard, Claude. 1927. *An Introduction to Experimental Medicine.* Trans. H. C. Greene. New York: Macmillan.

Bernstein, Leonard. 1976. *The Unanswered Question: Six Talks at Harvard.* Cambridge, Mass.: Harvard University Press.

Beveridge, W. I. B. 1950. *The Art of Scientific Investigation.* New York: W. W. Norton/Vintage Books.

Blakemore, Colin. 1977. *Mechanics of the Mind.* Cambridge: Cambridge University Press.

Bois, Mario, ed. 1967. *Iannis Xenakis: The Man and His Music.* London: Boosey & Hawkes.

Boleslavsky, Richard. 1939. *Acting: The First Six Lessons.* New York: Theatre Arts.

Bower, Bruce. 1998. "Seeing Through Expert Eyes." *Science News* 154, no. 3: 44–46.

Boxer, S. 1987. "Play the Right Bases and You'll Hear Bach." *Discover*, Mar.: 10–12.

Branscomb, Lewis M. 1986. "The Unity of Science." *American Scientist* 74: 4.

Braun, Marta. 1992. *Picturing Time: The Work of Etienne-Jules Marey (1830–1904).* Chicago: University of Chicago Press.

Brewer, S., and T. Shubik. 1979. *The War Game: A Critique of Military Problem Solving.* Cambridge, Mass.: Harvard University Press.

Broad, William J. 1984. "Tracing the Skeins of Matter" (interview with Peter A. Carruthers). *New York Times Magazine*, 6 May: 54–62.

Bronowski, Jacob. 1956. *Science and Human Values.* New York: Harper and Row.

———. 1978. *The Origins of Knowledge and Imagination.* New Haven: Yale University Press.

Brooks, Chandler M. 1966. "Trends in Physiological Thought." In C. M. Brooks, ed., *The Future of Biology.* New York: New York University Press.

Brooks, Geraldine. 1998. "The Quarter-Acre Universe." *New York Times Magazine*, 27 Sept.: 108.

Brosterman, Norman. 1997. *Inventing Kindergarten.* New York: Abrams.

Brown, Jean Morrison, ed. 1979. *The Vision of Modern Dance.* Princeton: Princeton Book Co.

Brown, Maurice, and Diana Korzenik. 1993. *Art Making and Education.* Urbana: University of Illinois Press.

Brown, Phillida. 1993. "A Model Approach to TB." *New Scientist*, 4 Sept.: 47–48.

Bryant, Adam. 1998. "Duffers Need Not Apply." *New York Times*, 31 May, sec. 3: 1, 9.

Buber, Martin. 1920. *Die Rede, die Lehre, und das Lied.* Leipzig: Vieweg.

Burkholder, J. Peter. 1985. *Charles Ives: The Ideas Behind the Music.* New Haven: Yale University Press.

Byrom, Thomas. 1977. *Nonsense and Wonder: The Poems and Cartoons of Edward Lear.* New York: E. P. Dutton.

Cannon, Walter. 1945. *The Way of the Investigator.* New York: Hafner.

Cassidy, John, Paul Doherty, and Pat Murphy. 1997. *Zap Science*. Palo Alto, Calif.: Klutz Books.

Cather, Willa. 1920. *On Writing: Critical Studies on Writing as an Art*. Reprint, 1968: New York: Alfred A. Knopf.

Chandrasekhar, Subrahmanyan. 1987. *Truth and Beauty: Aesthetics and Motivations in Science*. Chicago: University of Chicago Press.

Chaplin, Charles. 1964. *My Autobiography*. New York: Simon and Schuster.

Cheney, Margaret. 1981. *Tesla: Man Out of Time*. New York: Dorset.

Cipra, Barry. 1992. "Cross-Disciplinary Artists Know Good Math When They See It." *Science* 257: 748–49.

——. 1997. "How to Play Platonic Billiards." *Science* 275: 1070.

——. 1998. "Proving a Link between Logic and Origami." *Science* 279: 804–5.

Clark, Ronald W. 1971. *Einstein: The Life and Times*. New York: World.

Clarke, Arthur C., and Gentry Lee. 1989. *RAMA II*. New York: Bantam.

Cohen, Milton A. 1987. *PoetandPainter: The Aesthetics of E. E. Cummings's Early Work*. Detroit: Wayne State University Press.

Cohen, Morton N., ed. 1989. *Lewis Carroll: Interviews and Recollections*. London: Macmillan.

Cole, Allison. 1993. *Color: An Eyewitness Book*. London: Dorling Kindersley.

Cole, K. C. 1985. *Sympathetic Vibrations: Reflections on Physics as a Way of Life*. New York: Bantam.

Colebrook, Leonard. 1954. *Almroth Wright: Provocative Doctor and Thinker*. London: Heinemann.

Collins, Brent. 1991. "Wood Sculpture and Topological Allegories." Exhibit brochure, AAAS Art of Science and Technology Program, Washington, D.C., 9 Apr.-7 June.

Connelly, Robert, and Allen Back. 1998. "Mathematics and Tensegrity." *American Scientist* 86: 142–51.

Copland, Aaron. 1957. *What to Listen For in Music*. New York: McGraw-Hill.

Coulehan, Jack. 1993. "Physician as Poet, Poem as Patient." *Poets & Writers Magazine*, Mar./Apr.: 57–59.

Cox, Meki. 1999. "Researchers Have Nose for Diagnosis." *Lansing State Journal*, 8 June: 2A.

Critchell, Samantha. 1998. "Dessert Master Shares." *Lansing State Journal*, 21 Dec.: 8D.

——. 1999. "Chicago Restaurateur Maestro in the Kitchen." *Lansing State Journal*, 11 Jan.: 5D.

Critchley, Macdonald. 1953. "Tactile Thought, with Special Reference to the Blind." *Brain* 76: 19–35.

cummings, e. e. 1925. "The Adult, the Artist and the Circus." *Vanity Fair*, Oct.: 57, 98.

——. 1962. *73 poems*. New York: Harcourt, Brace Jovanovich.

Cunningham, Merce. 1968. *Changes: Notes on Choreography*. New York: Something Else Press.

Curtin, Deane, ed. 1982. *The Aesthetic Dimension of Science*. The Sixteenth Nobel Conference, 1980. New York: Philosophical Library.

Cytowic, Richard E. 1989. *Synesthesia: A Union of the Senses*. New York: Springer-Verlag.

——. 1993. *The Man Who Tasted Shapes*. New York: G. P. Putnam's Sons.

Dale, Alzina Stone. 1985. *The Art of G. K. Chesterton*. Chicago: Loyola University Press.

Damasio, Antonio R. 1994. *Descartes's Error: Emotion, Reason, and the Human Brain*. New York: G.

P. Putnam's Sons.

Davies, Graham, Haydn Ellis, and John Shepherd, eds. 1981. *Perceiving and Remembering Faces.* New York: Academic Press.

Davis, Philip J., and Reuben Hersh. 1981. *The Mathematical Experience.* Boston: Houghton Mifflin.

Davy, Humphry. 1840. "Parallels Between Art and Science." *The Collected Works of Sir Humphry Davy.* Vol. 8. Ed. John Davy. London: Smith and Cornhill.

De Mille, Agnes. 1951. *Dance to the Piper.* London: Hamilton.

——. 1973. *Speak to Me, Dance with Me.* Boston: Little, Brown.

——. 1978. *Where the Wings Grow.* Garden City, N.Y.: Doubleday.

Deregowski, J. B. 1980. *Illusions, Patterns and Pictures: A Cross-Cultural Perspective.* New York: Academic Press.

Dewey, John. 1934. *Art as Experience.* New York: Minton, Balch.

Diderot, Denis. 1966. "Conversation Between D'Alembert and Diderot." In *Rameau's Nephew and D'Alembert's Dream.* Trans. L. W. Tancock. Pp. 149–64. London: Penguin.

Digby, Joan, and Bob Brier, eds. 1977. *Permutations: Readings in Science and Literature.* New York: William Morrow.

Dodwell, P. C. 1970. *Visual Pattern Recognition.* New York: Holt, Rinehart and Winston.

Dos Passos, John. 1966. *Best Times: An Informal Memoir.* New York: New American Library.

Droste, Magdelena. 1990. *Bauhaus: 1919–1933.* Berlin: Taschen.

Dubal, David. 1984. *Reflections from the Keyboard: The World of the Concert Pianist.* New York: Summit Books.

Duke, Charles R., and Sally A. Jacobsen, eds. 1983. *Reading and Writing Poetry.* Phoenix, Ariz.: Oryx Press.

Du Maurier, Daphne. 1977. *Myself When Young: The Shaping of a Writer.* Garden City, N.Y.: Doubleday.

Dyson, Freeman. 1979. "The World of the Scientist—Part II." *The New Yorker,* 13 Aug.: 64–88.

Eber, Dorothy. 1982. *Genius at Work: Images of Alexander Graham Bell.* New York: Viking.

Edelglass, Stephen, Georg Maier, Hans Gebert, and John Davy. 1997. *The Marriage of Sense and Thought: Imaginative Participation in Science.* Hudson, N.Y.: Lindis-farne Books.

Edwards, John. 1990. "Rediscovering Ignorance." *Research in Science Education* 20: 1–7.

Eisenstein, Sergei. 1949. *Film Form: Essays in Film Theory.* Trans. Jay Leyda. New York: Harcourt, Brace and World.

Eisner, Thomas, et al. 1988. "Seventy-Five Reasons to Become a Scientist." *American Scientist* 76: 451.

Eliot, George. 1885. *George Eliot's Life.* 3 vols. Boston: Dana Estes.

Ennion, E. A. R., and N. Tinbergon. 1967. *Tracks.* Oxford: Clarendon Press.

Epel, Naomi, ed. 1993. *Writers Dreaming.* New York: Vintage Press.

Ernst, Bruno. 1992. *Optical Illusions.* Cologne: Taschen.

Escher, M. C. 1989. *Escher on Escher: Exploring the Infinite.* Trans. Karin Ford. New York: Harry N. Abrams.

Evans, Myfanwy. 1939. *The Painter's Object*. London: Gerald Howe.

Featherstone, Donald F. 1962. *War Games*. London: Stanley Paul.

Fenzl, Christine. 1997. "Journey to the Center of the Egg" (on Christiane Nüsslein-Volhard). *New York Times Magazine*, 12 Oct.: 42–45.

Ferguson, Claire. 1994. *Helaman Ferguson: Mathematics in Stone and Bronze*. Erie, Pa: Meridian Creative Group.

Ferguson, Eugene S. 1992. *Engineering and the Mind's Eye*. Cambridge, Mass.: MIT Press.

Feynman, Richard. 1985a. *The Character of Physical Law*. Cambridge, Mass.: MIT Press.

——. 1985b. *Surely You're Joking, Mr. Feynman!* New York: W. W. Norton.

——. 1988. *What Do You Care What Other People Think?* New York: W. W. Norton.

Fischer, Gerd. 1986. *Mathematische Modelle*. Mathematical Models. 2 vols. Braunschweig/ Wiesbaden, Germany: Vieweg und Sohn.

Flam, Faye. 1991. "Move Over, Mendeleyev." *Science* 252: 648–50.

Flam, Jack D. 1973. *Matisse on Art*. Reprint, 1978: New York: Dutton.

Fleischman, Paul. 1988. *Joyful Noise: Poems for Two Voices*. New York: Harper and Row.

Florman, Samuel C. 1982. *Blaming Technology*. New York: St. Martin's Press.

Frayling, Christopher, Helen Frayling, and Ron Van der Meer. 1992. *The Art Pack*. New York: Alfred A. Knopf.

Freudenthal, Hans, ed. 1961. *The Concept and the Role of the Model in Mathematics and Natural and Social Sciences*. Dordrecht, Netherlands: Reidel.

Frost, Robert. 1969. *The Poetry of Robert Frost*. Ed. Edward C. Lathem. New York: Henry Holt.

Fuller, Loie. 1913. *Fifteen Years of a Dancer's Life*. London: Herbert Jenkins.

Fuller, R. Buckminster. 1979. *R. Buckminster Fuller on Education*. Ed. P. H. Wagschall and R. D. Kahn. Amherst: University of Massachusetts Press.

Fusell, Paul, Jr. 1965. *Poetic Meter and Poetic Form*. New York: Random House.

Galton, Francis. 1874. *English Men of Science: Their Nature and Nurture*. London: Macmillan.

——. 1883. *Inquiries into Human Faculty and Its Development*. Reprint, 1928: New York: E. P. Dutton.

——. 1892. *Hereditary Genius*. Reprint, 1972: Gloucester, Mass.: Peter Smith.

Gamow, George. 1966. *Thirty Years That Shook Physics: The Story of Quantum Theory*. Garden City, N.Y.: Doubleday.

Gardiner, Martin F., Alan Fox, Faith Knowles, and Donna Jeffrey. 1996. "Learning Improved by Arts Training." *Nature* 381: 284.

Gardner, Howard. 1983. *Frames of Mind: The Theory of Multiple Intelligences*. New York: Basic Books.

——. 1993. *Creating Minds: An Anatomy of Creativity*. New York: Basic Books.

Gardner, Martin. 1963. "On 'Rep-tiles,' Polygons That Can Make Larger and Smaller Copies of Themselves." *Scientific American* 208 (May): 154–64.

——. 1974. "The Curious Magic of Anamorphic Art." *Scientific American* 232: 110–16.

——. 1977. "Extraordinary Nonperiodic Tiling That Enriches the Theory of Tiles." *Scientific*

American 233: 110–14.

———. 1978. *Aha! Insight*. San Francisco: W. H. Freeman.

George, William Herbert. 1936. *The Scientist in Action: A Scientific Study of His Methods*. London: Williams and Norgate.

Gettings, Frank. 1976. *E. E. Cummings: The Poet and Artist*. Exhibition catalogue, Hirshhorn Museum and Sculpture Garden, Smithsonian Institution, Washington, D.C.

Ghiselin, Brewster, ed. 1952. *The Creative Process*. Berkeley: University of California Press.

Gilbert, G. Nigel, and Michael Mulkay. 1984. *Opening Pandora's Box: A Sociological Analysis of Scientists Discourse*. Cambridge: Cambridge University Press.

Girard, François. 1995. *Thirty-Two Short Films about Glenn Gould*. Columbia Tristar Home Video.

Gleick, James. 1984. "Solving the Mathematical Riddle of Chaos." *New York Times Magazine*, 10 June: 31–71.

———. 1987. *Chaos: Making a New Science*. New York: Viking.

———. 1992. *Genius: The Life and Science of Richard Feynman*. New York: Pantheon.

Golani, I., D. L. Wolgin, and P. Teitelbaum. 1979. "A Proposed Natural Geometry of Recovery from Akinesia in the Lateral Hypothalamic Rat." *Brain Research* 164: 237–67.

Goodall, Jane. 1986. *The Chimpanzees of Gombe: Patterns of Behavior*. Cambridge, Mass.: Belknap Press of Harvard University Press.

Goodman, Michael E. 1994. *Edwin Arlington Robinson*. Mankato, Minn.: Creative Education.

Goossen, E. C. 1973. *Ellsworth Kelly*. New York: Museum of Modern Art.

Gordon, William J. J. 1961. *Synectics: The Development of Creative Capacity*. New York: Harper and Row.

Graham, Martha. 1991. *Blood Memory*. New York: Doubleday.

Grandin, Temple. 1995. *Thinking in Pictures and Other Reports from My Life with Autism*. New York: Doubleday.

Greenburg, Jan, and Sandra Jordan. 1993. *The Sculptor's Eye: Looking at Contemporary American Art*. New York: Delacorte Press.

Gregory, Richard, and E. H. Gombrich, eds. 1980. *Illusion in Nature and Art*. New York: Charles Scribner's Sons.

Griffin, Donald. 1984. *Animal Thinking*. Cambridge, Mass.: Harvard University Press.

Griss, Susan. 1994. "Creative Movement: A Language for Learning." *Educational Leadership* 51, no. 5: 78–80.

Grosskurth, Phyllis. 1968. *Leslie Stephen*. London: Longmans, Green.

Gruber, Howard E. 1984. *Darwin on Man: A Psychological Study of Scientific Creativity*. 2nd ed. Chicago: University of Chicago Press.

———. 1988. "The Evolving Systems Approach to Creative Work." *Creativity Research Journal* 1: 27–51. Also in D. B. Wallace and H. E. Gruber, eds. 1989. *Creative People at Work*. pp. 3–24. New York: Oxford University Press.

Gucwa, David, and James Ehmann. 1985. *To Whom It May Concern: An Investigation of the Art of Elephants*. New York: W. W. Norton.

Gustin, W. 1985. "The Development of Exceptional Research Mathematicians." In Benjamin Bloom, ed. *Developing Talent in Young People*. New York: Ballantine Books.

Hadamard, Jacques. 1945. *The Psychology of Invention in the Mathematical Field*. Princeton: Princeton University Press.

Halberg, Franz, and Julia, Francine, and Erna Halberg. 1973. "Reading, 'Riting, 'Rithmetic, and Rhythms: A New 'Relevant' 'R' in the Educative Process." *Perspectives in Biology and Medicine* 17: 128–41.

Haldane, J. B. S. 1928. *Possible Worlds*. New York: Harper.

————. 1976. *The Man with Two Memories*. London: Merlin Press.

Hale, Cabot Nathan. 1972. *Abstraction in Art and Nature: A Program of Study for Artists, Teachers, and Students*. New York: Watson-Guptill.

Hall, Donald, ed. 1985. *The Oxford Book of Children's Verse in America*. New York: Oxford University Press.

Hammond, Wayne G., and Christina Scull. 1995. J. R. R. *Tolkien, Artist and Illustrator*. Boston: Houghton Mifflin.

Harding, Rosamond E. M. 1967. *An Anatomy of Inspiration*. 2nd ed. London: Frank Cass.

Hark, Ina Rae. 1982. *Edward Lear*. Boston: Twayne.

Harrison, Charles, and Paul Wood, eds. 1992. *Art in Theory, 1900–1990*. Oxford: Blackwell.

Harrison, J., and S. Baron-Cohen. 1995. "Synaesthesia: Reconciling the Subjective with the Objective." *Endeavour* 19, no. 4: 157–60.

Hassler, M., N. Birbaumer, and A. Feil. 1985. "Musical Talent and Visual-Spatial Abilities: A Longitudinal Study." *Psychology of Music* 14: 99–113.

Hayashi, K., and N. Munakata. 1984. "Basically Musical." *Nature* 310: 96.

Hayes, Brian. 1995. "Pleasures of Plication." *American Scientist* 83: 504–8.

Hearst, Eliot. 1991. "Psychology and Nothing." *American Scientist* 79: 432–43.

Heath, A. E. 1947. "Analogy as a Scientific Tool." *Rationalist Annual:* 51–58.

Heidemann, Steven R. 1993. "A New Twist on Integrins and the Cytoskeleton." *Science* 260: 1080–81.

Heisenberg, Werner. 1974. *Across the Frontiers*. Trans. Peter Heath. New York: Harper and Row.

Herbert, Robert L., ed. 1964. *Modern Artists on Art: Ten Unabridged Essays*. Englewood Cliffs, N.J.: Prentice-Hall.

Hermann, Evelyn. 1981. *Shinichi Suzuki: The Man and His Philosophy*. Athens, Ohio: Senzay.

Higginson, William J., with Penny Harter. 1985. *The Haiku Handbook: How to Write, Share, and Teach Haiku*. New York: Kodansha International.

Highfield, Robert, and Paul Carter. 1994. *The Private Lives of Albert Einstein*. New York: St. Martin's Press.

Highwater, Jamake. 1978. *Dance: Rituals of Experience*. New York: Alfred van der Marck.

Hindle, Brook. 1981. *Emulation and Invention*. New York: New York University Press.

Hjerter, Kathleen. 1986. *Doubly Gifted: The Author as Visual Artist*. New York: Harry N. Abrams.

Hobbs, Christine. 1985. "A Comparison of the Music Aptitude, Scholastic Aptitude, and Academic

Achievement of Young Children." *Psychology of Music* 14: 93–98.

Hoffmann, Roald. 1988. "How I Work As Poet and Scientist." *The Scientist*, 21 Mar.: 10.

——. 1988. *The Metamict State*. Orlando: University of Florida Press.

Holden, Constance. 1998. "Leveling the Playing Field for Scientists with Disabilities." *Science* 282: 36–37.

Holton, Gerald. 1972. *On Trying to Understand Scientific Genius*. New York: Cooper Union School of Art and Architecture. Reprinted in Holton. 1978. *The Scientific Imagination: Case Studies*. Cambridge, Mass.: Harvard University Press.

Holyoak, Keith J., and Thagard, Paul. 1995. *Mental Leaps: Analogy in Creative Thought*. Cambridge, Mass.: MIT Press.

Hong, E., R. M. Milgram, and'S. C. Whiston. 1993. "Leisure Activities in Adolescence as a Predictor of Occupational Choice in Young Adults: A Longitudinal Study." *Journal of Career Development* 19: 221–29.

Horgan, John. 1991. "Profile: Thomas Eisner." *Scientific American*, Dec.: 60–61.

Horgan, Paul. 1964. *Things As They Are*. New York: Farrar, Straus and Giroux.

——. 1973. *Approaches to Writing*. New York: Farrar, Straus and Giroux.

Horosko, Marian, ed. 1991. *Martha Graham: The Evolution of Her Dance Theory and Training, 1926–1991*. Chicago: a cappella books (Chicago Review Press).

Humphrey, Doris. 1959. *The Art of Making Dances*. Ed. Barbara Pollock. New York: Grove Press.

Hutchinson, Eliot Dole. 1959. *How to Think Creatively*. New York: Abington-Cokes-bury Press.

Huxley, Aldous. 1963. *Literature and Science*. New York: Harper and Row.

Huxley, Julian. 1932. *Problems of Relative Growth*. New York: Dial Press.

Ifrah, Georges. 1985. *From One to Zero: A Universal History of Numbers*. New York: Viking.

Infeld, Leopold. 1941. *Albert Einstein: His Work and Its Influence on the World*. New York: Charles Scribner's Sons.

Ingber, Donald E. 1998. "The Architecture of Life." *Scientific American* 278 (Jan.): 4857.

Ives, Charles. 1962. *Essays Before a Sonata, the Majority, and Other Writings*. New York: W. W. Norton.

Jackson, Brenda. 1972. *Model Making in Schools*. New York: Van Nostrand Reinhold.

Jacob, François. 1988. *The Statue Within: An Autobiography*. New York: Basic Books.

Jaki, Stanley L. 1988. *The Physicist as Artist: The Landscapes of Pierre Duhem*. Edinburgh: Scottish Academic Press.

Jana, Reena. 1998. "Toying with Science." *New York Times Magazine*. Pt. 2: *Home Design*. Fall: 22, 24, 50, 56.

Jefferson, Margo. 1995. "A Journey to a Mysterious Country: The Mind." *New York Times*, 26 Mar.: Pt. H: 7.

Jennerod, M. 1994. "The Representing Brain: Neural Correlates of Motor Intention and Imagery." *Behavioral and Brain Sciences* 17: 187–245.

Johnson, Samuel. 1899. *Rasselas*. Oxford: Clarendon Press.

John-Steiner, Vera. 1985. *Notebooks of the Mind: Explorations of Thinking*. Albuquerque: University of New Mexico Press.

Jones, Caroline A., and Peter Galison, eds. 1998. *Picturing Science, Producing Art*. New York: Routledge.

Jourdain, Robert. 1997. *Music, the Brain, and Ecstasy: How Music Captures Our Imagination*. New York: William Morrow.

Judson, H. F. 1980. *The Search for Solutions*. New York: Holt, Rinehart, and Winston.

Jung, C. G. 1963. *Memories, Dreams, Reflections*. Ed. Aniela Jaffe, trans. Richard and Clara Winston. New York: Pantheon Books.

——. 1979. *Word and Image*. Ed. Aniela Jaffe. Princeton: Princeton University Press.

Kagan, Andrew. 1983. *Paul Klee/Art and Music*. Ithaca, N.Y.: Cornell University Press.

Kandinsky, Wassily. 1913. *Reminiscences*. In Herbert, Robert L. 1964. *Modern Artists on Art*. Englewood Cliffs, N.J.: Prentice-Hall.

Keller, Evelyn Fox. 1983. *A Feeling for the Organism: The Life and Work of Barbara McClintock*. San Francisco: W. H. Freeman.

Keller, Helen. 1902. *The Story of My Life, with Her Letters (1887–1901) and a Supplementary Account of Her Education . . . by John Albert Macy*. New York: Grosset and Dunlap.

——. 1920. *The World I Live In*. New York: Century.

Kelly, Richard. 1996. *The Art of George Du Maurier*. Aldershot, Eng.: Scholar Press.

Kemp, Martin. 1990. *The Science of Art*. New Haven: Yale University Press.

Kennedy, X. J. 1978. *An Introduction to Poetry*. 4th ed. Boston: Little, Brown.

Kepes, Gyorgy, ed. 1965. *Education of Vision*. New York: George Braziller.

——. 1965. *Structure in Art and in Science*. New York: George Braziller.

——. 1965. *The Nature and Art of Motion*. New York: George Braziller.

——. 1965. *The Man-Made Object*. New York: George Braziller.

——. 1965. *Module, Proportion, Symmetry, Rhythm*. New York: George Braziller.

——. 1965. *Sign, Image, and Symbol*. New York: George Braziller.

Khayyam, Omar. 1941. *The Rubaiyat of Omar Khayyam*. Trans. E. Fitzgerald. New York: Pocket Books.

Kim, Scott. 1981. *Inversions*. Cambridge, Mass.: MIT Press.

King, James Roy. 1996. *Remaking the World: Modeling in Human Experience*. Chicago: University of Illinois Press.

Kirkland, Gelsey, with Greg Lawrence. 1987. *Dancing on My Grave*. New York: Jove Books.

Kisselgoff, Anna. 1999. "Ceaseless Novelty in a Lifetime of Dance." *New York Times*, 18 July, sec. 2: 1, 7.

Kleinfeld, Sonny. 1985. *A Machine Called Indomitable*. New York: Times Books.

Klosty, James, ed. 1975. *Merce Cunningham*. New York: E. P. Dutton.

Kneller, George F. 1978. *Science as a Human Endeavor*. New York: Columbia University Press.

Knudtson, P. M. S. 1985. "Ramón y Cajal: Painter of Neurons." *Discover* 85: 66–72.

Koch, Kenneth, and Kate Farrell, eds. 1985. *Talking to the Sun*. New York: Metropolitan Museum of Art and Henry Holt.

Kock, Winston. 1978. *The Creative Engineer: The Art of Inventing*. New York: Plenum Press.

Koestler, Arthur. 1976. *The Act of Creation*. London: Hutchinson.

Kostalenetz, Richard, and Robert Flemming, eds. 1997. *Writings on Glass: Essays, Interviews, Criticism*. New York: Schirmer Books.

Kovalevskaya, Sofya. 1978. *A Russian Childhood*. Trans. B. Stillman. New York: Springer-Verlag.

Krebs, Hans A., and Julian H. Shelley, eds. 1975. *The Creative Process in Science and Medicine*. Amsterdam: Excerpta Medica/American Elsevier.

Kuhn, Thomas. 1979. *Black Body Theory*. Chicago: University of Chicago Press.

Langdon, John. 1992. *Wordplay*. New York: Harcourt Brace Jovanovich.

Leakey, Mary. 1984. *Disclosing the Past: An Autobiography*. Garden City, N.Y.: Doubleday.

L'Echevin, Patrick. 1981. *Musique et Médecine*. Paris: Stock-Musique.

Lee, Hermione. 1996. *Virginia Woolf*. London: Chatto and Windus.

Leeman, Fred, Joost Elffers, and Mike Schuyt. 1976. *Hidden Images: Games of Perception, Anamorphic Art, Illusion*. New York: Harry N. Abrams.

LeGuin, Ursula. 1976. Introduction to *The Left Hand of Darkness*. New York: Ace Books.

Lehman, Arnold, and Brenda Richardson, eds. 1986. *Oskar Schlemmer*. Baltimore: Baltimore Museum of Art.

Lehmann, John F. 1972. *Lewis Carroll and the Spirit of Nonsense*. Nottingham: University of Nottingham.

Lehto, Olli. 1980. "Rolf Nevanlinna." *Suomalainen Tiedeakatemia Vuosikiria*/Finnish Academy of Sciences Yearbooks: 108-12.

Lester, James. 1994. *Too Marvelous for Words: The Life and Genius of Art Tatum*. New York: Oxford University Press.

Levarie, S. 1980. "Music as a Structural Model." *Journal of Social and Biological Structures* 3: 237-45.

Levi, Primo, and Tullio Regge. 1989. *Dialogo*. Trans. Raymond Rosenthal. Princeton University Press.

Levi-Montalcini, Rita. 1988. *In Praise of Imperfection: My Life and Work*. Trans. L. Attardi. New York: Basic Books.

Levine, Sigmund A. 1960. *Kettering: Master Inventor*. New York: Dodd, Mead.

Lightman, Alan. 1992. "The One and Only." *New York Times Book Review*, 17 Dec.: 34-36.

Lightman, Alan, and Roberta Brawer. 1990. *Origins: The Lives and Worlds of Modern Cosmologists*. Cambridge, Mass.: Harvard University Press.

Lorenz, Konrad. 1952. *King Solomon's Ring*. New York: Thomas Crowell.

Lowell, Amy. 1930. *Poetry and Poets: Essays*. Boston: Houghton Mifflin.

Loyd, Sam. 1912. *Sam Loyd's Puzzles*. Philadelphia: David McKay.

Lyons, Albert S., and R. Joseph Petrucelli. 1978. *Medicine: An Illustrated History*. New York: Harry N. Abrams.

Macfarlane, Gwyn. 1984. *Alexander Fleming: The Man and the Myth*. Cambridge, Mass.: Harvard University Press.

Mach, Elyse. 1980. *Great Pianists Speak for Themselves*. New York: Dodd, Mead.

Mach, Ernst. 1926. *Knowledge and Error: Sketches on the Psychology of Enquiry*. Ed. T. J. McCormack and P. Foulkes. Reprint, 1976: Dordrecht, Netherlands: Reidel.

MacKenzie, Norman, and Jeanne MacKenzie. 1973. *H. G. Wells*. New York: Simon and Schuster.

MacLean, Norman. 1992. *A River Runs Through It and Other Stories*. New York: Simon and Schuster.

Macmillan, Bill. 1989. *Remodelling Geography: Model Building as a Method of Geographical Enquiry*. London: Blackwell.

Mancewicz, Bernice Winslow. 1969. *Alexander Calder: A Pictorial Essay*. Grand Rapids, Mich.: William B. Eerdman.

Mandelbrojt, Jacques. 1994. "In Search of the Specificity of Art." *Leonardo* 27: 185–88.

Marey, Etienne-Jules. 1895. *Movement*. New York: D. Appleton.

Margulies, Alfred. 1989. *The Empathic Imagination*. New York: W. W. Norton.

Marks, Lawrence E., Robin J. Hammeal, and Marc H. Bornstein. 1987. "Perceiving Similarity and Comprehending Metaphor." *Monographs of the Society for Research in Child Development* 52, no. 1: 1–102.

Marter, Joan M. 1991. *Alexander Calder*. Cambridge: Cambridge University Press.

Martin, John. 1939. *Introduction to the Dance*. New York: W. W. Norton.

Maurois, André. 1959. *The Life of Sir Alexander Fleming, Discoverer of Penicillin*. Trans. Gerard Hopkins. London: Jonathan Cape.

Mays, Patricia J. 1999. "Rocket Scientist Invents Squirt Gun." *Lansing State Journal*, 24 Jan.: 5A.

Mazurs, E. G., 1974. *Graphic Representations of the Periodic System during One Hundred Years*. Tuscaloosa: University of Alabama Press.

Mead, Margaret. 1974. "What I Think I Have Learned about Education." *Education* 94, no. 4 (Apr. -May): 291–406.

Meeker, J. W. 1978. "The Imminent Alliance: New Connections among Art, Science, and Technology." *Technology and Cultures* 19: 187–98.

Menuhin, Yehudi. 1972. *Theme and Variations*. New York: Stein and Day.

———. 1997. *Unfinished Journey: Twenty Years Later*. New York: Fromm International.

Mercier, Ann M. 1990. "NASA's Halem Illustrates Need for Info Visualization." *Federal Computer Weekly*, 8 Oct.: 28, 35.

Messiaen, Olivier. 1986. *Musique et Couleur: Nouveaux entretiens avec Claude Samuel*. Paris: Pierre Belfond.

Milgram, Roberta, and E. Hong. 1993. "Creative Thinking and Creative Performance in Adolescents as Predictors of Creative Attainments in Adults: A Follow-up Study after 18 Years." In R. Subotnik and K. Arnold, eds. *Beyond Terman: Longitudinal Studies in Contemporary Gifted Education*. Norwood, N.J.: Ablex.

Miller, Arthur I. 1984. *Imagery in Scientific Thought*. Boston: Birkhauser.

Miller, Stephen. 1973. "Ends, Means, and Galumphing: Some Leitmotifs of Play." *American Anthropologist* 75: 87–98.

Mitchell, Alice L., ed. and trans. 1983. *Carl Czerny: A Systematic Introduction to Improvisation on the Pianoforte*. New York: Longman.

Moholy-Nagy, L. 1947. *Vision in Motion*. Chicago: Paul Theobald.

Molella, Arthur. 1998. "From the Director." *Lemelson Center News* 3, no. 2.

Mondrian, Piet. 1995. *Natural Reality and Abstract Reality*. Trans. Martin'S. James. New York: George Braziller.

Monod, Jacques. 1970. *Le Hasard et la necessité*. Paris: Le Seuil.

Moore, Henry. 1934. "The Sculptor's Aims." In Robert L. Herbert, ed. 1964. *Modern Artists on Art*. Englewood Cliffs, N.J.: Prentice-Hall.

Morgan, Louise. 1931. *Writers at Work*. London: Chatto and Windus.

Morgenstern, Sam, ed. 1956. *Composers on Music: An Anthology of Composers Writings*. London: Faber and Faber.

Morris, Desmond. 1971. "The Naked Artist." *Observer Magazine*, 10 Oct.: 22–25.

———. 1980. *Animal Days*. New York: William Morrow.

———. 1987. *The Secret Surrealist: The Paintings of Desmond Morris*. Oxford: Phaidon.

Morrison, Jim. 1993. "Bedside Matters." *American Way Magazine*, 1 Oct.: 48–51.

Morrison, Philip, Phylis Morrison, and the Office of Charles and Ray Eames. 1982. *Powers of Ten*. New York: Scientific American Library.

Moulton, F. R., and J. J. Schifferes, eds. 1960. *The Autobiography of Science*. 2nd ed. Garden City, N. Y.: Doubleday.

Mukand, Jon. 1990. *Vital Lines: Contemporary Fiction about Medicine*. New York: St. Martin's Press.

Munthe, Nellie. 1983. *Meet Matisse*. Boston: Little, Brown.

Nabokov, Vladimir. 1947. *Speak, Memory: An Autobiography Revisited*. Reprint, 1966: New York: G. P. Putnam's Sons.

———. 1980. *Lectures on Literature*. Ed. Fredson Bowers. New York: Harcourt Brace Jovanovich.

Nachmanovitch, Stephen. 1990. *Free Play: Improvisation in Life and Art*. Los Angeles: Jeremy Tarcher.

Nash, S. A., and J. Merkert, eds. 1985. *Naum Gabo: Sixty Years of Constructivism*. New York: Prestel Verlag.

Nelson, David R., and Bertrand I. Halperin. 1985. "Pentagonal and Icosahedral Order in Rapidly Cooled Metals." *Science* 229: 233–36.

Noguchi, Isamu. 1994. *Isamu Noguchi: Essays and Conversations*. Ed. Diane Apostolos-Cappadona and Bruce Altschuler. New York: Harry N. Abrams and Isamu Noguchi Foundation.

Nyman, Michael. 1974. *Experimental Music: Cage and Beyond*. London: Studio Vista.

Oddleifson, Eric. 1998. *Public Education Rooted in the Arts: Moving from Concept to Practice*. Hingham, Mass.: Center for the Arts in Basic Curriculum.

Odin, Steve. 1986. "Blossom Scents Take Up the Ringing: Synaesthesia in Japanese and Western Aesthetics." *Soundings* 69, no. 3: 256–81.

Ohno, Susumi. 1993. "A Song in Praise of Peptide Palindromes." *Leukemia* 7, suppl. 2: S157–59.

Ohno, Susumi, and Midori Ohno. 1986. "The All Pervasive Principle of Repetitious Recurrence

Governs Not Only Coding Sequence Construction but also Human Endeavor in Musical Composition." *Immunogenetics* 24: 71–78.

O'Keeffe, Georgia. 1976. *Georgia O'Keeffe*. New York: Viking Penguin.

Oster, Gerald, and Yasunori Nakashima. 1963. "Moiré Patterns." *Scientific American* 208 (May): 54–63.

Packer, William, and Gemma Levine. 1985. *Henry Moore: An Illustrated Biography*. New York: Grove Press.

Padgett, Ron, ed. 1987. *The Teachers and Writers Handbook of Poetic Forms*. New York: Teachers and Writers Collaborative.

Parkinson, S. E., and J. H. Edwards. 1997. "Innovative Visual-Spatial Powers of Dyslexics: A New Perspective?" Internet Service Dyslexia Paper Archive.

Parola, René. 1996. *Optical Art: Theory and Practice*. New York: Dover Press.

Pasteur, Louis. 1939. *Oeuvres de Pasteur*. 7 vols. Paris: Masson.

Pasztor, E. 1993. "The Role of Humanities and Arts in Medical Education with Special Reference to Neurosurgery." *Acta Neurochirurgica* 124: 176–78.

Pauling, Linus. 1963. "The Genesis of Ideas," in *Proceedings of the Third World Congress of Psychiatry, 1961*. Vol. 1. Toronto: University of Toronto Press.

Pavarotti, Luciano. 1999. Interview, *Morning Edition*, National Public Radio, 7 Jan.

Pearce, Peter. 1978. *Structure in Nature Is a Strategy for Design*. Cambridge, Mass.: MIT Press.

Peterson, Ivars. 1985a. "The Fivefold Way for Crystals." *Science News* 127: 188–89.

——. 1985b. "The Sound of Data." *Science News* 127: 348–50.

——. 1987. "Twists of Space." *Science News* 132: 264–66.

——. 1994. "Bach to Chaos. Chaotic Variations on a Classical Theme." *Science News* 146: 428–29.

——. 1998. "Twists through Space." *Science News* 154: 143.

——. 1999. "A Quasicrystal Construction Kit." *Science News* 155: 60–61.

Petroski, Henry. 1985. *To Engineer Is Human: The Role of Failure in Successful Design*. New York: St. Martin's Press.

——. 1996. *Invention by Design: How Engineers Get from Thought to Thing*. Cambridge, Mass.: Harvard University Press.

——. 1997. "Design Competition." *American Scientist* 85: 511–15.

——. 1999. "Work and Play." *American Scientist* 87: 208–12.

Pfeiffer, John E. 1982. *The Creative Explosion: An Inquiry into the Origins of Art and Religion*. New York: Harper and Row.

Piaget, Jean. 1951. *Play, Dreams and Imitation in Childhood*. New York: W. W. Norton.

Pinet, Helene. 1992. *Rodin: The Hands of Genius*. Trans. Caroline Palmer. New York: Harry N. Abrams.

Planck, Ernst. 1949. *Scientific Autobiography*. Trans. Frank Gaynor. New York: Philosophical Library.

Platt, John Rader. 1962. *The Excitement of Science*. Boston: Houghton Mifflin.

Poincaré, Henri. 1913. *The Foundations of Science: Science and Hypothesis; The Value of Science;*

Science and Method. 3 vols. Trans. G. B. Halsted. Reprint, 1946: Lancaster, Pa.: Science Press.

Polanyi, Michael. 1958. *Personal Knowledge: Towards a Post-Critical Philosophy.* Chicago: University of Chicago Press.

Poling, Clark V. 1975. *Bauhaus Color.* Atlanta, Ga.: High Museum of Art.

Pollock, M., ed. 1983. *Common Denominators in Art and Science.* Aberdeen, Scotland: Aberdeen University Press.

Prescott, Frederick C. 1922. *The Poetic Mind.* Ithaca, N.Y.: Great Seal Books.

Quennell, Peter, ed. 1980. *Vladimir Nabokov: His Life, His Works, His World: A Tribute.* New York: William Morrow.

Ramón y Cajal, Santiago. 1937. *Recollections of My Life.* Trans. E. H. Craigie and J. Cano. Cambridge, Mass.: MIT Press.

———. 1951. *Precepts and Counsels on Scientific Investigation: Stimulations of the Spirit.* Trans. J. M. Sanchez-Perez. Mountain View, Calif.: Pacific Press.

Ratliff, Floyd. 1974. "Georg von Békésy: His Life, His Work, and His 'Friends.'" In J. Wirgin, ed. *The Georg von Békésy Collection.* pp. 15–16. Malmo, Sweden: Allhems Folag.

Rauscher, Frances H., Gordon L. Shaw, and Katherine N. Ky. 1993. "Music and Spatial Task Performance." *Nature* 365: 611.

Rayleigh, Lord. 1942. *The Life of Sir J. J. Thomson, O. M.* Cambridge: Cambridge University Press.

Read, Herbert. 1943. *Education Through Art.* Reprint, 1957: New York: Pantheon Books.

Reid, Constance. 1973. *A Long Way from Euclid.* New York: T. Y. Crowell.

Remy, Michel. 1991. *The Surrealist World of Desmond Morris.* Trans. Leon Sagaru. London: Jonathan Cape.

Richer, Paul. 1895. *Physiologie artistique l'homme en mouvement.* Paris: Hachette.

Riley, Bridget. 1995. *Bridget Riley: Dialogues on Art.* Ed. Robert Kudielka. London: Zwemmer.

Ritter, Malcolm. 1998. "Doctors from a Distance." *Lansing State Journal,* 8 Apr.: 6D.

Ritterbush, P. C. 1968. *The Art of Organic Forms.* Washington, D.C.: Smithsonian Institution Press.

Robin, Harry. 1992. *The Scientific Image: From Cave to Computer.* New York: Harry N. Abrams.

Robinson, Roxana. 1989. *Georgia O'Keeffe: A Life.* New York: Harper and Row.

Roe, Ann. 1953. *The Making of a Scientist.* New York: Dodd, Mead.

Root-Bernstein, M. M. 1997. "Arts Are the 4th 'R' in Education." *Lansing State Journal,* 2 Dec.: 7A.

Root-Bernstein, R. S. 1984a. "Creative Process as a Unifying Theme of Human Cultures." *Daedalus* 113: 197–219.

———. 1984b. "On Paradigms and Revolutions in Science and Art." *Art Journal* 43: 109–18.

———. 1985. "Visual Thinking: The Art of Imagining Reality." *Transactions of the American Philosophical Society* 75: 50–67.

———. 1987a. "Tools of Thought: Designing an Integrated Curriculum for Lifelong Learners." *Roeper Review* 10: 17–21.

———. 1987b. "Harmony and Beauty in Biomedical Research." *Journal of Molecular and Cellular Cardiology* 19: 1–9.

———. 1989a. "How Do Scientists Really Think?" *Perspectives in Biology and Medicine* 32: 472–88.

———. 1989b. *Discovering*. Cambridge, Mass.: Harvard University Press. Reprint, 1999: Replica Press.

———. 1989c. "Beauty, Truth, and Imagination: A Perspective on the Science and Art of Modeling Atoms." In J. Burroughs, ed. *Snelson's Atom*. Catalogue for Novo Presents: Art at the Academy Exhibit, New York Academy of Science. pp. 15–20.

———. 1990. "Sensual Education." *The Sciences*, Sept.-Oct.: 12–14.

———. 1991. "Exercises for Teaching 'Tools of Thought' in a Multi-disciplinary Setting. I. Abstracting." *Roeper Review* 13: 85–90.

———. 1996a. "The Sciences and Arts Share a Common Creative Aesthetic." In A. I. Tauber, ed. *The Elusive Synthesis: Aesthetics and Science*. pp. 49–82. Amsterdam: Kluwer.

———. 1996b. "Do We Have the Structure of DNA Right? Aesthetic Assumptions, Visual Conventions, and Unsolved Problems." *Art Journal* 55: 47–55.

———. 1997a. "Art, Imagination and the Scientist." *American Scientist* 85: 6–9.

———. 1997b. "For the Sake of Science, the Arts Deserve Support." *Chronicle of Higher Education* 43 (11 July): 15.

———. 1997c. "Hobbled Arts Limit Our Future." Commentary. *Los Angeles Times*, 2 Sept.: B7.

Root-Bernstein, R. S., and M. M. Root-Bernstein. 1997. *Honey, Mud, Maggots and Other Medical Marvels*. Boston: Houghton Mifflin.

Root-Bernstein, R. S., M. Bernstein, and H. Garnier. 1995. "Correlations Between Avocations, Scientific Style, Work Habits, and Professional Impact of Scientists." *Creativity Research Journal* 8: 115–37.

Rosen, Randy. 1978. *Prints: The Facts and Fun of Collecting*. New York: E. P. Dutton.

Ross, Ronald. 1928. "Ambitions." In *Poems*. London: Elkin, Matthews, and Marrot.

Rothstein, Edward. 1995. *Emblems of Mind: The Inner Life of Music and Mathematics*. New York: Times Books.

Rouvray, Dennis. 1994. "Elementary, My Dear Mendeleyev." *New Scientist*, 12 Feb.: 36–39.

Rowley, Gill, ed. 1978. *The Book of Music*. Englewood Cliffs, N.J.: Prentice-Hall.

Rukeyser, Muriel. 1942. *Willard Gibbs*. Garden City, N.Y.: Doubleday, Doran.

Sacks, Oliver. 1967. *Awakenings*. New York: E. P. Dutton. Reprint, 1983: New York: Summit.

———. 1987. *The Man Who Mistook His Wife for a Hat*. New York: Harper and Row.

———. 1989. *Seeing Voices: A Journey into the World of the Deaf*. Berkeley: University of California Press.

———. 1995. *An Anthropologist on Mars*. New York: Random House.

Salem, Lionel, Frédéric Testard, and Coralie Salem. 1992. *The Most Beautiful Mathematical Formulas*. New York: John Wiley.

Salmon, André, 1961. *Modigliani: A Memoir*. Trans. D. and R. Weaver. New York: Putnam.

Sarton, May. 1968. *Plant Dreaming Deep*. New York: W. W. Norton.

Sayen, Jamie. 1985. *Einstein in America*. New York: Crown.

Schaer, Barbara, L. Trentham, E. Miller, and'S. Isom. 1985. "Logical Development Levels and

Bibliography（参考文献） **435**

Visual Perception: Relationships in Undergraduate Engineering Graphic Communications."
Paper presented at the Mid-South Educational Research Association, 6 Nov. 1985, Biloxi,
Miss.

Schattschneider, Doris, and Wallace Walker. 1977. *M. C. Escher Kaleidocycles*. Reprint, 1987: Corte
Madera, Calif.: Pomegranate Press.

Schillinger, Frances. 1949. *Joseph Schillinger: A Memoir*. New York: Greenberg.

Schillinger, Joseph. 1948. *The Mathematical Basis of the Arts*. New York: Philosophical Library.

Schilpp, Paul A. 1949. *Albert Einstein: Philosopher-Scientist*. 2 vols. New York: Harper Brothers.

Schlemmer, Tut, ed. 1972. *The Letters and Diaries of Oskar Schlemmer*. Trans. Krishna Winston.
Middletown, Conn.: Wesleyan University Press.

Schwartz, Paul Waldo. 1969. *The Hand and Eye of the Sculptor*. New York: Praeger.

Seabrook, William. 1941. *Doctor Wood: Modern Wizard of the Laboratory*. New York: Harcourt, Brace.

Service, R. F. 1998. "Breathalyzer Device Sniffs for Disease." *Science* 281: 1431.

Seymour, Alta. 1966. *Charles Steinmetz*. Chicago: Follett.

Shindell, Steve M. 1986. "History and Frequency of Reported Synesthesia." In Milton Wolpin,
Joseph E. Shorr, and Lisa Krueger, eds. *Imagery*. Vol. 4, *Recent Practice and Theory*. New
York: Plenum Press.

Shreeve, James. 1993. "Touching the Phantom." *Discover* 14, no. 6: 35–42.

Siler, Todd. 1990. *Breaking the Mind Barrier*. New York: Simon and Schuster.

———. 1996. *Think Like a Genius*. Reprint, 1997: New York: Bantam.

Silverman, Debora L. 1989. *Art Nouveau in Fin-de-Siècle France*. Berkeley: University of California
Press.

Simons, Lao Genevra. 1939. *Fabre and Mathematics*. New York: Scripta Mathematica.

Simonton, Dean Keith. 1984. *Genius, Creativity and Leadership*. Cambridge, Mass.: Harvard
University Press.

Smith, Cyril'S. 1981. *A Search for Structure: Selected Essays on Science, Art, and History*. Cambridge,
Mass.: MIT Press.

Smith, David Eugene. 1934. *The Poetry of Mathematics and Other Essays*. New York: Scripta
Mathematica.

Snyder, Gary. 1980. *The Real Work: Interviews and Talks 1964–1979*. Ed. W. Scott McLean. New
York: New Directions.

———. 1992. *No Nature: New and Selected Poems*. New York: Pantheon.

Soderqvist, Thomas. 1996. "Partners in Physiology." Book review. *Science* 271: 168182.

Spender, Stephen. 1955. *The Making of a Poem*. London: Hamish Hamilton.

Stanislavsky, Konstantin. 1925. *My Life in Art*. Trans. G. Ivanov-Mumjiev. Moscow: Foreign
Languages Publishing House.

———. 1936. *An Actor Prepares*. Trans. Elizabeth Reynolds Hapgood. Reprint, 1958: New York:
Theatre Arts Books.

———. 1961. *Stanislavsky on the Art of the Stage*. Trans. David Magarshack. New York: Hill and Wang.

Stein, Dorothy. 1985. *Ada: A Life and a Legacy*. Cambridge, Mass.: MIT Press.

Stein, Sherman. 1963. *Mathematics: The Man-Made Universe.* San Francisco: W. H. Freeman.

Steinbeck, John, and Edward F. Ricketts. 1941. *Sea of Cortez.* Mamaroneck, N.Y.: Paul P. Appel.

Stephen, Leslie. 1968. *Some Early Impressions.* New York: Burt Franklin.

———. 1977. *Sir Leslie Stephen's Mausoleum Book.* Oxford: Clarendon Press.

Stephenson, E. M., and C. S. Stewart. 1955. *Animal Camouflage.* 2nd ed. London: Adam and Charles Black.

Stewart, Doug. 1985. "Teachers Aim at Turning Loose the Mind's Eyes." *Smithsonian*, Aug.: 44–55.

Stiles, Kristine, and Peter Selz. 1996. *Theories and Documents of Contemporary Art: A Sourcebook of Artists' Writings.* Berkeley: University of California Press.

Stone, John. 1988. "Listening to the Patient." *New York Times Magazine*, 12 June, 108–9.

Strachey, Constance, ed. 1907. *Letters of Edward Lear.* London: T. Fisher Unwin.

Stravinsky, Igor. 1936. *Igor Stravinsky: An Autobiography.* Reprint 1975: London: Calder and Boyars.

———. 1970. *The Poetics of Music.* Trans. Arthur Knodel and Ingolf Dahl. Cambridge, Mass.: Harvard University Press.

Stravinsky, Igor, and Robert Craft. 1959. *Conversations with Igor Stravinsky.* Garden City, N.Y.: Doubleday.

Strum, Shirley. 1987. *Almost Human: A Journey into the World of Baboons.* New York: Random House.

Suhr, Jim. 1998. "'Underground Houdini' Finishes His Journey."*Lansing State Journal*, 30 Nov., 5B.

Suzuki, Daisetz T. 1962. *The Essentials of Zen Buddhism.* New York: E. P. Dutton.

Suzuki, Shinichi. 1969. *Nurtured by Love: A New Approach to Education.* Trans. Waltraud Suzuki. New York: Exposition Press.

Svitil, Kathy A. 1998. "A Touch of Science." *Discover* 19 (June): 81–84.

Swafford, Jan. 1996. *Charles Ives: A Life with Music.* New York: W. W. Norton.

Sweeley, C. C., J. F. Holland, D. S. Towson, and B. A. Chamberlin. 1987. "Interactive and Multi-Sensory Analysis of Complex Mixtures by an Automated Gas Chromatography System." *Journal of Chromatography* 399: 173–81.

Sweeney, James Johnson. 1963. "Alexander Calder: Work and Play." *Art in America* 51: 93–96.

Sykes, Christopher. 1994. *No Ordinary Genius: The Illustrated Richard Feynman.* New York: W. W. Norton.

Sylvester, David. 1968. *Henry Moore.* London: Arts Council of Great Britain.

Szent-Györgyi, Albert. 1957. *Bioenergetics.* New York: Academic Press.

———. 1966. "In Search of Simplicity and Generalizations (50 Years of Poaching in Science)." In N. O. Kaplan and E. P. Kennedy, eds. *Current Aspects of Biochemical Energetics.* pp. 63–76. New York: Academic Press.

———. 1971. "Looking Back." *Perspectives in Biology and Medicine* 15: 1–6.

Szladits, Lola L., and Harvey Simmonds. 1969. *Pen and Brush: The Author as Artist.* New York: New York Public Library.

Tauber, Peter. 1997. "The Cynic Who Never Soured." *New York Times Magazine*, 2 Nov.: 50.

Tesla, Nikola. 1977. *My Inventions*. Zagreb, Yugoslavia: Skolska Knjiga.

Thackeray, William. 1901. *Pendennis*. London: Macmillan.

Thayer, Gerald. 1909. *Concealing-Coloration in the Animal Kingdom: An Exposition of the Laws of Disguise Through Color and Pattern: Being a Summary of Abbott H. Thayer's Discoveries*. New York: Macmillan.

Thomas, Ann. 1997. *Beauty of Another Order: Photography in Science*. New Haven, Conn.: Yale University Press with the National Gallery of Canada, Ottawa.

Thomsen, D. E. 1987. "A Periodic Table for Molecules." *Science News* 131: 87.

Thomson, G. P. 1961. *The Inspiration of Science*. Oxford: Oxford University Press.

Thomson, J. J. 1937. *Recollections and Reflections*. New York: Macmillan.

Trachtman, Paul. 1998. "The Horse Whisperer." *Smithsonian* 29 (May): 56–66.

Truesdell, Clifford. 1984. *An Idiot's Fugitive Essays on Science*. New York: Springer-Verlag.

Tufte, Edward R. 1983. *The Visual Display of Quantitative Information*. Cheshire, Conn.: Graphics Press.

———. 1990. *Envisioning Information*. Cheshire, Conn.: Graphics Press.

Ulam, Stanislaw. 1976. *Adventures of a Mathematician*. New York: Charles Scribner's Sons.

Van Briessen, Fritz. 1962. *The Way of the Brush: Painting Techniques of China and Japan*. Rutland, Vt.: Charles E. Tuttle.

Van der Wolk, Johannes, Ronald Pickvance, and E. B. F. Pey. 1990. *Vincent Van Gogh: Drawings*. Otterlo, Netherlands: Rijksmuseum Kröller-Müller.

Van't Hoff, J. H. 1878. "Imagination in Science." Inaugural lecture. Trans. G. F. Springer. Reprint, 1967, in *Molecular Biology, Biochemistry, and Biophysics*, vol. 1. New York: Springer-Verlag.

Varga, Balint A. 1996. *Conversations with Iannis Xenakis*. London: Faber and Faber.

Vasari, Giorgio. 1978. *Artists of the Renaissance*. Trans. George Bull. New York: Viking.

Vermeij, Geerat. 1997. *Privileged Hands: A Remarkable Scientific Life*. San Francisco: W. H. Freeman.

Vitz, Paul C., and Arnold B. Glimcher. 1984. *Modern Art and Modern Science: The Parallel Analysis of Vision*. New York: Praeger.

Von Frisch, Karl. 1967. *A Biologist Remembers*. Trans. Lisbeth Gombrich. New York: Oxford University Press.

Vroon, Piet, with Anton van Amerongen and Hans de Vries. 1997. *Smell: The Secret Seducer*. New York: Farrar, Straus and Giroux.

Vygotsky, Lev. 1971. *The Psychology of Art*. Cambridge, Mass.: MIT Press.

Waddington, C. H. 1969. *Behind Appearance: A Study of the Relations between Painting and the Natural Sciences in This Century*. Cambridge, Mass.: MIT Press.

———. 1972. *Biology and the History of the Future*. Edinburgh: Edinburgh University Press.

———. 1977. *Tools for Thought*. London: Jonathan Cape.

Wall, Donald, ed. 1975. *Gene Davis*. New York: Praeger.

Watkins, Floyd C., and Karl F. Knight, eds. 1966. *Writer to Writer: Readings on the Craft of Writing*. Boston: Houghton Mifflin.

Watson, James. 1968. *The Double Helix*. New York: Atheneum.

Weaver, Warren. 1956. "Lewis Carroll: Mathematician." *Scientific American* 194 : 11628.

Wechsler, Judith, ed. 1978. *On Aesthetics in Science*. Cambridge, Mass.: MIT Press.

Wechter, Dixon. 1985. "How to Write History." In *A Sense of History: The Best Writing from the Pages of American Heritage*. pp. 38-45. New York: American Heritage.

Weisgall, Deborah. 1997-98. "Bridging Two Cultures." *Guest Informant Boston/Cambridge*.

Weiskrantz, L. ed. 1988. *Thought Without Language*. Oxford: Clarendon Press.

Weiss, Peter. 1998. "Atom-Viewing 101: Make STMs at Home." *Science News* 154: 269.

Wells, H. G. 1913. *Little Wars*. London: Macmillan.

Wertheimer, Max. 1959. *Productive Thinking*. Enlarged ed. New York: Harper and Brothers.

White, R. K. 1931. "The Versatility of Genius." *Journal of Social Psychology* 2: 460-89.

Whitford, Frank, ed. 1993. *The Bauhaus: Masters and Students by Themselves*. Woodstock, N.Y.: Overlook Press.

Wiener, Norbert. 1953. *Ex-Prodigy: My Childhood and Youth*. New York: Simon and Schuster.

——. 1956. *I Am a Mathematician*. London: Gollancz.

Wilson, Frank R. 1998. *The Hand: How Its Use Shapes the Brain, Language, and Human Culture*. New York: Pantheon.

Wilson, J. F. 1948. "Adjustments to Blindness." *British Journal of Psychology, General Section* 39, no. 4: 218-26.

Wilson, Mitchell. 1949. *Live with Lightning*. Boston: Little, Brown.

——. 1972. *Passion to Know*. Garden City, N.Y.: Doubleday.

Winternitz, Emanuel. 1958. "Gnagflow Trazom: An Essay on Mozart's Script, Pastimes, and Nonsense Letters." *Journal of the American Musicological Society* 9: 200-216.

——. 1982. *Leonardo da Vinci as a Musician*. New Haven: Yale University Press.

Witte, Marlys H., A. Kerwin, and C. L. Witte. 1988. "On Ignorance." *Perspectives in Biology and Medicine* 31: 524-25.

Witte, Marlys H., A. Kerwin, C. L. Witte, and A. Scadron. 1989. "A Curriculum on Medical Ignorance." *Medical Education* 23: 24-29.

Wolkomir, Joyce, and Richard Wolkomir. 1990. "Uncovering the Chemistry of Love and War." *National Wildlife*, Aug.-Sept.: 44-51.

Wolpert, Louis, and Allison Richards. 1997. *Passionate Minds*. Oxford: Oxford University Press.

Wolpin, Milton, J. E. Schorr, and Lisa Krouger. 1986. *Imagery*. Vol. 4: *Recent Practice and Theory*. New York: Plenum.

Wood, Bernard, and Mark Collard. 1999. "The Human Genus." *Science* 284: 65-71.

Woodward, C. E. 1989. "Art and Elegance in the Synthesis of Organic Compounds: Robert Burns Woodward." In D. B. Wallace and H. E. Gruber, eds. *Creative People at Work*. New York: Oxford University Press.

Woolf, Virginia. 1927. *To the Lighthouse*. Reprint, 1977: Harcourt Brace.

——. 1976. *Moments of Being: Unpublished Autobiographical Writings*. New York: Harcourt Brace Jovanovich.

Woolsey, Thomas A. 1978. "C. N. Woolsey—Scientist and Artist." *Brain Behavior and Evolution* 15: 307–24.

Wordsworth, William. 1800. *Lyrical Ballads*, vol. 6. 2nd ed. London: Macmillan.

Writers at Work: The Paris Review Interviews, 1963–1984. Series 1–6. New York: Viking Press.

Xenakis, Iannis. 1985. *Arts/Sciences: Alloys*. New York: Pendragon Press.

——. 1992. *Formalized Music: Thought and Mathematics in Composition*. Harmonologia Series, No. 6. New York: Pendragon Press.

Zigrosser, C., ed. 1976. *Ars Medica: A Collection of Medical Prints*. pp. 14–15. Philadelphia: Philadelphia Museum of Art.

Minds-On Resources

THINGS FOR ALL AGES TO PLAY WITH

Art to Zoo: News for Schools from the Smithsonian Institution. Office of Elementary and Secondary Education, Washington, D.C. 20560. An educator's guide to materials, games, and other exercises associated with the Smithsonian's exhibits. Covers every possible tool for thinking in the most multicultural way.

Beeswax for Modeling. Stockmar Wax in many different colors is available from Hearth Song, P.O. Box B, Sebastopol, CA 95473. 1–800–325–2502.

Dymaxion World Puzzle, Buckminster Fuller Institute. 1987. Available from Pacific Puzzle Company, 378 Guemes Island Road, Anacortes, WA 98221. A puzzle-map illustration of one of Fuller's basic structural ideas.

Dimensional Man. (David Pelham, 1999). New York: Simon and Schuster. A lifesized, 3-D cutaway model of the human body with moving parts.

Edmund Scientific Catalog. Edmund Scientific Company, Consumer Science Division, 1101 East Gloucester Pike, Barrington, NJ 08007–1380. 1–800–728–6999. The home source for everything from models, motors, and gears to electronics and cameras you can build yourself. Covers the range of tools for thinking.

Edwards, Betty. 1979. *Drawing on the Right Side of the Brain.* Los Angeles: Tarcher. Imaging, dimensional thinking, empathizing, and other tools, channeled in the direction of visual art.

Ernst, Bruno. 1992. *Optical Illusions.* Cologne, Germany: Taschen. Describes how to make Penrose impossible staircases and tribars. Also covers Escher's geometric impossibilities and cognitive aspects of perception.

Exploratorium Quarterly. The Exploratorium, 3601 Lyon Street, San Francisco, CA 94123–9835, is the premier hands-on museum in the world. Its quarterly magazine and *Exploring* reprints (*Exploring Rhythm; Exploring Patterns; Exploring Transformations*) provide many activities.

Froebel Blocks (Friedrich Froebel, 1831). Museum of Modern Art. Mail Order Department. 11 West 53rd St., New York, NY 10019–5401. 1–800–447–6662. The 3-D building game that stimulated the likes of Frank Lloyd Wright, Buckminster Fuller, and Wassily Kandinsky.

Gardner, Martin. 1978. *Aha! Insight.* San Francisco: W. H. Freeman. Any book by Gardner is great, and this is one of the best. Pattern recognition and forming, 2-D and 3-D puzzles, and much more.

Geodesic Dome Model Kits, Avionics Plastics Corporation, Farmington, NY 11735. Build Buckminster Fuller geodesic domes and much more.

Haab, Sherri, and Torres, Laura. 1994. *The Incredible Clay Book.* Palo Alto, Calif.: Klutz Press. A gem for building 3-D and manipulative skills.

Klutz Catalogue, 455 Portage Avenue, Palo Alto, CA 94306–2213. 1–800–558–8944. The best hands-on books around for building body thinking, imaging, patterning, and related skills.

Kohl, MaryAnn F. 1989. *Mudworks: Creative Clay, Dough, and Modeling Experiences*. Bellingham, Wash.: Bright Ring Publishing. The title says it all.

Long Jump Preceded by a Run: A Chronophotograph by Etiennes-Jules Marey. Optical Toys. P.O. Box 23, Putney, VT 05346. A flipbook recreating Marey's studies of motion.

Making Music. (Morton Subotnik. 1995.) Voyager CD-ROM (www.voyager.com). A visual-pattern approach to composing music on computers.

Mindware. 2720 Patton Road, Roseville, MN 55113. 1–800–999–0398. One of the best general catalogues of 3-D games, puzzles, building toys, tessellations, and much more.

Ninomiya, Yasuaki. 1980. *Whitewings, Excellent Paper Airplanes*. AG Industries, 3832 148th Ave. NE, Redmond, WA 98052. 1–206–885–4599. Some of the best paper airplane designs around. Good for dimensional and modeling skills.

One Milk Drop. (Harold "Doc" Edgerton, 1996.) Optical Toys, P.O. Box 23, Putney, VT 05346. A flipbook recreating Edgerton's stop-motion photography.

Origami. You'll find many good books on origami at your library or bookstore. Refer to the articles by Barry Cipra listed in the Bibliography for the mathematical basis of origami.

Parola, René. 1996. *Optical Art: Theory and Practice*. New York: Dover Publications. Hands-on examples of how to make moiré patterns, optical illusions, Vasarely—and Bridget Riley-style drawings, and more, with examples from pros and teenagers.

Pentagram. 1989. *Puzzlegrams*. New York: Simon and Schuster. Puzzles using many tools for thinking.

Pentagram. 1990. *Pentagames*. New York: Simon and Schuster. Games using many tools for thinking.

Prairie Style Building Blocks and Guggenheim Architecture Blocks. Frank Lloyd Wright Collection. P.O. Box 64412, St. Paul, MN 55164–0412. 1–800–735–2587. Different block styles for building 3-D skills.

Ruef, Kerry. 1992. *The Private Eye: Looking/Thinking by Analogy*. Seattle: Private Eye Project. Exercises for analogical thinking across the curriculum.

Schattschneider, Doris, and Wallace Walker. 1977. *M. C. Escher Kaleidocycles*. Corte Madera, Calif.: Pomegranate Press. Escher prints that you cut and paste to form geometric solids and kaleidocycles, a novel 3-D geometric form invented by the authors, a mathematician and an artist, respectively.

Sculpstone. T&M McCurry, Box 372, Philo, CA 95466. 1–707–895–2291. Sculpting material for learning basic 3-D techniques and manipulative skills.

Set. (Marsha Falco, 1991.) Game of pattern recognition and, equally important, nothingness perception for people of any age. Widely available in retail stores.

Seymour, Dale, and Jill Britton. 1989. *Introduction to Tessellations*. Palo Alto, Calif.: Dale Seymour Publications. Ever wonder how Escher actually made his tessellations? Hands-on exercises show you.

Skwish (1991). Pappa Geppetto's Toys Victoria, Ltd. Box 3567, Blaine, WA 98231-3567. A Kenneth Snelson tensegrity model in the form of a squishable toy for kids of all ages.

Sunprint Kit. Lawrence Hall of Science, University of California, Berkeley, CA 94720. 1-415-642-1016. Available at Natural Wonders stores. Makes photographic prints using sunlight and water as a developer. Great for thinking about how 3-D maps onto 2-D.

Tangrams. The ancient Chinese puzzle is available in many forms in most hobby and toy stores. Teaches pattern recognition and pattern forming.

Tensegritoy. Tensegrity Systems Corporation. Tivoli, NY 12583. 1-800-227-2316. A building system based on Kenneth Snelson's tensegrity principle.

The Magic Mirror: An Antique Optical Toy. 1979. New York: Dover Publications. Anamorphic pictures that use a cylindrical mirror (included).

The Magic Moving Picture Book. 1977. New York: Dover Publications. Recreates the kinds of images Muybridge and Marey made popular.

Tree Blocks. Von Oppen Toy Company, 2022 Cliff Drive, Suite 292, Santa Barbara, CA 93109. 1-818-992-4569; e-mail: elves@treeblocks.com. These, the most unusual blocks we have come across, provide a very different approach to 3-D building than do geometric shapes.

SELECTED VIDEO AND AUDIO SOURCES

"Alexander Calder," *An American Masters Special* (WNET, 1998). WNET, P.O. Box 2284, South Burlington, VT 05407. 1-800-336-1917.

Behind the Scenes. Ten half-hour episodes with Penn and Teller, directed and produced by Ellen Hovde and Muffie Meyer. WNET, P. O. Box 2284, South Burlington, VT, 05407. 1-800-336-1917. This introduction to how creative people work illustrates all of the thinking tools. Particularly good for children and teens.

From the Earth to the Moon. Part 5: Spider (1999). Directed by Tom Hanks. An excellent example of transformational thinking, recreating the development of the lunar lander from sketch through model to functional machine.

"Georgia O'Keeffe," *American Masters Series.* Directed by Perry Adato. WNET, P.O. Box 2284, South Burlington, VT 05407. 1-800-336-1917.

Helen Keller in Her Story. American Foundation for the Blind, 11 Penn Plaza, Suite 300, New York, NY 10001. Original film interviews with Keller, revealing her incredible intelligence.

"Innovation and Imagination." Robert Haas, recorded 26 Feb. 1997 by CSPAN2 for "About Books." Available from the National Association of Independent Schools, 1620 L Street NW, Washington, DC 20036.

Lorenzo's Oil (1992). Directed by George Miller. A factually accurate reconstruction of the Odones' attempt to find a cure for their son's mysterious disease; pattern recognition and modeling play major roles.

"Martin Gardner, Mathemagician." *The Nature of Things* (Canadian Broadcasting Corporation, 1996) (http://www.cbc.ca). Directed by David Suzuki. Mathematical art, magic, game

Minds-On Resources | 443

playing, pattern forming, and everything else wonderful that Martin Gardner has always melded.

"People in Motion II." Directed by Vicki Sufian. WNET, P.O. Box 2284, South Burlington, VT 05407. 1-800-336-1917. A look at how Evelyn Glennie makes music and how other handicapped people make art or do other unlikely things. Illustrates many tools in unexpected ways.

The Race for the Double Helix (1993). Directed by Mick Jackson. A factually accurate reconstruction of the Watson-Crick discovery of the DNA double helix, starring Jeff Goldblum and emphasizing the roles of hunches, emotions, modeling, and transformational thinking.

"Race for the Superconductor," *Nova*, 1988 (WNET, Boston). Proprioceptive and transformational thinking that mixes dance with physics.

Sequencia (Susan Alexjander). CD, Logos Series, Science and the Arts, P.O. Box 8162, Berkeley, CA 94707. DNA-based music.

"Special Effects: Titanic and Beyond." *Nova*, 1999. WNET, P.O. Box 2284, South Burlington, VT 05407. 1-800-336-1917. Dimensional thinking, modeling, and an excellent segment on the electronic motion-capture technology that Marey's abstract photography has engendered.

Stomp Out Loud (Stomp, 1998). Pattern forming and proprioceptive thinking through urban primitive dance-music. Try it with a group of your friends!

Thirty-Two Short Films About Glenn Gould (1995). Directed by François Girard. Columbia Tristar Home Video. Everything from pattern forming to transformational thinking. Stunning!

Torn Notebook (University of Nebraska Television). Directed by Gene Bunge. Great Plains National, P.O. Box 80669, Lincoln, NE 68501-0669. 1-800-228-4630. A look at how Claes Oldenburg and Coosje von Bruggen created their sculpture "Torn Notebook," from idea through models to installation. Great example of transformational thinking.

Yo-Yo Ma Plays Bach's Cello Suites (Rhombus Media with WNET, 1997). WNET, P.O. Box 2284, South Burlington, VT 05407. 1-800-336-1917. Ma collaborates with a wide range of artists, architects, dancers, and filmmakers to produce a truly synesthetic experience.

Note: The Public Broadcasting System, the Canadian Broadcasting System, and the British Broadcasting Corporation put out catalogues of their programs each year. Many valuable documentaries concerning individual dancers, artists, sculptors, and scientists not listed here are available.

INTERNET SOURCES

Because of the incredibly rapid proliferation of Internet sites, any list is out of date before it is printed. The Internet references below are limited to those cited in the text. Many museums are now putting their resources on the Web, and almost every person mentioned in the book is discussed on at least one site. A careful choice of search terms will bring up other useful sites bearing on most of our tools for thinking as well.

Art-Science Collaborations, an organization that does what it says at: http://www.asci.org.

444

Bee vision (empathizing) can be found at: *http://cvs.anu.edu.au/andy/beye/beyehome.html* and at *http://www.geocities.com/Athens/Oracle/5410/bee.html.*

"Dance Review: Pilobolus Dance Theatre, Old Tale Just Isn't the Same," by Linda Belans: *www.nando.net.*

DNA music can be found at Phil Ortiz's Web site, Sounds of Science: *http://www.skidmore.edu/foureyes/phil/sos/sos.htm.*

Evelyn Glennie's home page, with interesting documents, is *http://www.evelyn.co.uk/bodypg.htm.*

The Exploratorium in San Francisco is one of the world's best hands-on museums specializing in science but exploring the arts as well. See their exhibits and other educational materials at: *http://www.exploratorium.edu/ti.*

The golden section as a pattern found in art, architecture, music, poetry, biology, and so on: *http://www.mcs.surrey.ac.uk/Personal/R.Knott/Fibonacci/fib'nArt.html.*

"Innovative Visual-Spatial Powers in Dyslexics: A New Perspective?" by'S. E. Parkinson and J. H. Edwards, 1997. Internet Service Dyslexia Paper Archive: *http://www.rmplc.co.uk/orgs/nellalex/adtvisuospatial.html.*

International Synaesthesia Association Index Web site: *http://nevis.sitr.ac.uk.*

Klutz products: *http://www.klutz.com.*

LEONARDO is the world's leading arts-sciences and arts-technology journal. Most of the ideas we discuss are explored here: *http://mitpress.mit.edu/e-journals/Leonardo/home.html.*

Montessori Foundation Bookstore: *http://www.montessori.org/bookstor.htm.*

Painting with atoms—the ultimate in dimensional art: *http://www.almaden.ibm.com/vis/stm/gallery.html.*

Paleomap Project. Geological pattern forming at: *http://www.scotese.com.*

Roger Penrose Web site: *http://rysy.msm.cam.ac.uk/~msms/penrose.html.*

Tensegrity Web site with information about Kenneth Snelson: *http://www.teleport.comb/~pdx4d/docs.*

Visible Human Project, National Library of Medicine: *http://www.npac.syr.edu/projects/vishuman/VisibleHuman.html.*

BOOKS FOR THE VERY YOUNG

Anno, Mitsumasa. 1969. *Topsy-Turvies.* New York: Weatherhill. Dimensional thinking.

———. 1971. *Upside-Downers: More Pictures to Stretch the Imagination.* New York: Weatherhill. More dimensional thinking.

Baum, Arline, and Joseph Baum. 1989. *Opt: An Illusionary Tale.* New York: Puffin Books (Viking). Excellent introduction to visual pattern recognition, dimensional thinking, and play.

Clement, Claude, and Frederic Clement. 1986. *The Painter and the Wild Swans.* New York: Dial. A painter empathizes with the swans he paints, becoming one.

Hepworth, Cathi. 1992. *Antics!* New York: G. P. Putnam's Sons. Pattern recognition based on finding the word "ant" in other words.

Minds-On Resources | 445

Johnson, Crockett. 1960. *Harold and the Purple Crayon; Harold's ABC*; and other titles. New York: Harper and Row. Pattern recognition, pattern forming, and analogizing.

Jonas, Ann. 1983. *Round Trip*. New York: Scholastic. Every picture in this unusual book can be seen in two ways. Pattern play.

Juster, Norton. 1963. *The Dot and the Line: A Romance in Lower Mathematics*. New York: Random House. Introduction to pattern forming in art and math.

Kunhardt, Dorothy. 1970. *Pat the Bunny*. New York: Golden Books. Kinesthetic thinking for the very, very young.

Moore, Frank J. 1978. *The Magic Moving Alphabet Book*. New York: Dover Publications. As the cover says, "26 Hidden Pictures Come to Life and Move with the Magical Moiré." A truly unique book that uses moiré patterns to hide and reveal images.

Shaw, Charles G. 1947. *It Looked Like Spilt Milk*. New York: Harper and Row. Classic in pattern recognition of forms in clouds.

READING FOR THE NOVICE LEARNER IN ALL OF US

Agee, Jon. 1999. *So Many Dynamos! And Other Palindromes*. Verbal pattern play.

Anno, Mitsumasa. 1985. *Anno's Sundial*. New York: Philomel Books. A pop-up book that covers a wide range of dimensional thinking issues, linking art and science in the process. All of Anno's books combine thinking skills that transcend disciplines.

Augarde, Tony. 1984. *The Oxford Guide to Word Games*. New York: Oxford University Press. Pattern forming, pattern recognition, playing.

Bang, Molly. 1991. Picture This. Boston: Bullfinch Press. An introduction to principles of visual design and visual thinking.

Berry, S. L. 1994. *E. E. Cummings*. Mankato, Minn.: Creative Education. Intriguing synthesis of biography, poetry, and resonant art by Stasys Eldrigevicius.

Byrom, Thomas. 1977. *Nonsense and Wonder: The Poems and Cartoons of Edward Lear*. New York: E. P. Dutton. Verbal and visual playing; synesthesia.

Cassidy, John, and the Exploratorium. 1996. *Explorabook: A Kids' Science Museum in a Book*. Palo Alto: Klutz Books. This book does it all.

Cassidy, John, Paul Doherty, and Pat Murphy. 1997. *Zap Science*. Palo Alto: Klutz Books. Observe, play, and imagine to your heart's content!

Cole, Allison. 1993. *Color: An Eyewitness Book*. London: Dorling Kindersley. Observing, imaging, and playing.

Elffers, Joost. 1997. *Play with Your Food*. New York: Stewart, Tabori and Chang. 3-D play.

Ennion, E. A. R., and N. Tinbergen. 1967. Tracks. Oxford: Clarendon Press. A masterpiece of transforming between 2-D and 3- and 4-D thinking, beginning with animal tracks.

Fleischman, Paul. 1988. *Joyful Noise: Poems for Two Voices*. New York: Harper and Row. Pattern forming resulting from syncopated readings of multiple voices.

Frayling, Christopher, Helen Frayling, and Ron Van der Meer. 1992. *The Art Pack*. New York:

Alfred A. Knopf. A unique 3-D look at the processes by which artists invent and perceive.

Greenberg, Jan, and Sandra Jordan. 1991. *The Painter's Eye: Learning to Look at Contemporary American Art*. New York: Delacorte Press. Pattern forming, proprioceptive thinking, transformational thinking, and synosia.

———. 1993. *The Sculptor's Eye: Learning to Look at Contemporary American Art*. New York: Delacorte Press. Proprioceptive, 3-D, transformational thinking, and synosia.

Hall, Donald, ed. 1985. *The Oxford Book of Children's Verse in America*. New York: Oxford University Press. Full of playful experiments in verbal patterning, analogizing, imaging, and other skills.

Jackson, Brenda. 1972. *Model Making in Schools*. New York: Van Nostrand Reinhold. An excellent guide to multidisciplinary projects, from very simple to quite complex, from history and cultural models to engineering and science.

Joyce, Mary. 1973. *First Steps in Teaching Creative Dance to Children*. Integrates proprioceptive thinking with imaging, analogizing, patterning, abstracting, and more.

Judson, Horace Freeland. 1980. *The Search for Solutions*. New York: Holt, Rinehart and Winston. A well-illustrated book about scientific thinking that stresses pattern forming, modeling, and so on.

Juster, Norton. 1961. *The Phantom Tollbooth*. New York: Random House. An adventure about perception, wordplay, mathematics, patterns, synesthesia, and much more.

Koch, Kenneth, and Students of Public School 61 in New York City. 1970. *Wishes, Lies and Dreams: Teaching Children to Write Poetry*. New York: Harper and Row. Combines sensual thinking, metaphors and analogies, pattern recognition and pattern forming, and more.

Koch, Kenneth, and Kate Farrell, eds. 1985. *Talking to the Sun: An Illustrated Anthology of Poems for Young People*. New York: Metropolitan Museum of Art/Henry Holt. A wonderfully synthetic and synergistic interaction between the patterns of poetry and of art.

Lankford, Mary D. 1992. *Hopscotch Around the World*. New York: Morrow Junior Books. Combines pattern recognition and proprioceptive thinking.

Lear, Edward. 1975. *A Book of Bosh*. Chosen and edited by Brian Alderson. London: Puffin Books. Verbal playing.

Loyd, Sam. 1912. *Sam Loyd's Puzzles*. Philadelphia: David McKay. Reprint, 1975: New York: Dover Books. The best transformational thinking puzzles around.

Martin, Bill, Jr., and John Archambault. 1987. *Knots on a Counting Rope*. New York: Bantam Doubleday Dell. A blind boy is introduced to the concept of "seeing" with his other senses.

Marsalis, Wynton. 1995. *Marsalis on Music*. New York: W. W. Norton. An excellent introduction to musical patterns and the emotions they express.

Miller, Jonathan. 1978. *The Body in Question*. London: Jonathan Cape. An unexpectedly multitooled look at how the body functions, with sections on modeling, anamorphosis, and other tools.

Miller, Jonathan, and David Pelham. 1983. *The Human Body*. New York: Viking. One of the first and best pop-up books, combining science with art via dimensional thinking.

Morrison, Philip, Phylis Morrison, and the Office of Charles and Ray Eames. 1982. *Powers of Ten: A Book about the Relative Size of Things in the Universe and the Effect of Adding Another Zero*.

San Francisco: Scientific American Library/W. H. Freeman. Dimensional thinking at its best.

Munthe, Nellie. 1983. *Meet Matisse*. Boston: Little, Brown. A great introduction to abstracting.

Nash, Ogden. Anything by this prolific nonsense poet will amuse and teach pattern play.

Pawson, Des. 1999. *The Handbook of Knots*. London: Dorling Kindersley. Kinesthetic imaging that is useful.

Preiss, Bryon, and William R. Altschuler, eds. 1989. *The Microverse*. New York: Bantam. A look at the infinitely small from scientific, literary, and artistic perspectives that explore dimensional thinking, empathizing, imaging, and other tools.

Rudolph, James Smith. 1999. *Make Your Own Working Paper Clock*. Transformational thinking, visual thinking, dimensional thinking.

Thurber, James. 1957. *The Wonderful O*. Reprint, 1985: New York: Dell. What would happen if all the Os were eliminated from all the words in the world? A masterpiece of imaginative play.

White, T. H. 1958. *The Once and Future King*. New York: G. P. Putnam's Sons. The young King Arthur's adventures with Merlin include many empathic explorations of animal behavior.

Winslow, Marjorie. 1999. *Mud Pies and Other Recipes*. Hands-on make-believe for creating one's own universe with dolls.

著者紹介

ロバート・ルートバーンスタイン（Robert Root-Bernstein）
ミシガン州立大学生理学学科教授
1975 年，プリンストン大学，B.A. in Biochemistry
1980 年，プリンストン大学，Ph.D. in History of Science
1987 年より現職
著書：*Discovering*, 1989, Harvard University Press, Cambridge, MA
Rethinking AIDS, 1993, Free Press, New York
Honey, Mud, Maggots, and Other Medical Marvels, 1997, Houghton Mifflin, Boston
（ミシェルとの共著）
Sparks of Genius, 1999, Houghton Mifflin, Boston（本書原著，ミシェルとの共著）

ミシェル・ルートバーンスタイン（Michèle Root-Bernstein）
ミシガン州立大学非常勤講師
1975 年，ペンシルベニア大学，B.A. in History
1981 年，プリンストン大学，Ph.D. in History
著書：*Inventing Imaginary Worlds: From Childhood Play to Adult Creativity*, 2014,
Rowman and Littlefield Education, New York

監訳者紹介

不 破 章 雄 (ふわ あきお)
早稲田大学名誉教授
1946 年，福岡県生まれ
1969 年，早稲田大学理工学部金属工学科卒業
1974 年，スタンフォード大学博士課程修了。Ph.D. in Chemical Metallurgy
1974 年，三菱マテリアル（株）入社。中央研究所に配属，ニューヨーク駐在員
1980 年，早稲田大学理工学部金属工学科専任講師
1988 年，早稲田大学理工学部（現・理工学術院）教授。2017 年退職
2018 年，（株）SUMCO 取締役
e-mail：akiofuwa@waseda.jp

萩 野 茂 雄 (はぎの しげお)
大和合金株式会社前代表取締役社長
1932 年生まれ
1951 年，東京都立第五中学校（現・小石川高校）卒業
1955 年，早稲田大学理工学部金属工学科卒業
1955 年，東邦亜鉛株式会社入社
1962 年，大和合金株式会社入社
1983 年，同社代表取締役社長
2017 年 12 月，逝去

天才のひらめき──世界で最も創造的な人びとによる13の思考ツール

2018 年 11 月 12 日　　初版第 1 刷発行
2019 年 1 月 10 日　　初版第 2 刷発行

著　者　　ロバート・ルートバーンスタイン
　　　　　ミシェル・ルートバーンスタイン
監訳者　　不 破 章 雄
　　　　　萩 野 茂 雄
発行者　　須 賀 晃 一
発行所　　株式会社 早稲田大学出版部
　　　　　　　169-0051　東京都新宿区西早稲田 1-9-12
　　　　　　　電話　03(3203)1551
翻訳協力　　株式会社クリムゾン インタラクティブ ジャパン
校正協力　　株式会社ライズ
装　丁　　三浦正已
印刷・製本　精文堂印刷株式会社

©2018　Akio Fuwa, Shigeo Hagino
Printed in Japan　　ISBN978-4-657-18015-5
無断転載を禁じます。　落丁・乱丁本はお取替えいたします。